职业技能培训教材

职业活动导向一体化教材

汽车电控发动机检修
（第二版）

中国劳动社会保障出版社

图书在版编目(CIP)数据

汽车电控发动机检修/朱德乾主编. —2 版. —北京：中国劳动社会保障出版社，2015
职业技能培训教材　职业活动导向一体化教材
ISBN 978 - 7 - 5167 - 2035 - 6

Ⅰ.①汽…　Ⅱ.①朱…　Ⅲ.①汽车-电子控制-发动机-车辆修理-职业培训-教材
Ⅳ.①U472.43

中国版本图书馆 CIP 数据核字(2015)第 198457 号

中国劳动社会保障出版社出版发行

(北京市惠新东街 1 号　邮政编码：100029)

*

中国标准出版社秦皇岛印刷厂印刷装订　新华书店经销

787 毫米×1092 毫米　16 开本　19 印张　439 千字

2015 年 8 月第 2 版　　2023 年 1 月第 9 次印刷

定价：43.00 元

营销中心电话：400-606-6496

出版社网址：http://www.class.com.cn

版权专有　　侵权必究

如有印装差错，请与本社联系调换：(010) 81211666

我社将与版权执法机关配合，大力打击盗印、销售和使用盗版图书活动，敬请广大读者协助举报，经查实将给予举报者奖励。

举报电话：(010) 64954652

汽车维修专业一体化教材顾问委员会

主　任：谢可滔　李孟强

副主任：乔本新　杨春英

组　员：吕福智　赵顺灵

汽车维修专业一体化教材编写委员会

主　任：王长建

副主任：郑志中

委　员：陈守青　陈金海　陈志明　何永新　黄建文　黄旭有
江剑波　江衍泉　李建德　李　沂　梁其续　梁剑波
龙纪文　卢德健　卢宜朗　欧阳亚平　时　代
谈　诚　田井贵　王会明　王文彪　王　勇　徐家顺
张家钦　张运花　郑喜昭　郑松青　朱德乾　朱耀良
祝志勇　钟　原　林锦桐

本书主编：朱德乾

本书参编：王　勇　孙乃谦　涂光伟　汤桂海　陈　涛

本书主审：郑志中

简 介

本书是在经过对企业调研和组织实践专家进行工作任务分析的基础上编写的。排除电控发动机常见故障是企业典型的职业行动领域之一，在课程专家的指导下，把这一典型职业行动领域转换成了《汽车电控发动机检修》这门专业核心课程。本书包含燃油系统零部件检修、进气系统零部件检修、点火系统零部件检修、排放控制系统检修、丰田凯美瑞发动机不能起动故障检修、大众帕萨特发动机动力不足故障检修、电控高压共轨柴油机检修等 7 个典型项目，每个项目分为若干个子任务。

根据活动导向的教学特点，对本书的体系结构做了精心的设计，按照“任务目标→任务描述→任务内容→任务准备→任务实施→任务总结→知识拓展”的教学思路进行课程设计。通过对本书的学习，学员应能独立排除汽车电控发动机常见故障。

本书适于职业技能培训使用，也可供各类职业院校、培训机构使用。

前　言

为了更好地满足现代汽车产业发展的需求，适应职业教育汽车类专业的特点，突出“项目引领、任务导向”教学模式的优越性，广州市白云工商技师学院汽车维修专业相关骨干教师，在充分进行企业调研及代表性工作任务分析提取的基础上，对第一版汽车专业职业活动导向一体化教材进行了改版。改版主要基于以下几个因素：

(1) 尽管第一版教材采用了“项目引领、任务导向”的先进职教理念，实现了理论与实践的一体化，且教材内容翔实、实用，突出生产实践技能，受到广大读者的喜爱。但是，近年来，汽车技术发展日新月异。原有的教材无论是在内容的选取，知识技能的搭配，训练任务的安排，相关的配图以及部分汽车技术都有些落伍，因此，有必要对第一版教材进行补充、修改和完善。

(2) 新的形势要求教材建设必须适应新的教学理念，职业教育教材应针对学员自身特点，按照技能人才培养模式和培养目标，以职业岗位需求为中心，以素质教育、创新教育为基础，以学员能力培养、技能实训为本位，使职业资格认证培训和教材内容有机衔接，而第一版教材并不能很好地做到这一点，修改和完善也就成为必然。

(3) 人力资源和社会保障部于2013年下发了《国家技能人才培养标准编制指南（试行)》和《一体化课程规范开发技术规程（试行)》的通知，为了更好地执行该部颁标准，教材的大纲、体例、编写标准、编写要求等都需要进行不同程度的改变。

第二版教材以工作过程为导向，以提高教学质量为目的，以培养学员的职业核心能力为出发点，采取“工、学、评”一体的模式进行编写。精心选取典型的汽车维修实例作为任务载体，按照“任务目标→任务描述→任务内容→任务准备→任务实施→任务总结→知识拓展”7个环节（流程）进行组织。力求从生产一线对该专业人才知识、能力的需求出发，注重理论知识和实践技能的有机结合，在结构和内容安排上体现以下几个特点：

(1) 编写体例较先进，做到图文并茂、重点突出、体例新颖。编写人员分析了国内外先进职业教育的培训模式、教学方法和教材特色，消化吸收优秀的经验和成果，将基本技能培养和主流技术相结合，课程设置中重点突出。

（2）训练项目基于工作过程，针对性较强。本书完全依据汽车4S店及汽车综合维修厂真实的岗位工作过程，侧重培养学员的实践操作能力，教、学、做相结合，通过项目任务实践，增强学员的综合职业能力。

（3）精选项目任务，内容覆盖面广。每个项目中的工作任务均取自企业的典型工作案例，做到知行合一。部分训练项目资源源自各车系的维修手册（自学手册），针对性较强。内容选取以够用为度，同时满足了覆盖面广的要求。

（4）遵循学员成长规律，突出"教、学、做"结合。充分参考企业技术人员工作经验，紧密结合汽车技术服务过程，将职业能力进行整合，以活动为导向，按实际工作过程组织教材内容，突出操作技能性、主流针对性及知识先进性。

（5）丰富了学员对学习成果的自我检验手段，将传统单一的知识点检验模式改为"技能检验+职业素质检验+知识点检验"三合一检验模式。注重从实践的角度对学员进行全面的自我检验，检验标准与企业对员工的要求相一致。

限于编者经历及水平，教材内容很难覆盖全面，希望广大读者及时提出意见和建议，以便再版修订时改正。

目 录

项目一　燃油系统零部件检修

任务 1.1　认识电控发动机

任务目标

1. 能描述电控发动机技术参数的含义。
2. 能描述电控发动机的分类。
3. 能描述影响电控发动机动力性、经济性的因素。
4. 能就车认识电控发动机的传感器与执行器。

任务描述

有一位客户准备买一台排量为 2.0 L 的轿车，他对比了以下 5 种车型，但是他看不懂汽车专业术语，你能从专业的角度帮助他吗？

发动机参数	凯美瑞 2013 款 200G 经典豪华版	君威 2013 款 2.0L 舒适版	帕萨特 2013 款 2.0TSI DSG 御尊版	雅阁 2013 款 2.0 LLX	天籁 2013 款 2.0 LXE 时尚版
发动机型号	1AZ－FE	LTD	EA888	R20A3	MR20DE
排量（mL）	1998	1998	1984	1997	1997
进气形式	自然吸气	自然吸气	涡轮增压	自然吸气	自然吸气
气缸排列形式	L	L	L	L	L
气缸数（个）	4	4	4	4	4
每缸气门数（个）	4	4	4	4	4
压缩比	9.8	—	9.6	10.6	10
配气机构	DOHC	DOHC	DOHC	SOHC	DOHC
缸径	86	—	82.5	81	—
行程	86	—	92.8	96.9	—

续表

发动机参数	凯美瑞 2013 款 200G 经典豪华版	君威 2013 款 2.0L 舒适版	帕萨特 2013 款 2.0TSI DSG 御尊版	雅阁 2013 款 2.0 LLX	天籁 2013 款 2.0 LXE 时尚版
最大马力（Ps）	147	147	200	156	141
最大功率（kW）	108	108	147	115	104
最大功率转速（r/min）	6 000	6 200	5 100 ~ 6 000	6 300	5 600
最大扭矩（N·m）	190	190	280	189	190
最大扭矩转速（r/min）	4 000	4 600	1 700 ~ 5 000	4 300	4 400
发动机特有技术	VVT - i	—	—	i - VTEC	C - VTC 连续可变气门正时
燃料形式	汽油	汽油	汽油	汽油	汽油
燃油标号	97 号	93 号	97 号	93 号	93 号
供油方式	多点电喷	多点电喷	直喷	多点电喷	多点电喷
缸盖材料	铝	铝	铝	铝	铝
缸体材料	铝	铝	铁	铝	铝
环保标准	欧 IV	国 IV	国 IV + OBD	国 IV	国 IV
官方 0 ~ 100 km/h 加速（s）	—	11.7	8	—	11.9
最高车速（km/h）	190	197	—	—	—
工信部综合油耗（L）	9.4	—	8.3	—	7.3

任务内容

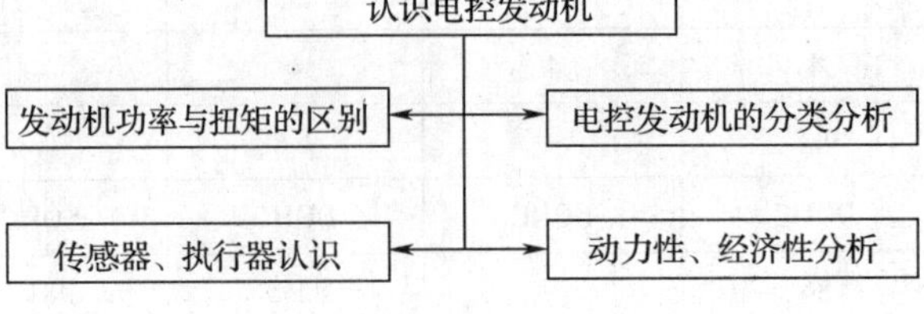

任务准备

一、电控发动机输出功率与扭矩

扭矩是发动机真正可以发出的动力，而功率则是扭矩与发动机转速的乘积，发动机转速越高，则功率越大。因此，功率曲线像是一座陡峭的山壁上坡的这一边，数值是一路向上爬的。而扭矩曲线却非如此，除非有涡轮增压器或机械增压器的“帮助”，否则，任何自然进气的扭矩曲线都像是一座小山，爬过了峰顶之后，扭矩就开始下滑，然而，当扭矩开始下滑时，发动机转速还继续增加，因此，功率曲线并不随扭矩曲线一同下滑。相反的，扭矩虽然开始变小，功率还继续上升，一直到乘数实在越来越小，小到被乘数的增加不能够将乘积变大的时候，功率曲线才开始下滑。电控发动机输出功率、扭矩与转速的关系如图1—1—1所示。

输出功率大，汽车的最高车速就高；扭矩大，汽车的瞬间加速性能好。

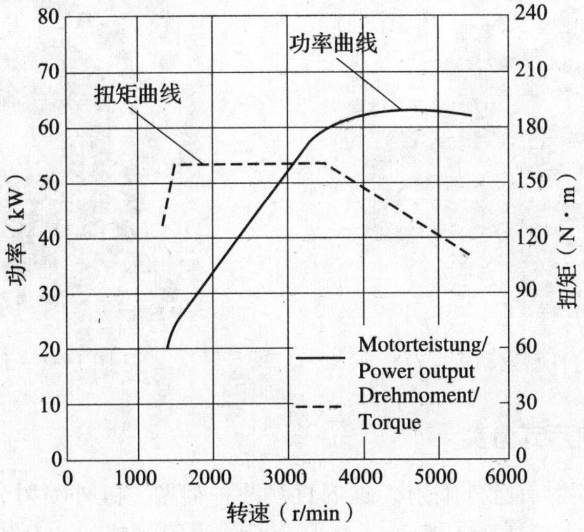

图1—1—1　电控发动机输出功率、扭矩与转速的关系

二、电控发动机分类

1. 按照气缸排列形式分类

常见的气缸排列形式主要有直列（国内习惯用L来表示直列）、V型（见图1—1—2）、W型（见图1—1—3）、水平对置（H型，见图1—1—4）以及R型（见图1—1—5）。

图 1—1—2　V 型发动机

图 1—1—3　W 型发动机

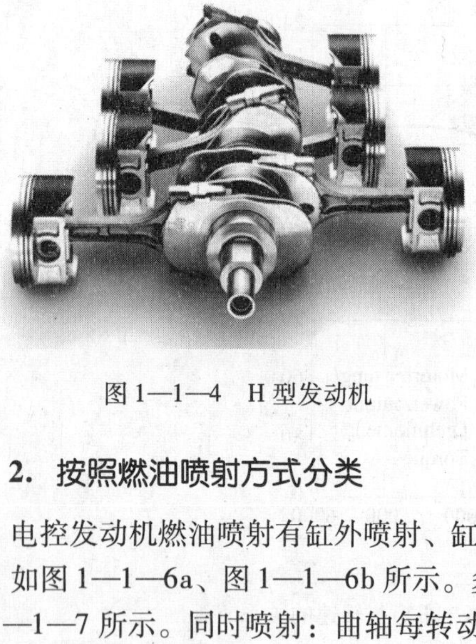

图 1—1—4　H 型发动机

图 1—1—5　R 型发动机

2. 按照燃油喷射方式分类

电控发动机燃油喷射有缸外喷射、缸内直喷两种类型，缸外喷射分为单点喷射、多点喷射，如图 1—1—6a、图 1—1—6b 所示。多点喷射分为同时喷射、分组喷射、顺序喷射，如图 1—1—7 所示。同时喷射：曲轴每转动 360°，发动机计算机就会发出一次喷油指令，命令所有喷油器同时进行喷油动作，如图 1—1—7a 所示。分组喷射：4 个喷油器分为两组，曲轴转动 360°，就会有其中的一组（2 个）喷油器进行喷油，如图 1—1—7b 所示。顺序喷射：根据气缸的工作进程以及配气正时的节奏来对各喷油器的喷油动作进行精确控制，如图 1—1—7c 所示。缸内直喷：缸内直喷技术就是将传统位于进气歧管处的喷油器移至气缸内喷射，如图 1—1—6c 所示。它的好处是可以更为精确地控制喷油量，同时配合特殊的进气涡流使混合气更充分地混合，提高燃油利用率。此外，这种缸内直喷技术在气缸内喷射的雾化油滴可以适当地降低燃烧室的温度，从而可以匹配更高的压缩比，进一步提升发动机的效率。

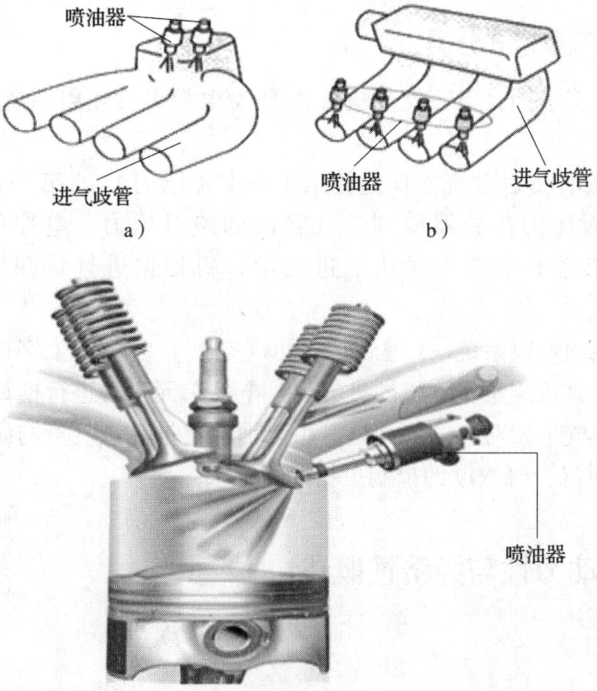

图 1—1—6　单点喷射、多点喷射、缸内直喷

a）单点喷射　b）多点喷射　c）缸内直喷

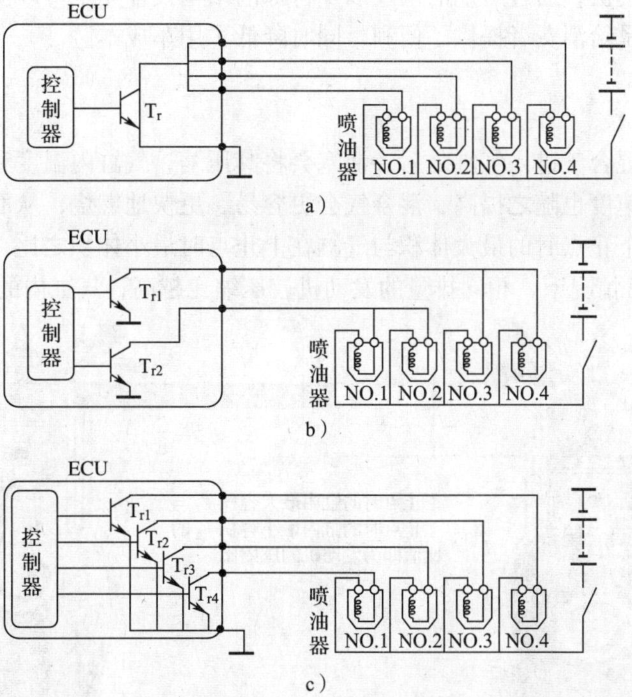

图 1—1—7　同时喷射、分组喷射、顺序喷射

a）同时喷射　b）分组喷射　c）顺序喷射

3. 按照测量空气量方式分类

按测量空气量方式不同，电控发动机分为D型电控燃油喷射系统式和L型电控燃油喷射系统式。

（1）D型电控燃油喷射系统。D是德语Druck（压力）的第一个字母。D型电控燃油喷射系统利用绝对压力传感器检测进气管内的绝对压力，电控单元根据进气管内的绝对压力和发动机转速计算出发动机的进气量，再根据进气量和发动机转速确定基本喷油量。

（2）L型电控燃油喷射系统。L是德语Luft（空气）的第一个字母。L型电控燃油喷射系统利用空气流量计直接测量发动机的进气量，电控单元不必进行推算，即可根据空气流量计信号计算出与该空气量相对应的喷油量。由于消除了推算进气量的误差影响，其测量的准确性高于D型，故对混合气浓度的控制更精确。

三、电控发动机动力性与经济性概述

1. 燃油标号

燃油标号代表辛烷值，辛烷值越高，抗爆性能就越好。通常燃油标号与发动机压缩比直接相关，也就是说，若压缩比较大，应使用较高燃油标号的汽油。当然这也不是绝对的，一些压缩比较高的发动机，通过后期的调校以及特殊的结构设计完全可以使用相对低标号的汽油，这样的好处就是给消费者提供了便利，同时降低了用车成本。

2. 压缩比

汽油与空气的混合气进入气缸之后，活塞会将其压缩，气缸内温度和压力升高后，混合气密度和分子运动速度也随之提高，混合气会更容易、更快地燃烧，从而获得更好的动力性和经济性。气缸在下止点时的最大体积与气缸在上止点时最小体积之比，即为压缩比，如图1—1—8所示。通常情况下，相同排量的发动机，压缩比越高，气缸内的气体被压缩得越厉

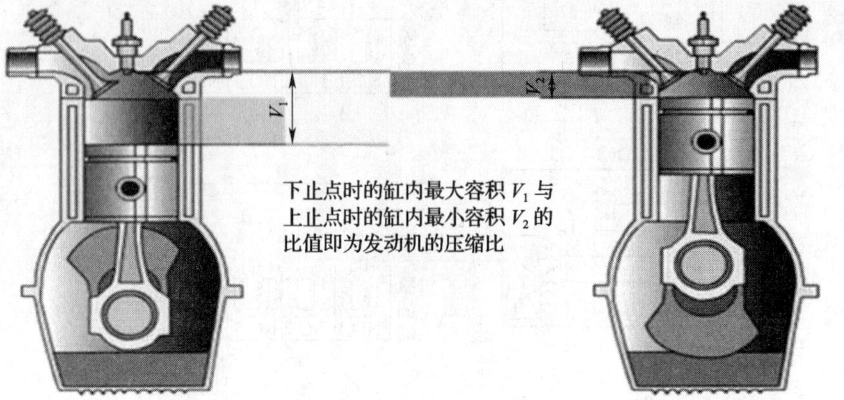

图1—1—8　压缩比

害，膨胀时产生的能量也就越大，会使发动机的扭矩得到提高，其动力性和经济性越好。但过度追求高性能而单纯提高压缩比，过高的压缩比将导致爆震，造成发动机损坏，如图1—1—9所示。

图1—1—9　爆震对发动机的损害

3. 丰田VVT—i可变气门正时技术

丰田VVT—i技术工作原理：该系统由ECU协调控制，发动机各部位的传感器实时向ECU报告运转情况。由于在ECU中储存有气门最佳正时参数，所以ECU会随时对正时机构进行调整，从而改变气门的开启和关闭时间，或提前、或滞后、或保持不变，如图1—1—10所示。绝大部分气门正时系统都可以实现进气门正时在一定范围内的无级可调，而一部分发动机在排气门也配备了VVT系统，从而在进气门、排气门都实现了气门正时无级可调（也就是D—VVT即双VVT技术），进一步优化了燃烧效率，如图1—1—11所示。

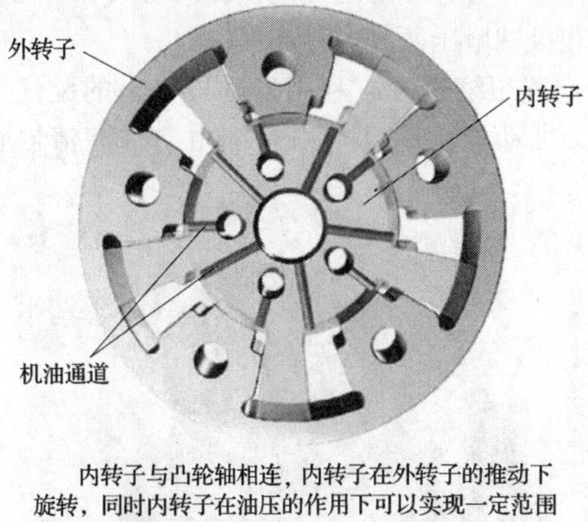

图1—1—10　丰田VVT—i可变气门正时调整

图1—1—11　双VVT技术

4. 本田 i—VTEC 系统

本田 i—VTEC 系统是可变气门升程加可变气门正时，如图 1—1—12 所示。

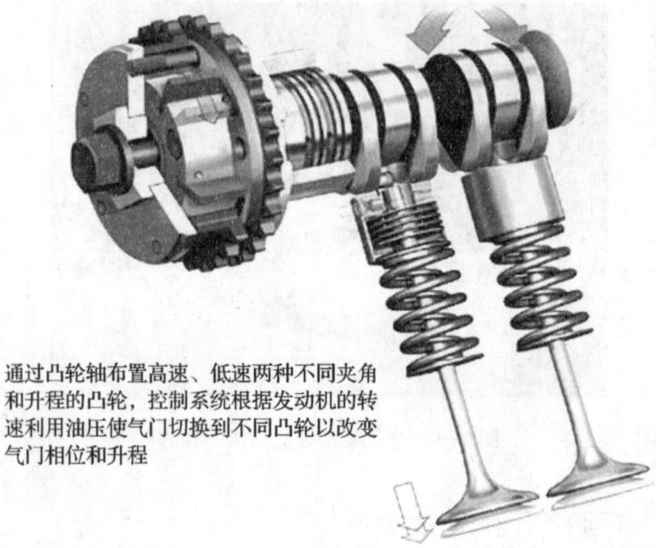

图 1—1—12　本田 i—VTEC 系统

5. 进气方式

进气方式主要有两种：自然进气和增压进气。由于自然进气发动机是利用气缸运行中所产生的负压将外部空气吸入，所以这种进气方式的发动机也称为自然吸气式发动机。由于发动机的排量在一定程度上是和油耗以及碳排放成正比关系的，所以为了在有限的排量内尽可能增加发动机的动力，同时油耗和碳排放还能保持在相对合理的范围内，所以引入了增压进气的方式。当前增压进气的方式主要有涡轮增压和机械增压两种。

（1）涡轮增压。涡轮增压器实际上就是一个空气压缩机，它利用发动机排出的废气气流作为动力来推动涡轮增压器内的涡轮，涡轮又带动同轴的叶轮来压缩由空气滤清器管道送来的新鲜空气，然后再送入气缸，如图 1—1—13 所示。

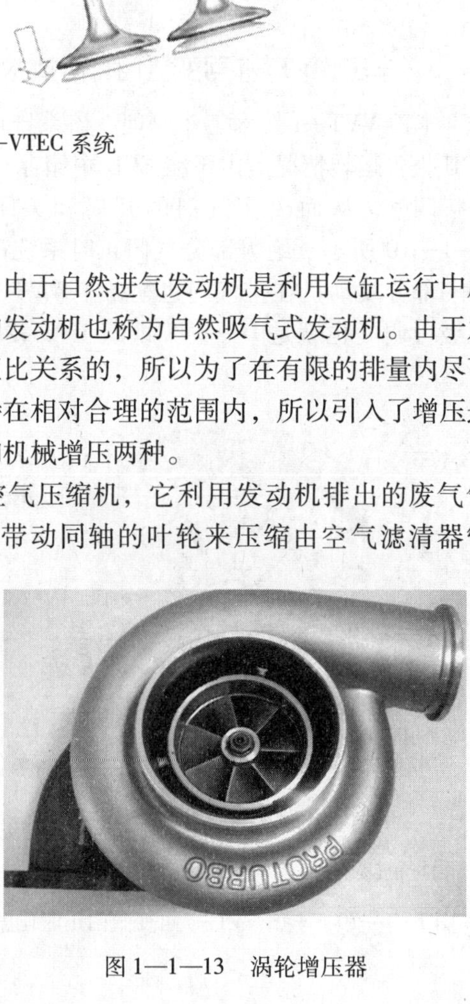

图 1—1—13　涡轮增压器

涡轮增压的特点是很好地利用了废气排出时的动能，相对来说，它不会增加发动机的负荷，所以比较高效。其缺点就是人们常说的“迟滞性”，不过现今的涡轮增压发动机通过使用更小、更轻的涡轮叶片等方法，使得发动机在较低转速时（1 200 转每分钟左右）便可以输出峰值扭矩，“迟滞性”的感觉已经很小。

（2）机械增压。机械增压器通常采用皮带

与发动机曲轴的带轮相连，利用曲轴的旋转来带动机械增压器内部的叶片转动，旋转的叶片将产生的增压空气送入进气歧管内，如图 1—1—14 所示。

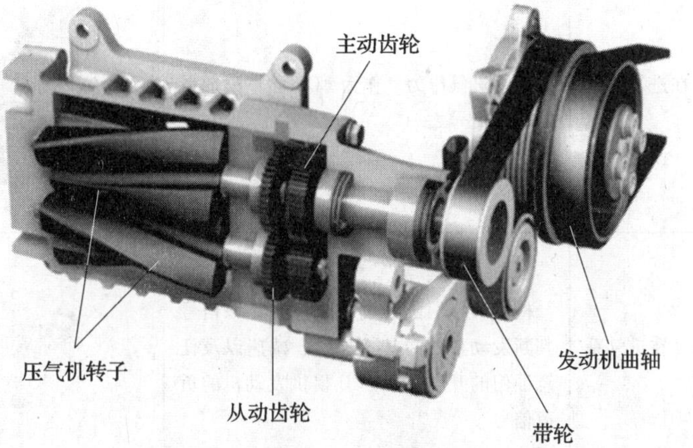

图 1—1—14　机械增压器

机械增压最大的特点是“全时介入”，使其在发动机低转速下便可获得增压效果，加速感受比较线性，没有迟滞感。而缺点是由于依靠发动机曲轴的带动，所以将损耗一些发动机的动力，特别是在发动机高转速时，损耗更为明显。

其实涡轮增压系统和机械增压系统恰好可以做到优势互补，这也是一些发动机采用双增压的原因。机械增压在发动机中低转速时发挥功效，到了中高转速区间则主要依靠涡轮增压，这样既解决了涡轮迟滞的问题，也不会过多损耗发动机的动力。不过由于现在的涡轮增压发动机已经很好地解决了涡轮迟滞的问题，所以单独使用涡轮增压器就足够了。

四、电控发动机的传感器与执行器

电控发动机主要由传感器、发动机控制单元和执行器三大部分组成，传感器见表 1—1—1，执行器见表 1—1—2。

表 1—1—1　　电控发动机传感器

传感器名称	作用简述	元件实物
空气流量传感器（在进气系统中介绍）	检测进气流量，作为 ECU 计算喷油量的基准信号之一	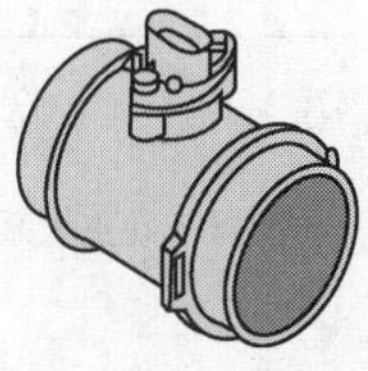

续表

传感器名称	作用简述	元件实物
进气压力传感器（在进气系统中介绍）	检测进气压力，作为 ECU 计算喷油量的基准信号之一	
节气门位置传感器（在进气系统中介绍）	检测节气门的开度，ECU 利用该信号判断发动机的怠速、加速、减速以及任意油门的开度，给 ECU 提供发动机的负荷信号	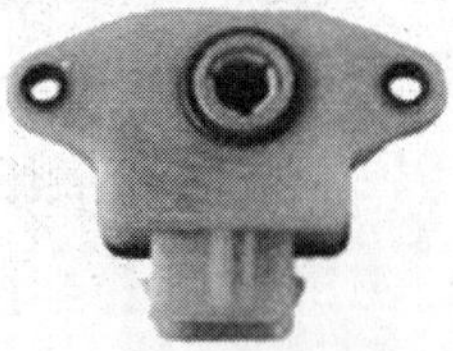
进气温度传感器（在进气系统中介绍）	检测进气温度，对准确计算进气量进行修正，参考修正喷油量	
冷却液温度传感器（在进气系统中介绍）	检测发动机冷却液温度，ECU 利用该信号修正喷油量、点火时间、怠速转速修正及对爆震进行控制	
凸轮轴位置传感器（在点火系统中介绍）	检测凸轮轴的位置，ECU 利用该信号判断缸序，控制喷油顺序与点火顺序	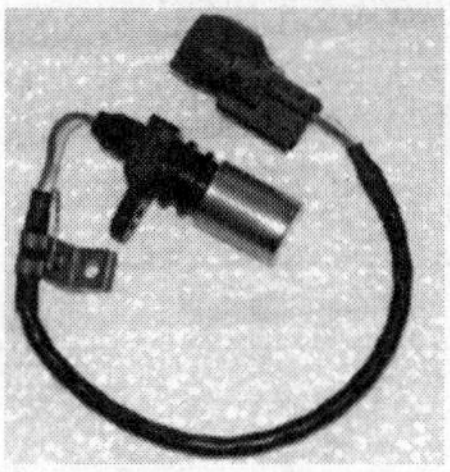
曲轴转速传感器（在点火系统中介绍）	检测发动机曲轴的转速，即发动机的转速，ECU 利用该信号判断发动机是否着车，控制点火正时、喷油正时以及油泵的工作	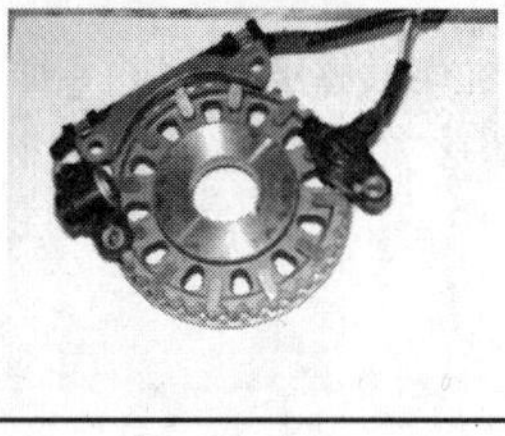

续表

传感器名称	作用简述	元件实物
氧传感器（在排放控制系统中介绍）	检测排气管中的氧含量，以判断混合气的燃烧情况，ECU 根据该信号调整混合气的浓度，控制空气燃料比例	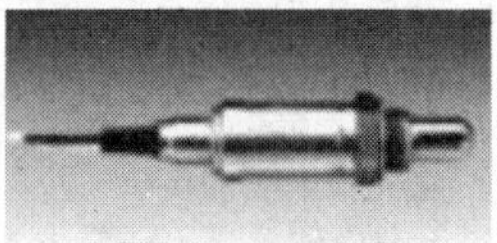
爆震传感器（在点火系统中介绍）	检测发动机是否发生爆震，当有爆震发生时，将点火时间推迟；当没有爆震发生时，适当增大点火提前角	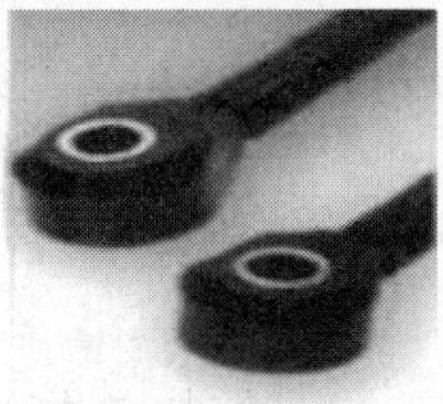

表 1—1—2　　　　电控发动机执行器

执行器	作用
油泵电动机（FP）	建立燃油压力
喷油器（INJ）	将燃油按时、按量喷出并雾化
怠速控制阀（ISCV）	发动机怠速控制
点火模块（ICM）	实现点火控制
活性炭罐电磁阀（EVAP）	油箱燃油蒸气控制
EGR 阀	废气再循环控制
VVT—i 电磁阀	可变气门正时控制
i—VTEC 电磁阀	可变气门正时控制、可变气门升程控制
可变进气增压电磁阀	改变进气歧管横截面积或进气管长度

五、发动机电子控制系统

1. 发动机控制单元的功能

发动机控制单元（ENGINE CONTROL UNIT，即 ECU）是发动机的“大脑”，各种传感器就是发动机的“眼睛和耳朵”，执行器就是发动机的“手和脚”。ECU 采集各传感器的信号并进行处理和运算后，控制执行器动作，最终控制发动机机械系统的运转。

ECU 除了准确控制喷油器的喷油量之外，还同时具有控制点火提前角、怠速转速控制、故障诊断、废气排放控制以及故障备用保护（即回家模式）等功能。ECU 控制功能如图 1—1—15 所示。

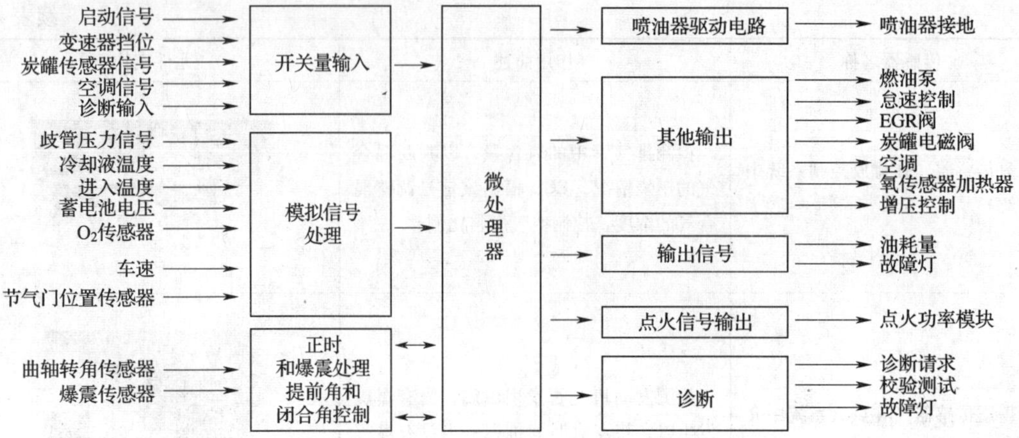

图 1—1—15　ECU 控制功能

（1）电子控制汽油喷射（EFI）。ECU 根据各种传感器的信号控制喷油量，以保证发动机在任何工况下均获得精确的空燃比，进而有可靠的动力性、经济性。

（2）电子控制点火提前（ESA）。为在所有工况下获得最佳点火正时，ECU 经数据编程，利用由监控发动机各种性能（转速、进气容积、冷却液温度等）的传感器提供的数据，控制发动机在任何工况下均有一个准确的点火提前角。

（3）怠速控制（ISC）。利用发动机在不同工况（冷却液温度、空调 ON/OFF 等）下的怠速数据，进行 ECU 的编程。然后根据来自每个传感器的信号，调节怠速转速。

（4）故障诊断功能。当 ECU 检测出传感器存在故障或不正常时，在组合仪表上的“CHECK ENGINE”警告灯点亮。同时，故障被识别，ECU 记录下诊断代码。

（5）备用程序功能。如果某一传感器失灵，ECU 起动记录在后备电路中的固定值或平均值替代故障信号，使汽车仍能驱动，驾驶员看到故障灯点亮，即知道要尽快去维修车辆。该模式也被称为回家模式。

2. 控制单元结构

ECU 主要由输入回路、A/D 转换器、微处理器和输出回路组成，如图 1—1—16 所示。

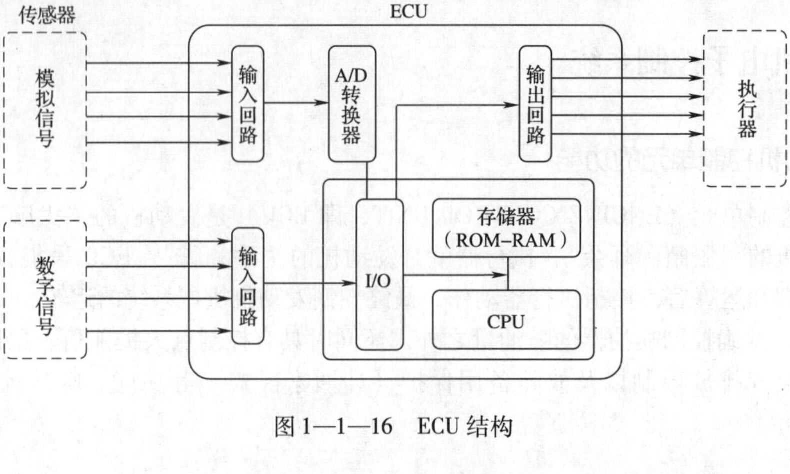

图 1—1—16　ECU 结构

任务实施

查阅教材或其他技术资料，小组合作完成下列问题。

1. 电控发动机功率与扭矩曲线图谱。（请查阅相关资料，完成下面空白处的填写）

功率越大，____________________能力越好；扭矩越大，____________________能力越好。

2. 目前市场上供应的汽油有哪几种标号？哪种标号的汽油抗爆性最好？

____。

____。

3. 学习电控燃油喷射系统的分类，看图填写燃油喷射类型。

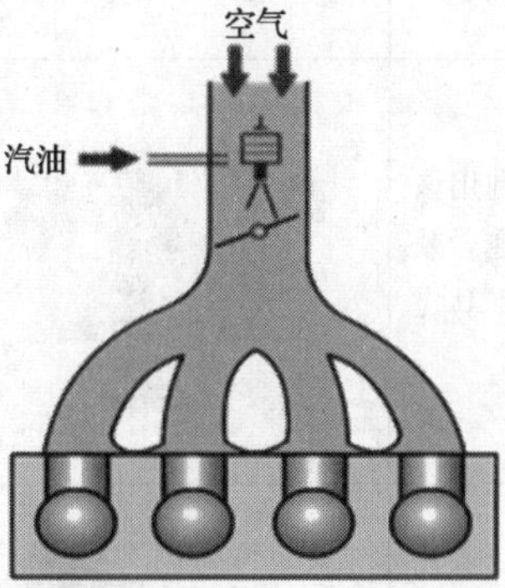

类型：____________________

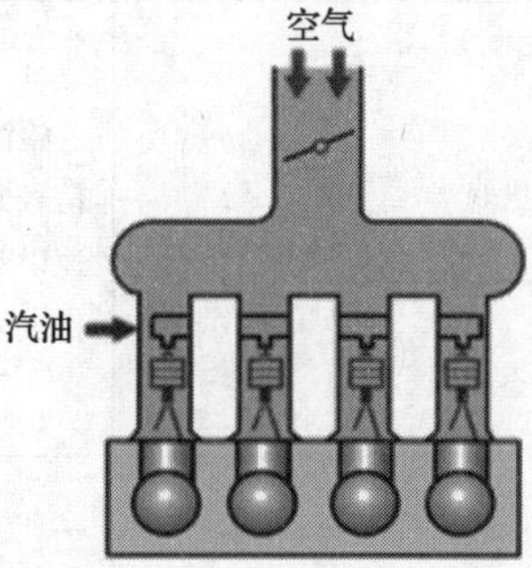

类型：____________________

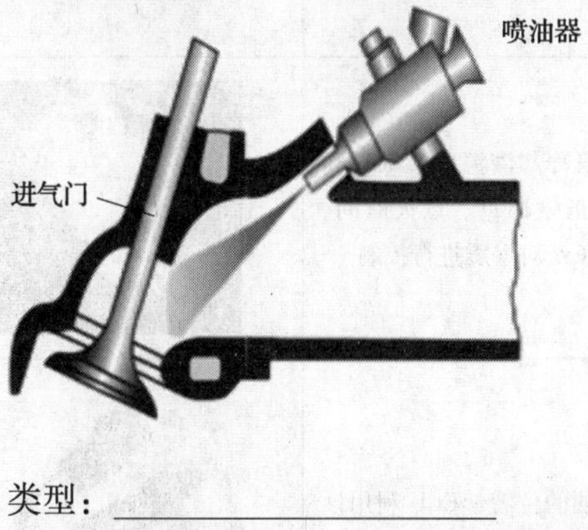

类型：____________________

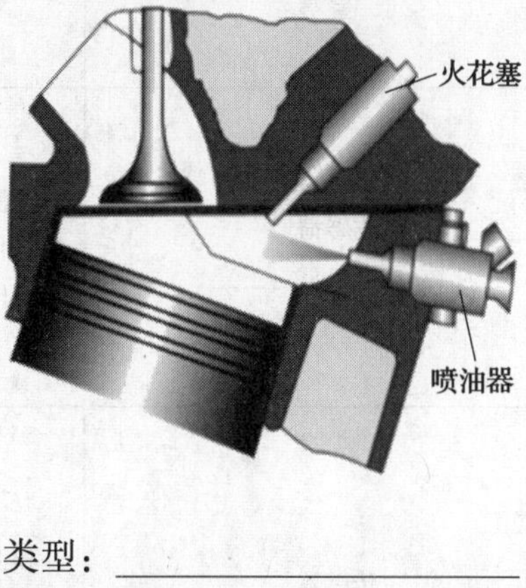

类型：____________________

4. 你所实训（认知）的电控发动机的燃油喷射系统采用__________（单点/多点）类型；

____________（进气道/缸内）喷射；喷射方式为________（间歇/连续）喷射。

5. 根据实训结果，填写发动机传感器实训记录表（见表1—1—3）。

表 1—1—3　　发动机传感器实训记录表

传感器名称	作用简述	元件实物
____________传感器 有/无　位置：____________	检测进气流量，作为 ECU 计算喷油量的基准信号之一	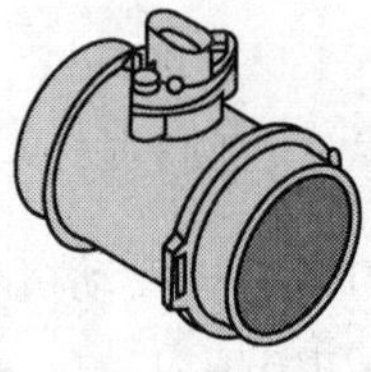
____________传感器 有/无　位置：____________	检测进气压力，作为 ECU 计算喷油量的基准信号之一	
____________传感器 有/无　位置：____________	检测节气门的开度，ECU 利用该信号判断发动机的怠速、加速、减速以及任意油门的开度，给 ECU 提供发动机的负荷信号	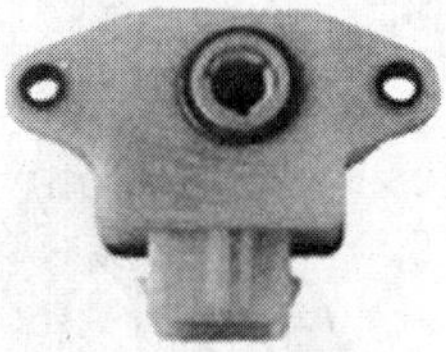
____________传感器 有/无　位置：____________	检测进气温度，对准确计算进气量进行修正，参考修正喷油量	
____________传感器 有/无　位置：____________	检测发动机冷却液温度，ECU 利用该信号修正喷油量、点火时间、怠速转速修正及对爆震进行控制	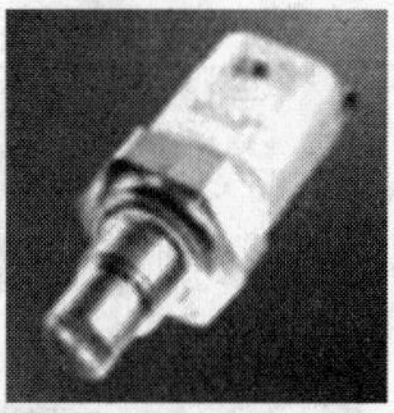
____________传感器 有/无　位置：____________	检测凸轮轴的位置，ECU 利用该信号判断缸序，控制喷油顺序与点火顺序	

续表

传感器名称	作用简述	元件实物
________传感器 有/无　位置：________	检测发动机曲轴的转速，即发动机的转速，ECU利用该信号判断发动机是否着车，控制点火正时、喷油正时以及油泵的工作	
________传感器 有/无　位置：________	检测排气管中的氧含量，以判断混合气的燃烧情况，ECU根据该信号调整混合气的浓度，控制空气燃料比例	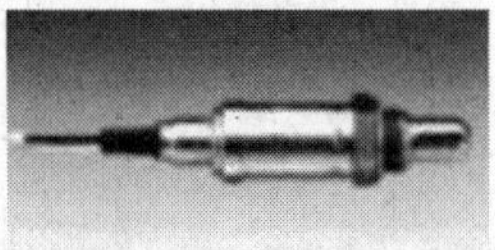
________传感器 有/无　位置：________	检测发动机是否发生爆震，当有爆震发生时，将点火时间推迟；当没有爆震发生时，适当增大点火提前角	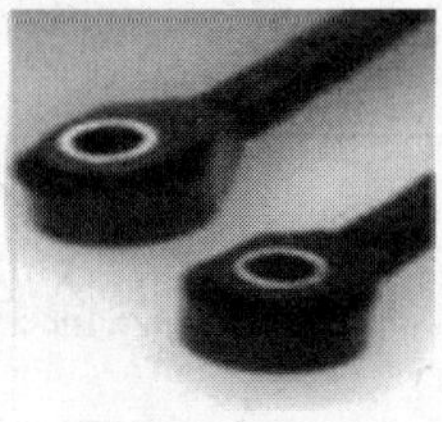

教师检查签名

回顾该工作页的目标，如果你对目标中的哪一部分还不清楚，要请教教师。如果认为已经达到了该工作页的目标，则请教师检查你的工作，并在该工作页上签字。

教师签名________

任务总结

一、任务评价

对本学习任务进行评价，见表1—1—4。

表1—1—4　　评分表

考核项目	评分标准	分数	学生自评	小组互评	教师评价	小计
团队合作	是否和谐	5				
活动参与	是否积极主动	5				
安全生产	有无安全隐患	10				

续表

考核项目	评分标准	分数	学生自评	小组互评	教师评价	小计
现场5S	是否做到	5				
任务方案	是否正确、合理	20				
操作过程	1. 电控发动机传感器认识 2. 电控发动机执行器认识 3. 电控发动机燃油喷射认识	30				
任务完成情况	是否圆满完成	5				
工具、设备使用	是否规范、标准	10				
劳动纪律	是否严格遵守	5				
工单填写	是否完整、规范	5				
总分		100				
教师签名			年 月 日		得分	

二、理论知识检验

1. 下列说法正确的是（　　）。

A. 发动机的排量与输出功率成正比　　B. 发动机的排量与输出扭矩成正比

C. 发动机的输出功率与最高车速成正比　　D. 发动机的输出扭矩与最高车速成正比

2. 下列说法正确的是（　　）。

A. 发动机的输出功率随转速升高而变大

B. 发动机的输出扭矩随转速升高而变大

C. 发动机的输出功率与车辆提速性能成正比

D. 发动机的输出扭矩与车辆提速性能成正比

3. 下列说法正确的是（　　）。

A. 发动机有涡轮增压装置可以增加发动机的输出功率

B. 减少车辆的自重可以增加发动机的输出功率

C. 以上都正确

D. 以上都不正确

4. 下列说法不正确的是（　　）。

A. 电控发动机燃油顺序喷射比同时喷射好

B. 发动机的压缩比越大，所加的汽油标号应该增大

C. D 型发动机采用进气压力传感器检测进气

D. L 型发动机采用进气压力传感器检测进气

5. 下列说法正确的是（　　）。

A．电控发动机缸内喷射比缸外喷射好

B．发动机采用缸内喷射所加的汽油标号应该增大

C．发动机采用缸内喷射省油

D．以上都不正确

6．下列不属于电控发动机传感器的是（　　）。

A．冷却液温度传感器　　B．进气温度传感器　　C．进气压力传感器　　D．喷油器

7．下列不属于电控发动机执行器的是（　　）。

A．氧传感器　　　　　　　　　　　　B．怠速阀

C．废气再循环阀　　　　　　　　　　D．燃油泵电动机

任务 1.2　电动燃油泵检修

任务目标

1．能描述电动燃油泵的结构。
2．能分析电动燃油泵电路控制原理。
3．能检修电动燃油泵电路故障。

任务描述

一辆 2010 款丰田卡罗拉轿车，行驶里程为 100 000 km，该车最近出现起动困难故障，经某丰田 4S 店维修人员检查发现：怠速时发动机工作油压与残余油压都比正常值要低。请问：如果你作为一名专业的维修人员，你准备如何进行检查与维修？请制定一份维修方案并按作业规范实施检修作业。

任务内容

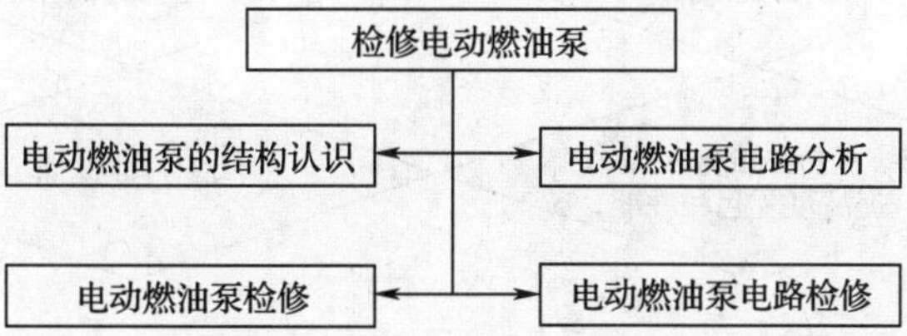

任务准备

一、电控发动机电动燃油泵电动机检修

1. 双腔油箱盖原理

空气阀弹簧较蒸气阀弹簧软，当油箱产生真空时，空气阀打开，进入新鲜空气，防止油箱产生真空。当油箱内燃油蒸气压力大于 120 kPa 时，蒸气阀打开，保持油箱内压力正常。双腔油箱盖如图 1—2—1 所示。（现代轿车由于有活性炭罐，所以蒸气阀已经取消。）

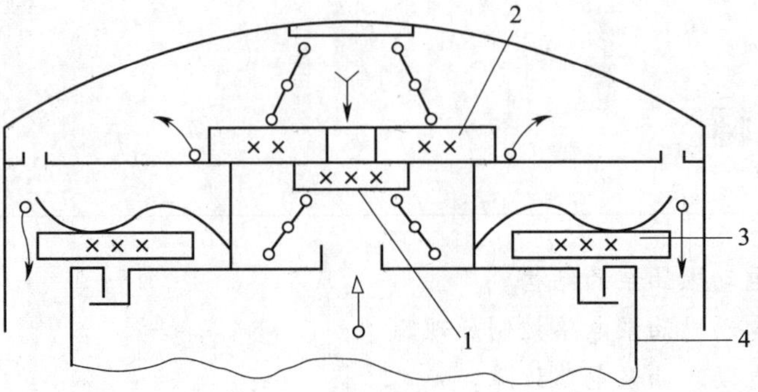

图 1—2—1　双腔油箱盖
1—空气阀　2—蒸气阀　3—密封垫与弹簧片　4—管口

思考： 如果空气阀堵塞，油箱产生真空，对发动机电动燃油泵有什么影响？

2. 电动汽油泵

（1）电动燃油泵的作用。电动燃油泵是燃油供给系统中一个重要的部件，它在系统中的作用如图 1—2—2 所示。

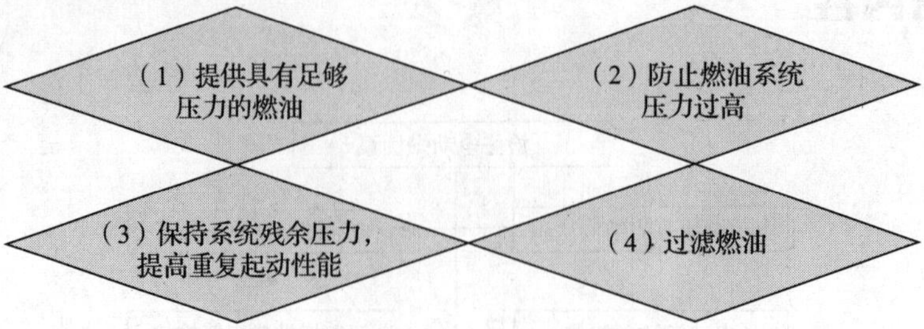

图 1—2—2　电动燃油泵的作用

（2）电动燃油泵的安装位置。目前电动燃油泵一般都安装在汽车的油箱内，位于行李箱或后排座椅下面，如图 1—2—3 所示。油箱内安装电动燃油泵，安装管路简单，不容易产生气阻和漏油现象。

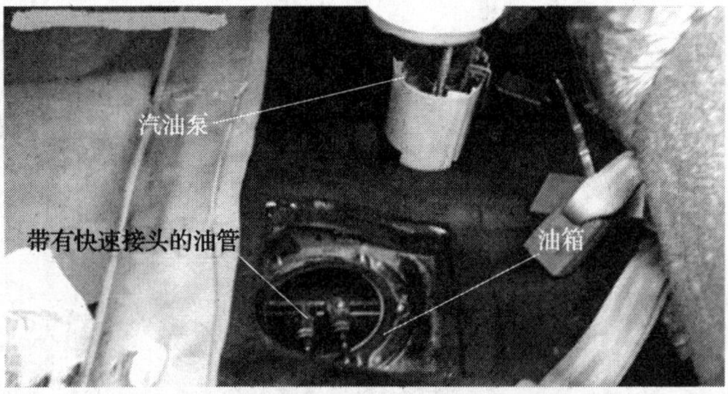

图 1—2—3 电动燃油泵安装位置

（3）电动燃油泵的类型。现代电控发动机用的电动燃油泵主要有滚柱泵、齿轮泵等。

滚柱泵泵体部分由转子（与泵套偏心安装）、转子外围的泵套、转子和泵套之间起密封作用的滚柱等构成。电动机转动时带动转子转动，在离心力作用下，滚柱贴着泵套内壁转动，由于转子和泵套偏心安装，使转子、滚柱和泵套三者所包容的容积发生周期性变化，使汽油从一侧的吸入口吸入，从另一侧的排出口排出。从吸入口吸入的汽油，由泵室排出后，在电动机壳体内经单向阀、阻尼稳压器送到排出口。滚柱泵的工作原理如图 1—2—4 所示。

齿轮泵的工作原理与滚柱泵相似。它由带外齿的主动齿轮、带内齿的从动齿轮和泵套组成，从动齿轮与主动齿轮偏心安装。主动齿轮被燃油泵电动机拖动旋转，由于齿轮啮合，则带动从动齿轮一起旋转。在从动齿轮和主动齿轮的内外齿啮合的过程中，由内外齿所围合的腔室将发生容积大小的变化，这样，若合理地设置进出油口的位置，即可利用这种容积的变化将燃油以一定的压力泵出。齿轮泵的工作原理如图 1—2—5 所示。

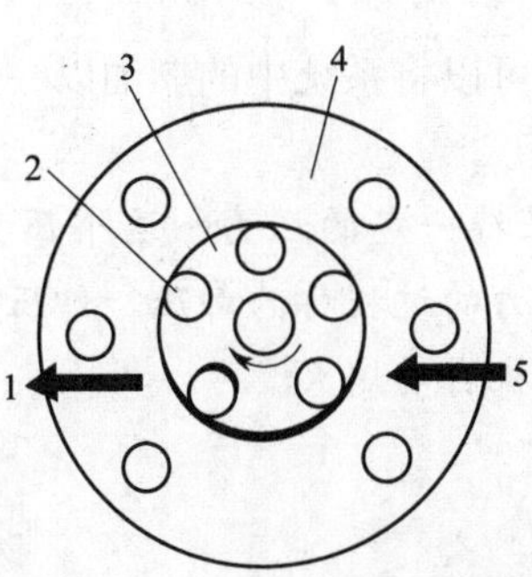

图 1—2—4 滚柱泵的工作原理

1—出口 2—滚柱 3—转子 4—泵隔圈 5—进口

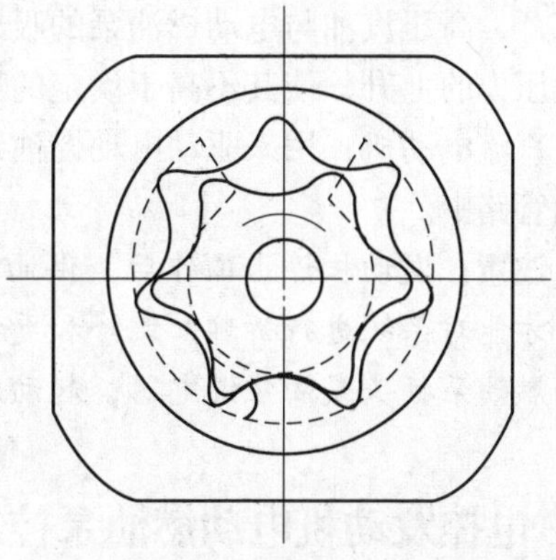

图 1—2—5 齿轮泵的工作原理

（4）电动燃油泵的组成。电动燃油泵主要由滤网、单向阀、安全阀、直流电动机、油泵等部件组成，如图 1—2—6 所示。各个部件的作用如下：

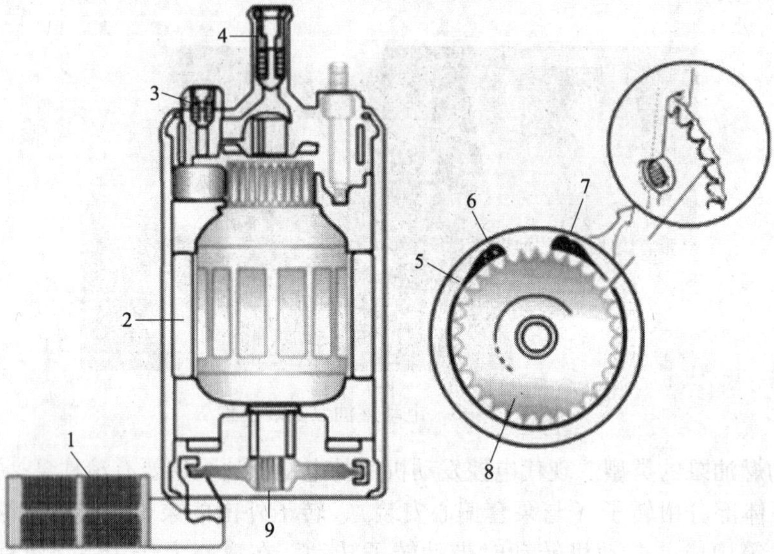

图 1—2—6　电动燃油泵的结构

1—滤网　2—电动机　3—卸压阀　4—单向阀　5—壳体　6—出口　7—入口　8—叶轮　9—涡轮机构

滤网：用来滤除燃油中的杂质。

单向阀：当发动机熄火，电动燃油泵刚刚停止输送燃油时，单向阀立即关闭，以保持油泵和压力调节器之间的燃油具有一定压力，该压力称为残余压力。一般说来，汽油一遇高温就要产生蒸气，汽油蒸气会引起电动燃油泵及喷油器的工作性能下降，会造成发动机在高温情况下不易起动。设置单向阀可以在燃油输送管路内维持一定的压力，以使发动机在高温情况下的起动变得容易。

安全阀：在工作中排出口下游因某些原因出现堵塞时，安全阀可以防止发生管路破损和燃油泄漏事故。电动燃油泵工作时，当排出口出现堵塞、工作压力上升到 400 kPa 时，安全阀打开，高压汽油与电动燃油泵的吸入侧连通，汽油在泵和电动机内部循环，这样可以防止燃油压力的上升，使其不高于设定的压力值。

直流电动机：用来驱动电动燃油泵运转，运转后可以将系统中的燃油以一定压力输送到燃油管路中。

注意： 发动机停止工作后，供油管路仍长时间保持一定的压力，这个压力必须被释放后，才能对系统进行拆卸、维修和更换元件，释放压力的过程称为卸压。卸压的方法是拔下电动燃油泵插头或油泵继电器，起动发动机直到发动机自动熄火。

二、电控发动机电动燃油泵控制电路检修

电动汽燃泵通常只有在发动机起动和运转时才工作。在打开点火开关时，为建立系统油

压，电动燃油泵往往会运行 2 ~5 s，以便发动机能顺利起动。有的发动机为了控制泵油量，还根据发动机的负荷和转速等情况，对电动燃油泵的转速进行控制。电动燃油泵工作的控制通常是指对油泵电路中电动燃油泵继电器的控制。

1. 单速控制的电动燃油泵电路

单速控制的电动燃油泵电路如图 1—2—7 所示。

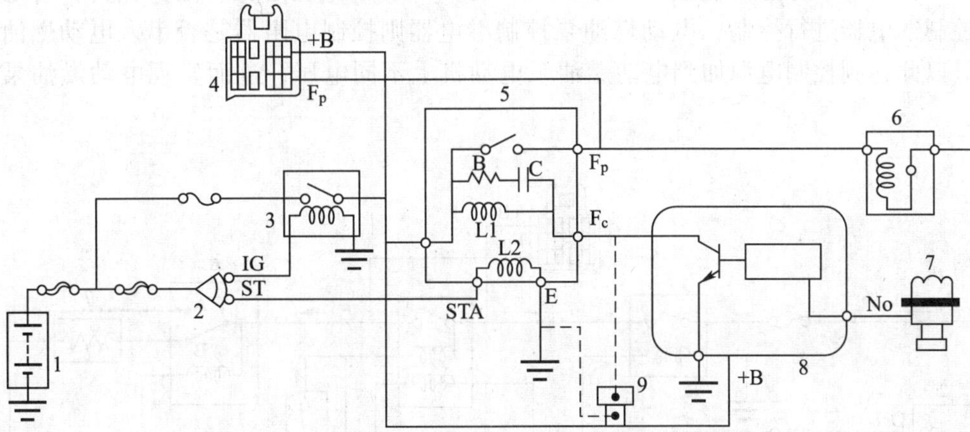

图 1—2—7　单速控制的燃油泵电路

1—蓄电池　2—点火开关　3—主继电器　4—检查连接器　5—燃油泵继电器　6—电动燃油泵　7—分电器　8—ECU　9—燃油泵检查插头

发动机起动时，点火开关的 ST（起动）端接通，电动燃油泵继电器线圈 L2 通电，其触点闭合，电动燃油泵通电工作。发动机运转时，发动机转速信号（Ne）输入 ECU，使三极管 VT 导通，电动燃油泵继电器线圈 L1 通电。因此，只要发动机运转，电动燃油泵继电器触点总是闭合的。ECU 通过发动机转速信号，来检测发动机运转状态。如发动机停止转动，此时没有转速信号（Ne）输入 ECU，三极管 VT 截止，电动燃油泵继电器线圈 L1 断电，其触点断开，燃油泵停止工作。

（1）主继电器。主继电器英文缩写 EFI RELAY 或 MAIN（主要的、重要的）RELAY，因为此继电器吸合后给发动机计算机（ECU）提供工作电源（+B），因此称为主继电器。如果 ECU 没有工作电源，会发生以下故障：

1）ECU 不喷油、不点火，无法着车。

2）KEY—ON，仪表发动机故障报警灯不点亮。

3）故障诊断仪无法与 ECU 通信。

（2）电动燃油泵继电器。电动燃油泵继电器英文为 FUEL PUMP RELAY（FP）。

对于检查连接器，用跨接线连接插座内的 + B 端子和 FP 端子，当点火开关位于接通（ON）位置时，蓄电池电压直接作用在燃油泵上，燃油泵应该工作，此时应能听到燃油流动的声音。否则，需要进一步检查燃油泵及其线路。

2. 双速控制的电动燃油泵电路

电动燃油泵的双速控制就是根据发动机的不同工况改变电动燃油泵的转速，从而获得不同的单位时间供油量，以改善发动机的性能，如图 1—2—8 所示为电阻器式电动燃油泵转速控制电路。丰田凯美瑞和雷克萨斯 LS400 就用这种控制方式，它在油泵控制电路中，增设一个电阻器（降压电阻）和电动燃油泵控制继电器（或叫电阻器旁路继电器）对电动燃油泵转速进行二级控制（高速、低速）。发动机工作时，ECU 根据发动机转速和负荷，对电动燃油泵控制继电器进行控制，电动燃油泵控制继电器则控制电阻器是否串入电动燃油泵电路中，以此达到控制电源加到电动燃油泵电动机上不同电压，进而实现电动燃油泵转速变化。

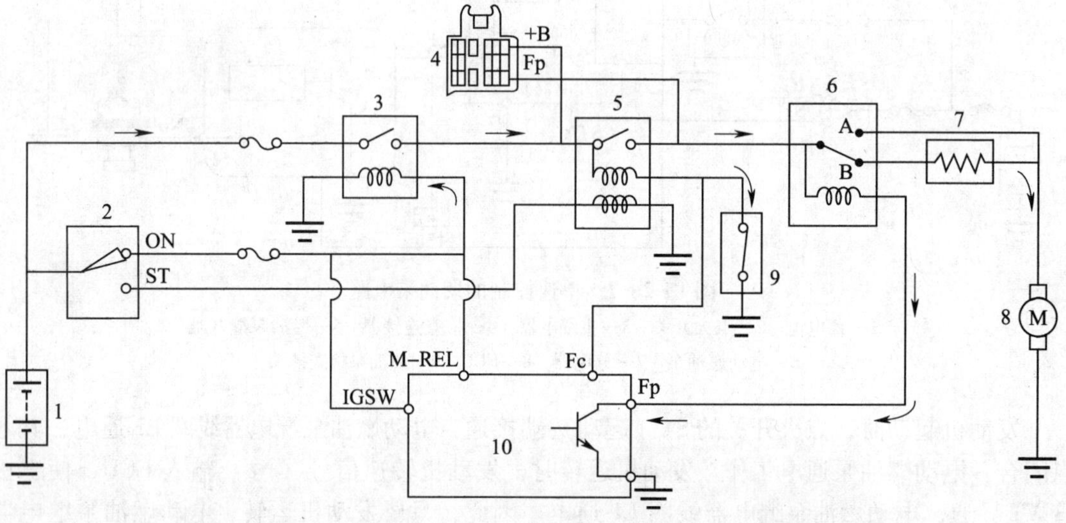

图 1—2—8　电阻器式高低速控制的电动燃油泵电路

1—蓄电池　2—点火开关　3—主继电器　4—检查连接器　5—断路继电器
6—电动燃油泵继电器　7—电阻器　8—电动燃油泵　9—油泵开关（空气流量计内）　10—ECU

发动机在低速或中小负荷下工作时：电动燃油泵控制继电器触点 B 闭合，电阻器串入电动燃油泵电路中，电动燃油泵以低速运转。当发动机在高转速、大负荷下工作时，ECU 输出信号，切断电动燃油泵控制继电器线圈电路，使继电器触点 A 闭合，此时电阻器被旁路，电动燃油泵电动机直接与电源相通，电动燃油泵处于高速运转状态。

3. 丰田卡罗拉电动燃油泵电路

丰田卡罗拉电动燃油泵电路如图 1—2—9 所示。打开点火开关，MREL（Main Relay）端子输出 12 V 电源，主继电器吸合。FC 端子搭铁 2 ~ 3 s，电动燃油泵电动机工作 2 ~ 3 s。

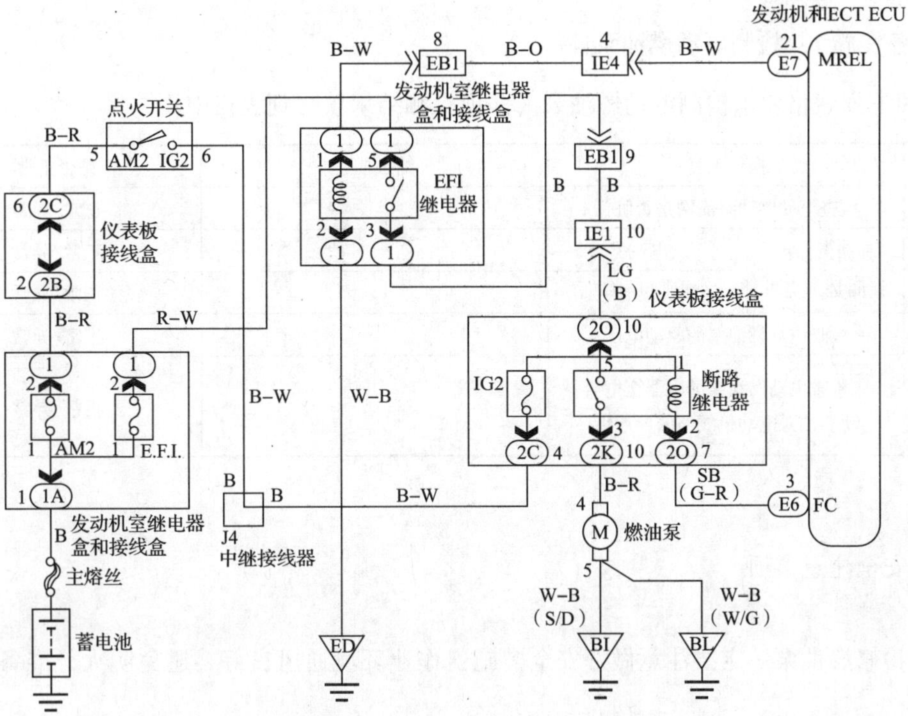

图 1—2—9 丰田卡罗拉电动燃油泵电路

任务实施

查阅教材或其他技术资料，小组合作完成下列问题。

电动燃油泵结构如图 1—2—10 所示，请填写图中箭头所示部件的名称。

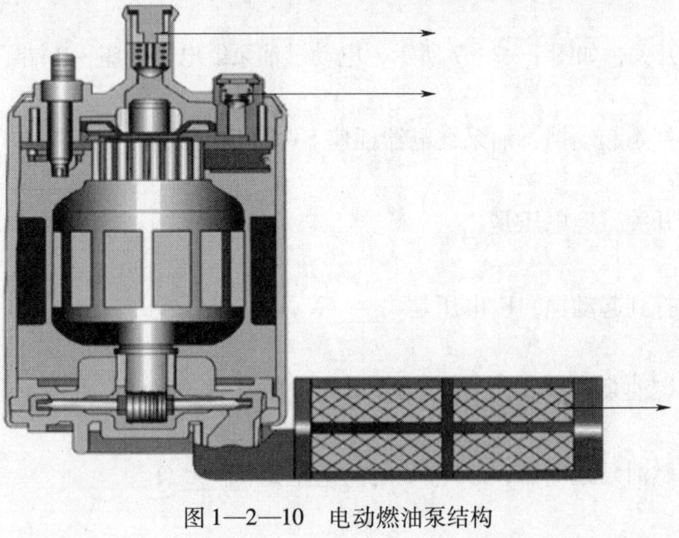

图 1—2—10 电动燃油泵结构

任务实施 1：检测电动燃油泵性能

按照下列表格要求检测电动燃油泵，并把检测结果填写到表格中。

序号	操作项目		结果描述	是否正常
1	检查电动燃油泵滤网是否脏污			正常/异常
2	判断电动机线圈是否烧坏	通电试验		正常/异常
		测线圈电阻		正常/异常
3	检查电动燃油泵的驱动电压			正常/异常
4	检查电动燃油泵继电器至电动燃油泵电动机线路的导通性			正常/异常

安全注意事项

1．检修燃油泵一定要注意做好安全措施：作业环境通风良好，避免明火，准备好灭火器材等。

2．电动燃油泵通电试验时间不要超过 10 s，以免烧坏线圈。

任务实施 2：检测电动燃油泵电动机线路性能

1．打开点火开关，燃油表传感器信号线电压为______V，线路颜色为______色。
正常/异常

2．燃油油量过低报警灯信号线电压为______V，线路颜色为______色。
正常/异常

3．起动发动机，电动燃油泵电动机电源线电压为______V，线路颜色为______色。
正常/异常

4．打开点火开关，如图 1—2—7 所示，电动燃油泵继电器插座 +B 端子电压是______V。
正常/异常

5．点火开关打到起动挡，油泵继电器插座 ST 端子电压是______V。
正常/异常

6．打开点火开关，F_C电压是______V。
正常/异常

7．点火开关打到起动挡，F_C电压是______V。
正常/异常

8．检测电动燃油泵继电器，+B 与 Fc 之间电阻是______Ω。
正常/异常

9．检测电动燃油泵继电器，ST 与 E 之间电阻是______Ω。
正常/异常

教师检查签名

回顾该工作页的目标，如果你对目标中的哪一部分还不清楚，要请教教师。如果认为已经达到了该工作页的目标，则请教师检查你的工作，并在该工作页上签字。

教师签名____________________

任务总结

一、任务评价

对本学习任务进行评价，见表1—2—1。

表1—2—1　　评分表

考核项目	评分标准	分数	学生自评	小组互评	教师评价	小计
团队合作	是否和谐	5				
活动参与	是否积极主动	5				
安全生产	有无安全隐患	10				
现场5S	是否做到	5				
任务方案	是否正确、合理	20				
操作过程	1. 电动燃油泵电动机电阻测量 2. 电动燃油泵电动机电路检查 3. 电动燃油泵继电器测量	30				
任务完成情况	是否圆满完成	5				
工具、设备使用	是否规范、标准	10				
劳动纪律	是否严格遵守	5				
工单填写	是否完整、规范	5				
总分		100				
教师签名			年　月　日		得分	

二、理论知识检验

1. 下列说法正确的是（　　）。

A. 双腔油箱盖空气阀防止油箱产生真空　　B. 双腔油箱盖空气阀防止油箱压力过高

C. 双腔油箱盖蒸气阀防止油箱压力过高　　D. 双腔油箱盖蒸气阀防止油箱产生真空

2. 下列说法正确的是（　　）。

A. 电动燃油泵电动机的单向阀损坏造成发动机难起动

B. 电动燃油泵电动机的滤网堵塞造成发动机难起动

C. 选项A、B都正确

D. 选项A、B都不正确

3. 下列说法正确的是（　　）。
A. 电控发动机电动燃油泵电动机都安装在油箱内
B. 电控发动机电动燃油泵电动机的工作都受发动机 ECU 控制
C. 电控发动机电动燃油泵电动机的控制电路都有电动燃油泵继电器
D. 以上都不正确
4. 下列说法正确的是（　　）。
A. 如果发动机主继电器损坏，发动机起动不着车
B. 如果发动机主继电器损坏，发动机 ECU 不工作
C. 只要打开点火开关主继电器就一直工作
D. 以上都不正确
5. 下列说法正确的是（　　）。
A. 如果发动机主继电器损坏，发动机故障报警灯一直常亮
B. 如果发动机主继电器损坏，发动机故障报警灯一直不亮
C. 如果发动机主继电器损坏，解码器无法与发动机 ECU 进行数据传输
D. 以上都不正确
6. 下列说法正确的是（　　）。
A. 电动燃油泵继电器的英文代号为 FP Relay
B. 电动燃油泵继电器的英文代号为 Pump Relay
C. 电动燃油泵继电器的英文代号为 Fuel Relay
D. 以上都正确

任务 1.3　喷油器检修

任务目标

1. 能描述喷油器的结构与工作原理。
2. 能描述喷油器的喷油模式。
3. 能检修喷油器故障。
4. 能检修喷油器控制电路常见故障。

任务描述

一辆大众帕萨特轿车，行驶里程为 150 000 km，发动机怠速时出现有规律的抖动，经某4S 店专业维修人员检测，读取故障码显示“3 缸失火”，检查发现 3 缸有高压火，更换火花

塞后故障依旧。请问：如果你作为一名专业的维修人员，你准备如何进行检查与维修？请制定一份维修方案并按作业规范实施检修作业。

任务内容

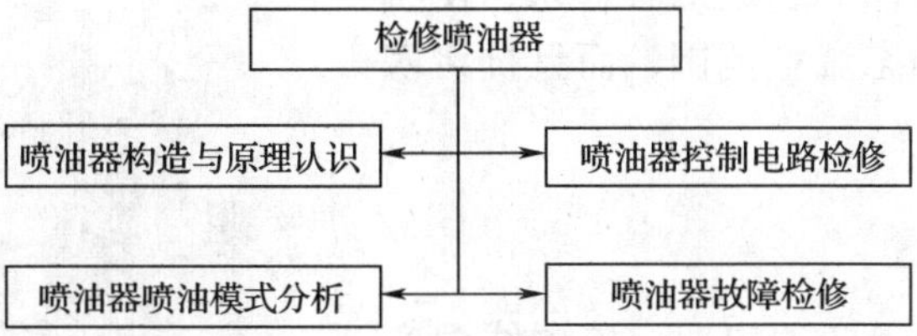

任务准备

一、喷油器结构与原理

1. 按照电阻值不同分类

按照喷油器线圈的阻值大小，喷油器可以分为高阻值型和低阻值型。低电阻喷油器电磁线圈电阻值为 2 ~5 Ω，高电阻喷油器电磁线圈电阻值为 10 ~17 Ω。

2. 按照内部结构分类

按照内部结构的不同，喷油器可以分为轴针式、球阀式、片阀式三种，如图 1—3—1 所示。

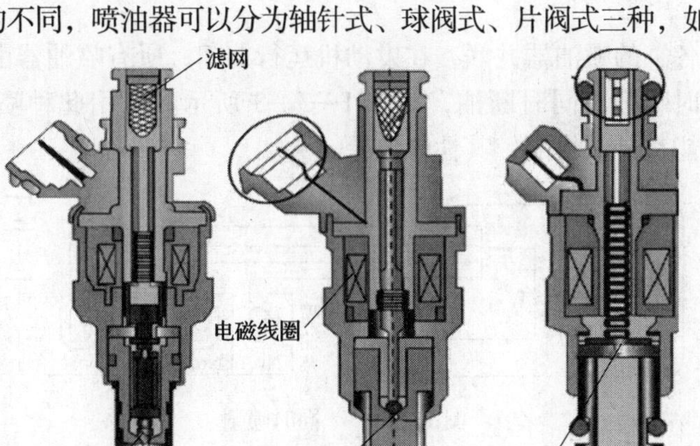

a）　　b）　　c）

图 1—3—1　喷油器三种结构

a）轴针式　b）球阀式　c）片阀式

（1）轴针式电磁喷油器。喷油时，衔铁带动针阀从其座面上升约 0.1 mm，燃油从精密间隙中喷出。为使燃油充分雾化，针阀前端磨出一段喷油轴针，喷油器吸动及下降时间为

1 ~1.5 ms。

（2）球阀式电磁喷油器。球阀的阀针质量轻，弹簧预紧力大，可获得更加宽广的动态流量范围。球阀具有自动定心作用，密封性好。同时，球阀简化了计量部分的结构，有助于提高喷油量精度。

（3）片阀式电磁喷油器。质量轻的阀片和孔式阀座与磁性优化的喷油器总成结合起来，使喷油器不仅具有较大的动态流量范围，而且抗堵塞能力较强。

3. 喷油器工作原理

喷油器相当于电磁阀，通电时，电磁线圈产生电磁力，衔铁及针阀吸起，喷油器开启，汽油经喷孔喷入进气道或进气管，如图 1—3—2 所示。断电时，电磁力消失，衔铁及针阀在复位弹簧的作用下将喷孔封闭，喷油器停止喷油。喷油器的通电、断电由电控单元以电脉冲控制，喷油量由电脉冲宽度决定。一般针阀升程约为 0.1 mm，喷油持续时间为 2 ~10 ms。

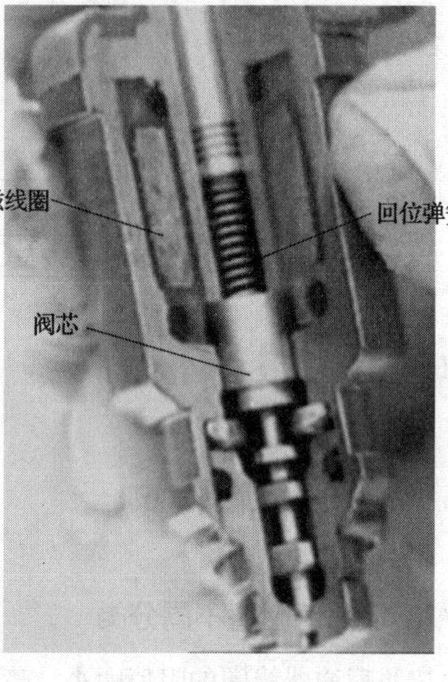

图 1—3—2　喷油器喷油过程

二、喷油器控制电路

1. 同时喷射

同时喷射是将各缸的喷油器并联，在发动机运行期间，所有喷油器由电控单元的同一个喷油指令控制，同时喷油，同时断油，如图 1—3—3 所示。采用此种喷射方式，对各缸而言，喷油时刻不可能都是最佳的，其性能较差。

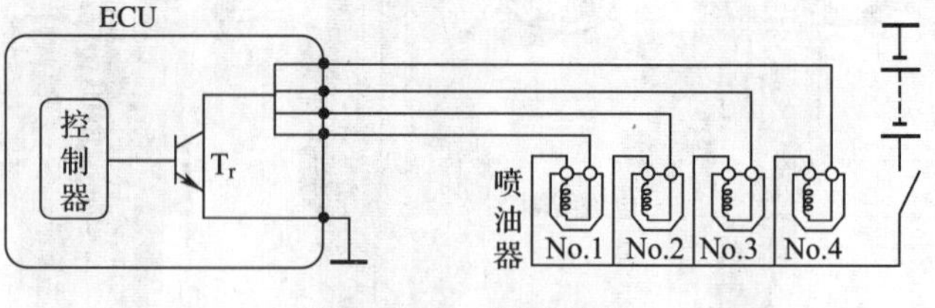

图 1—3—3　同时喷射

采用同时喷射方式的电控燃油喷射系统，一般都是曲轴每转一圈，各缸同时喷油一次，对每个气缸来说，每一次燃烧所需的供油量需要喷射两次，即曲轴每转一圈喷射 1/2 的油量。

2. 分组喷射

分组喷射是将各缸的喷油器分成几组，它是同时喷射的变形方案，电控单元向某组的喷油器发出喷油或断油指令时，同一组的喷油器同时喷油或断油，如图 1—3—4 所示。

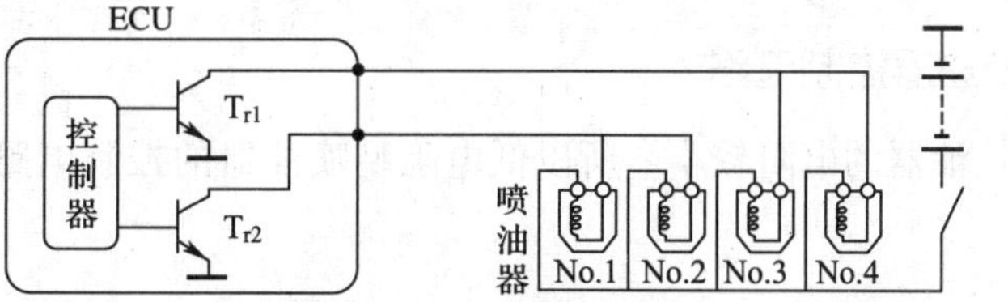

图 1—3—4　分组喷射

3. 顺序喷射

顺序喷射是指各缸喷油器由电控单元分别控制，按发动机各缸的工作顺序喷油；大部分发动机电控燃油喷射系统采用顺序喷射，如图 1—3—5 所示。

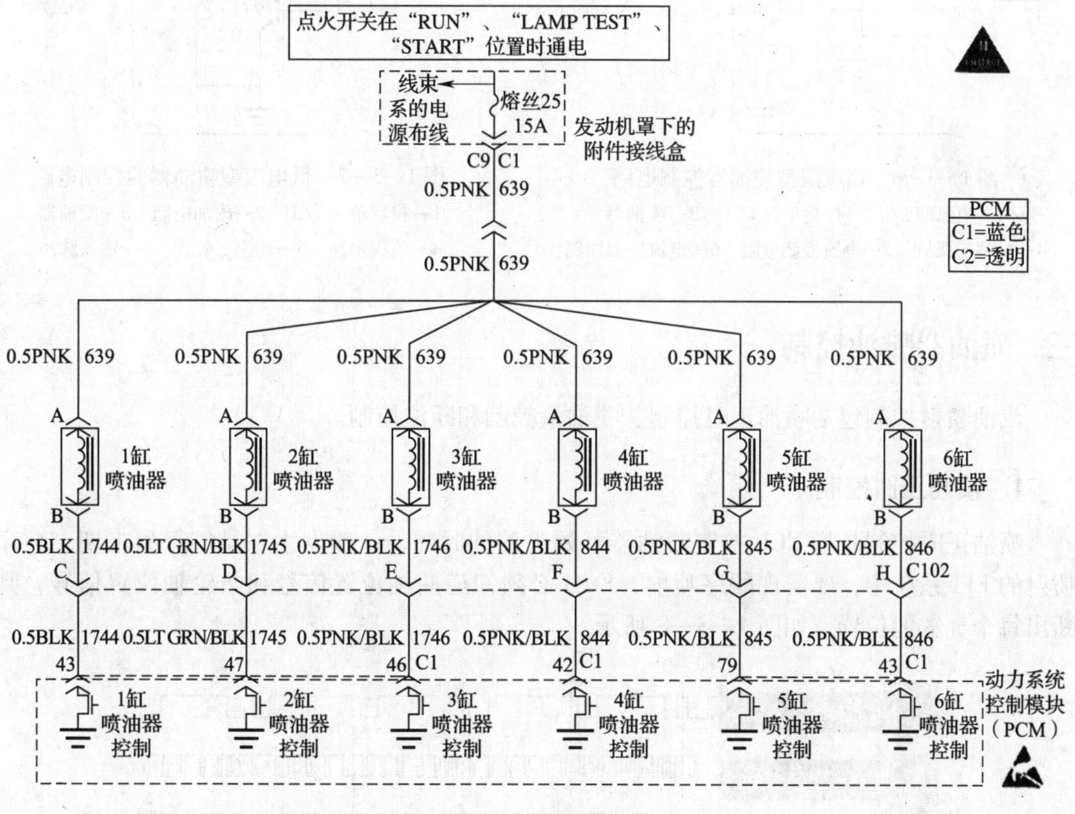

图 1—3—5　顺序喷射

4. 高电阻型喷油器控制电路

高电阻型喷油器是 ECU 通过控制喷油器的搭铁信号来实现对喷油器的控制。由于在 ECU 切断喷油器的搭铁回路时，喷油器电磁线圈两端会产生很高的感应电动势，此反向电压与电源电压一起加在 ECU 的功率放大器上，可能会将其击穿而损坏。因此，为了保护 ECU，通常在喷油器的驱动回路中设有消弧回路。高电阻型喷油器控制电路如图1—3—6 所示。

5. 低电阻型喷油器控制电路

由于低电阻型喷油器的电阻较小，所以低电阻型喷油器的控制电路中串联有附加电阻，如图 1—3—7 所示。

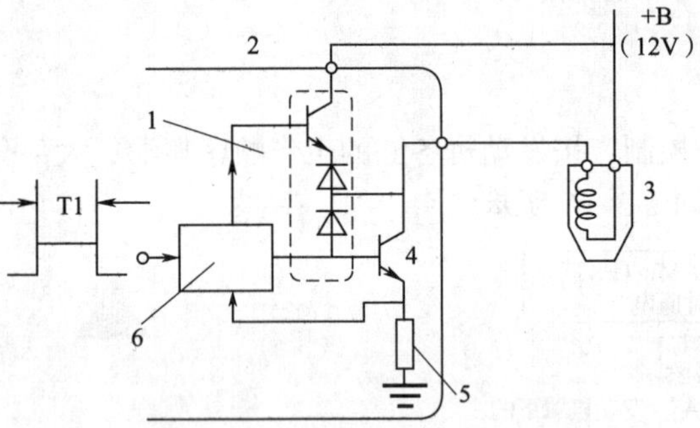

图 1—3—6 高电阻型喷油器控制电路

1—消弧回路 2—控制单元 ECU 3—喷油器

4—功率三极管 5—电流检测电阻 6—电流控制回路

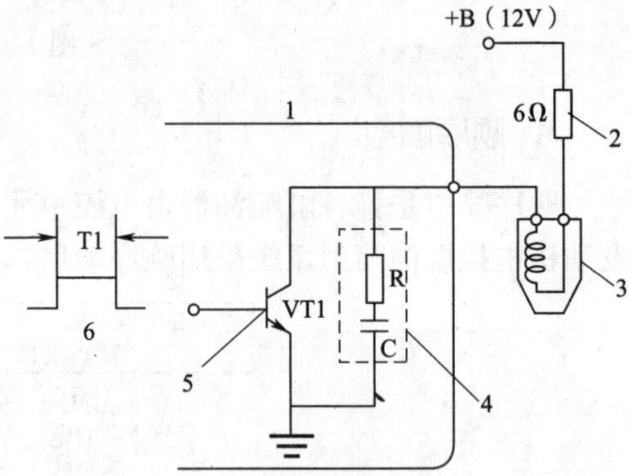

图 1—3—7 低电阻型喷油器的控制电路

1—控制单元 ECU 2—附加电阻 3—喷油器

4—消弧电路 5—功率三极管 6—输入脉冲

三、喷油器喷油控制

汽油喷射控制包括喷油正时控制、喷油量控制和断油控制。

1. 喷油正时控制

喷油正时控制是指 ECU 控制喷油器开始喷油的时间，一般发生在排气行程末期。顺序喷射的 EFI 系统中，要实现顺序喷射，ECU 必须知道曲轴位置信号和凸轮轴位置信号，判断出每个气缸的位置，如图 1—3—8 所示。

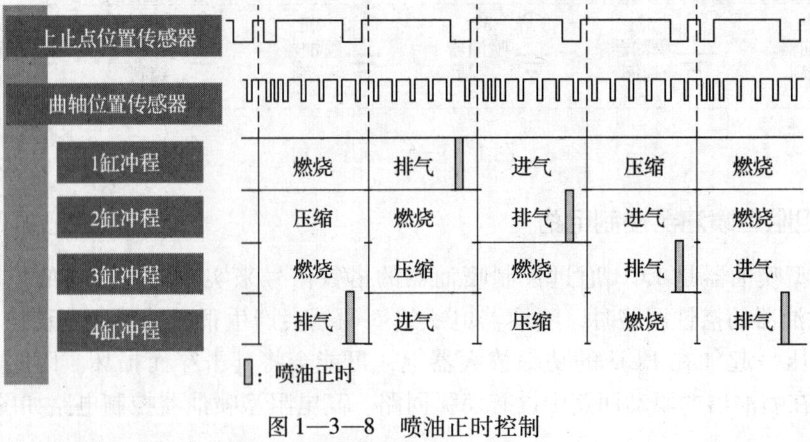

图 1—3—8 喷油正时控制

2. 喷油量控制

喷油量控制能保证发动机在各种运行工况下都获得最佳的混合气浓度，以提高发动机的经济性和降低排放污染。在电控燃油喷射系统中，喷油量控制是通过控制喷油器喷油时间来实现的，控制模式分为发动机起动时的喷油量控制和发动机起动后的喷油量控制两种。

(1) 发动机起动时的喷油量控制。在发动机起动时，由于转速变化很大，无论是 D 型还是 L 型电控系统，都不能精确地确定进气量，也就无法确定合适的基本喷油时间，所以发动机起动时喷油量控制先由 ECU 根据点火开关、曲轴位置传感器和节气门位置传感器提供的信号，判断发动机应为起动状态，再根据冷却液温度传感器信号确定基本喷油量。

(2) 发动机起动后的喷油量控制。发动机起动后，喷油器总喷油量由基本油量、修正量和额外增量组成。

1）基本喷油量确定。D 型基本喷油量是 ECU 根据发动机转速信号和进气管绝对压力信号来确定的。L 型基本喷油量是 ECU 根据发动机转速信号和空气流量计信号来确定的。

2）修正量确定。ECU 在确定基本喷油时间的同时，还必须根据各种传感器输送来的发动机运行工况信息，对基本喷油时间进行修正。

①进气温度传感器。ECU 根据进气温度传感器提供的进气温度信号，对喷油时间进行修正。通常以 20℃为进气温度信息的标准温度，低于 20℃时空气密度大，ECU 适当增加喷油时间，使混合气不致过稀；进气温度高于 20℃时，空气密度减小，适当减少喷油时间，以防止混合气偏浓。增加或减少的最大修正量约为 10%。

②大气压力传感器。当发动机工作时，ECU 根据大气压力传感器信号确定修正系数的大小。但对于使用热膜式或热线式空气流量计的电控系统，由于直接检测进入发动机的空气量，所以进气量多少与大气压力无关，喷油量不需要修正。

③氧传感器。当 ECU 接收到氧传感器输入的电压信号高于 0.5V 时，表示混合气偏浓，空燃比偏小，则 ECU 发出控制指令修正喷油量，使其减少，让混合气逐渐变稀，空燃比逐渐增大。当 ECU 接收到氧传感器的电压信号低于 0.5 V 时，表示混合气偏稀，空燃比偏大，则 ECU 发出控制指令修正喷油量，使其增加，让混合气逐渐变浓，空燃比逐渐减小。

④蓄电池电压。蓄电池电压的高低对喷油器的开启滞后时间有影响，电压低时，开启滞后时间长，则实际喷油量会减少，为此 ECU 必须根据蓄电池电压大小来修正喷油量。当蓄电池输入 ECU 的电压低于 14 V 时，则 ECU 将增加喷油器的喷油量。

⑤暖机增量。发动机起动后暖机过程中，由于发动机温度较低，燃油雾化不好，会使混合气变稀，燃烧不稳定，甚至容易熄火，必须增加喷油量。ECU 根据冷却液温度传感器信号，增加喷油时间，进行暖机加浓。随着发动机的温度上升，喷油时间逐渐减小，直到发动机水温超过 60℃才停止加浓，喷油器增量为 0。

⑥加速增量。当发动机 ECU 收到急加速信号时，即收到节气门位置传感器变化速率增

大、进气量突然增加的信号时，ECU 立即发出指令给各缸喷油器，使其以一个固定的喷油时间同时向各缸增加一次喷油，以便改善加速性能。

3. 断油控制

（1）减速断油控制。减速断油控制是当发动机在高速运转过程中突然减速时，ECU 自动控制喷油器中断燃油喷射，直到发动机转速下降到设定的转速时，再恢复喷油。这样，可以防止混合气过浓，降低碳氢化合物及一氧化碳的排放量。

减速断油控制的条件如下：

1）节气门位置传感器的怠速触点闭合。

2）冷却液温度已达到正常温度。

3）发动机转速高于某一转速。

（2）限速断油控制。发动机运转过程中，ECU 随时都将曲轴位置传感器测得的发动机实际转速与储存器中存储的极限转速进行比较。当实际转速达到或超过安全转速 80 ~ 100 r/min 时，ECU 就发出停止喷油指令，喷油器停止喷油，限制发动机转速进一步提高。喷油器停止喷油后，发动机转速将降低，当发动机转速下降至安全转速 80 ~ 100 r/min 时，ECU 将控制喷油器恢复喷油。

（3）清溢流断油控制。起动发动机时，如果多次起动未能着火，将会使浓混合气进入气缸并浸湿火花塞，使其不能跳火而出现发动机不能起动现象，这种火花塞被混合气浸湿的现象称为“溢流”或“淹缸”。

当出现溢流现象时，发动机将不能正常起动。这时可将发动机油门踏板踩到底，接通起动开关起动发动机，ECU 自动控制喷油器停止喷油，以便排除气缸内的燃油蒸气，使火花塞处于干燥状态，并能跳火，这种控制称为清溢流断油控制。

清溢流断油控制的条件如下：

1）点火开关处于起动位置。

2）节气门全开。

3）发动机转速处于 500 r/min。

在正常起动电控发动机时，不要踩下油门踏板，否则电控系统可能进入清溢流断油控制而使电控发动机无法起动。

（4）升挡断油控制。电控自动变速器汽车在行驶过程中，如果变速器需要自动升挡，变速器 ECU 会向发动机 ECU 发出扭矩降低信号，发动机 ECU 接收到这个信息后，立即发出指令，使个别气缸停止喷油，以便降低发动机转速，减轻换挡冲击，这种控制称为升挡断油控制。

四、喷油器故障检测

1. 喷油器常见故障

喷油器常见的故障包括机械故障和电路故障。机械故障包括喷油器针阀卡滞、喷油器阻塞及泄漏，当喷油器出现上述故障后，会引起机械动作失效，从而影响发动机的正常运转，有时甚至会使发动机出现严重故障。

（1）喷油器针阀卡滞。喷油器的工作是受发动机控制单元控制的，当发动机控制单元发出信号时，喷油器的电磁线圈通电后产生吸力从而驱动喷油器针阀动作。由于针阀与阀座的间隙被残存的黏胶物阻塞，致使针阀动作发涩不能正常打开，从而影响正常的喷油量。喷油器发生针阀卡滞故障后，发动机会出现起动困难、怠速不稳、加速不良等症状。产生喷油器卡滞的主要原因是使用了劣质汽油，因为劣质汽油中存在较多的石蜡和胶质，从而导致喷油器针阀卡滞。

（2）喷油器阻塞。喷油器阻塞故障可分为喷油器内部阻塞和喷油器头部外部阻塞。喷油器内部阻塞产生的原因多是汽油中混入杂质和污物，阻塞喷油器内部针阀的运动间隙，使喷油器机械动作异常。当喷油器发生堵塞故障后，发动机会相应出现起动困难、怠速不稳、加速不良等症状，情况严重时甚至会造成发动机严重抖动，并引发相关机械原件异常磨损。

（3）喷油器泄漏。喷油器泄漏故障一般分为内部泄漏和外部泄露两种情况。喷油器内部泄漏的原因多是其在使用中磨损，造成其在系统压力的作用下，不断向进气歧管内泄漏燃油。喷油器外部泄漏多发生在喷油器和油轨连接处，多是密封面密封不严。若汽油泄漏在进气歧管外部，油滴在气缸体上，遇热后会在发动机舱内蒸发，一旦出现电火花，随时都会引起火灾，后果很严重。当喷油器发生内部泄漏后，会造成喷油器喷射出的燃油雾化不好，引起发动机运转不平稳，混合气燃烧不完全，排气管冒黑烟的现象，并会导致车辆的燃油消耗量明显增加。当喷油器发生外部泄漏故障后，会导致发动机起动困难、怠速熄火、动力性下降、耗油量增加、运转喘振和加速不良等故障的发生。另外，当喷油器与进气管连接处的密封面破损后，还会导致进气系统泄漏，致使额外的空气进入发动机燃烧室，造成混合气偏稀，引起发动机运转异常。

2. 喷油器的检测

喷油器的检测一般包括雾化性能检测、密封性检测、电阻检测、喷油量检测四个项目，具体方法如下：

（1）雾化性能的检测。喷油器所喷燃油的雾化情况和油束形状对发动机工作影响很大，如果油束形状合理，雾化效果好，那么发动机就会获得冷起动性好、怠速平稳、排污少的效果。雾化质量与喷油压力、喷射位置、喷油器结构、积炭情况等因素有关。喷雾角大于70°。喷油器清洗机能够清洗喷油器，能够测试喷油器的喷油量、喷射角度、雾化程度。喷油器清洗实物如图1—3—9所示。

（2）密封性的检测。喷油器针阀（或球阀、片阀）的升程很小，一般为0.1 ~ 0.2 mm，在百分之一秒左右的时间内开启和关闭，所以喷油器是一个特别精密的装置。如果燃油中含有杂质，将会影响喷油器的正常工作。为了避免喷油器被杂质堵塞，现在汽车除了在供油管路中安装了燃油滤清器外，还在每个喷油器尾部也布置一个燃油滤清器。同时，喷油器在进气管上安装的设计也保证它能较好地隔绝从发动机传来的热量，以避免油管内燃油在高温下形成气泡，影响喷油效果。

喷油器一旦出现密封不良故障，将造成发动机混合气过浓。一般要求在规定的燃油压力下，每分钟渗漏量少于一滴。

（3）喷油器的电阻检测。喷油器的电阻检测如图 1—3—10 所示。拔下喷油器插头，测量喷油器两端之间的电阻值，高电阻型喷油器的电阻为 10 ~ 17 Ω，低电阻型喷油器的阻值为 2 ~5 Ω。

图 1—3—9　喷油器清洗机实物

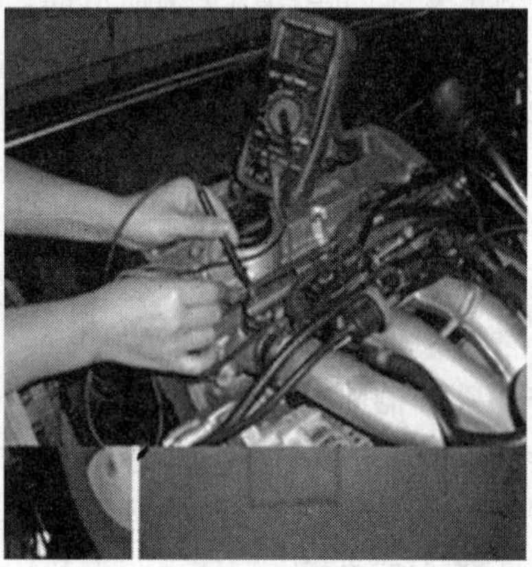

图 1—3—10　喷油器电阻检测

（4）喷油量的检测。如果各缸喷油器的喷油量相差太大，也会造成整个发动机工作不稳定。喷油器的燃油喷射量特性常用静态喷射量和动态喷射量来表示，喷油器的燃油喷射量特性反映了喷油器的实际供油过程。所谓喷油器的静态喷射量，是指喷油器在规定的压力下，使针阀保持在最大开度位置时，单位时间内喷射的燃油量（单位：cm^3/min）。所谓喷油器的动态喷射量，是指某一通电时间内的燃油喷射量，一般以通电时间为 2. 5 ms 时的每一针阀行程的喷射量来表示（单位是 mm^3/str，立方毫米/行程）。喷油器的喷射量特性一般是指喷油器动态喷射量随喷油器电磁线圈通电时间的变化规律，它反映出喷油器通电脉冲宽度的大小与每次喷油量之间的变化关系。

（5）喷油器是否喷油检测。可以使用 LED 试灯检测喷油器是否喷油。将 LED 试灯连接喷油器线束端子，打开点火开关。起动发动机时，LED 灯会闪亮，证明喷油器喷油。

（6）喷油器的安装。安装喷油器时，要注意以下事项：

1）安装喷油器时，一定要用新的垫片和 O 形圈，用过的垫片和 O 形圈不能重复使用。

2）装 O 形圈时要给 O 形圈抹一点润滑脂，不能用机油、齿轮油代替。

3）将喷油器装到输油管后，检查喷油器应能够平稳转动。

4）装完以后要用扭力扳手按规定扭矩拧紧进油管的连接螺栓。

任务实施

查阅教材或其他技术资料，小组合作完成下列问题

1．喷油器按电磁线圈阻值可分为________和________；按驱动方式可分为__________和__________，低阻喷油器电磁线圈的匝数较少，电阻值约为_________，它可以采用电压驱动或__________。高阻喷油器电磁线圈的电阻值约为________，它只能采用电压驱动方式。

2．电控燃油喷射系统中，当活塞处于________行程时，喷油器开始喷油。要实现顺序喷射，ECU 必须知道________信号和________信号。

喷油器检修任务实施规范

1．关闭点火开关，拔下喷油器插头，测量喷油器电阻值是____________Ω。

正常/异常

2．打开点火开关，测量喷油器线束插头，喷油器电源是________V。

正常/异常

3．测量喷油器控制线至 ECU 端子是否导通。

正常/异常

4．通过测量，判断你所实训的发动机喷油器控制属于什么类型。

____类型

5．用试灯连接喷油器线束插头，是否需要判断试灯的正负极？

是/否

6．起动发动机，试灯是否闪亮？

是/否

教师检查签名

回顾该工作页的目标，如果你对目标中的哪一部分还不清楚，要请教教师。如果认为已经达到了该工作页的目标，则请教师检查你的工作，并在该工作页上签字。

教师签名______________________

任务总结

一、任务评价

对本学习任务进行评价，见表1—3—1。

表 1—3—1　　评分表

考核项目	评分标准	分数	学生自评	小组互评	教师评价	小计
团队合作	是否和谐	5				
活动参与	是否积极主动	5				
安全生产	有无安全隐患	10				
现场 5S	是否做到	5				
任务方案	是否正确、合理	20				
操作过程	1. 喷油器电阻测量 2. 喷油器是否喷油检查 3. 喷油器是否滴油检查	30				
任务完成情况	是否圆满完成	5				
工具、设备使用	是否规范、标准	10				
劳动纪律	是否严格遵守	5				
工单填写	是否完整、规范	5				
总分		100				
教师签名			年　月　日		得分	

二、理论知识检验

1. 高电阻喷油器的电阻为（　　）Ω。

A. 2 ~ 5　　B. 5 ~ 10　　C. 10 ~ 17　　D. 17 ~ 20

2. 喷油器在一定油压下要求 1 分钟滴油少于（　　）滴。

A. 0.5　　B. 1.0　　C. 1.5　　D. 2.0

3. 喷油器喷油发生在（　　）行程。

A. 进气行程　　B. 排气行程　　C. 做功行程　　D. 压缩行程

4. 下列说法正确的是（　　）。

A. 冷起动时喷油器多喷油，因为温度低时混合气混合不均匀

B. 喷油器喷油与进气量有关，与温度无关

C. 喷油器喷油与节气门位置传感器无关，喷油量由基本油量、修正量和额外增量组成

D. 电控发动机起动时不应该加油门，否则喷油器不喷油

5. 下列说法正确的是（　　）。

A. 喷油器装 O 形圈时要给 O 形圈抹一点润滑脂，不能用机油、齿轮油代替

B. 喷油器不喷油时 ECU 无法检测并记录喷油器故障码

C. 喷油器不喷油时 ECU 可能记录发动机失火故障

D. 以上都不正确

任务1.4　油 压 测 试

任务目标

1. 能描述燃油供给系统的组成。
2. 能描述燃油压力调节器的作用与工作原理。
3. 能规范检测燃油系统供油压力。
4. 能排除燃油系统常见故障。

任务描述

一辆别克君威轿车，行驶里程为120 000 km，行驶中发动机故障报警灯点亮，同时出现高速动力不足现象，经4S店专业维修人员诊断，故障码显示“氧传感器信号电压低”，更换氧传感器后故障依旧。请问：如果你作为一名专业的维修人员，你准备如何进行检查与维修？请制定一份维修方案并按作业规范实施检修作业。

任务内容

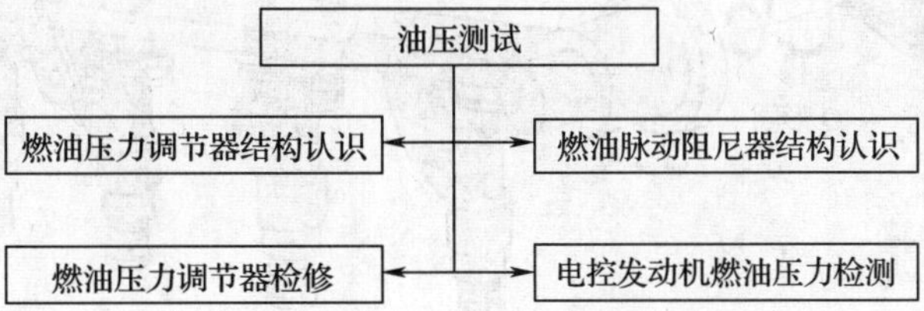

任务准备

一、燃油压力调节器概述

喷油器喷油量的大小与内部阀针开启的时间以及油轨内的压力有关，可以理解为：在同等汽油压力的条件下，阀针开启的时间越长，喷射出的汽油量就越多，反之则喷油量变少。而如果油轨内的压力升高，那么，在单位时间内，由喷油器喷射出的汽油量就会更多。

由于进气歧管内真空度是随发动机工况而变化的，即使喷油信号的持续时间和喷油压力保持不变，工况变化时喷油量也会发生少量的变化。油压调节器工作原理如图 1—4—1 所示，为了得到精确的喷油量，必须使燃油分配管路中的油压 *A* 和进气歧管真空度 *B* 的总和保持不变。燃油压力调节器就是利用进气管真空度变化时膜片带动阀门改变回油量来保证输油管内燃油压力与进气管内气体压力的差值恒定，即根据进气管内压力的变化来调节燃油压力。

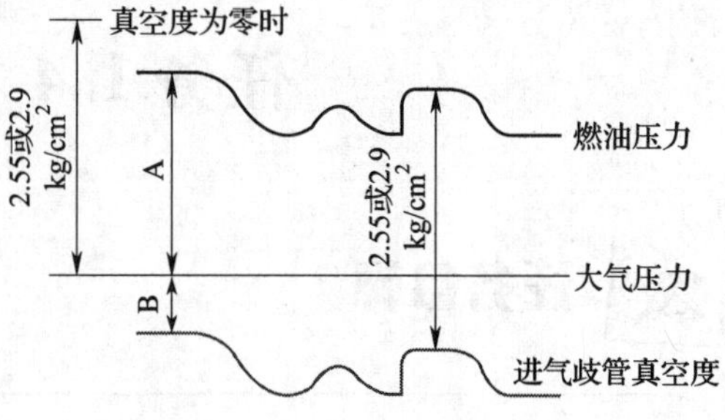

图 1—4—1 油压调节器工作原理

二、燃油压力调节器结构与工作原理

燃油压力调节器根据安装位置分为两种类型，一种与燃油分配管相连，特点是有回油管；另一种在油箱中，特点是无回油管。

1. 有回油管的燃油压力调节器

有回油管的燃油压力调节器通常安装在燃油分配管的一端（燃油分配管的作用是固定喷油器和燃油压力调节器，并将燃油分配给各个喷油器），其安装位置如图 1—4—2 所示。

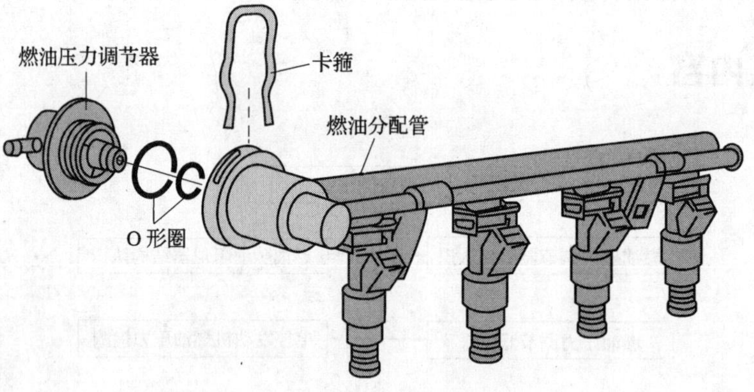

图 1—4—2 燃油压力调节器安装位置

一般燃油压力调节器采用机械膜片式，主要由膜片、弹簧、回油阀等组成，其结构如图 1—4—3 所示。膜片将调节器壳体内部分成两个室，即弹簧室和燃油室；膜片上方的弹簧室通过软管与进气管相通，膜片与回油阀相连，回油阀控制回油量。发动机工作时，燃油压力调节器膜片上方承受的压力为弹簧的弹力和进气管内气体的压力之和，膜片下方承受的压力为燃油压力，当膜片上、下承受的压力相等时，膜片处于平衡位置不动。当进气管内气体压力下降（真空度增大）时，膜片向上移动，回油阀开度增大，回油量增多，使输油管内燃油压力下降；反之，当进气管内的气体压力升高时，则膜片带动回油阀向下移动，回油阀开度减小，回油量减少，使输油管内燃油压力升高。

2. 无回油管的燃油压力调节器

现在一些新款轿车中，燃油压力调节器安装在燃油泵的出口处，将回油管和燃油压力调节器与燃油泵、燃油滤清器、燃油表传感器等组成一体，一起组合安装在燃油箱内，燃油压力调节器和燃油滤清器位于总成的上部，由一条油管将燃油分配管和这个总成连接起来，如图 1—4—4 所示。

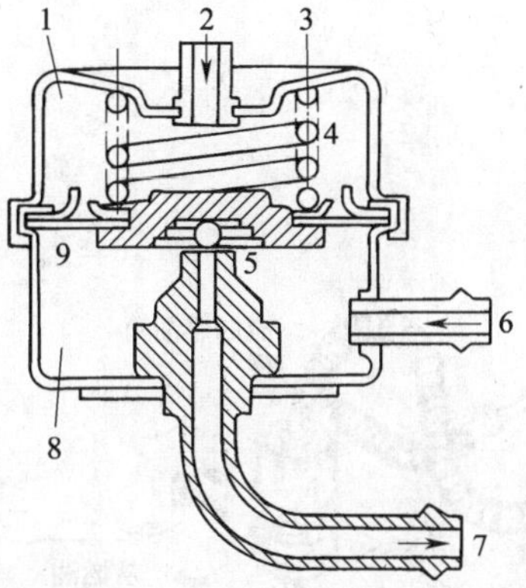

图 1—4—3 燃油压力调节器结构

1，4—弹簧室 2—进气真空室 3—弹簧 5—阀门 6—燃油管路 7—回油管路 8—燃油室 9—膜片

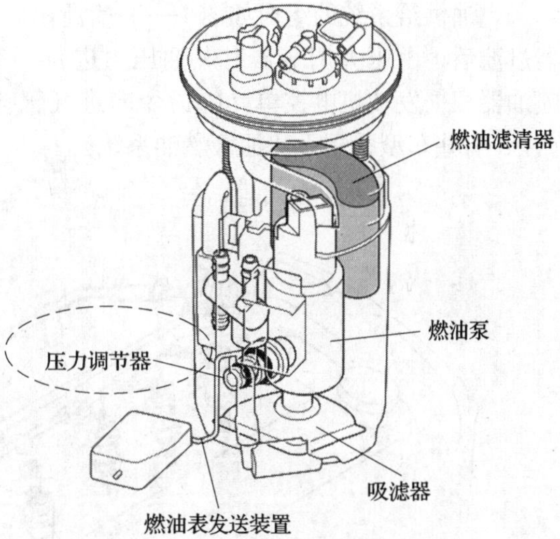

图 1—4—4 无回油管的燃油压力调节器

无回油管的燃油压力调节器是一个弹簧加载的压力调节器，主要由调压阀和调压弹簧组成。它的作用是把燃油管的压力限定在 350 kPa。当燃油压力小于 350 kPa 时，调压阀在调压弹簧的作用下落座；当燃油压力大于 350 kPa 时，调压阀克服调压弹簧的作用力向下移动，多余的燃油便经过调压阀和阀座之间的间隙流入调压弹簧室，再返回油箱。

在无回油管燃油系统中，由于燃油泵供给的多余燃油在燃油箱完成回流，从而避免了回油吸热导致油温升高的现象。

三、燃油脉动阻尼器概述

在部分电控燃油喷射发动机系统中，燃油分配管的一端装有脉动阻尼器，其外观与燃油压力调节器相似，只不过没有真空管，功能是减小燃油管路中油压的波动，使燃油系统压力保持稳定。发动机工作时，燃油经过脉动阻尼器膜片下方进入输油管，当燃油压力产生脉动时，膜片弹簧被压缩或伸张，膜片下方的容积略有增大或减小，从而可起到稳定燃油系统压力的作用。同时，膜片弹簧的变形可吸收脉动能量，迅速衰减燃油压力的脉动。脉动阻尼器一般不会发生故障。需进行拆卸时，应首先释放燃油系统压力。

四、电控发动机燃油压力检测

1. 燃油供给系统组成

燃油供给系统的组成如图1—4—5所示。电动燃油泵将汽油从油箱内吸出，经燃油滤清器过滤后，由压力调节器对燃油压力进行调节，通过输油管（也称油轨）输送给喷油器，喷油器根据发动机电控单元的指令向进气管喷油。燃油供给的多余汽油经回油管流回油箱（注：有些车型采用无回油管燃油系统）。

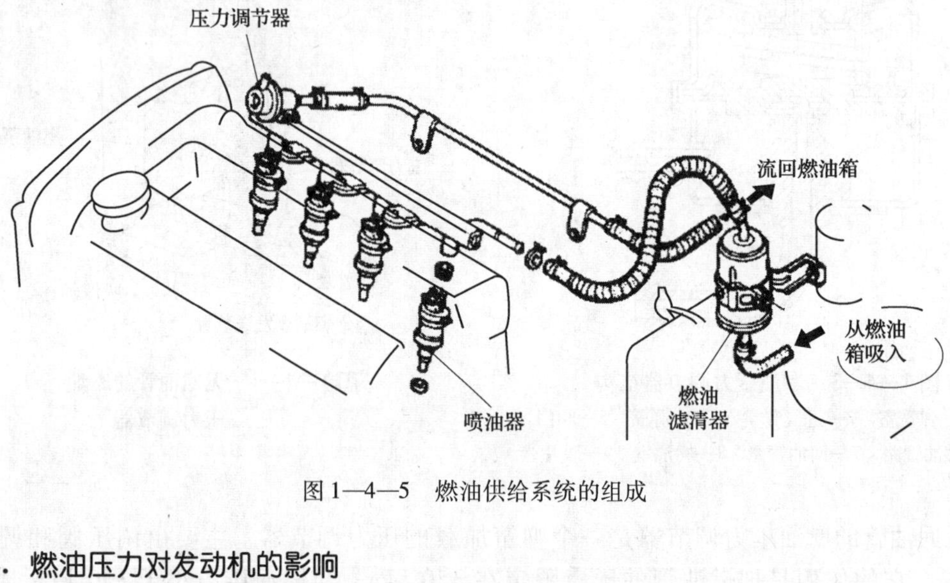

图1—4—5　燃油供给系统的组成

2. 燃油压力对发动机的影响

（1）正常工作油压。燃油供给系统的功能是给喷油器提供一定压力的燃油，喷油器则根据发动机电控单元的指令进行喷油，燃油压力过高或过低会造成混合气浓或稀。

（2）残余油压。在正常情况下，发动机熄火后，燃油系统管路内的油压并不会被立即泄掉，而是利用汽油泵的保压能力来维持一段时间，这对于短时间熄火后再次起动发动机是个关键，因为，从驾驶员的操作习惯来看，大多数驾驶员会直接将点火开关旋置起动挡，如果此时的燃油系统管路内的油压达不到起动标准，将影响到车主的用车感受。所以除了常规测试汽油压力的步骤外（在不同工况下测试汽油压力），最重要的一项测试项目就是看熄火后，燃油系统管路内的保压能力。

3. 燃油压力检测

通过测试燃油供给系统压力，可诊断燃油供给系统是否有故障，进而根据测试结果确定故障性质和部位。测试时需使用专用油压表和管接头，测试方法如下。

（1）释放燃油供给系统压力。

（2）连接专用油压表。不同车型测试压力表的连接方式有所不同，主要有两种连接方式：一种是用专用接头将油压表连接在燃油分配管的进油管接头处；另一种是拆下连接在燃油滤清器与输油管之间脉动阻尼器（如有脉动阻尼器），用专用接头将油压表安装到脉动阻尼器的位置。

（3）油压检测。起动发动机并维持怠速运转，检查油压表指示压力是否符合标准，一般多点喷射系统压力应为 0.25 ~ 0.35 MPa。拔掉燃油压力调节器真空管，油压升高 0.05 MPa。使发动机熄火，燃油泵停止工作，等 10 min 后，观察油压表压力（即燃油供给系统残余压力），若压力低于要求，应检查燃油系统管路是否有泄漏，若无泄漏，说明燃油泵单向阀、燃油压力调节器回油阀或喷油器密封不良。

4. 燃油压力故障分析

（1）燃油压力低。若燃油供给系统压力过低，可夹住回油管以切断回油管路，若压力恢复正常，说明燃油压力调节器有故障，应更换；若仍压力过低，应检查燃油供给系统有无泄漏，燃油泵滤网、燃油滤清器是否堵塞，若无泄漏和堵塞故障，应更换电动燃油泵。

1）燃油滤清器。燃油滤清器如图 1—4—6 所示。其作用是滤除燃油中的杂质和水分，防止燃油系统堵塞，减小机械磨损，以保证发动机正常工作，安装位置一般在车身底部。在电控燃油喷射系统中，一般采用的都是纸质滤芯、一次性的燃油滤清器。一般每行驶 20 000 ~ 40 000 km 或 1 ~ 2 年，应更换燃油滤清器。更换燃油滤清器时，应首先释放燃油系统压力，并注意燃油滤清器壳体上箭头标记的燃油流动方向。

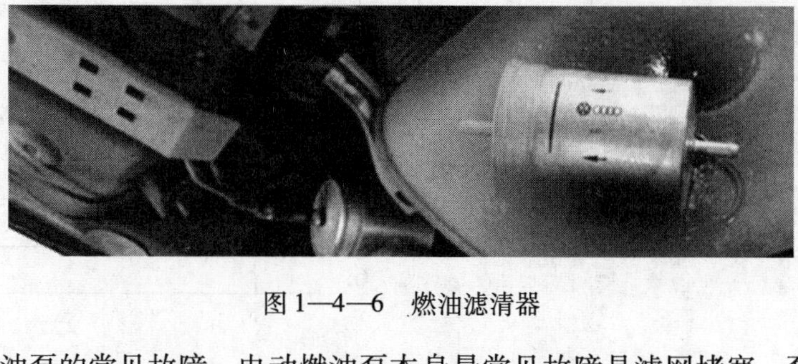

图 1—4—6　燃油滤清器

2）电动燃油泵的常见故障。电动燃油泵本身最常见故障是滤网堵塞、泵内安全阀泄漏和电动机故障，电动燃油泵因磨损而泵油压力不足的故障则少见。

（2）燃油压力高。若油压表指示压力过高，应检查回油管路是否堵塞；若回油管路正常，说明燃油压力调节器有故障，应更换。

（3）残余油压低

1）将油压表接入燃油管路，打开点火开关（旋到 ST 位置）并保持 10 s，让电动燃油泵运转。

2）关闭点火开关，用包上软布的钳子将燃油压力调节器的回油管夹紧，10 min 后观察燃油压力，该压力称为燃油压力调节器的保持压力。

3）如果该压力仍然低于燃油系统保持压力的标准，则说明燃油系统保持压力过低的故障不在燃油压力调节器；相反，若此时压力符合标准要求，则说明燃油压力调节器有泄漏，应更换。

4）重复步骤1)、2)，用包上软布的钳子将燃油压力调节器的进油管夹紧，10 min后观察燃油压力，如果该压力仍然低于燃油系统保持压力的标准，则说明喷油器密封不严、滴油。相反，若此时压力符合标准要求，则说明油泵单向阀密封不严，应更换。

任务实施

阅读教材，小组合作完成下列问题。

1. 打开点火开关，发动机进气歧管压力为________ kPa，真空度为________ kPa。
2. 起动着车怠速时进气歧管真空度为________ kPa，进气歧管压力为________ kPa。
3. 急加油发动机真空度________（增加或降低），油压________（升高或降低）。

怠速时发动机油压为________ kPa，拔掉油压调节器真空管油压升高________ kPa，关闭发动机后的残余油压为________ kPa。

4. 发动机燃油供给系统组成包括________、________、________、________、________。
5. 对照以下示意图分析燃油压力调节器结构，写出数字所标示位置的元件名称。

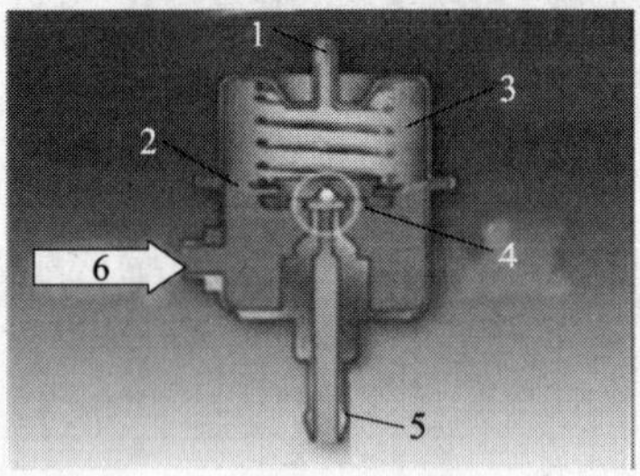

1. ________________
2. ________________
3. ________________
4. ________________
5. ________________
6. ________________

系统油压测试任务实施规范

1. 找出燃油分配导管的进油管、回油管。
2. 应断开哪个燃油管，以便安装燃油压力表？

____

3. 按照安全操作规范拆卸燃油分配导管的进油管，释放燃油压力。

注意事项提示

拆卸燃油分配导管的进油管时应小心操作；断开软管时应避免使用旋具，否则会造成软管损坏。在拧软管的同时稍用力向外拉拔，可以将其拆下。

4. 断开软管，并安装燃油压力表。

5. 起动发动机并处于怠速状态，观察燃油表压力读数为______________ kPa/bar/MPa。正常/异常

注意事项提示

观察燃油管路是否漏油，及时处理泄漏点。

6. 急加速，观察燃油表压力读数是____________________ kPa/bar/MPa。正常/异常

7. 拔下油压调节器真空管，观察燃油表压力读数是________________ kPa/bar/MPa。正常/异常

8. 发动机处于怠速运转状态，短时间捏住燃油压力调节器回油软管，此时获得的压力读数是__________ kPa/bar/MPa。

技术操作要点

此值是可得到的来自燃油泵的最大压力值。典型压力值在425～490 kPa之间。如果获得的压力值不在此范围内，说明燃油泵或泄压阀可能有故障。

9. 关闭点火开关，等待10 min，观察燃油表压力读数是______________ kPa/bar/MPa。正常/异常

10. 如果发动机怠速时燃油压力偏低，可能的故障原因有哪些？

____。

____。

____。

11. 如果残余油压偏低，可能的故障原因有哪些？

____。

____。

____。

教师检查签名

回顾该工作页的目标，如果你对目标中的哪一部分还不清楚，要请教教师。如果认为已经达到了该工作页的目标，则请教师检查你的工作，并在该工作页上签字。

教师签名＿＿＿＿＿＿＿＿

任务总结

一、任务评价

对本学习任务进行评价，见表1—4—1。

表1—4—1　　评分表

考核项目	评分标准	分数	学生自评	小组互评	教师评价	小计
团队合作	是否和谐	5				
活动参与	是否积极主动	5				
安全生产	有无安全隐患	10				
现场5S	是否做到	5				
任务方案	是否正确、合理	20				
操作过程	1. 发动机真空度检查 2. 发动机燃油压力测量 3. 发动机残余油压测量	30				
任务完成情况	是否圆满完成	5				
工具、设备使用	是否规范、标准	10				
劳动纪律	是否严格遵守	5				
工单填写	是否完整、规范	5				
总分		100				
教师签名			年　月　日		得分	

二、理论知识检验

1. 下列说法正确的是（　　）。

A. 因为发动机的真空度改变，所以要油压调节器调节油压

B. 发动机真空度增大时油压升高

C. 燃油脉动阻尼器也是用来调节油压的

D. 以上都正确

2. 下列说法正确的是（ ）。
A. 油压调节器都安装在燃油分配导管上
B. 油压调节器都有真空管
C. 拔下油压调节器真空管，油压升高
D. 以上都正确
3. 下列说法正确的是（ ）。
A. 电控发动机正常油压为2.5～3.0 kPa
B. 电控发动机正常油压为3.5 kPa
C. 电控发动机正常油压为3.0～3.5 kPa
D. 以上都正确
4. 下列说法正确的是（ ）。
A. 电控发动机燃油压力低的可能原因是燃油泵电动机故障
B. 电控发动机燃油压力低的可能原因是燃油滤清器脏堵
C. 电控发动机燃油压力低的可能原因是油压调节器故障
D. 以上都正确
5. 下列说法正确的是（ ）。
A. 电控发动机残余油压低的可能原因是燃油泵电动机故障
B. 电控发动机残余油压低的可能原因是燃油滤清器脏堵
C. 电控发动机残余油压低的可能原因是喷油器故障
D. 以上都不正确，电控发动机残余油压低的原因是油压调节器故障

项目二　进气系统零部件检修

任务 2.1　发动机温度传感检修

任务目标

1. 能描述发动机温度传感器结构与工作原理。
2. 能描述发动机温度传感器信号电压的变化规律。
3. 能检修发动机温度传感器故障。

任务描述

一辆丰田卡罗拉轿车行驶里程为80 000 km，行驶中发动机故障报警灯点亮，经某4S店专业维修人员诊断，故障码显示“冷却液温度传感器故障”，请问：如果你作为一名专业的维修人员，你准备如何进行检查与维修？请制定一份维修方案并按作业规范实施检修作业。

任务内容

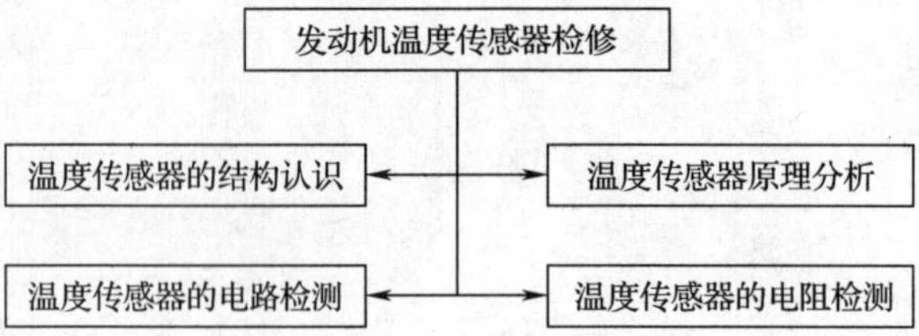

任务准备

一、发动机温度传感器概述

进气温度传感器和冷却液温度传感器均属于温度型传感器，分别用于监测发动机进气温度和冷却液温度，下面详述这两种传感器的具体作用。

1. 进气温度传感器的作用

进气温度传感器（THA）和冷却液温度传感器（THW）是EFI系统中重要的温度传感器，能反映发动机的热负荷状态。

进气温度传感器安装在进气管路中，作用是检测进气温度，并将温度信号转变为电信号，输送给ECU。该信号是喷油和点火的修正信号。

2. 冷却液温度传感器的作用

冷却液温度传感器安装在发动机冷却液出水管上，作用是检测发动机冷却液的温度，并转变为电信号，输送给ECU。该信号是喷油、点火正时、怠速和尾气排放控制的主要修正信号。

（1）对喷油量的影响。冷车起动时增加喷油，加浓混合气；热车起动时减少喷油。

（2）对点火正时的影响。当冷却液温度低于0℃时，点火提前角增大15°，使发动机迅速升温；当冷却液温度在0～70℃间逐渐上升时，点火提前角逐渐减小。

（3）对怠速的影响。凉车快怠速。

（4）对EGR废气再循环的影响。只有发动机达到正常工作温度，EGR才会参与工作。

（5）对空调的影响。当发动机温度过高时，切断压缩机，同时控制电子扇高速旋转。

二、发动机温度传感器结构与原理

1. 结构

汽车上的进气温度传感器和冷却液温度传感器如图2—1—1所示，都属于负温度系数型热敏电阻，其电阻随温度升高而降低，温度降低时阻值变大，而且二者具有非线性关系。

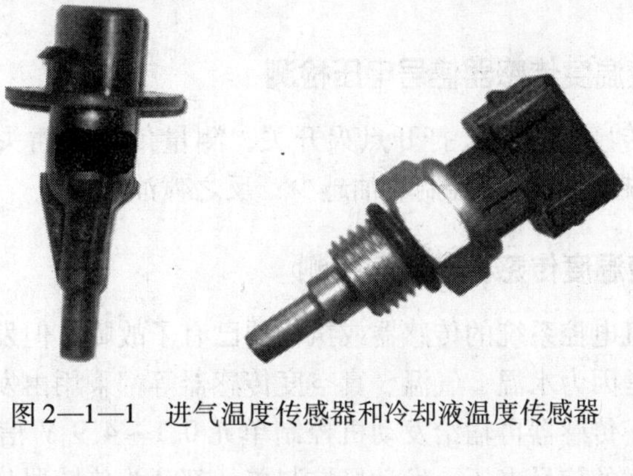

图2—1—1　进气温度传感器和冷却液温度传感器

2. 温度检测原理

以冷却液温度传感器为例，在ECU内部串联一个分压电阻，ECU向热敏电阻和分压电阻组成的分压电路提供一个稳定的 5 V 电压。发动机冷却液温度传感器电路结构如图 2—1—2 所示。

当发动机水温升高时，冷却液温度传感器阻值减小，ECU 得到的信号电压低；当发动机水温降低时，发动机冷却液温度传感器阻值变大，ECU 得到的信号电压高。ECU 根据接收到的信号电压值，便可计算出对应的温度值，从而进行喷油和点火的修正控制。

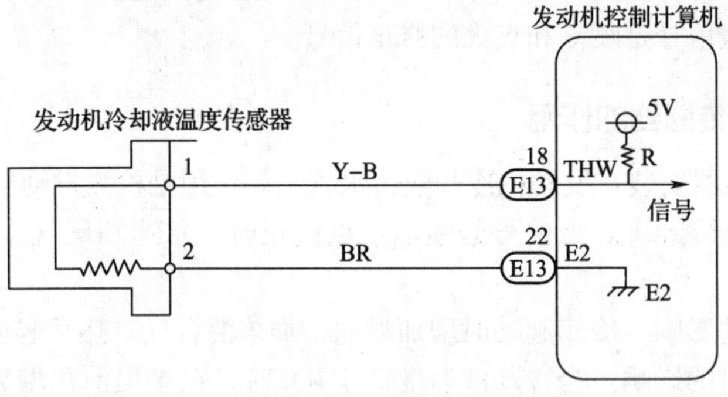

图 2—1—2　发动机冷却液温度传感器电路结构

三、发动机冷却液温度传感器故障检修

1. 发动机冷却液温度传感器电阻检测

检测发动机冷却液温度传感器，正常电阻应符合维修手册标准且随温度升高电阻降低。

2. 发动机冷却液温度传感器线路检测

断开冷却液温度传感器插头，打开点火开关，测量线束插座，正常应有 5 V 电压。

? **思考：**如果没有 5 V 电压是什么原因引起的？

3. 发动机冷却液温度传感器信号电压检测

插上冷却液温度传感器插头，打开点火开关，测量传感器插头，常温下电压为 1.5 ~ 2.5 V，温度越高电压越小，ECU 控制喷油越少；反之喷油增多。

4. 发动机冷却液温度传感器数据流检测

许多情况下发动机电控系统的传感器或执行器已有了故障，但发动机控制单元却不会生成和记录故障码。这是因为水温、气温、真空度传感器等都采用由发动机控制单元供给这些传感器 5 V 参照电压，传感器再输给发动机控制单元 0.1 ~ 4.9 V 信号电压，发动机控制单元只要收到传感器这样的信号电压，发动机控制单元都认为传感器是好的，信号电压是可靠的，发动机控制单元不会产生故障码。

而事实上，尽管信号电压在 0.1 ~ 4.9 V 这一范围中，但传感器性能可能已经有问题了，信号电压已失真了。

下面以发动机冷却液温度传感器为例，说明上述情况。

正常冷却液温度传感器电阻如下：

温度℃	−40	0	40	80	120	140
电阻 Ω	45 300	5 800	1 180	327	114	70

如果冷却液温度传感器中的电阻器在0℃时只有327 Ω电阻，那么它送给发动机控制单元的一个水温80℃的信号，而实际水温仅0℃。这就导致冷车起动困难或不能起动、怠速不稳，还可能出现故障码"00561 混合气自适应超限"，而在热车后发动机怠速则可能保持稳定。可由于对冷却液温度传感器引起的信号电压变化仍在正常范围内，发动机控制单元并不会生成有关冷却液温度传感器的故障码。

同理，若冷却液温度传感器的电阻过大，但又未断路时，也向发动机控制单元输送失真的水温信号。例如，水温实际在100℃，送去的信号电压却为0℃时的电压时，发动机控制单元认为水温0℃而指示喷油器多喷油，造成热车混合气过浓、冒黑烟等。但此时发动机控制单元也不会生成有关水温的故障码。

此类故障可通过读取数据流或用万用表对传感器做细致的直接测量来判断其性能是否正常。

注意：如果发动机电脑记录冷却液温度传感器故障，丰田车型按照80℃喷油，造成冷车难起动；大众车型按照20℃喷油，造成热车易熄火。

5. 冷却液温度传感器特殊故障

思考：如果发动机电脑输出的不是5 V参照电压，而是大于5 V参照电压，这是什么原因引起的，对发动机有什么影响？

发动机电脑正常工作时把12 V工作电源经过稳压器稳压后输出5 V稳定电压，稳压器工作原理如图2—1—3所示。

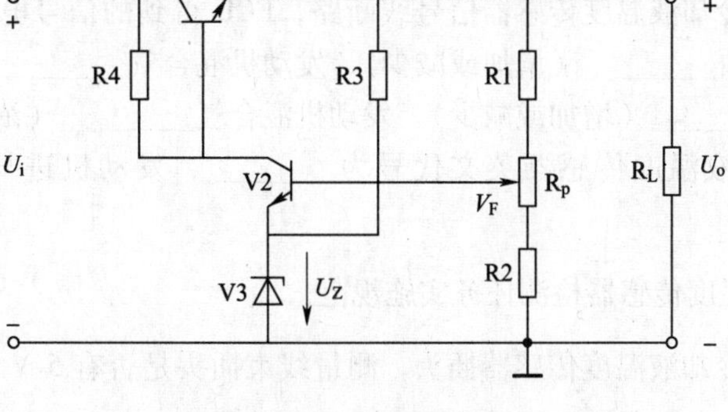

图2—1—3　稳压器工作原理

这种稳压电路的主回路由调整管T与负载相串联构成，且T工作在线性状态，故称为线性串联式稳压电路。

(1) 取样电路。R1、R_P、R2 构成分压电路，对稳压电路输出的直流电压进行分压取样。当稳压电路输出电压增大时，R_P动片输出的电压随之增大。

(2) 基准稳压电路。基准电压电路的主要元器件是稳压二极管，电路中的稳压二极管 V3 导通后，在其两端得到一个稳定的直流电压，作为比较放大器 V2 的基准电压。V3 的工作电压来自稳压电路的输出端，但是它两端的电压不随输出电压的大小变化而波动，这是由稳压二极管特性决定的。

(3) 比较放大器电路 V2。输出电压 $V_o = V_I - V_{CE}$，其变化量由反馈网络取样，并经放大电路放大后去控制调整管 T 的基极电压，从而改变调整管 T 的 V_{CE} 大小。

(4) 调整管电路 V1。当输入电压 V_I 增加（或负载电流 I_o 减小）时，导致输出电压 V_o 增加，随之反馈电压 V_F 也增加。V_F 与基准电压 V_{REF} 相比较，其差值电压经比较放大电路放大后使调整管 V1 基极电压减小，于是调整管 V1 的 C—E 间电压 V_{CE} 增大，使 V_o 下降，从而维持 V_o 基本恒定。

进气温度传感器（电路）的检测方法与冷却液温度传感器（电路）的检测方法基本相同，请读者自行查阅相关资料，这里不再赘述。

任务实施

根据教材，小组合作完成下列问题。

1. 发动机冷却液温度传感器安装位置为________，进气温度传感器安装位置为________。

2. 温度传感器为________热敏电阻，其阻值随温度的升高而________。

发动机冷却液温度传感器常温下电阻为________ Ω，信号电压为________ V，温度升高信号电压________，ECU 控制喷油________。

3. 发动机进气温度传感器常温下电阻为________ Ω，信号电压为________ V，温度升高信号电压________，ECU 控制喷油________。

4. 常温下如果冷却液温度传感器信号线断路，ECU 得到的信号电压为________ V，丰田车型 ECU 控制喷油________（增加或减少），发动机混合气________（浓或稀）；大众车型 ECU 控制喷油________（增加或减少），发动机混合气________（浓或稀）。

5. 发动机冷却液温度传感器英文代号为________，发动机进气传感器英文代号为________。

发动机冷却液温度传感器检测任务实施规范

1. 拔下发动机冷却液温度传感器插头，测量线束插头是否有 5 V 电压，如果没有电压转入第 3 步。

正常/异常

2. 拔下发动机冷却液温度传感器插头，测量线束插头搭铁线是否良好，如果没有搭铁，转入第 4 步。

正常/异常

3. 测量传感器信号线至计算机是否导通。

正常/异常

4. 测量传感器搭铁线至计算机是否导通。

正常/异常

5. 测量发动机冷却液温度传感器电阻是________ Ω。

正常/异常

6. 加热发动机冷却液温度传感器，电阻是________ Ω。

正常/异常

7. 插上发动机冷却液温度传感器插头，打开点火开关，发动机冷却液温度传感器信号电压是________ V。

正常/异常

8. 起动发动机，发动机冷却液温度传感器信号电压是________ V。

正常/异常

9. 拔下发动机冷却液温度传感器，起动发动机，是否顺利起动，观察故障现象。

正常/异常

教师检查签名

回顾该工作页的目标，如果你对目标中的哪一部分还不清楚，要请教教师。如果认为已经达到了该工作页的目标，则请教师检查你的工作，并在该工作页上签字。

教师签名____________________

任务总结

一、任务评价

对本学习任务进行评价，见表2—1—1。

表2—1—1　　评分表

考核项目	评分标准	分数	学生自评	小组互评	教师评价	小计
团队合作	是否和谐	5				
活动参与	是否积极主动	5				
安全生产	有无安全隐患	10				
现场5S	是否做到	5				
任务方案	是否正确、合理	20				

续表

考核项目	评分标准	分数	学生自评	小组互评	教师评价	小计
操作过程	1. 温度传感器电阻测量 2. 温度传感器信号电压测量 3. 温度传感器电路故障排除	30				
任务完成情况	是否圆满完成	5				
工具、设备使用	是否规范、标准	10				
劳动纪律	是否严格遵守	5				
工单填写	是否完整、规范	5				
总分		100				
教师签名		年 月 日			得分	

二、理论知识检验

1. 下列说法正确的是（　　）。

A. 电控发动机冷却液温度传感器与自动空调的外界环境温度传感器原理一样

B. 电控发动机冷却液温度传感器必须安装在发动机冷却液水道上

C. 电控发动机冷却液温度传感器只用于修正喷油量

D. 以上都不正确

2. 下列说法正确的是（　　）。

A. 电控发动机水温降低，冷却液温度传感器信号电压变小

B. 电控发动机水温降低，冷却液温度传感器信号电压变大

C. 电控发动机水温降低，冷却液温度传感器电阻变大

D. 以上都不正确

3. 下列说法正确的是（　　）。

A. 电控发动机冷却液温度传感器信号电压越高，喷油越多

B. 电控发动机冷却液温度传感器信号电压越高，喷油越少

C. 电控发动机控制单元记录了冷却液温度传感器故障以后，喷油增大

D. 以上都不正确

4. 下列说法正确的是（　　）。

A. 电控发动机冷却液温度传感器信号电压为 5 V 时，电脑记录故障码

B. 电控发动机冷却液温度传感器信号电压为 0 V 时，电脑记录故障码

C. 以上都正确

D. 以上都不正确

5. 下列说法正确的是（　　）。

A. 只要电脑记录冷却液温度传感器故障码，证明传感器自身有故障
B. 只要电脑记录冷却液温度传感器故障码，证明传感器线路有故障
C. 只要电脑没有记录冷却液温度传感器故障码，证明传感器是好的
D. 以上都不正确
6. 下列说法正确的是（　　）。
A. 丰田车型只要电脑记录冷却液温度传感器故障码，发动机冷车难起动
B. 大众车型只要电脑记录冷却液温度传感器故障码，发动机热车难起动
C. 不管什么车型，只要电脑记录冷却液温度传感器故障码，发动机冷车难起动
D. 以上都不正确

知识拓展

别克君威冷却液温度传感器

别克君威冷却液温度传感器（ECT）也是一个负温度系数的热敏电阻（NTC），与丰田和大众车型冷却液温度传感器的不同之处在于当冷却液温度达50℃时，信号电压有一个从1 V左右到4 V左右的突变，这不是ECT本身的特性，而是由动力系统控制模块（PCM）决定的。别克君威轿车2.5 L/V6（LB8）与3.0 L/V6（LW9）发动机在冷却液温度低于50℃时，PCM内接电阻的阻值是3.65 kΩ；当冷却液温度高于50℃时，PCM内接电阻的阻值是348 Ω。这种设计的目的在于充分利用ECT的线性区，也相当于变相提高了ECT的灵敏度。用TECH2检测发动机冷却液温度数据时，可能会遇到这种ECT电压值在50℃时的跳变，不要误以为是故障表现。

别克君威冷却液温度传感器的控制电路如图2—1—4所示。

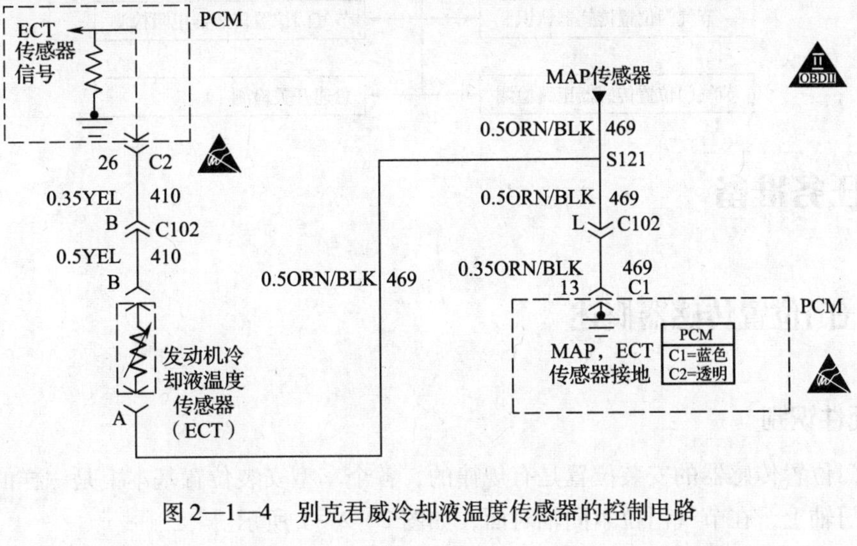

图2—1—4　别克君威冷却液温度传感器的控制电路

任务2.2　节气门位置传感器检修

任务目标

1. 能描述节气门位置传感器的作用。
2. 能描述节气门位置传感器的结构与工作原理。
3. 能检修节气门位置传感器故障。

任务描述

一辆别克凯越轿车，行驶里程为60 000 km，行驶中发动机故障报警灯点亮，同时出现加速无力现象，经某4S店专业维修人员诊断，读取发动机故障码，故障码显示“节气门位置传感器故障”。请问：如果你作为一名专业的维修人员，你准备如何进行检查与维修？请制定一份维修方案并按作业规范实施检修作业。

任务内容

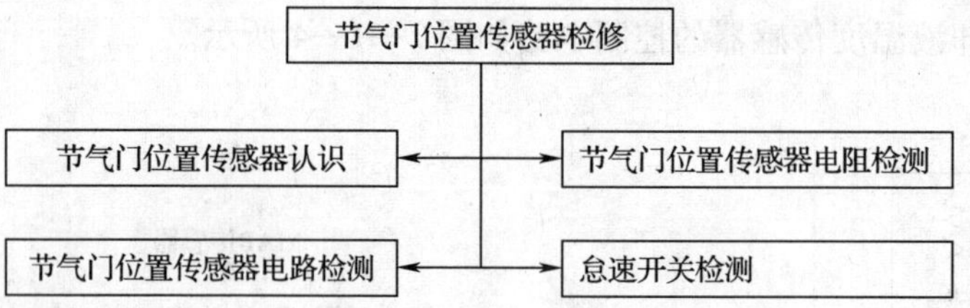

任务准备

一、节气门位置传感器概述

1. 元件识别

节气门位置传感器的安装位置是有规律的，各个车型安装位置基本上是一样的，一般安装在节气门轴上，在节气门拉索同轴对面，如图2—2—1所示。

2. 作用

节气门位置传感器的作用是检测节气门开度，判断发动机的负荷，判断发动机是否处在加速、减速、怠速等状态；检测节气门的开度和开关的速率，并把该信号转变为电压信号送给ECU，作为控制喷油脉冲宽度、点火正时、怠速转速、尾气排放的主要修正信号；自动变速器换挡的主要信号；同时也是空气流量传感器或进气歧管压力传感器的辅助信号。

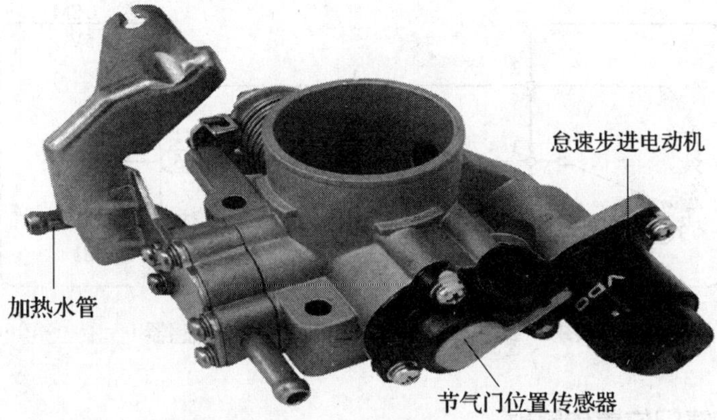

图2—2—1 节气门位置传感器安装位置

喷油控制：急加速加浓，减速断油。

怠速控制：识别发动机是否处于怠速状态，调整怠速转速。

自动变速器换挡控制：自动变速器计算机根据节气门位置传感器信号和车速信号控制升挡时刻，如果节气门位置传感器信号电压过大，会造成自动变速器不能升入高挡，有的车型还会造成换挡杆无法从P挡换到D挡。

尾气排放控制：EGR废气再循环只有发动机处于中等负荷时才会工作。

二、节气门位置传感器结构与工作原理

节气门位置传感器分为开关式、电位计式与综合式三种。

1. 开关式节气门位置传感器

开关式节气门位置传感器的节气门处于怠速位置时可动触点和怠速触点接触，IDL怠速信号输出高电平12 V，否则输出为0 V，ECU可以检测出节气门的全关闭状态，发出怠速增量、燃油中断信号。若节气门的开度较大（如50°以上），可动触点和全开触点（PSW功率触点）接触，PSW可输出高电平，ECU可以检测节气门的大开度状态。节气门在中间开度时，可动触点不与

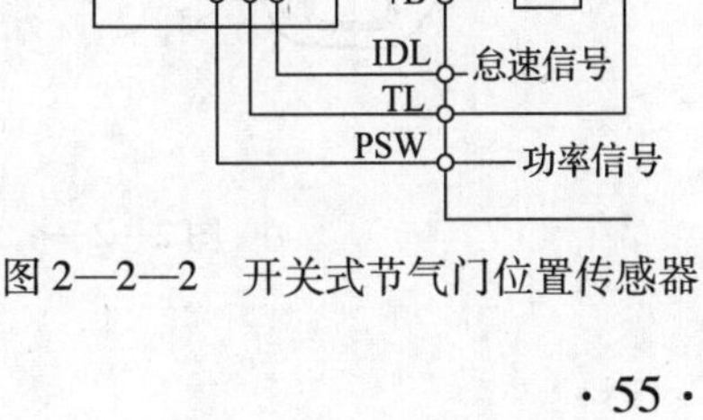

图2—2—2 开关式节气门位置传感器

任何触点接触。开关式节气门位置传感器如图2—2—2所示。

2. 电位计式节气门位置传感器

电位计式节气门位置传感器是一个由节气门轴驱动的可变电阻，如图2—2—3所示。它有3个端子，2号端子给传感器提供5 V标准电压，3号端子将电压信号输送给ECU，1号端子搭铁。节气门全关时输出电压应为0.5 V左右，输出信号电压随节气门的开度增大而增加，节气门全开时应接近4.5 V。

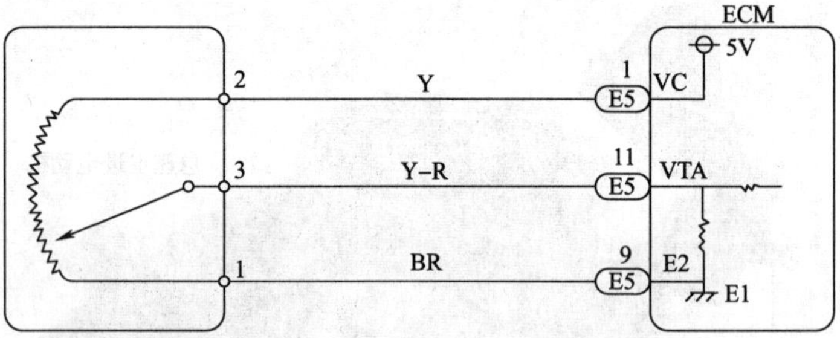

图2—2—3　电位计式节气门位置传感器

3. 综合式节气门位置传感器

综合式节气门位置传感器由可变电阻、怠速触点、活动触点等组成，可变电阻的滑臂随节气门轴一同转动，并与输出端子VTA相连，其结构如图2—2—4所示。该传感器有4个端子，V_{CC}端子给传感器提供5 V标准电压，VTA端子将电压信号输送给ECU，IDL端子输出怠速触点工作信号，E2端子搭铁。当节气门关闭或开度小时，怠速触点闭合，IDL端子输出0 V电压；当节气门开度大时，怠速触点断开，IDL端子输出12 V电压；当节气门开度变化时，VTA端子输出一个变化的信号电压，且随节气门的开大，输出电压增高。

丰田车多数都采用综合式节气门位置传感器，一般为4线，而在日产车中的综合式节气门位置传感器一般采用5线或者6线，如图2—2—5所示。

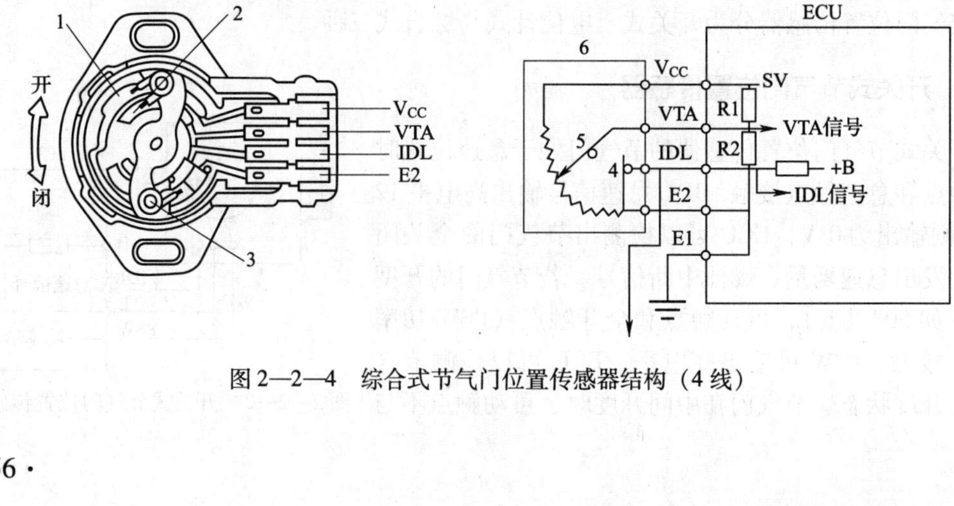

图2—2—4　综合式节气门位置传感器结构（4线）

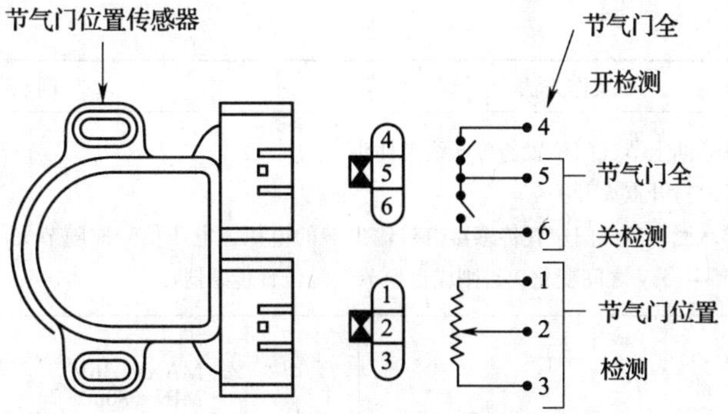

图 2—2—5　日产综合式节气门位置传感器结构（6 线）

三、综合式节气门位置传感器检修

综合式节气门位置传感器检测见表 2—2—1。

表 2—2—1　　综合式节气门位置传感器检测

检测项目	操作方法	图示
怠速触点导通性的检测	关闭点火开关，拔下传感器插头，选择万用表的欧姆挡，两表笔测量如右图的 IDL 与 E2 端子，在节气门关闭的情况下，两端子相通，转动节气门，两端子变为不导通	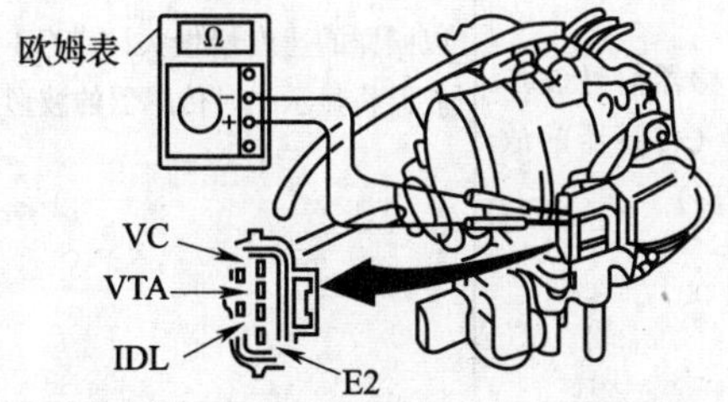
节气门位置传感器电阻值的检测	关闭点火开关，拔下此传感器的导线连接器，在节气门位置传感器（TPS）一侧的连接器上，用万用表的欧姆挡测量传感器信号输出端子 VTA 与 E2 端子之间的电阻值，该电阻值随节气门开度的增大而线性增大	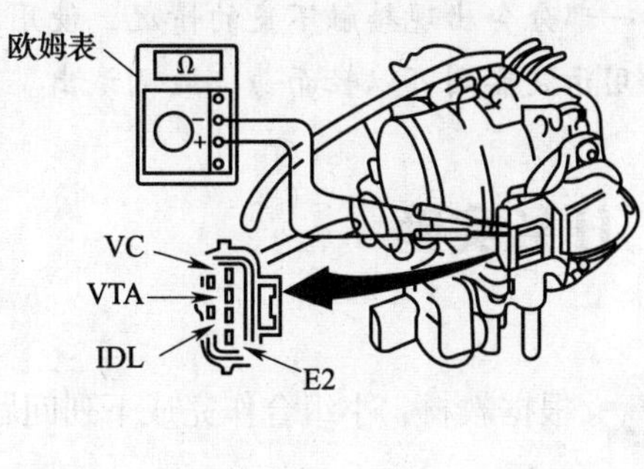
节气门位置传感器供电电压检测	1. 拔下节气门位置传感器线束插接器 2. 打开点火开关 3. 用万用表测量 ECU 提供的电源电压应在 4. 9 ~ 5. 1 V 之间，如果测得 ECU 提供的电源电压不符合标准，应检查相关电路及发动机 ECU	

续表

检测项目	操作方法	图示
节气门位置传感器信号电压检测	1. 插上节气门位置传感器线束插头 2. 打开点火开关 3. 测量节气门位置传感器信号输出端的电压，电压信号应随节气门的开度渐渐改变，并在 0.5～4.5 V 之间变化，否则应更换节气门位置传感器	
传感器信号波形检测（传感器正常波形）	把示波器的负极检测探针连接到节气门位置传感器（TPS）的负极搭铁线、发动机的缸体或蓄电池负极接线柱上；把示波器的正极检测探针连接到传感器的信号输出端子上。测试时，打开点火开关，但不要起动发动机，用均匀的速度慢慢打开节气门，保持一定开度后，再以同样的速度慢慢关闭节气门，示波器将显示此时传感器的波形	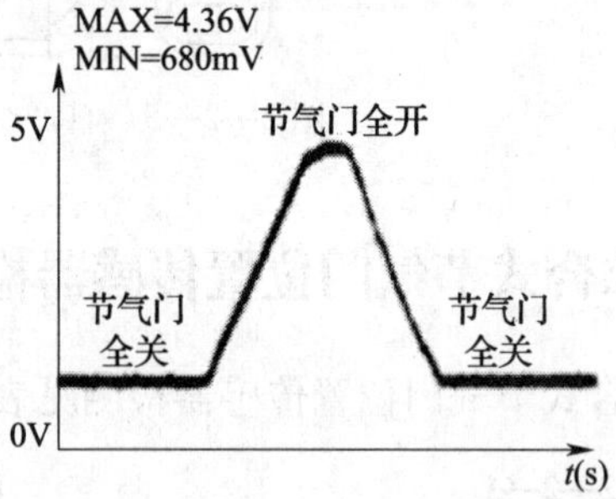
传感器信号波形检测（传感器的故障波形）		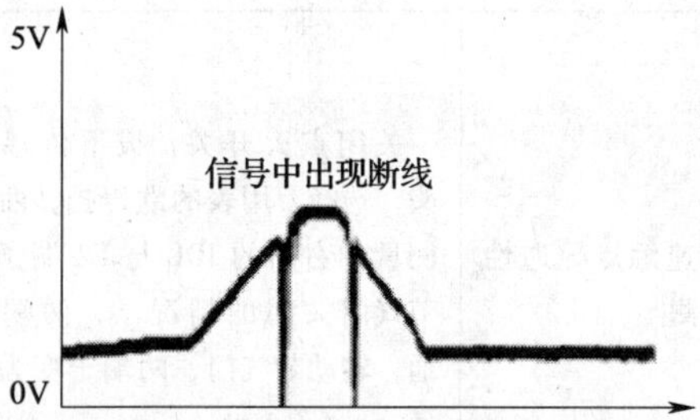

注意：由于节气门位置传感器（TPS）是一个滑动电阻，在长期运行过程中，滑动电阻的某一部分会出现接触不良的情况，使用汽车专用万用表可能测试不出这些缺陷，而使用汽车专用示波器则可以轻而易举地测试出。

任务实施

根据教材，小组合作完成下列问题。

1. 节气门位置传感器安装位置为________，类型分为________、________、________。
2. 节气门位置传感器的作用。

（1）对喷油的影响：急加速，________（增加或减少）喷油。

（2）对怠速的影响：发动机处于怠速状态时，开空调转速________（升高或降低）。

（3）对自动变速器换挡的影响：发动机处于怠速状态时，变速器在前进挡，转速________（升高或降低）。

(4) 对废气再循环的影响：发动机处于________（小负荷或中等负荷或大负荷）工况工作。

节气门位置传感器电压检测任务实施规范

1. 拔下传感器插头，打开点火开关，VCC 电压是________V。
正常/异常

技术操作要点

如果 VCC 没有电压，请检查传感器端子至计算机端子线路是否导通。
2. 拔下传感器插头，打开点火开关，VTA 电压是________V。
正常/异常
3. 拔下传感器插头，打开点火开关，IDL 电压是________V。
正常/异常
4. 拔下传感器插头，打开点火开关，E 搭铁是否良好。
正常/异常
5. 插上传感器插头，打开点火开关，VCC 电压是________V。
正常/异常
6. 插上传感器插头，打开点火开关，VTA 电压是________V。
正常/异常
7. 插上传感器插头，打开点火开关，IDL 电压是________V。
正常/异常
8. 加油门，IDL 电压是________V，VTA 电压________（升高或降低）。
正常/异常
9. 加油门至最大位置，VTA 电压最大读数是________V。
正常/异常

节气门位置传感器电阻检测

端子	电阻
VTA－E	怠速时电阻：　　加油门电阻________（升高或降低）
VTA－VCC	怠速时电阻：　　加油门电阻________（升高或降低）
IDL－E	怠速时电阻：　　加油门电阻________（升高或降低）

教师检查签名

回顾该工作页的目标，如果你对目标中的哪一部分还不清楚，要请教教师。如果认为已经达到了该工作页的目标，则请教师检查你的工作，并在该工作页上签字。

教师签名____________________

任务总结

一、任务评价

对本学习任务进行评价，见表2—2—2。

表2—2—2　评分表

考核项目	评分标准	分数	学生自评	小组互评	教师评价	小计
团队合作	是否和谐	5				
活动参与	是否积极主动	5				
安全生产	有无安全隐患	10				
现场5S	是否做到	5				
任务方案	是否正确、合理	20				
操作过程	1. 节气门位置传感器电路检查 2. 节气门位置传感器信号电压测量 3. 节气门位置传感器电阻测量	30				
任务完成情况	是否圆满完成	5				
工具、设备使用	是否规范、标准	10				
劳动纪律	是否严格遵守	5				
工单填写	是否完整、规范	5				
总分		100				
教师签名			年　月　日		得分	

二、理论知识检验

1. 下列说法不正确的是（　　）。

A. 节气门位置传感器是自动变速器换挡的重要信号

B. 节气门位置传感器是发动机喷油量控制的重要信号

C. 节气门位置传感器是发动机点火时间修正的重要信号

D. 节气门位置传感器与空调压缩机控制无关

2. 下列对于综合式节气门位置传感器说法正确的是（　　）。
A. 综合式节气门位置传感器必须要有 5 V 工作电源
B. 综合式节气门位置传感器怠速时信号电压必须是 0.5 V
C. 综合式节气门位置传感器怠速时怠速开关信号电压必须是 12 V
D. 以上都不正确
3. 下列说法正确的是（　　）。
A. 发动机怠速不稳与节气门位置传感器有关
B. 发动机怠速不稳与节气门位置传感器无关，与火花塞有关
C. 发动机怠速不稳与节气门位置传感器无关，与怠速阀有关
D. 以上都正确
4. 下列说法正确的是（　　）。
A. 发动机加速无力可能与节气门位置传感器有关
B. 发动机加速无力可能与燃油压力有关
C. 发动机加速无力可能与高压火有关
D. 以上都不正确

任务 2.3　进气压力传感器检修

任务目标

1. 能描述进气压力传感器的作用。
2. 能描述进气压力传感器的工作原理。
3. 能描述发动机进气歧管真空度的变化规律。
4. 能检修进气压力传感器故障。

任务描述

一辆东风风行面包车，行驶里程为 60 000 km。该车采用 D 型电控发动机，行驶时出现冒黑烟、油耗高故障现象。经某 4S 店专业维修人员诊断，读取发动机故障码发现无故障码，读取发动机数据流，发动机怠速时数据显示喷油器喷油时间为 8 ms，氧传感器信号电压为 0.6 V，进气压力为 60 kPa，点火提前角为 18°。请问：如果你作为一名专业的维修人员，你准备如何进行检查与维修？请制定一份维修方案并按作业规范实施检修作业。

任务内容

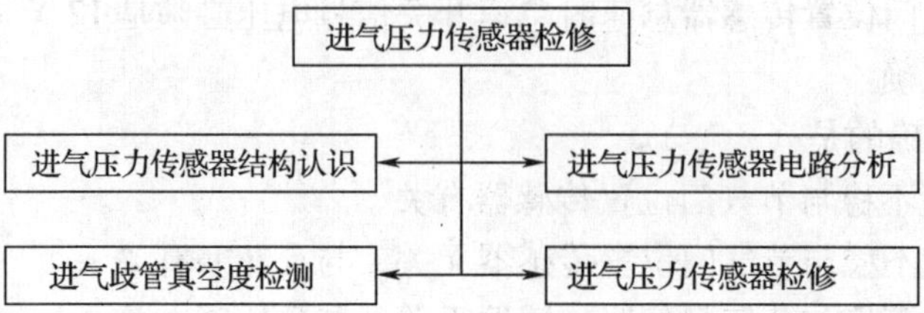

任务准备

一、进气压力传感器概述

1. 元件识别

进气压力传感器元件见表2—3—1。

表2—3—1　　　　进气压力传感器元件

典型车型传感器	图示
别克轿车进气压力传感器	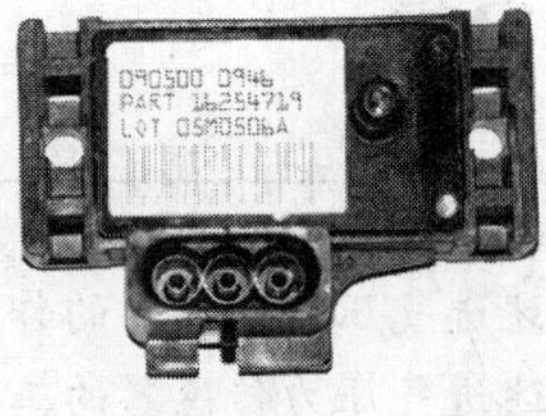
桑塔纳轿车时代超人进气压力传感器	
丰田车系进气压力传感器	

2. 元件位置

进气压力传感器一般安装在两个位置，一是安装在节气门后方的进气总管管路上；二是安装在发动机舱任意位置，只要从进气管路上引出一条真空管路到传感器即可。

3. 元件作用

进气压力传感器简称 MAP，它以真空管连接进气歧管，检测的是节气门后方的进气歧管的绝对压力。随着发动机转速负荷的改变，感应进气歧管内的真空变化，再将传感器内部电阻的改变，转换成电压信号，供 ECU 修正喷油量和点火正时角度。

电控发动机中采用进气压力传感器来检测进气量的称为 D 型喷射系统。进气压力传感器检测进气量不是像空气流量传感器那样直接检测，而是采用间接检测，同时它还受诸多因素的影响，因而在检测和维修中就有许多不同的地方，所产生的故障也有它的特殊性。

4. 分类

进气压力传感器种类较多，有压敏电阻式、电容式等。由于压敏电阻式具有响应时间快、检测精度高、尺寸小且安装灵活等优点，因而被广泛用于 D 型喷射系统中。

二、进气压力传感器的结构与工作原理

1. 压敏电阻式

在压敏电阻式进气压力传感器的硅膜片上镶嵌有 4 个应变电阻 R1、R2、R3、R4，它们构成惠斯顿电桥并与硅膜片粘接在一起。压敏电阻式进气压力传感器工作原理图 1 如图 2—3—1 所示。硅膜片上方为真空腔室，下方感受进气歧管的压力变化，硅膜片在歧管内的绝对压力作用下可以变形，从而引起应变电阻 R 阻值的变化，惠斯顿电桥失去平衡，产生信号电压。歧管内的绝对压力越高，硅膜片的变形越大，从而电阻 R 的阻值变化也越大，产生的信号电压越大。硅膜片机械式的变化转变成了电信号，再由集成电路放大后输出至 ECU。压敏电阻式进气压力传感器工作原理图 2 如图 2—3—2 所示。

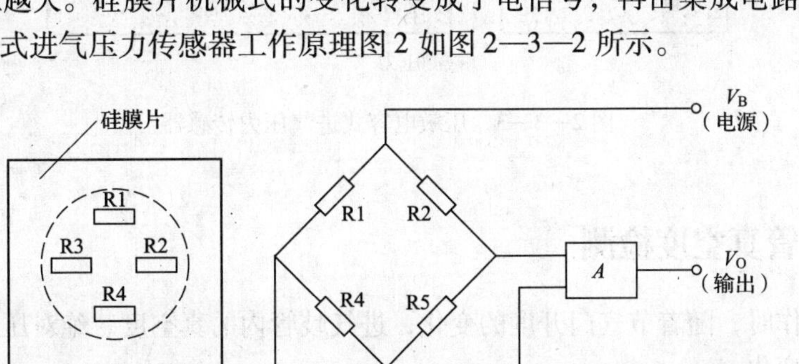

图 2—3—1　压敏电阻式进气压力传感器工作原理图 1

a）硅膜片　b）电路图

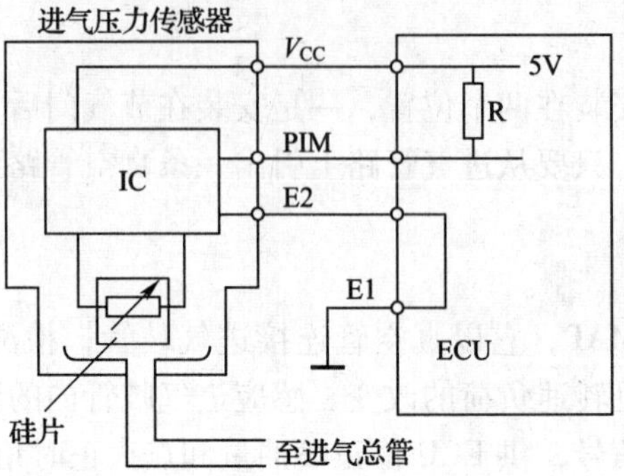

图 2—3—2　压敏电阻式进气压力传感器工作原理图 2

2. 压敏电容式

压敏电容式 MAP 壳体内的弹性膜片用金属制成，弹性膜片上、下两个凹玻璃的表面也均有金属涂层，这样在弹性膜片与两个金属涂层之间形成两个串联的电容，膜片上腔为绝对真空，下腔通进气歧管。

当发动机工作时，进气管内的真空压力作用于弹性膜片上，使弹性膜片产生位移，弹性膜片与两个金属涂层之间的距离发生变化，这样两个电容的电容量也发生变化，电容量的变化量与弹性膜片的位移成正比，电容量的变化量再经过测量电路转换成电压信号输送给 ECU。当发动机怠速转换时，下腔压力小，电容的变化量小，产生的信号电压也小；当发动机大负荷运转时，下腔压力大，电容的变化量大，产生的信号电压也增加。压敏电容式进气压力传感器如图 2—3—3 所示。

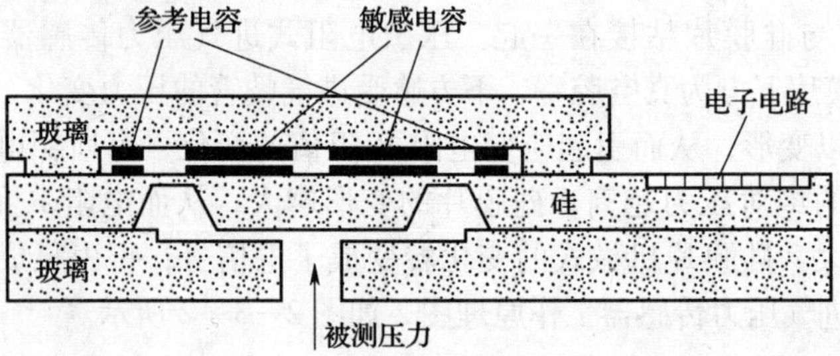

图 2—3—3　压敏电容式进气压力传感器

三、进气歧管真空度检测

发动机工作时，随着节气门开度的变化，进气歧管内的真空度、绝对压力以及输出信号特性曲线均在变化。

1. 真空度含义

常压指一个大气压，即人们平常生活的这个大气层产生的气体压力。一个标准大气压常用 100 kPa 表示。

D 型喷射系统中检测的是节气门后方的进气歧管内的绝对压力。节气门的后方既反映了真空度，又反映了绝对压力。在大气压力不变的条件下，歧管内的真空度越高，歧管内的绝对压力越低。

真空度等于大气压力减去歧管内绝对压力的差值，用 ΔP_x 表示。即歧管内的绝对压力越高，说明歧管内的真空度越低，理解了大气压力、真空度、绝对压力的关系后，进气压力传感器的输出特性就明确了。

发动机工作中，节气门开度越小，进气歧管的真空度越大，歧管内的绝对压力就越小，进气压力传感器输出信号电压也越小。节气门开度越大，进气歧管的真空度越小，歧管内的绝对压力就越大，进气压力传感器输出信号电压也越大。进气压力传感器输出信号电压与歧管内真空度的大小成反比（负特性），与歧管内绝对压力的大小成正比（正特性）。

2. 真空度单位

常用的真空度单位有 kPa、MPa、kg/cm^2、bar 等，近似换算关系如下：

1 MPa = 1 000 kPa

1 标准大气压 = 100 kPa = 0. 1 MPa

1 标准大气压 = 1 kg/cm^2 = 1 bar

3. 影响发动机真空度的因素

（1）发动机气缸密封性良好时的状态。怠速时，表针应稳定在 64 ~ 71 kPa 之间（摆幅的大小、摆速的快慢与密封性、空燃比及点火性能有关）。

若怀疑某缸工作不良，可采用单缸断火法诊断，ΔP_x 的跌落值应越大越好，它是判断各缸工作好坏的指标（点火、喷油、密封）。

迅速开闭节气门（注：迅速开闭应和实际运用情况相符），若表针在 6. 7 ~ 84. 6 kPa 之间灵敏摆动，说明 ΔP_x 对节气门开度变化的随动性较好，意味着各部位在各工况的密封性均较好。

若密封性不好时，怠速时 ΔPx 低于正常值，且明显不稳；迅速打开节气门时，表针会跌落到零，关闭后也会不到 84. 6 kPa 处。

为了验证各缸密封性的好坏，应将真空表换接在机油尺处，曲轴箱内的压力应为负值。若为正值，说明密封性不好，或 PCV 通风阀堵塞。

（2）发动机点火正时不正确、配气正时不正确和电火花不良时的状态。点火正时不正确、配气正时不正确和电火花不良时，燃烧条件变化，功率损失和转速波动较大，无法形成高真空度，并造成怠速不稳，加速无力。

怠速时，表针在 46. 7 ~ 57 kPa 之间摆动。若点火过早，表针摆动幅度较大；反之，摆动较小。配气正时有误时，现象与点火正时类似。

（3）发动机排气系统堵塞时的状态。由于排气系统有较大的反压力，在怠速状态，ΔP_x 有时可达 53 kPa，但很快又跌落为零或很低。堵塞严重时汽油发动机只能勉强运转，此时可通过观察排气管排烟状态或拆下排气管运转，即可验证。

四、进气压力传感器故障检修

1. 检测方法

一般进气压力传感器有三线式和四线式，图 2—3—2 所示为三线式，V_{CC}为电源，PIM 为传感器信号，E2 为搭铁线。四线式主要增加一条进气温度信号线。

(1) MAP 线路检测。断开 MAP 插头，打开点火开关，V_{CC}正常为 5 V 电压，PIM 接近 5 V 电压，E 搭铁良好。用试灯测试，明亮的为V_{CC}电源线，暗亮的为 PIM 信号线。

(2) MAP 信号电压检测。

检测方法一：利用手动真空泵模拟进气歧管压力的变化，测试在不同真空度的时候传感器的输出电压，观察电压是否满足参数要求。

检测方法二：打开点火开关，PIM 信号电压为 3.3 ~ 3.9 V，起动着车发动机怠速时，PIM 信号电压为 1.5 ~ 2.0 V，急加油，信号电压升高。

检测方法三：利用汽车专用示波器进行动态测试，在不同发动机转速和负荷条件下，测量传感器的输出电压，观察传感器的信号波形是否满足要求。一般进气压力传感器的波形信号如图 2—3—4 所示。

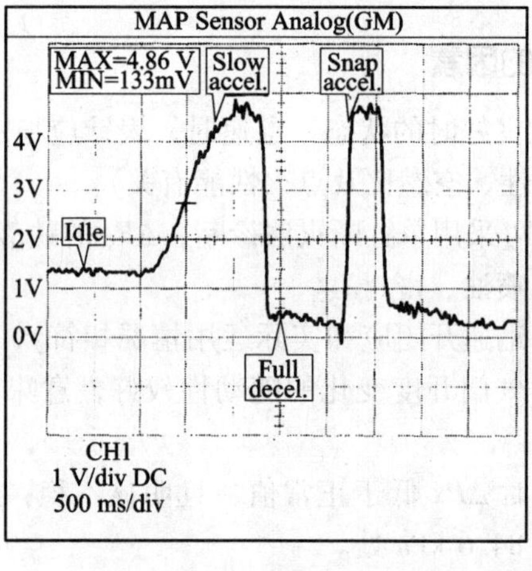

图 2—3—4　进气压力传感器的波形

福特汽车使用的电容式进气歧管绝对压力传感器有所不同，其信号特点：随着进气歧管压力的上升，传感器输出信号的频率将不断增大。在没有真空供给的情况下，也就是正常的大气压条件下，传感器输出信号的频率大约为 160 Hz，而在发动机怠速运转时，其信号频率为 105 Hz，如图 2—3—5 所示。

2. 进气压力传感器常见故障及现象

(1) 传感器内部线路断路或短路。

(2) 传感器输出信号不能随进气管真空度的变化而变化。

(3) 传感器输出信号的电压过高或过低，其值偏离正常范围。

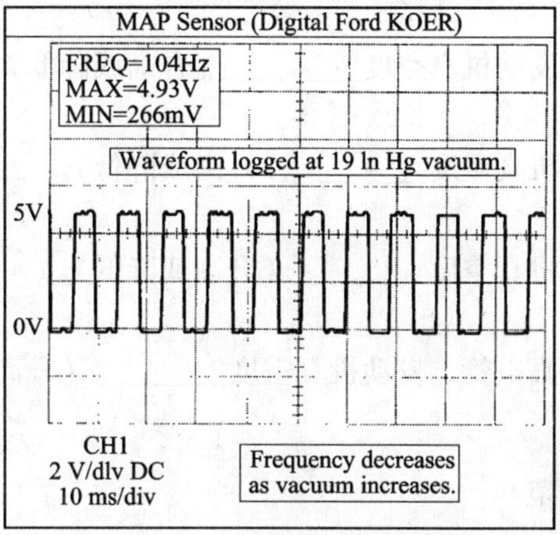

图 2—3—5　福特汽车进气压力传感器的波形图

此外，进气管压力传感器和 ECU 的连接线路断路或短路、传感器和进气管之间的真空软管堵塞漏气、进气管真空孔堵塞等，也会使传感器的输出信号不正常。

进气管压力传感器出现上述故障后，会使发动机计算机的燃油喷射功能失常，出现混合气太浓或太稀、发动机怠速运转不正常或加速不良、发动机运转中进气歧管回火或排气管冒黑烟等现象。

任务实施

根据教材，小组合作完成下列问题

1. 如果进气压力传感器的真空管破裂或由于积炭堵塞，PIM 信号电压________（升高或降低），发动机喷油________（增加或减少）。

2. 分析进气歧管压力高于正常值的原因：

____。

____。

____。

____。

发动机真空度变化试验任务实施规范

1. 发动机怠速时真空度为________ kPa，进气歧管内的绝对压力为________ kPa。

正常/异常

2. 起动发动机，怠速时真空度为________ kPa，对应进气歧管内的绝对压力为________ kPa。

正常/异常

3. 急加油时，真空度________（升高或降低）。

正常/异常

4. 转动分电器外壳，发动机真空度________（升高或降低）。

正常/异常

5. 做断缸试验，发动机真空度________（升高或降低）。

正常/异常

6. 堵住排气管，发动机真空度________（升高或降低）。

正常/异常

7. 拔掉进气歧管上的真空管，发动机真空度________（升高或降低）。

正常/异常

MAP 检修任务实施规范

1. 如图 2—3—6 所示的进气压力传感器电路中，断开 MAP 插头，打开点火开关，V_{CC} 端子电压是________V。

正常/异常

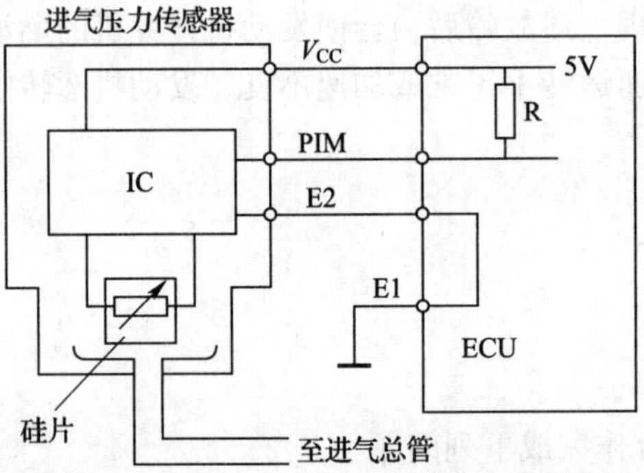

图 2—3—6 进气压力传感器电路

技术操作要点

如果 V_{CC} 没有电压，检查 MAP 传感器 V_{CC} 端子至计算机线路是否导通。

2. 断开 MAP 插头，打开点火开关，PIM 端子电压是________V。

正常/异常

技术操作要点

如果 PIM 没有电压，检查 MAP 传感器 PIM 端子至计算机线路是否导通。

3. 检查 MAP 搭铁线是否良好。

正常/异常

4. 插上 MAP 插头，打开点火开关，PIM 信号电压是________V。

正常/异常

5. 发动机起动后怠速运转时，PIM 信号电压是________V。

正常/异常

6. 急加油时，信号电压________（升高或降低）。

正常/异常

7. 断开 PIM 信号线，PIM 信号电压是________V。

正常/异常

教师检查签名

回顾该工作页的目标，如果你对目标中的哪一部分还不清楚，要请教教师。如果认为已经达到了该工作页的目标，则请教师检查你的工作，并在该工作页上签字。

教师签名____________________

任务总结

一、任务评价

对本学习任务进行评价，见表 2—3—2。

表 2—3—2　　评分表

考核项目	评分标准	分数	学生自评	小组互评	教师评价	小计
团队合作	是否和谐	5				
活动参与	是否积极主动	5				
安全生产	有无安全隐患	10				
现场 5S	是否做到	5				
任务方案	是否正确、合理	20				
操作过程	1. 进气压力传感器电路检查 2. 进气压力传感器信号电压测量 3. 进气压力传感器电路故障　排除	30				
任务完成情况	是否圆满完成	5				
工具、设备使用	是否规范、标准	10				
劳动纪律	是否严格遵守	5				
工单填写	是否完整、规范	5				
总分		100				
教师签名			年　月　日		得分	

二、理论知识检验

1. 下列说法正确的是（　　）。
A. 进气压力传感器检测的是所进空气质量
B. 进气压力传感器检测的是所进空气体积
C. 进气压力传感器检测的是所进空气质量与体积
D. 以上都不正确
2. 下列说法正确的是（　　）。
A. 进气压力传感器必须安装在节气门之后
B. 进气压力传感器可以安装在任意位置
C. 进气压力传感器必须要有真空管相连
D. 以上都不正确
3. 下列说法正确的是（　　）。
A. 进气压力传感器属于有源传感器（有工作电源）
B. 进气压力传感器必须至少要有 3 条线路
C. 进气压力传感器信号线由计算机提供 5 V 电源
D. 以上都不正确
4. 下列说法正确的是（　　）。
A. 发动机静止时进气歧管压力最大
B. 发动机怠速运转时进气压力最大
C. 进气歧管所进空气越多压力越大
D. 以上都不正确
5. 下列说法正确的是（　　）。
A. 发动机怠速运转时真空度越大说明发动机性能越好
B. 发动机真空度越大说明进气歧管压力越大
C. 发动机进气歧管漏气会造成进气歧管压力升高，真空度升高
D. 以上都不正确
6. 下列说法正确的是（　　）。
A. 发动机怠速运转时进气压力传感器信号电压最小
B. 发动机进气歧管漏气，进气压力传感器信号电压变小
C. 打开点火开关发动机未起动时，进气压力传感器信号电压最小
D. 以上都不正确
7. 下列说法正确的是（　　）。
A. 发动机点火性能下降，进气压力传感器信号电压变小
B. 发动机进气歧管漏气，进气压力传感器信号电压变大
C. 排气管堵塞，进气压力传感器信号电压变大
D. 点火时间晚，进气压力传感器信号电压变小

任务 2.4 空气流量计检修

任务目标

1. 能描述空气流量传感器的种类及作用。
2. 能描述空气流量传感器的工作原理。
3. 能检修空气流量传感器故障。

任务描述

一辆帕萨特轿车，行驶里程为 80 000 km，行驶中发动机故障报警灯点亮，同时出现加速无力故障，经某 4S 店专业维修人员诊断，故障码显示“混合气自适应超出极限”。读取发动机数据流显示：怠速时喷油器喷油时间 4 ms；节气门角度为 4°；进气质量为 2 g/s；氧传感器信号电压为 0.3 V；发动机水温 90°。请问：如果你作为一名专业的维修人员，你准备如何进行检查与维修？请制定一份维修方案并按作业规范实施检修作业。

任务内容

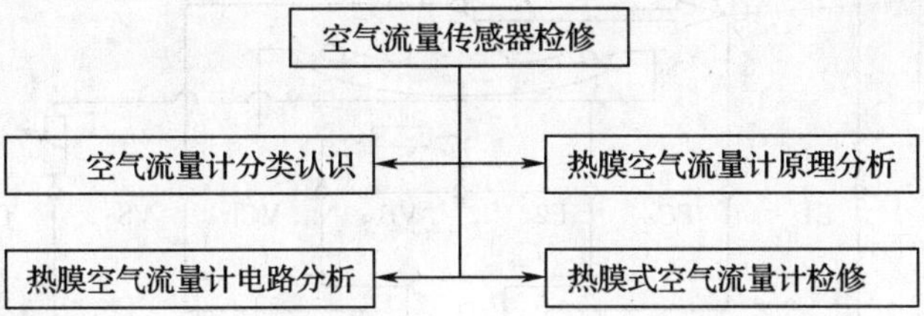

任务准备

一、空气流量计的分类

空气流量计（MAF）也称空气流量传感器，用于 L 型发动机电控系统中，其作用是将单位时间内吸入发动机气缸的空气量转换成电信号并输送给 ECU，作为决定喷油量和点火正时的基本信号之一。

按检测进气量的原理不同，空气流量计可分为体积流量型（叶片式、卡门旋涡式）和质量流量型（热线式、热膜式），一般安装在空气滤清器和节气门体之间。体积流量型的空气流量计已经被淘汰，本文只做简单介绍。

1. 叶片式空气流量计

叶片式空气流量计又称翼片式空气流量计、翼板式空气流量计，最早使用在发动机电控系统中，其外形如图2—4—1所示。

图2—4—1　叶片式空气流量计外形

叶片式空气流量计的控制电路如图2—4—2所示。发动机工作时，空气推动叶片转动，同时带动电位计滑动触点转动，使电位计滑动触点（信号端子VS）与电源端子VC之间的电阻值发生变化，电压VS也发生变化。当空气流增加时，VC与VS之间的电阻增大，输出电压VS变大；当空气流减少时，VC与VS之间的电阻值减小，输出VS电压降低；电位计将相应的电压值输送给ECU，以确定发动机进气量的大小。

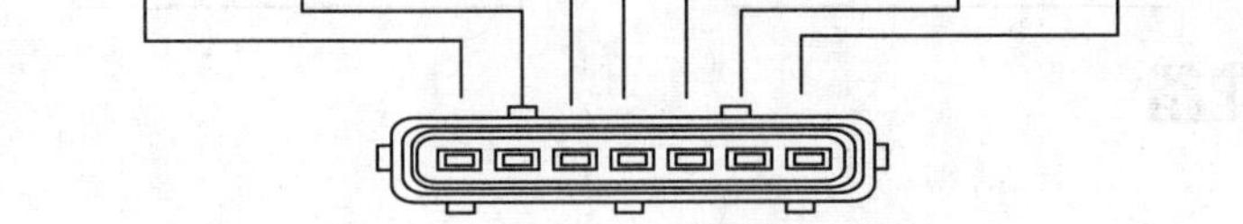

图2—4—2　叶片式空气流量计的控制电路图

2. 卡门漩涡式空气流量传感器

根据传感器输出信号的形成原理，卡门漩涡式空气流量传感器可以分为反光镜式和超声波式两种。

（1）反光镜式卡门漩涡空气流量计结构与原理。发动机进气过程中，在没有漩涡经过的时候，反光镜平放，发光二极管的光线经过反光镜反射到光敏三极管上，光敏三极管就产生一个电压。当气流经过涡流发生器后，产生空气漩涡，空气漩涡对反光镜产生振荡，反光镜的振荡使发光二极管的光线发生偏斜，光敏三极管不能正常接收光线，三极管不导通，不产生电压。所以在有大量空气经过时，传感器就会产生一个频率与进气量成正比的脉冲信号。反光镜式卡门旋涡空气流量计结构与外形如图 2—4—3 所示。

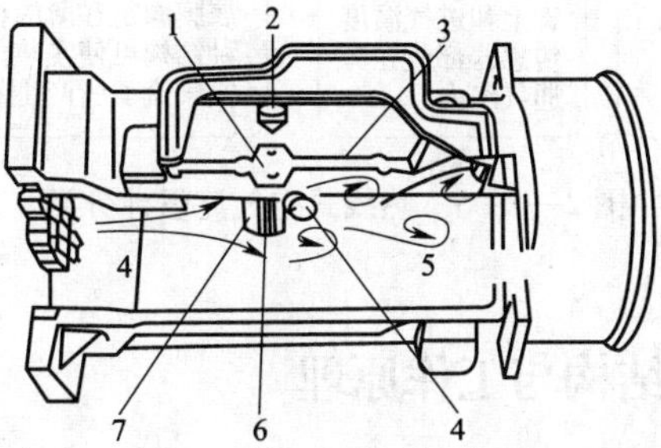

图 2—4—3　反光镜式卡门漩涡空气流量计结构与外形

a）结构　b）外形

1—反光镜　2—发光二极管　3—簧片　4—光敏晶体管　5—涡流　6—导压孔　7—涡流发生器

（2）超声波式卡门漩涡空气流量计结构与原理。发动机进气过程中，在没有漩涡经过的时候，超声波发生器发出的超声波到达超声波接收器，接收器把信号发送给信号处理装置。当气流经过涡流发生器后，产生空气漩涡，空气漩涡对超声波产生干扰，接收器则没有超声波信号到达，信号处理装置把接收到的超声波脉冲信号进行整形处理，发送到 ECU，作为信号输出。超声波式卡门旋涡空气流量计工作原理如图 2—4—4 所示。

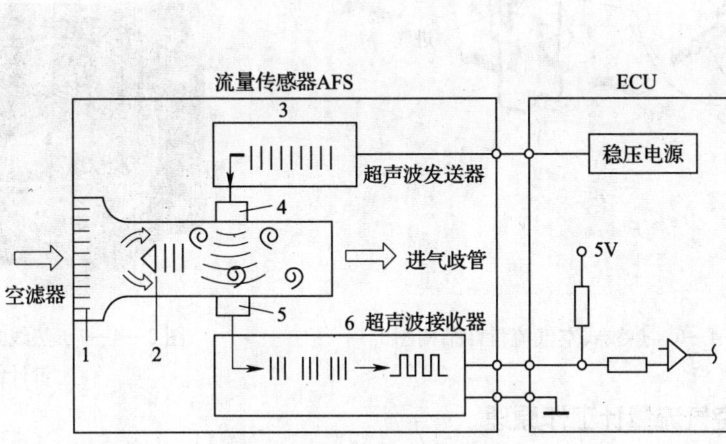

图 2—4—4　超声波式卡门旋涡空气流量计工作原理

3. 热线式空气流量计

热线式空气流量计分为主流测量式、旁通测量式及热膜式，如图 2—4—5 所示。

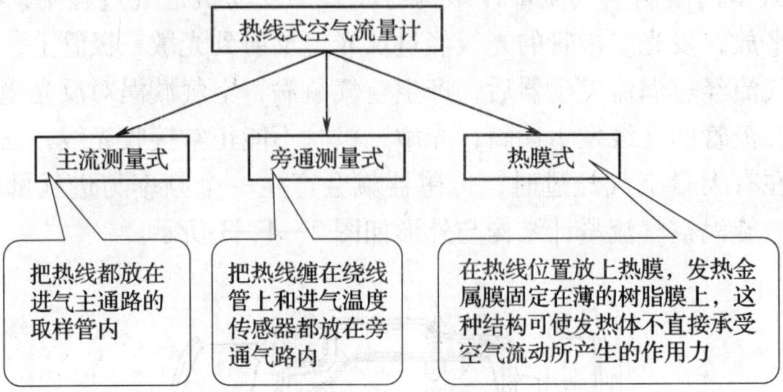

图 2—4—5　热线式空气流量计分类

二、热线式空气流量计结构与工作原理

1. 热线式空气流量计结构

前两种热线式空气流量计为了将热线温度与进气温度的温差维持恒定，都设有控制电路，如果热线因吸入的空气而变冷，则控制电路可以增加供给热线的电流，以使热线与进气的温度差恢复到原来恒定的状态。热线式空气流量计结构如图 2—4—6 和图 2—4—7 所示。

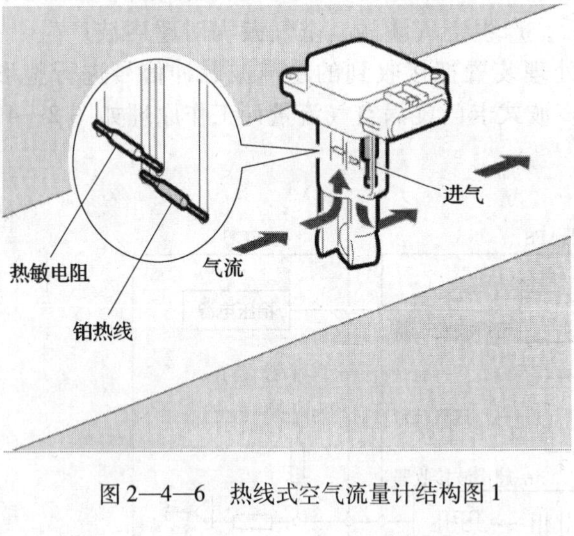

图 2—4—6　热线式空气流量计结构图 1

图 2—4—7　热线式空气流量计结构图 2

2. 热线式空气流量计工作原理

热线式空气流量计中设置加热电路对热丝一直进行加热，使其保持一定温度，一般比外界气温高出 100 ~200℃。当空气进入进气管时，带走热线上的热量，并且进气量越大，带走的热量就越多，这样加热恒温电路就要根据带走的热量及时加热，使热线能够保持恒温，就需要不断调节加热电流，同时把加热电流成比例转化成电压信号，发送给 ECU。热线式空气流量计工作原理如图 2—4—8 所示。

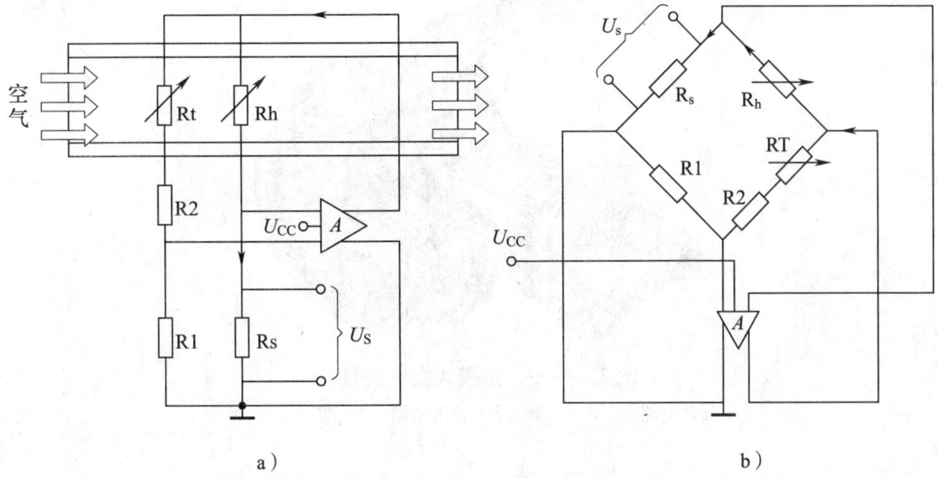

图2—4—8　热线式空气流量计工作原理

a）控制电路　b）电桥电路

Rt—温度补偿电阻（进气温度传感器）　Rh—发热元件（热丝或热膜）电阻　Rs—取样电阻

R1、R2—精密电阻　U_{CC}—工作电源　U_s—信号电压　A—恒温控制器

当发动机怠速运转时，空气流量少，发热元件受到的冷却程度小，阻值变化小，保持电桥平衡所需的电流小，故取样电阻上的信号电压低：当发动机负荷大时，空气流量增大，发热元件受到的冷却程度增大，阻值变化大，信号电压升高。

温度补偿电阻（进气温度传感器）感知进气温度。当进气温度低时，同样质量的空气带走发热元件的热量增多，为了保持电桥平衡，温度补偿电阻上的电流也相应增大，以保证发热元件温度与补偿电阻温度之差保持恒定，使测量进气量的精度不会受到进气温度的影响。

热线式空气流量计长期使用后，会在热线上积累杂质。为了消除使用中电热线上附着的胶质积炭对测量精度的影响，在流量计上采用烧净措施解决这个问题。在一些 MAF 内还装有高温烧熔继电器及相关电路，具有自洁功能。当 ECU 接收到发动机熄火信号时，ECU 将自动接通此电路，将热丝加热到 1 000℃并持续 1 s，将黏附在热丝上尘埃烧掉。

3. 热膜式空气流量计

热膜式空气流量计是热线式空气流量计的改进产品，其发热元件采用平面形铂金属膜电阻器，故称为热膜电阻，如图 2—4—9 所示。热膜电阻是在氧化铝陶瓷基片上采用蒸发工艺形成铂金属薄膜，在其表面覆盖一层绝缘保护膜，再引出电极而成。在空气流量计内部的进气通道上设有一个矩形护套，热膜电阻位于护套中。在护套的空气入口侧设有空气过滤层，用于过滤空气中的污物。

在热膜电阻附近设有温度补偿电阻，温度补偿电阻和热膜电阻组成电桥控制电路，控制原理与热线式空气流量计相同。

与热线式空气流量计相比，热膜电阻的阻值较大，所以消耗电流较小，使用寿命较长。但是，由于其发热元件表面制作有一层绝缘保护膜，因此不会因粘有尘埃而影响测量精度，但存在辐射热传导作用，因此响应特性稍差。

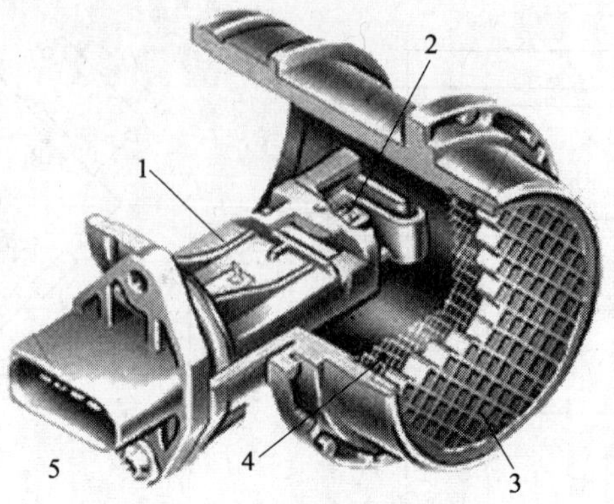

图 2—4—9 热膜式空气流量计

1—混合电路盒 2—热膜 3—导流格栅 4—滤网 5—插座

三、空气流量计电路

热线式空气流量计一般有三根导线，包括电源、信号和搭铁线。热线式空气流量计电路如图 2—4—10 所示。有的空气流量计为 4 条线或 5 条线，其中包含了进气温度传感器信号线。

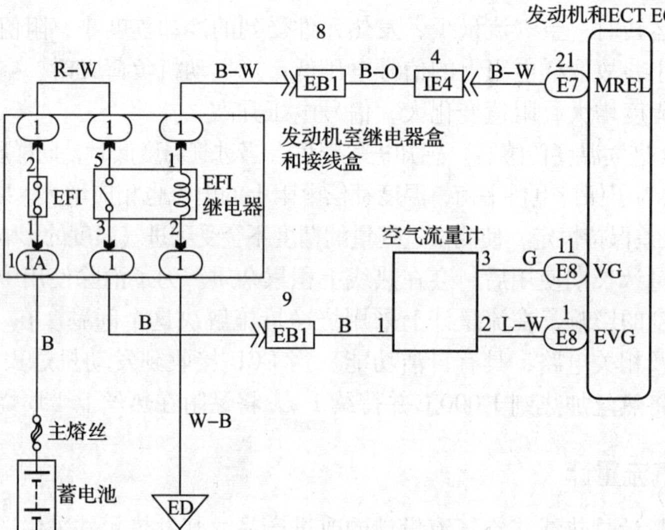

图 2—4—10 热线式空气流量计电路

四、空气流量计故障检修

1. 空气流量传感器故障分类

空气流量传感器的故障分为两大类，一类是信号超出规定的范围，另一类是信号不准确（即性能漂移）。

（1）信号超出规定的范围。其表示空气流量传感器已经失效。现代电控汽车具有失效保护功能，当某个传感器的信号失效时，电控单元（ECU）会以一个固定的数值来代替，或者用其他传感器的信号代替有故障传感器的信号。空气流量传感器失效后，ECU 用节气门位置传感器的信号代替。

（2）信号不准确。空气流量传感器信号不准确产生的危害性可能比没有信号更大，这是因为既然信号没有超出规定的范围，电控单元（ECU）会按照这一不准确的空气流量信号控制喷油量，所以往往造成混合气过稀或者过浓。若没有空气流量信号，ECU 会利用节气门位置传感器的信号代替，发动机的怠速反而比较稳定。

2. 空气流量传感器的检测方法

（1）通过拔下空气流量传感器插接器判断其性能

1）如果故障现象没有变化，说明空气流量传感器已经损坏。这是因为 ECU 确认空气流量传感器失效后，已经采用节气门位置传感器信号代替之。此时与有没有空气流量传感器的结果是一样的，所以故障现象没有变化。

2）如果故障现象有所减轻，说明空气流量传感器的性能发生漂移。由于空气流量信号处在有效范围之内，ECU 按照失真的信号控制喷油量，引起明显的故障现象。拔下空气流量传感器的插接器后，ECU 认为空气流量传感器完全失效，就改用节气门位置传感器的信号来代替，所以发动机的工作状况有所好转。

3）如果故障现象有所恶化，说明空气流量传感器正常。这是因为在拔下插头前，ECU 按照正常的空气流量传感器信号控制喷油量。拔下插头后，ECU 改用节气门位置传感器信号控制喷油，由于后者的控制精度不如前者高，所以故障现象有所恶化。

（2）静态测试法。所谓静态测试，就是在打开点火开关、发动机不运转的情况下，用吹风机向空气流量传感器吹入不同流速和不同温度的空气，看传感器输出电压信号的特性是否满足下列要求：当进气温度不变的情况下，随着进气流速的增加，传感器的输出电压也增加；当进气流速不变的情况下，随着进气温度的增加，传感器的输出电压将下降。

（3）动态测试法。所谓动态测试，就是在发动机运行过程中，测量不同负荷条件下，空气流量传感器的输出电压，观察传感器的信号特点是否满足要求。

提示：在有些车型上，如我国上海生产的通用别克轿车，其空气流量传感器也属于热线或热模式，但在信号输出电路上增加了新的信号处理单元，使传感器的输出信号不再是模拟信号，而转变成数字信号。

（4）空气流量传感器数据流分析。通过分析空气流量传感器的数据流，可以判断发动机进气系统是否存在漏气现象。在正常情况下，怠速时空气流量信号数据为 2.5 g/s 左右，若小于 2.0 g/s，说明进气系统存在漏气；若大于 4.0 g/s，说明发动机存在额外负荷。

3. 空气流量传感器的维修要点

（1）热线和热膜脏污后的清洗。如果发动机存在“回火”故障，往往会对空气流量传感器造成严重危害。由于发动机的气流在进气歧管内逆向流动（即“回火”），其中含有炭颗粒，这些炭颗粒容易黏附在空气流量传感器的感应元件上，并产生如下后果：在怠速时，空气流量传感器的信号偏大，而在加速及大负荷时信号偏小。

（2）进气管路漏气。包括进气管破裂，真空软管松脱，进气歧管与气缸盖密封不严。如果存在以上情况。部分空气将不经过空气流量传感器的计量而直接进入气缸，最终导致发动机混合气失调。

任务实施

根据教材，小组合作完成下列问题

1. 空气流量计比较常见的是________式，其内部放置有一根通电后会发热的细线称为________；同时还有一个温度补偿电阻，称为________。

2. 按检测进气量的原理不同，空气流量计可分为体积流量型________、________和质量流量型________、________。

3. 空气流量计的加热丝或加热膜脏污会导致信号电压________（低或高），混合气________（浓或稀）；空气流量计之后的进气管路漏气会导致信号电压________（低或高），混合气________（浓或稀）。

4. 认识空气流量计相关组件，填写空气流量计名称。

名称：________　　名称：________　　名称：________

热膜（或热线）式空气流量计检测任务实施规范

1. 拔下空气流量计插头，打开点火开关，检测空气流量计线束插头的工作电源电压是________V。

正常/异常

技术操作要点

如果空气流量计没有工作电源，检查空气流量计熔丝或主继电器。

2. 插上空气流量计线束插头，检测信号线电压是________V。

正常/异常

3. 使用吹风机吹空气流量计，检测信号线电压是____________V。

正常/异常

4. 加大风量，信号电压________（升高或降低）。

正常/异常

5. 检测空气流量计信号线端子至计算机端子是否导通？

正常/异常

教师检查签名

回顾该工作页的目标，如果你对目标中的哪一部分还不清楚，要请教教师。如果认为已经达到了该工作页的目标，则请教师检查你的工作，并在该工作页上签字。

教师签名____________________

任务总结

一、任务评价

对本学习任务进行评价，见表2—4—1。

表2—4—1 评分表

考核项目	评分标准	分数	学生自评	小组互评	教师评价	小计
团队合作	是否和谐	5				
活动参与	是否积极主动	5				
安全生产	有无安全隐患	10				
现场5S	是否做到	5				
任务方案	是否正确、合理	20				
操作过程	1. 空气流量计电路检查 2. 空气流量计信号电压测量	30				
任务完成情况	是否圆满完成	5				
工具、设备使用	是否规范、标准	10				
劳动纪律	是否严格遵守	5				
工单填写	是否完整、规范	5				
总分		100				
教师签名			年 月 日		得分	

二、理论知识检验

1. 下列说法正确的是（ ）。

A. 空气流量计检测的都是所进空气质量

B. 热线式空气流量计检测的是所进空气质量
C. 卡门涡流式空气流量计检测的是所进空气质量
D. 叶片式空气流量计检测的是所进空气质量
2. 下列说法正确的是（　　）。
A. 热线式空气流量计安装在空气滤清器后面
B. 热线式空气流量计可以安装在任意位置
C. 热线式空气流量计安装要有方向
D. 以上都不正确
3. 下列说法正确的是（　　）。
A. 热线式空气流量计至少有 3 条导线
B. 热线式空气流量计必须要有 12V 工作电源
C. 有了热线式空气流量计，可以不需要进气温度传感器
D. 以上都不正确
4. 下列说法正确的是（　　）。
A. 只要计算机没有记录空气流量计的故障码，证明空气流量计工作良好
B. 只要空气流量计出现故障，计算机必记录空气流量计故障码
C. 只要热线式空气流量计加热丝或加热膜脏了，计算机必记录空气流量计故障码
D. 以上都不正确
5. 下列说法正确的是（　　）。
A. 只要热线式空气流量计加热丝或加热膜脏了，混合气将变稀
B. 只要热线式空气流量计加热丝或加热膜脏了，混合气将变浓
C. 只要热线式空气流量计之后管路漏气，混合气一定变稀
D. 以上都不正确
6. 下列说法正确的是（　　）。
A. 热线式空气流量计损坏，发动机不着车
B. 热线式空气流量计损坏，计算机按照其他信号控制，对发动机没有影响
C. 热线式空气流量计损坏，混合气变浓
D. 以上都不正确

知识拓展

别克君威空气流量计检修

1. 别克君威空气流量计原理

别克君威热线式空气流量计的控制电路如图 2—4—11 所示。当有空气流经传感器时，传感器热量受到损失，内部电路需提供额外的电流以保持传感器的温度恒定。这一电流经差

动放大器放大后控制三极管 V 的导通程度，在 V 发射极即可得到与空气流量相关的变化电压 U_B。再用这个电压控制一个压控振荡器 VCO，输出不同频率的振荡信号。这样，进气流量被转换成频率信号，单位是 Hz。可以用 TECH2 检测 MAF 的频率值，从怠速状态到节气门全开为 2 000 ~7 000 Hz。在 TECH2 中还有将空气流量从频率转化为 g/s 的数据，发动机热车后怠速时读数应在 4 ~6 g/s 之间，加速时数值变化很快。

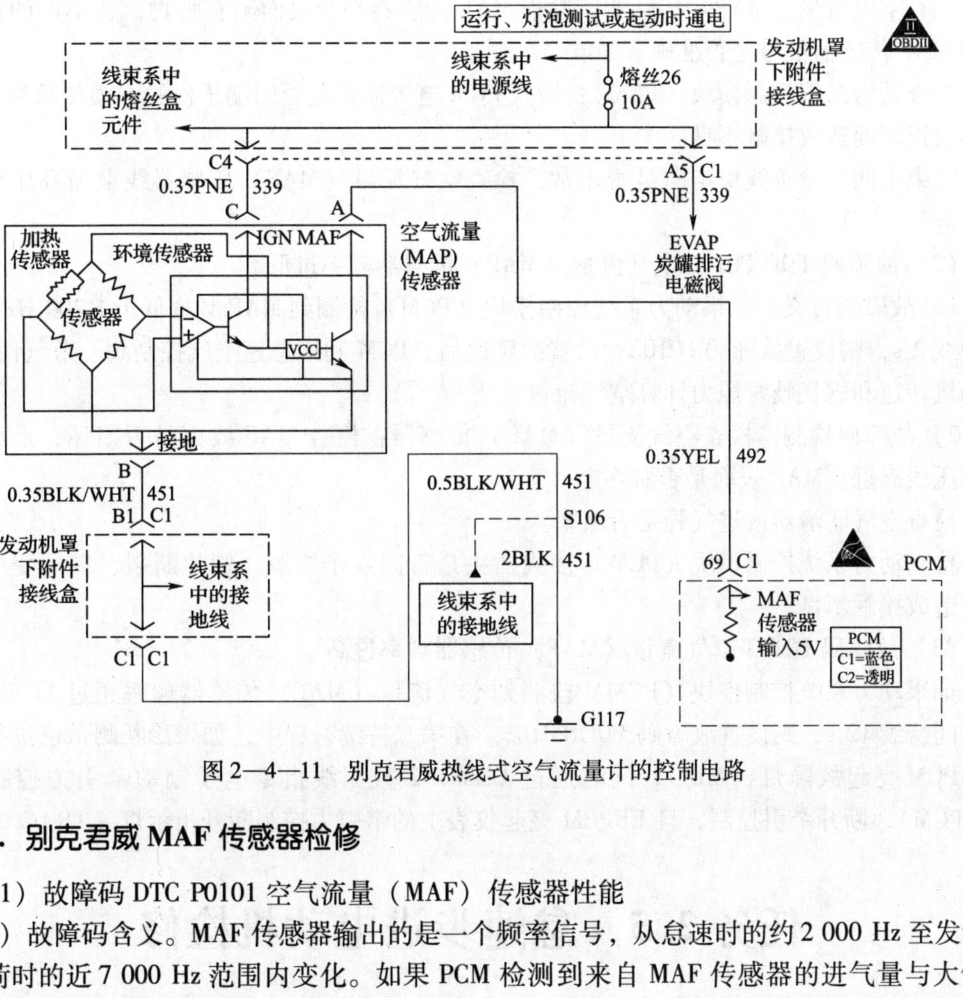

图 2—4—11　别克君威热线式空气流量计的控制电路

2. 别克君威 MAF 传感器检修

（1）故障码 DTC P0101 空气流量（MAF）传感器性能

1）故障码含义。MAF 传感器输出的是一个频率信号，从怠速时的约 2 000 Hz 至发动机全负荷时的近 7 000 Hz 范围内变化。如果 PCM 检测到来自 MAF 传感器的进气量与大气压力、节气门位置和发动机转速等传感器信号的预计值不相符，则设置故障码 DTC P0101。

2）运行诊断故障码的条件是：

—发动机运行；

—点火电压在 9. 0 ~18. 0 V 之间；

—节气门开度（TP）低于 25%；

—进气歧管绝对压力（MAP）和节气门位置（TP）稳定时间大于 10 s；

—废气再循环（EGR）负载周期（PWM）低于 50%；

—废气再循环（EGR）枢轴位置低于 50%。

在以上条件满足时，如果动力系统控制模块（PCM）检测到的实际空气流量与预计空气流量的差值大于标准，将记录此故障码。

3）故障码检测。检查节气门位置（TP）传感器：节气门拉线是否发卡；TP 传感器是否接触不良；TP 传感器信号电路是否短路或断路。

检查进气歧管绝对压力（MAP）传感器：检查 MAP 传感器真空连接是否可靠；MAP 值是否准确，在不同的发动机转速下，观察 MAP 信号是否与正常值接近。

检查空气流量（MAP）传感器：检查 MAF 传感器是否表面附有脏物，在不同的负荷下检查 MAF 传感器信号是否准确。

检查动力系统控制模块（PCM）：检查 PCM 电气插头是否因端子松脱、锁片断裂、端子变形或损坏而造成接触不良。

线束走向：检查线束走向是否正常，检查空气流量（MAF）传感器线束与高压导线是否靠近。

（2）故障码 TDC P0102 空气流量（MAF）传感器频率过低

1）故障码含义。如果动力系统控制模块（PCM）检测到 MAP 频率低于 1 200 Hz，且时间持续 2 s，则设置故障码 P0102，设置故障码后，PCM 利用怠速空气控制阀、节气门位置、发动机转速和进气歧管压力计算空气流量。

2）故障码检测。检查空气流量（MAF）传感器：检查 MAF 线束是否损坏，是否与点火高压线靠近；MAF 表面是否脏污。

检查空气滤清器或进气管是否堵塞。

检查动力系统控制模块（PCM）接线插头是否因端子松脱、锁片断裂、端子变形或损坏而造成接触不良。

（3）故障码 P0103 空气流量（MAF）传感器频率过高

如果动力系统控制模块（PCM）检测到空气流量（MAF）传感器频率超过 11 500 Hz，且时间持续 12 s，则设置故障码 TDC P0103。在第二持续行程中，如果诊断测试已进行但失败，PCM 亮起故障灯（MIL），同时通过 Class－2 数据线指令电子制动牵引力控制模块（EBPCM），断开牵引控制，且 EBPCM 亮起仪表上的牵引力控制断开指示灯（TRAC OFF）。

任务 2.5　怠速步进电动机检修

任务目标

1. 能描述发动机怠速控制过程。
2. 能描述各种怠速阀的工作原理。
3. 能检修发动机怠速不良故障。

任务描述

一辆别克凯越轿车，行驶里程为 80 000 km。该车采用 D 型发动机，现出现发动机怠速转速只有 600 r/min，转速明显偏低，起步易熄火故障。请问：如果你作为一名专业的维修人员，你准备如何进行检查与维修？请制定一份维修方案并按作业规范实施检修作业。

任务内容

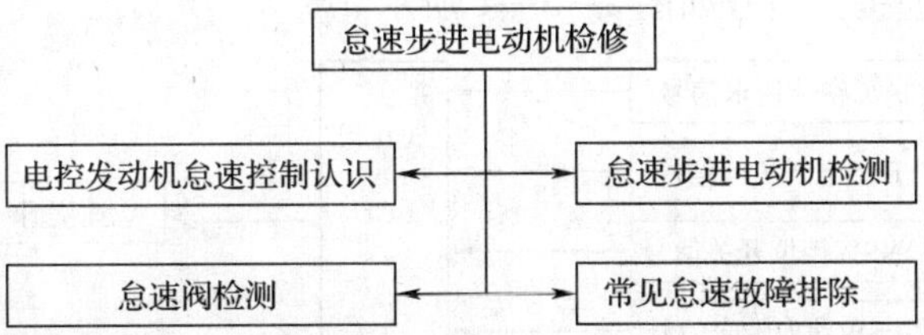

任务准备

一、电控发动机怠速控制

怠速是指节气门关闭，油门踏板完全松开，发动机对外无功率输出并保持最低转速稳定运转的工况。怠速转速的高低直接影响燃油消耗和排放污染。怠速转速过高，燃油消耗增加，但怠速转速过低，又会增加污染排放。

怠速控制阀又叫怠速空气控制阀（IAC）或叫怠速转速控制阀（ISC）。怠速空气控制阀有两个作用：一是稳定发动机的怠速转速，从而降低汽车怠速时的燃油消耗量；二是发动机在怠速运转时，若负荷增大，如接通空调、动力转向和液力变扭器等，则提高怠速转速（快怠速），以防止发动机熄火。

在怠速控制系统中，ECU 需要根据节气门位置信号和车速信号确认怠速工况，只有在节气门全关、车速为零时，才进行怠速控制。

1. 起动控制

发动机起动时，怠速控制系统控制怠速执行器使旁通进气量最大，以利于起动。起动之后，再根据冷却水温度来确定旁通进气量的大小。

2. 冷车快怠速

发动机冷车起动时，温度低，摩擦阻力大，暖机时间长。发动机低温起动时，控制怠速阀增大进气量，保持发动机高怠速运转，使发动机起动后迅速暖车，从而缩短暖车时间。

3. 怠速反馈控制

当暖机过程结束，或者 ECU 检测到节气门全关信号，且车速低于 2 km/h，则怠速控制系统开始进行怠速反馈控制。若实际转速与目标转速相差超过 20 r/min，ECU 控制怠速装置增减空气量，使实际转速尽可能与目标转速接近，提高控制精度。

4. 怠速提升

怠速转速过低，发动机空调打开、电器负荷增大、自动变速器挂入前进挡位、动力转向系统起作用时，由于运行条件较差或负载增加，容易导致发动机运转不稳甚至熄火，所以必须提高怠速转速。怠速提升信号如图 2—5—1 所示。

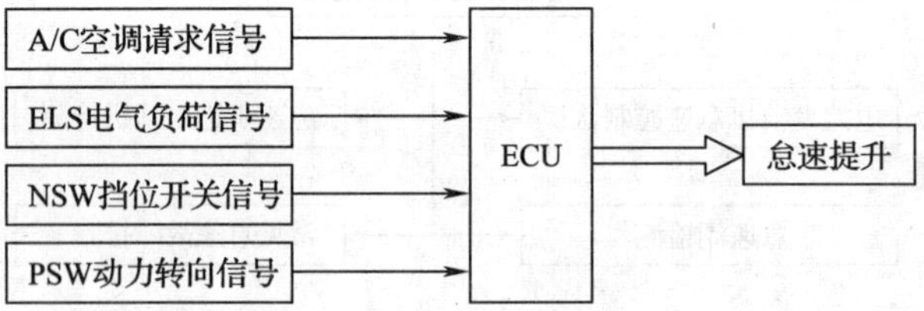

图 2—5—1　怠速提升信号

二、怠速阀结构与原理

怠速控制的实质就是对怠速工况下的进气量进行控制。在发动机集中控制系统中，控制怠速进气量的方法可分为两种基本类型：节气门直动式和旁通空气式，如图 2—5—2 所示。

节气门直动式通过执行元件改变节气门的最小开度来控制怠速进气量，如电子节气门。

旁通空气式怠速控制系统设有旁通怠速空气道，由执行元件控制流经怠速空气道的空气量。按执行元件的类型不同，旁通空气式怠速控制系统又分为步进电动机型、旋转电磁阀型、占空比控制电磁阀型、开关型等。

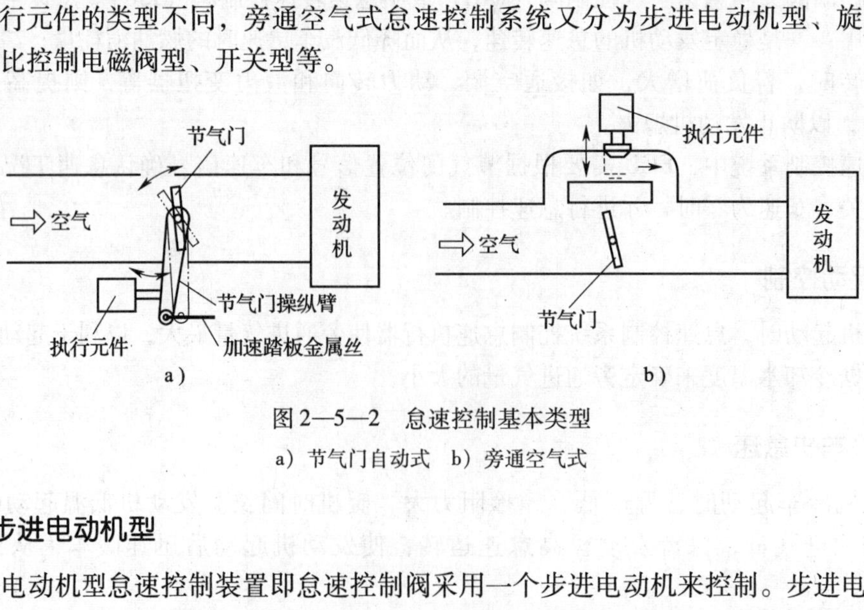

图 2—5—2　怠速控制基本类型

a）节气门自动式　b）旁通空气式

1. 步进电动机型

步进电动机型怠速控制装置即怠速控制阀采用一个步进电动机来控制。步进电动机是指电动机的工作是按照步来计算的，从全关到全开一般为125步或者255步，步数的多少相当于阀的开度，怠速时行走步数一般为30～40步。步进电动机的另一个特点是每通电一次，电动机只旋转一步，相当于阀打开（或关闭）一步，而不是像线性电动机通电就完全打开或完全关闭。这样，怠速控制阀开度进行细化后，ECU对怠速转速控制更加精确。

（1）元件识别。步进电动机式怠速控制阀外部一般有4条导线或者6条导线。步进电动机式怠速控制阀元件实物如图2—5—3所示。

图2—5—3　步进电动机式怠速控制阀元件实物

（2）元件结构。步进电动机式怠速控制阀结构如图2—5—4所示，由定子绕组、轴承、进给丝杆、转子、阀门等元件组成，阀门的开闭直接控制旁通气道能否相通。

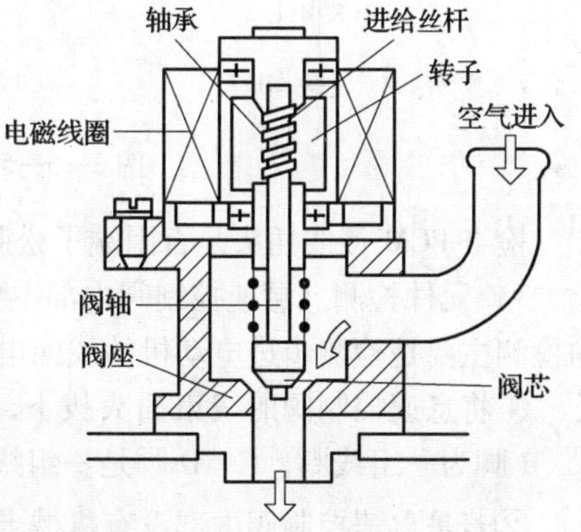

图2—5—4　步进电动机式怠速控制阀结构

（3）工作原理。怠速空气控制（IAC）阀由两个绕组和一个磁性枢轴构成，动力系统控制模块（PCM）根据一定的顺序改变两个绕组的极性，绕组产生旋转磁场，枢轴在磁场的作用下可在两个方向转动，控制其端部锥体的伸出与收缩。IAC阀的进给量很小，磁场绕组的极性每改变一次，枢轴锥体移动一“步”。阀锥全部伸出顶柱节气门体时为0步，完全缩回时为255步。当节气门完全关闭时，PCM控制IAC阀步数减小时，阀锥伸出，发动机进气量减小，转速降低；反之，发动机进气量增大，转速升高。怠速空气控制阀对发动机的起动性能和怠速稳定有直接影响。

步进电动机的特点是它本身有2组或4组励磁线圈。别克君威步进电动机电路如图2—5—5所示。

（4）怠速控制阀故障码检修

1）DTC P0506怠速过低、DTC P0507怠速过高故障码含义分析。PCM以脉冲记数（步数）形式控制IAC的动作，若PCM检测到当前怠速转速太低，且不能通过增加IAC计数来调节怠速转速，会设置故障码DTC P0506。

2）诊断。检查怠速空气控制阀（IAC）表面是否有油泥、积炭而造成枢轴发卡；测量IAC线圈是否断路。

检查节气门体怠速空气控制通道是否有油泥、积炭；检查节气门油泥、积炭沉积是否太多。

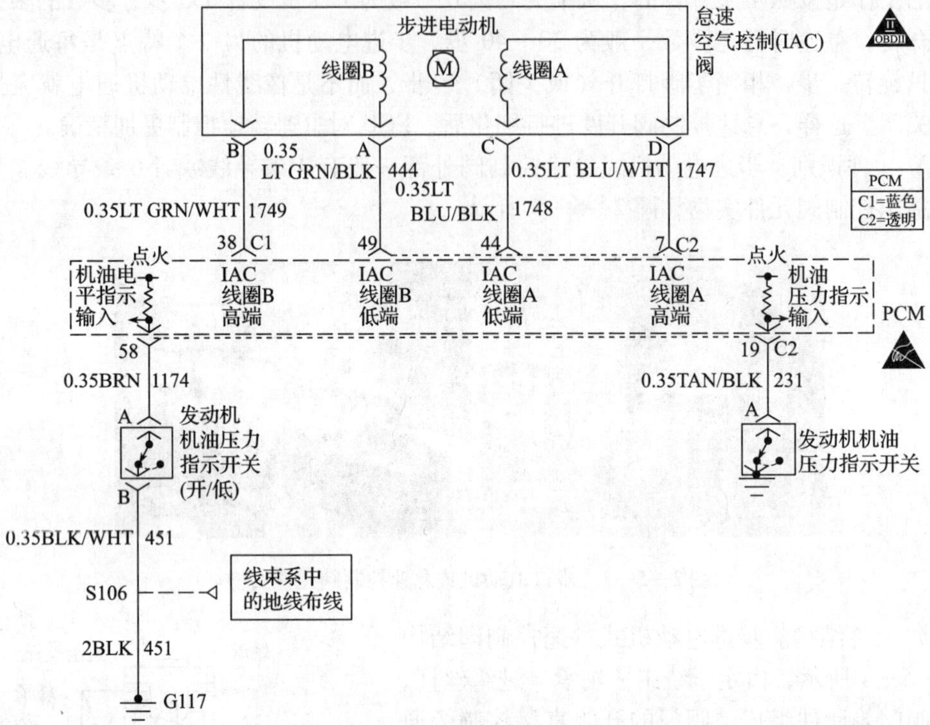

图 2—5—5　别克君威步进电动机电路

检查 PCM 接线插头是否因端子松脱、锁片断裂、端子变形或损坏而造成接触不良。

3）元件检测。怠速控制阀内部主要由步进电动机和机械部分构成，所以对怠速控制阀的检测主要是检测步进电动机的线圈电阻。具体方法如下：

①将怠速控制阀的线束插头拔下，使用万用表的欧姆挡位测量怠速控制阀的端子，其 A、B 脚为一组线圈，C、D 脚是一组线圈，每组线圈的电阻均为 40 ~ 80 Ω。

②若是怠速控制阀内部没有机械卡滞现象，其伸缩动作也能执行，同时步进电动机电阻正常，可是怠速仍然不稳时，将点火开关置于 ON/OFF 几次，使怠速控制阀复位，或是行驶速度在 35 km/h 以上，即可恢复怠速控制阀的初始位置。

2. 线性开关式怠速控制阀（占空比式）

线性开关式怠速控制阀主要由电磁线圈、阀门、旁通气道、回位弹簧等元件组成，其结构如图2—5—6 所示。线性开关式怠速控制阀通电则会完全打开，断电后完全关闭，ECU 通过控制电磁阀的通电时间和断电时间的比例来调节旁通空气量，阀打开时间占总时间的比例即为占空比。占空比信号如图

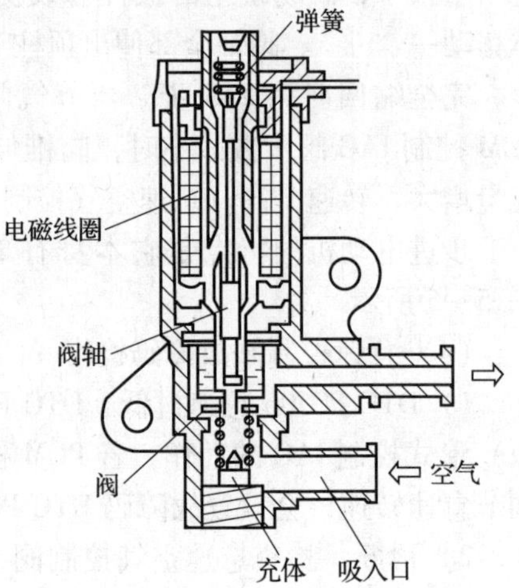

图 2—5—6　线性开关式怠速控制阀结构

2—5—7 所示。ECU 根据检测到的空挡开关、水温、空调开关、起动机、分电器和车速等信号，决定脉冲信号的占空比，从而控制开关阀的占空比，进而控制阀门开度，达到控制空气流量、调整怠速的目的。

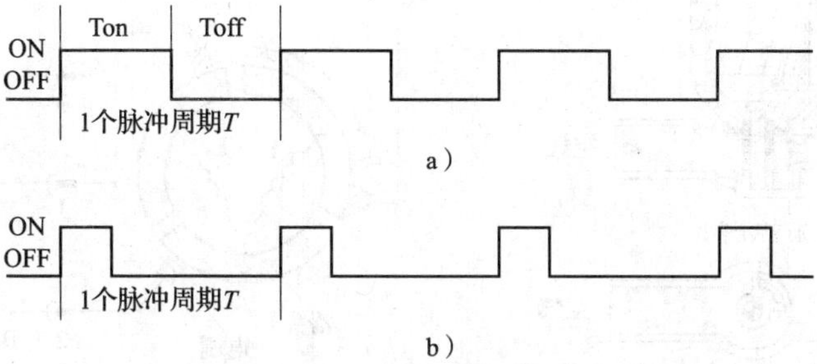

图 2—5—7　占空比信号

占空比：在一个周期内高电位所占的比例。使用万用表“DUTY”占空比挡测量占空比信号时，红表笔接信号线，黑表笔搭铁。注意，表笔不能接反。

3. 旋转滑阀式怠速控制阀

(1) 元件识别。旋转滑阀式怠速控制阀一般外部连接 3 条导线，其实物如图 2—5—8 所示。

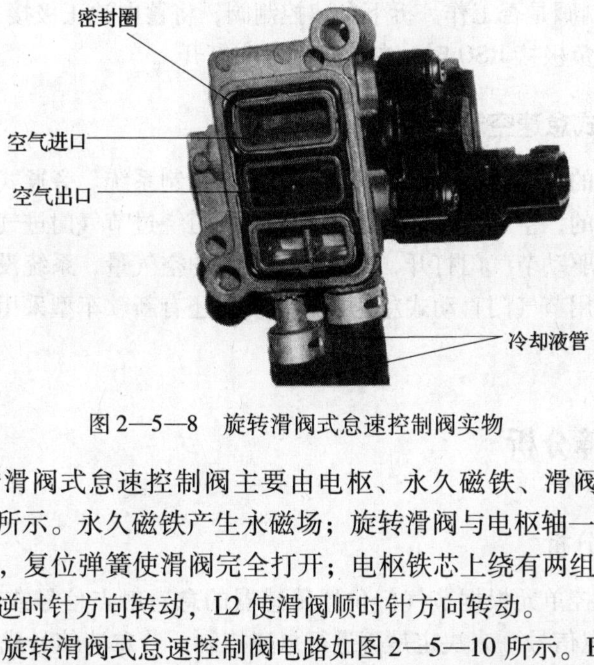

图 2—5—8　旋转滑阀式怠速控制阀实物

(2) 结构。旋转滑阀式怠速控制阀主要由电枢、永久磁铁、滑阀、旁通气道等组成，其结构如图 2—5—9 所示。永久磁铁产生永磁场；旋转滑阀与电枢轴一起转动，控制旁通进气量；关闭发动机后，复位弹簧使滑阀完全打开；电枢铁芯上绕有两组绕向相反的电磁线圈 L1 和 L2，L1 使滑阀逆时针方向转动，L2 使滑阀顺时针方向转动。

(3) 工作原理。旋转滑阀式怠速控制阀电路如图 2—5—10 所示。ECU 对 V1 和 V2 进行反向控制，V1 导通时，V2 截止；V1 截止时，V2 导通。ECU 输出占空比信号控制 L1 和 L2 的通电时间，当占空比为 50% 时，L1 和 L2 通电时间相等，滑阀不动；当占空比大于 50% 时，L2 通电时间长，滑阀顺时针转动，开度增大；当占空比小于 50% 时，L1 通电时间长，滑阀逆时针转动，开度减小。控制信号占空比在 18%（滑阀全闭）至 82%（滑阀全开）。

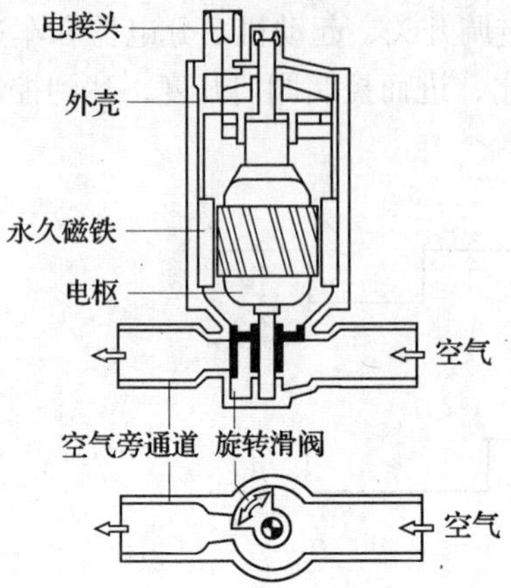

图 2—5—9　旋转滑阀式怠速控制阀结构

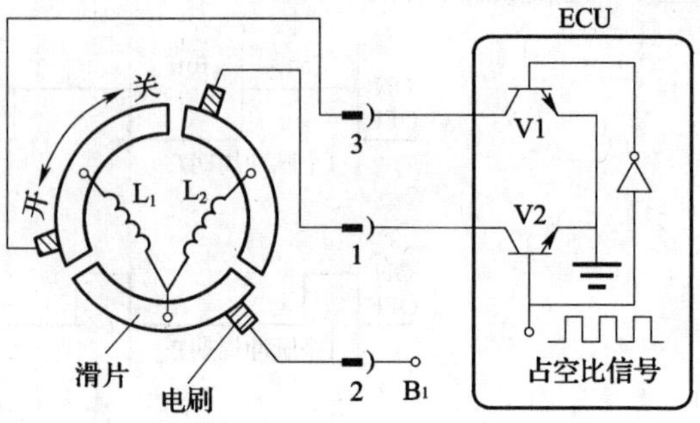

图 2—5—10　旋转滑阀式怠速控制阀电路

(4) 检测

1) 检查电源线。

2) 检查信号线。

3) 检查怠速控制阀电阻。拔下怠速控制阀连接器，测量插座 + B 和 RSC、+ B 和 RSO 间的电阻，温度为 - 10 ~ 50℃时，应为 17. 0 ~ 24. 5 Ω，温度为 50 ~ 100℃时，应为 21. 5 ~ 28. 5 Ω。

4) 检查怠速控制阀是否工作。拆下怠速控制阀，将蓄电池正极接 + B，负极接 RSC 时，怠速控制阀应关闭；负极接 RSO 时，怠速控制阀应打开。

4. 节气门直动式怠速空气控制系统

本单元前面讲述的怠速控制阀都属于旁通式怠速控制系统。旁通式怠速控制系统在怠速时节气门是完全关闭的，空气由怠速控制阀从旁通气道绕过节气门进气；而节气门直动式在怠速时由怠速电动机驱动节气门打开，提供怠速所需的空气量，系统没有旁通空气道。大众车系中很多车型都采用节气门直动式怠速控制系统，还有新款车型采用电子节气门的都采用这种系统。

三、怠速不良故障分析

1. 怠速高故障分析

怠速工况下，电控单元根据节气门位置传感器的怠速触点信号或节气门位置初始信号(三线式不带怠速触点信号)来决定是否进行怠速控制，若怠速信号成立，电控单元便依据发动机内存的标准数据对怠速执行器进行控制，调节怠速工况下的进气量，使发动机的实际转速被控制在目标转速规定的范围内，即达到怠速稳速控制的目的。怠速工况的稳速控制实质上是怠速工况的进气量的调节控制。怠速转速偏高故障，从根本上讲是怠速工况进气量过大而且过大的进气量是经过空气计量的，从而喷油量也是随之增加的，也就是说，实际进入发动机的混合气的量值在增大，故使气缸内的燃烧动力增强，而导致怠速转速升高。

按正常怠速控制理论来分析，由于有怠速执行器的控制是不应该有多余的气体进入的，即使因某种原因导致有多余气体进入，怠速执行器根据目标转速要减小怠速通道的进气量来达到稳速目的。那么，为什么还会有怠速偏高故障呢？为什么会有多余的气体不被控制而流入呢？这些多余气体又是如何被测量的呢？对此，将主要从四个方面来分析。

（1）怠速控制中的另一功能是怠速提速功能。当水温较低或有负荷信号输入电控单元时，均在标准转速的基础上提高 200～300 r/min，以维持发动机的稳定性和实现冷车快怠速的目的。如果有某些负荷开关信号错误输入电控单元时，怠速转速将偏高，一直工作在怠速提升状态下。维修转速偏高故障时，应注意检查空调开关、转向开关、自动变速器挡位开关、大电流用电器件等，如有任一负荷信号误输入电控单元都将提速。如果水温信号不良，电控单元误认为冷车而提速，应注意检查。

（2）怠速执行器的开度数据是随实际情况而改变的。由于在长期工作中，节气门体或执行器本身有脏物阻碍作用，进气量变小，转速下降，当偏离目标转速范围之外时，电控单元为了达到目标转速控制，必须再开大执行器开度，从而新的开度数据取代了原来数据，脏物不断堆积，怠速执行器数据不断增大，存储器中存储的总是最新最佳的执行器开度数据。当清洗过节气门体或执行器后，脏物消失了，相应进气量增大，如果执行器还是用新的数据来控制，必然导致怠速偏高。

如果想解决这个故障，一般有两种方法：1）用仪器对其重新设定，改变执行器开度较大的数据；2）反复踏下加速踏板，用再学习的方法使执行器的开度数据逐步适应当前目标转速的新数据。

（3）漏气原因。电控单元已对执行器做出调节指令，即使执行器已完全处于关闭状态，也不能缓解进气量，将导致怠速偏高、怠速飞车、怠速游车故障产生。

（4）怠速阀线路故障。由于怠速阀线路出现故障，电控单元无法正常调节，使怠速阀打开角度较大。如果是这种原因，可以拔下怠速阀插头，观察发动机转速有无改变。

2. 怠速游车故障分析

怠速游车现象是怠速工况的一种常见故障，它与怠速不稳有着根本的区别。怠速不稳一般为气缸混合气燃烧做功不平衡（如缺缸）或混合气过稀、过浓，混合气质量变差（如尾气渗入），燃烧不完全，特别是在转速较低时易造成怠速抖动。而游车现象是一种有规律的转速忽高忽低故障，是外界的原因造成执行器在不断地反复调节所致。

（1）节气门由于积炭原因脏污，在电子节气门车型中极易发生。

（2）怠速转速过高超过要求，发动机计算机执行减速断油功能引起。

3. 怠速工况有负荷时易熄火故障分析

[案例] 一辆韩国现代轿车怠速时较正常，当冷却风扇起动时发动机抖动，开空调时易熄火。

发动机怠速提速完全是在电控单元的监测与操纵下完成自动控制的，不可人为调节。当发动机在有负荷和水温较低的情况下不能提速，说明电控系统在某个环节上出了问题，以下几个方面应重点检查和分析。

(1) 怠速信号不良。当电控单元未收到怠速工况信号时，电控单元不做怠速控制。此时即使有负荷信号输入，电控单元也不会对执行器发出提速指令，其结果为发动机转速不提升反而下降、抖动甚至熄火。怠速信号的检测是查找故障的重要环节，当前电控发动机怠速信号分两类。

1) 四线制节气门位置传感器。其中有一条线为怠速开关信号线，发动机怠速时此线电压为0 V，加速时此线电压为12 V。当节气门位置传感器固定位置不正确、节气门拉线过紧或节气门位置调节不当时，怠速开关信号易发生错误。作为一名维修人员不但要能检修怠速信号，同时也应掌握调整怠速开关信号正确位置的技能。

2) 三线制节气门位置传感器。此类传感器取消了怠速开关，直接采取节气门位置传感器初始信号（节气门全关状态）为怠速信号。一般情况下，怠速信号电压在0.4～0.6 V，电控单元以初始信号电压值为基点，小于此值为怠速工况，大于此值为加速工况。

(2) 怠速阀工作不良。怠速阀是怠速控制中的主要部件，怠速阀由于积炭卡住无法调节。

4. 怠速转速过低故障分析

怠速转速过低往往伴随着怠速抖动、怠速易熄火等现象，其根本原因有：

(1) 缸内燃烧做功不足

混合气过浓将使缸内燃烧不完全，不稳定，而使发动机动力下降；混合气过稀将使缸内燃烧缓慢，以至不能燃烧而使发动机动力不足；混合气质量变差，同样使燃烧做功不足（如尾气渗漏、循环水渗漏、油质不佳）。

(2) 执行器不工作

怠速开关信号不正确或执行器输出信号不良，将使执行器不工作，使怠速进气量无法调节，当执行器开度过小时便造成进气量不足。

(3) 其他因素

其他因素如缺缸、缸压不足、正时不准、EGR阀关闭不严等。

任务实施

根据教材，小组合作完成下列问题

1. 发动机计算机根据________传感器信号判断发动机处于怠速状态。

2. 发动机怠速提升时需要得到________、________、________、________信号。

3. 控制怠速进气量的方法可分为两种基本类型：________和________，怠速控制阀有________、________、________类型。

4. 怠速步进电动机全开行走步数为________，怠速时行走步数为________，如果怠速时行走步数大于规定值可能原因有________、________。

5. 占空比的定义为____________________。

6. 使用万用表________挡位测量占空比；如果使用万用表占空比挡测量一条电源线，占空比为________。

测量旋转滑阀式怠速阀任务实施规范

1. 测量旋转滑阀式怠速阀打开线圈电阻是________ Ω。

正常/异常

2. 测量旋转滑阀式怠速阀关闭线圈电阻是________ Ω。

正常/异常

3. 打开点火开关，测量 RSO 占空比为________，RSC 占空比为________。

正常/异常

4. 起动发动机，怠速时测量 RSO 占空比为________，RSC 占空比为________。

正常/异常

5. 加油门，怠速时测量 RSO 占空比为________，RSC 占空比为________。

正常/异常

6. 设置 RSO 线路断路，怠速________（升高或降低）。

正常/异常

7. 设置 RSC 线路断路，怠速________（升高或降低）。

正常/异常

8. 观察发动机怠速是否正常，调节发动机怠速转速。

教师检查签名

回顾该工作页的目标，如果你对目标中的哪一部分还不清楚，要请教教师。如果认为已经达到了该工作页的目标，则请教师检查你的工作，并在该工作页上签字。

教师签名____________________

任务总结

一、任务评价

对本学习任务进行评价，见表 2—5—1。

表 2—5—1　　评分表

考核项目	评分标准	分数	学生自评	小组互评	教师评价	小计
团队合作	是否和谐	5				
活动参与	是否积极主动	5				
安全生产	有无安全隐患	10				
现场 5S	是否做到	5				

续表

考核项目	评分标准	分数	学生自评	小组互评	教师评价	小计
任务方案	是否正确、合理	20				
操作过程	1. 怠速阀电阻测量 2. 怠速阀占空比测量 3. 怠速阀电路故障排除	30				
任务完成情况	是否圆满完成	5				
工具、设备使用	是否规范、标准	10				
劳动纪律	是否严格遵守	5				
工单填写	是否完整、规范	5				
总分		100				
教师签名			年　月　日		得分	

二、理论知识检验

1. 下列说法正确的是（　　）。

A. 发动机的怠速性能影响发动机的经济性

B. 发动机的怠速性能不影响车辆的空调使用

C. 发动机的怠速性能影响车辆的加速性能

D. 以上都不正确

2. 下列说法正确的是（　　）。

A. 所有的汽油发动机都有怠速阀

B. 采用电子节气门的发动机没有怠速阀

C. 怠速阀就是调节怠速时发动机的进油量

D. 以上都不正确

3. 下列说法正确的是（　　）。

A. 步进电动机式怠速阀控制最精确

B. 怠速阀只有发动机处于怠速时才工作

C. 冷车时发动机怠速高是正常现象

D. 以上都不正确

4. 下列说法正确的是（　　）。

A. 步进电动机式怠速阀在关闭点火开关后处于关闭位置

B. 步进电动机式怠速阀行走的步数越大，怠速通道打开得越大

C. 步进电动机怠速阀计算机通过占空比进行控制

D. 步进电动机怠速阀肯定都有 3 条以上的线路

5. 下列说法正确的是（　　）。

A．旋转滑阀式怠速阀打开线圈的控制端子电压越大，怠速阀打开得越大
B．旋转滑阀式怠速阀打开线圈的控制端子电压越小，怠速阀打开得越大
C．旋转滑阀式怠速阀打开线圈的控制端子占空比越大，怠速阀打开得越大
D．旋转滑阀式怠速阀打开线圈的控制端子占空比越小，怠速阀打开得越大
6．下列说法正确的是（　　）。
A．旋转滑阀式怠速阀打开线圈断路，怠速阀打开得越大
B．旋转滑阀式怠速阀打开线圈断路，怠速阀打开得越小
C．旋转滑阀式怠速阀关闭线圈断路，发动机怠速高
D．旋转滑阀式怠速阀关闭线圈断路，发动机怠速低
7．下列说法不正确的是（　　）。
A．车辆滑行时容易熄火，可能是怠速阀引起的故障
B．发动机怠速不稳肯定是怠速阀脏了
C．怠速阀脏了肯定引起怠速不稳
D．怠速阀脏了会引起发动机起动困难

项目三　点火系统零部件检修

任务3.1　曲轴位置传感器、凸轮轴位置传感器检修

任务目标

1. 能描述曲轴位置传感器、凸轮轴位置传感器作用。
2. 能描述电磁式、霍尔式、光电式传感器工作原理。
3. 能检修电磁式、霍尔式、光电式传感器故障。

任务描述

一辆捷达前卫轿车，行驶里程为120 000 km，现出现冷车起动正常，热车后熄火故障，经某4S店专业维修人员诊断，检查无高压火，读取故障码显示为“发动机转速传感器故障”。请问：如果你作为一名专业的维修人员，你准备如何进行检查与维修？请制定一份维修方案并按作业规范实施检修作业。

任务内容

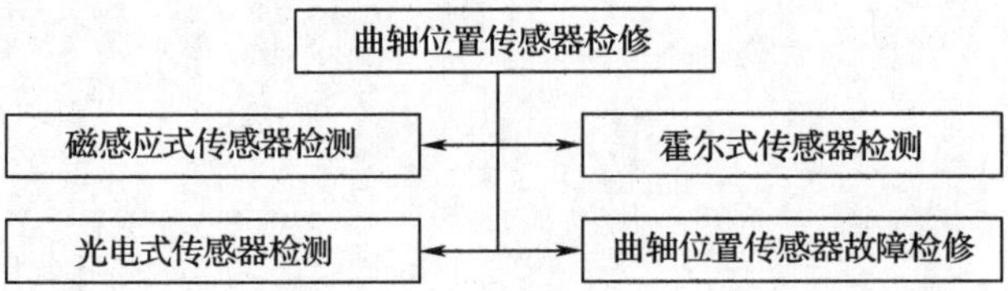

任务准备

一、点火系统传感器概述

与发动机点火相关的传感器主要包括点火曲轴位置传感器和凸轮轴位置传感器。

曲轴位置传感器（CKPS）有时称为发动机转速传感器，用来检测曲轴转角和发动机转速信号，输送给 ECU，以便确定燃油喷射时刻和点火控制时刻。

凸轮轴位置传感器（CMPS）用来检测凸轮轴位置信号，输送给 ECU，以便 ECU 确定第一缸压缩上止点，从而进行顺序喷油控制和点火时刻控制；同时，还用于发动机起动时识别第一次点火时刻，因此，也称为判缸传感器。

曲轴位置传感器和凸轮轴位置传感器的安装位置因车型而异，常安装在曲轴、凸轮轴、飞轮或分电器等处。根据结构和工作原理不同，传感器可分为电磁式、霍尔式和光电式 3 种类型。

二、电磁感应式传感器结构与原理

电磁式传感器主要由信号转子、线圈和永久磁铁组成，其工作原理如图 3—1—1 所示。磁感线路径：永久磁铁 N 极→定子与转子之间的气隙→转子凸齿→转子凸齿与定子磁头间的气隙→磁头→导磁板→永久磁铁 S 极。其工作原理：当信号转子旋转时，磁铁中的气隙就会周期性地发生变化，磁路的磁阻和穿过信号线圈磁头的磁通量随之发生周期性变化。根据电磁感应原理，线圈中就会感应产生交变电动势。电磁式传感器信号如图 3—1—2 所示。

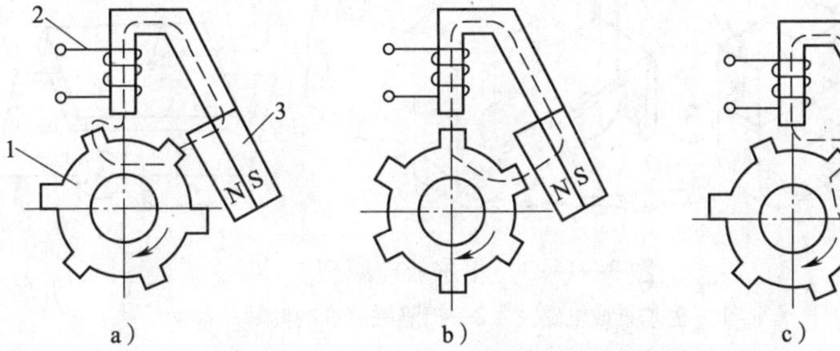

图 3—1—1　电磁式传感器工作原理

a）接近　b）对正　c）离开

1—信号转子　2—传感器线圈　3—永久磁铁

当信号转子按顺时针方向旋转时，转子凸齿与磁头间的气隙减小，磁路磁阻减小，磁通量增多，直到转子凸齿接近磁头边缘时，磁通量急剧增多，感应电动势增加到最大值，如图 3—1—2 中 b 点位置；当转子转过 b 点位置后，虽然磁通量仍在增加，但磁通变化率减小，因此感应电动势降低。

当信号转子旋转到凸齿的中心线与磁头的中心线对齐时，虽然转子凸齿与磁头间的气隙最小，磁路的磁阻最小，磁通量最大，但是，由于磁通量不可能继续增加，磁通变化率为零，因此感应电动势为零，如图 3—1—2 中 c 点位置。

当信号转子沿顺时针方向继续旋转，凸齿离开磁头时，凸齿与磁头间的气隙增大，磁路磁阻增大，磁通量减

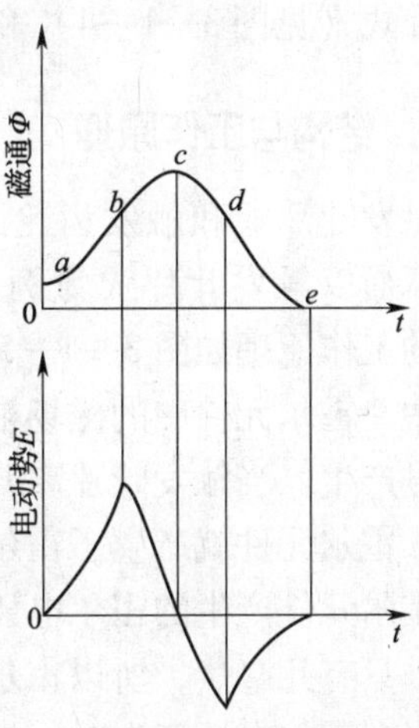

图 3—1—2　电磁式传感器信号

少，所以感应电动势为负数，如图 3—1—2 中 d 点位置。当凸齿转到将要离开磁头边缘时，磁通量急剧减少，感应电动势达到负的最大值。所以，当信号转子每转过一个凸齿，线圈中就会产生一个周期的交变电动势，即电动势出现一次最大值和一次最小值，线圈也就相应地输出一个交变电压信号。

三、霍尔效应式传感器结构与原理

1. 霍尔效应

霍尔效应原理如图 3—1—3 所示，将一个规则六面体的霍尔元件放在磁场中，在其中两个面上有电流 I，另外两个面上有磁场 B 通过，则在与 I 和 B 垂直的两个面上就会产生电压，该电压被称为霍尔电压。

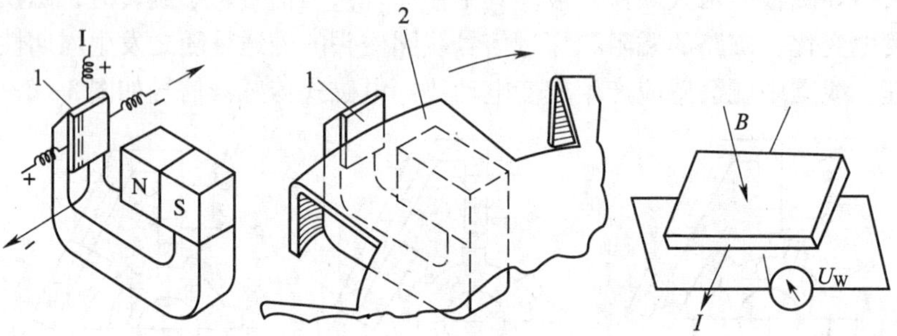

图 3—1—3　霍尔效应原理

1—霍尔集成电路片　2—挡隔磁感线的叶片

2. 类型

霍尔效应式曲轴位置传感器根据结构不同分为触发叶片式（见图 3—1—4）和触发齿轮式两种。

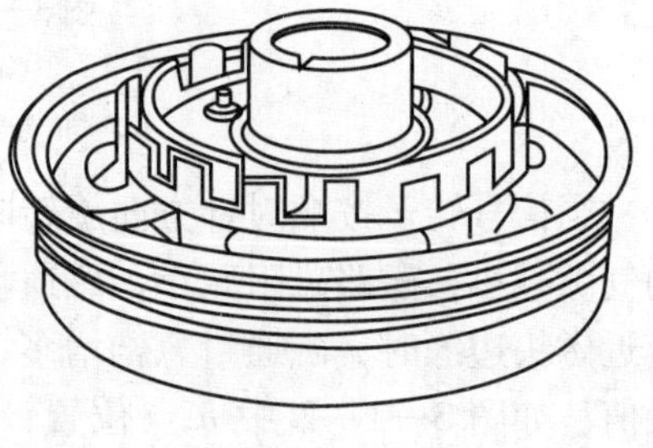

图 3—1—4　触发叶片式曲轴位置传感器

3. 结构与工作原理

触发叶片式和触发齿轮式曲轴传感器工作原理相似，下面以触发叶片式为例介绍其工作原理。霍尔传感器的工作原理如图 3—1—5 所示。当触发叶片进入空气隙中，霍尔元件中的磁场被旁路，霍尔元件上没有磁场作用，不能产生霍尔电压，所以没有信号产生。当触发叶片离开空气隙，霍尔元件受到磁场作用，在磁场和电流同时存在的情况下，霍尔元件就产生了霍尔电压。

霍尔元件产生的霍尔电压是不能直接输出作为传感器的信号的，因为霍尔电压是非常微弱的，只有几毫伏，所以霍尔电压要经过放大和整形后，作用在传感器末端的三极管的基极上。当有霍尔电压产生时，末端三极管导通，传感器发出低电压；当没有霍尔电压产生时，三极管截止，传感器发出的是高电压。

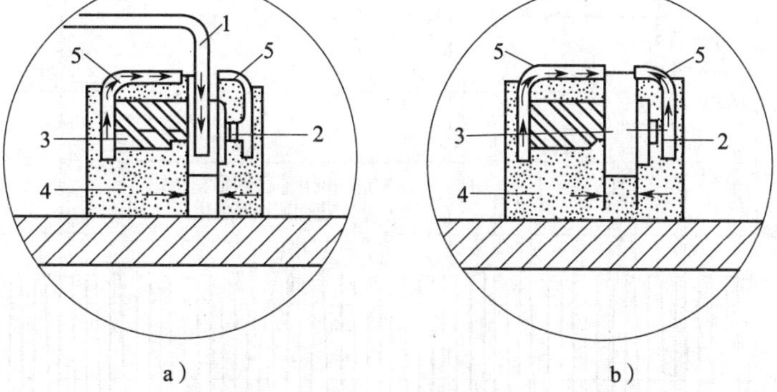

图 3—1—5　霍尔传感器的工作原理

a）触发叶片进入空气隙中　b）触发叶片离开空气隙

1—信号轮的触发叶片　2—霍尔元件　3—永久磁铁　4—底板　5—导磁板

4. 控制电路

霍尔传感器的控制电路如图 3—1—6 所示。霍尔式传感器一般有 3 条导线，包含一条电源线、一条搭铁线和一条信号线。车型不同，电源线电压也不同，有 8V、5V 和 12V 三种。

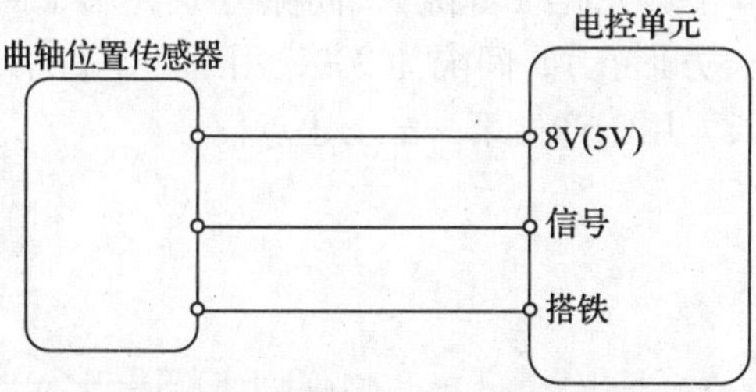

图 3—1—6　霍尔传感器的控制电路

5. 传感器检测

霍尔式曲轴位置传感器（CKPS）的信号特点是随着发动机转速的提高，信号的频率越来越高，但传感器的输出信号的振幅并不发生变化。检测时，把示波器的负极检测探针连接到传感器的搭铁线、发动机缸体或蓄电池的负极接线柱上，把示波器正极探针连接到传感器通往 ECU 的信号输出线上。起动发动机，在不同的转速条件下运行发动机，测试传感器的输出波形。霍尔式曲轴位置传感器正常波形如图 3—1—7 所示。

四、光电式传感器结构与原理

1. 光电式传感器结构

光电式曲轴位置传感器结构如图 3—1—8 所示。转子上有一定数量的透光孔，利用发光

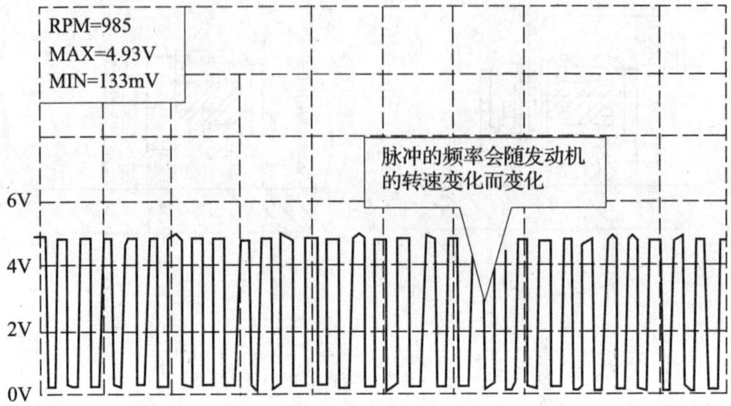

图 3—1—7　霍尔式曲轴位置传感器正常波形

二极管作为信号源，透光孔随转子转动，当透光孔与发光二极管对正时，光线照射到光敏二极管上产生电压信号，经放大电路放大后输送给 ECU。转子内、外两圈的透光孔数量不等，分别用以产生 G 信号和 Ne 号。

信号盘压装在传感器轴上，在其边缘位置制作有间隔弧度均匀的内、外两圈透光孔。

其中，外圈制作有 360 个透光孔（缝隙），间隙为 1°，用于产生曲轴转角与转速信号；内圈制作有 4 个透光孔（长方形孔），间隔为 90°，用于产生每个气缸的上止点信号，其中有一个长方形孔的宽边稍长，用于产生第一缸上止点信号。

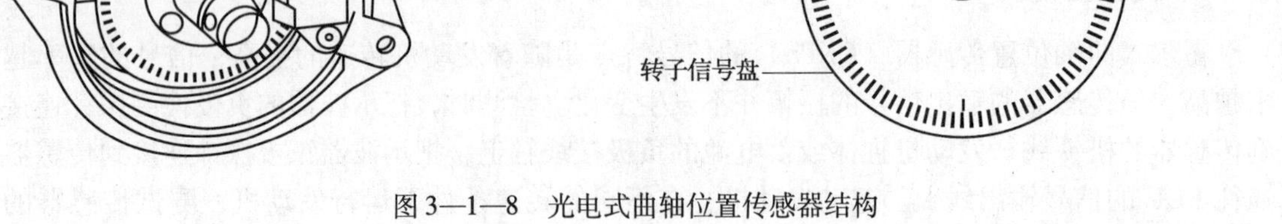

图 3—1—8　光电式曲轴位置传感器结构

2. 工作原理

光电式传感器工作原理如图 3—1—9 所示。当传感器轴随凸轮轴转动时，信号盘上的透光孔和遮光部分便从 LED 与光敏晶体管之间转过，LED 发出的光线受信号盘透光和遮光作用就会交替照射到信号发生器的光敏晶体管上，光敏晶体管集电极就会交替地输出高电平（4.8 ~ 5.2 V）和低电平（0.1 ~ 0.3 V）。

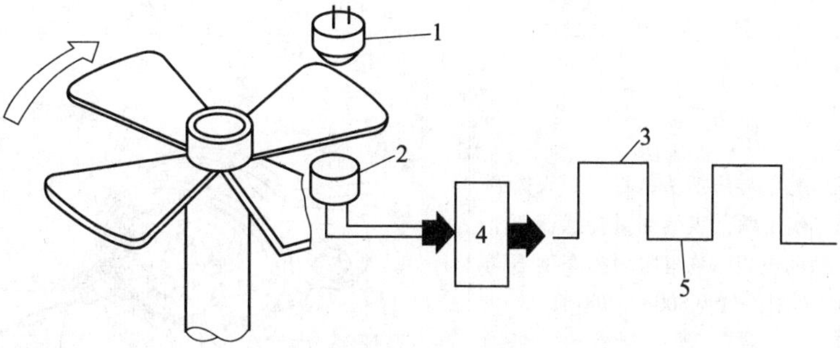

图 3—1—9　光电式传感器工作原理

1—发光二极管　2—光敏二极管　3—光源照射时的高电平　4—电子电路　5—遮蔽光源时的低电平

3. 传感器检测

随着发动机转速的上升，传感器输出信号的频率将越来越大，但信号的振幅基本不变，传感器的信号波形如 3—1—10 所示。

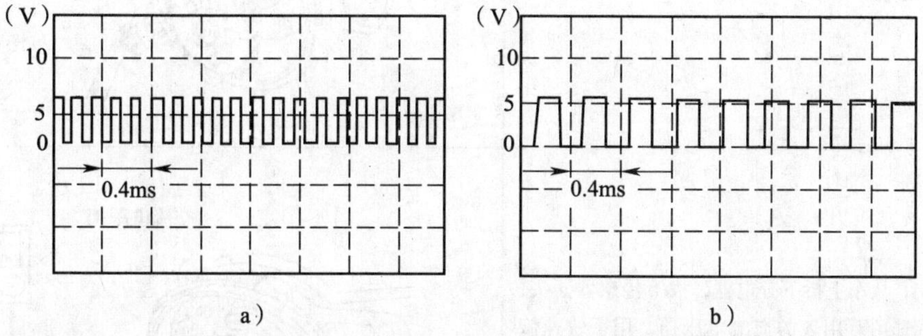

图 3—1—10　传感器的信号波形

a）发动机高速运转时信号波形　b）发动机怠速运转时信号波形

提示：曲轴位置传感器的信号是电控系统中最重要的信号之一，是触发点火和喷油的信号，所以如果这个信号失准或丢失，发动机会熄火。

五、曲轴/凸轮轴位置传感器故障检修

1. 电磁式传感器检测

电磁式传感器检测项目和方法见表 3—1—1。

注意：磁脉冲传感器本身并不是易损部件，更多的问题是线束、插头接触问题。检修时应该首先检查线束、插头，然后再做信号电压、电阻检测。

表 3—1—1　　　　电磁式传感器检测项目和方法

检测项目	检测方法	图示
电阻检测	拔下传感器导线插头，将万用表拨到欧姆挡，使用两个表笔测量传感器两个端子之间的电阻，该电阻根据车型不同阻值也不同，一般为 800～1 200 Ω	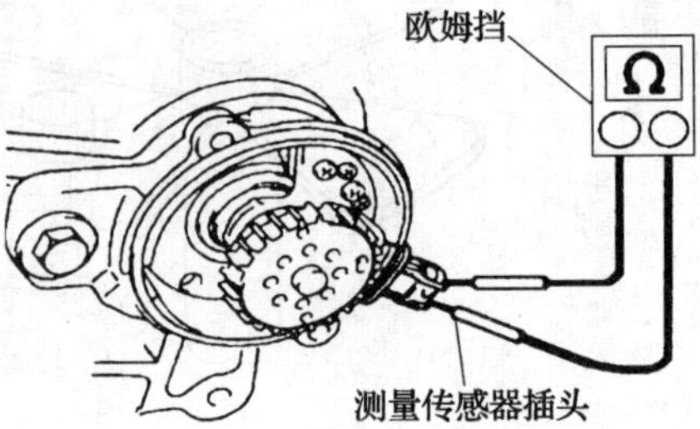
齿隙的测量	使用厚薄规测量传感器线圈与转子齿之间的间隙，该间隙应符合各车型的规定值	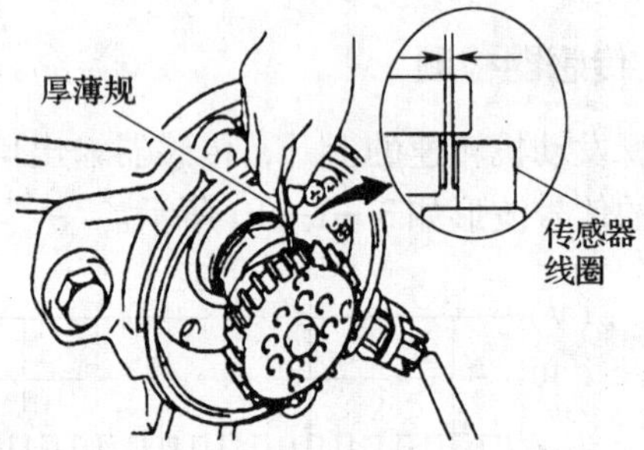
电压检测	从车上拆下分电器，拔下传感器插头，选用万用表的交流电压挡，用手快速旋转分电器轴或起动发动机，传感器能够产生较弱的电压	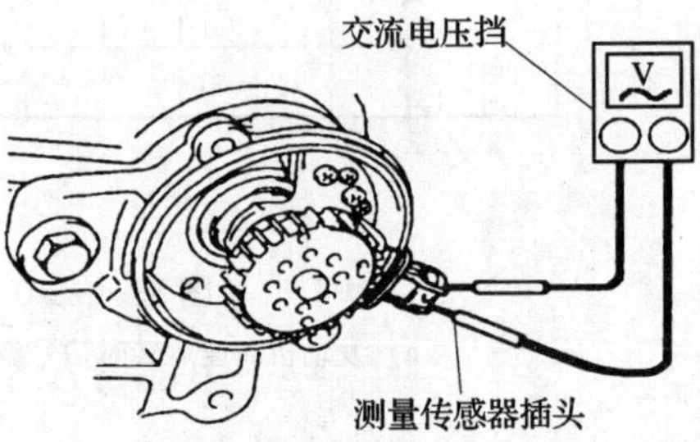
波形检测	电磁式传感器产生的是交流电压，正常波形为正弦波或近似正弦波，随发动机转速的升高，传感器的交流电压就随着升高，波形最大值也会随着升高	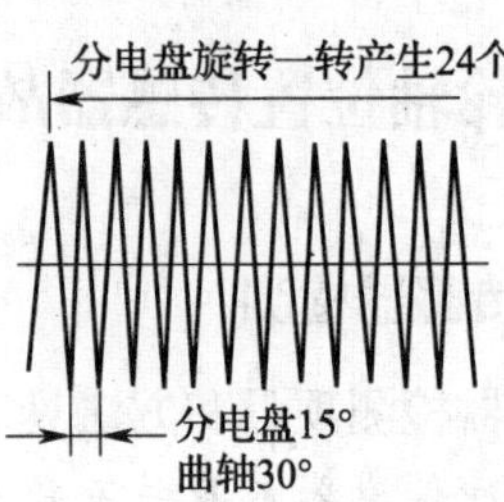

2. 霍尔式传感器检测

（1）线束检测。拔下传感器导线插头，正常电源与信号都应该有电压（5V/8V/12V）。

（2）信号电压检测。方法一：测量传感器信号线，起动发动机应该有电压变化，万用表显示的是平均电压。方法二：选用万用表的占空比挡，红表笔接传感器信号线，黑表笔搭铁，起动发动机应该有数字变化。

（3）波形检测。霍尔式传感器产生的信号为脉冲信号，如图3—1—7所示。

任务实施

根据教材，小组合作完成下列问题

1. 电控发动机根据________和________传感器确定点火次序。

2. ________传感器确定1、4缸上止点；________传感器确定1缸压缩行程上止点。

3. 凸轮轴位置传感器有________、________、________三种类型，其中________属于无源传感器，________、________属于有源传感器。

4. 凸轮轴位置传感器的安装位置有________、________。

5. 凸轮轴位置传感器（CMPS）有时称为________，以便确定________和________。

6. 霍尔式传感器产生的是________信号，其信号电压随发动机转速的升高而________（如何变化）；光电式传感器产生的是________信号，其信号电压随发动机转速的升高而________（如何变化）。

霍尔式凸轮轴位置传感器检测任务实施规范

1. 断开凸轮轴位置传感器插头，打开点火开关，传感器工作电源端子电压为________V。

正常/异常

技术操作要点

如果传感器电源端子没有电压，检查传感器电源端子供电电路。

2. 断开凸轮轴位置传感器插头，打开点火开关，传感器信号端子电压为________V。

正常/异常

技术操作要点

如果传感器信号端子没有电压，检查传感器信号端子至电脑线路是否导通。

3. 检查凸轮轴位置传感器搭铁线是否良好。

正常/异常

4. 检查 CMPS 工作是否正常时，应保持线束插头的连接吗?
是/否
5. 插上凸轮轴位置传感器插头，打开点火开关，传感器信号电压为________V。
正常/异常
6. 起动着车发动机怠速时，传感器信号电压为________V。
正常/异常

技术操作要点

如果传感器信号电压没有变化，说明传感器损坏，应更换。
7. 加油门，信号电压________（升高或降低）。
正常/异常
8. 使用试灯一端连接传感器信号端子，另一端搭铁，试灯是否闪亮?
正常/异常

技术操作要点

如果试灯不亮，说明传感器损坏，应更换。
9. 万用表打到占空比挡位，红表笔接传感器信号线，黑表笔搭铁，万用表读数是________。
正常/异常

技术操作要点

如果加油门万用表读数没有变化，说明传感器损坏，应更换。

教师检查签名

回顾该工作页的目标，如果你对目标中的哪一部分还不清楚，要请教教师。如果认为已经达到了该工作页的目标，则请教师检查你的工作，并在该工作页上签字。
教师签名____________________

任务总结

一、任务评价

对本学习任务进行评价，见表 3—1—2。

表 3—1—2　　评分表

考核项目	评分标准	分数	学生自评	小组互评	教师评价	小计
团队合作	是否和谐	5				
活动参与	是否积极主动	5				
安全生产	有无安全隐患	10				
现场 5S	是否做到	5				
任务方案	是否正确、合理	20				
操作过程	1. 电磁式传感器电阻测量 2. 电磁式传感器信号电压测量 3. 霍尔式传感器电路检查 4. 霍尔式传感器信号电压测量	30				
任务完成情况	是否圆满完成	5				
工具、设备使用	是否规范、标准	10				
劳动纪律	是否严格遵守	5				
工单填写	是否完整、规范	5				
总分		100				
教师签名：			年　月　日		得分	

二、理论知识检验

1. 下列说法正确的是（　　）。

A. 曲轴位置传感器只能检测曲轴位置与曲轴转角

B. 如果曲轴位置传感器与发动机转速传感器为一体，也可以检测发动机转速

C. 凸轮轴位置传感器是判缸传感器，用来判别 4 缸

D. 凸轮轴位置传感器用来确定点火次序与喷油次序

2. 下列说法正确的是（　　）。

A. 曲轴位置传感器一般安装在曲轴前端或中间或大飞轮处

B. 凸轮轴位置传感器肯定是安装在凸轮轴上

C. 有的车有两个曲轴位置传感器

D. 有的车有两个凸轮轴位置传感器

3. 下列说法正确的是（　　）。

A. 曲轴位置传感器用来检测 1、4 缸上止点

B. 凸轮轴位置传感器用来检测 1、4 缸上止点

C. 没有曲轴位置传感器信号，发动机不点火、不喷油

D. 没有凸轮轴位置传感器信号，发动机不点火、但是喷油

4. 下列说法正确的是（　　）。

A. 电磁式传感器是无源传感器（不需要工作电源）

B. 霍尔式传感器是无源传感器（不需要工作电源）

C. 光电式传感器是无源传感器（不需要工作电源）

D. 霍尔式、光电式传感器是有源传感器

5. 下列说法正确的是（　　）。

A. 电磁式传感器产生的信号为脉冲信号

B. 霍尔式传感器产生的信号为脉冲信号

C. 光电式传感器产生的信号为脉冲信号

D. 以上都正确

6. 下列说法正确的是（　　）。

A. 电磁式传感器产生的信号电压随转速的升高而变大

B. 霍尔式传感器产生的信号电压随转速的升高而变大

C. 光电式传感器产生的信号电压随转速的升高而变大

D. 以上都正确

7. 下列说法正确的是（　　）。

A. 电磁式传感器都是两条线

B. 霍尔式传感器必须是3条线

C. 电磁式、霍尔式传感器都需要磁铁的磁性

D. 以上都正确

任务3.2　爆震传感器检修

任务目标

1. 能描述爆燃与爆震的产生机理。
2. 能描述爆震传感器的结构与工作原理。
3. 能检修爆震传感器故障。

任务描述

一辆捷达前卫出租车，行驶里程为300 000 km，现出现发动机怠速剧烈抖动，加速无力

故障。经某4S店专业维修人员诊断，发现4个火花塞颜色很黑，且有一个火花塞中心电极断裂，更换火花塞后，故障依旧。请问：如果你作为一名专业的维修人员，你准备如何进行检查与维修？请制定一份维修方案并按作业规范实施检修作业。

任务内容

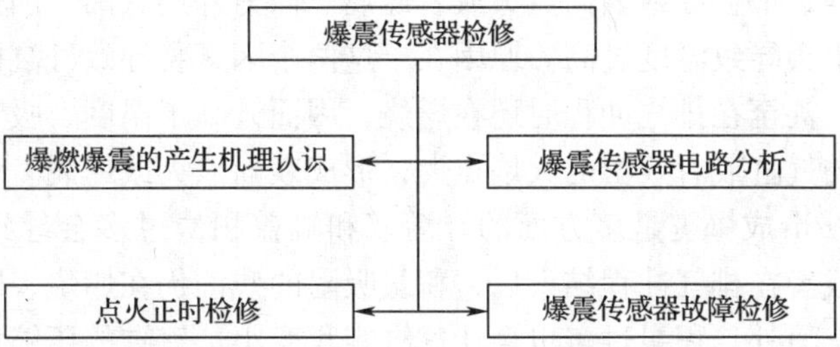

任务准备

一、发动机爆燃与爆震分析

1. 爆震的种类

爆震是发动机一种不正常的工作状态，泛指发动机气缸由于非正常点火造成突发的长时间持续的震动，用户可明显地感觉到发动机声响异常和震动，并削弱发动机输出功率，升高温度，增加油耗，对发动机造成一定程度的损害。

爆震的表现形式大体分为表面点火、爆燃、点火过早。

表面点火通常发生在火花塞跳火之前，当气缸温度过高来不及冷却时，缸内积炭或火花塞处等明显突出的位置在压缩冲程时会出现明显热点，当温度超过混合气燃点时，早于火花塞点燃混合气，和点火过早相比，这等同于把点火角度再提前若干，当最大压力值出现在活塞运行至上止点以前，相当于这个气缸此时有着“反转”的倾向。

爆燃是燃料的一种燃烧形式，是燃料与助燃剂混合后以亚音速的爆炸式燃烧，通常出现在火花塞点火或表面点火以后，当火焰向下和向外扩展时，部分未点燃的混合气，在扩张的火焰带来的高温高压之下，多个着火点同时燃烧，汽油燃烧速度非常快。以这种方式燃烧是非常猛烈的。在爆燃时，混合气压力高，密度很大，因而火焰燃烧极快，速度可达1 000 m/s，迅速燃烧并膨胀产生的冲击波敲打着气缸和活塞，并和前方正常燃烧传播的火焰迎头撞在一起，这就是人们听到的敲缸声和感受到的震动。

点火过早，顾名思义，点火角过于提前，最大压力值也明显提前出现在适合“发力”的曲轴10°相位之前，甚至0°之前，由于活塞没有到达最佳位置，高压气体就往下做功，发动机功率自然就会有所损失，损失了的动能转化为内能使气缸升温。

2. 爆震的成因

(1) 压缩比。压缩比越高，压缩冲程结束时的缸内温度就越高，越容易发生爆震。

(2) 点火角偏前。点火角偏前并不是过早点火，但有着过早点火的趋向，因而也容易造成爆震。

(3) 发动机温度过高。发动机温度过高的原因有很多，冷却液或机油循环不好，长时间处于高负荷工况等，都会导致表面点火或者爆震。而另外还有两个因素：混合气浓度过低和点火角度偏后，也会导致温度过高。原因在于这两个因素会导致气缸内混合气体不充分燃烧，燃烧时间过长，甚至在排气冲程时还在燃烧，因而升高了温度，吸气冲程时混合气进入气缸后就会被高温的气缸或者残留的火焰点燃，形成表面点火或爆震。

(4) 积炭。积炭造成爆震是多方面的。活塞和缸盖积炭过多会导致散热不良，从而表面局部温度过高；或者在排气冲程结束后，积炭吸附的残油仍在燃烧，因而形成热点或着火点，导致表面点火；另外，积炭过多也会让气缸容积变小，气缸的压缩比也因此升高，爆震也就更容易发生。

(5) 汽油标号。人们通常说的92#、95#指的是汽油的辛烷值，通常认为正庚烷的辛烷值为0，非常容易爆震，而异辛烷的辛烷值为100，比较不容易爆震，而92#汽油的相当于7%的正庚烷与93%的异辛烷混合燃料的爆震特性（通常称为“抗爆性”），因此，越高标号的汽油越矜持，越不容易被点燃，也就越不易发生爆震，越适宜高压缩比发动机使用。因此，高压缩比的发动机使用低标号汽油时，爆震就容易发生，即便不发生爆震，也会有一定的隐患，并且高压缩比发动机使用低标号汽油会有一个直观的现象，即更费油。

但较低压缩比的发动机使用不必要的高标号的汽油，不仅不会带来高性能，反而因为燃点过高，导致汽油燃烧不充分，形成积炭，降低功率，或者延迟着火时间，甚至会造成发动机温度升高，结果一样不好。而且同样有一个直观现象，即发动机无力。

3. 避免爆震的方法

汽车发动机中通常都装备有爆震传感器。爆震传感器可以感知发动机产生的爆震，并通过 ECU 修改点火提前角来减轻爆震。不过这种调节幅度有限，并且也只能在发动机合理工作范围之内进行调节。当发动机处于非正常工况下，一味延迟点火提前角，不仅会削弱动力，升高油耗，还会造成燃料燃烧不充分造成发动机温度升高、三元催化器损坏。如果想彻底消灭爆震，还应该做更多的工作。

(1) 使用符合发动机压缩比的燃油。

(2) 避免“拖挡”行驶。高挡低速行驶方式容易造成发动机负荷增加，因而增加点火提前角，而由于处于较高挡位，转速提升不明显，爆震便容易产生。

二、发动机爆震传感器结构与原理

爆震传感器是发动机电子控制系统中必不可少的重要部件，它的功用是检测发动机有无爆震现象，并将信号送入发动机 ECU。常见的爆震传感器有两种，一种是磁致伸缩式爆震传感器，另一种是压电式爆震传感器。

1. 磁致伸缩式爆震传感器

磁致伸缩式爆震传感器的外形与结构如图 3—2—1 所示，其内部有永久磁铁、靠永久磁铁激磁的强磁性铁芯以及铁芯周围的线圈。其工作原理：当发动机的气缸体出现震动时，该传感器在 7kHz 左右处与发动机产生共振，强磁性材料铁芯的导磁率发生变化，致使永久磁铁穿过铁芯的磁通密度也变化，从而在铁芯周围的绕组中产生感应电动势，并将这一电信号输入 ECU。

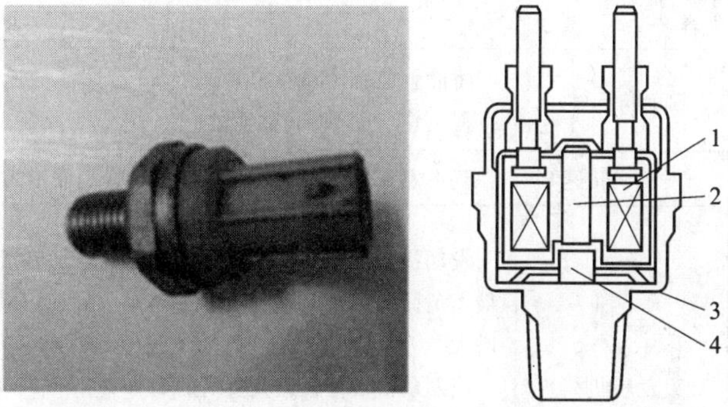

a）　　　　　　　　b）

图 3—2—1　磁致伸缩式爆震传感器的外形与结构

a）外形　b）结构

1—绕组　2—铁芯　3—外壳　4—永久磁铁

2. 压电式爆震传感器

压电式爆震传感器的外形和结构如图 3—2—2 所示。这种传感器利用结晶或陶瓷多晶体的压电效应工作，也有利用掺杂硅的压电电阻效应的。该传感器的外壳内装有压电元件、配重块及导线等。其工作原理：当发动机的气缸体出现震动且震动传递到传感器外壳上时，外壳与配重块之间产生相对运动，夹在这两者之间的压电元件所受的压力发生变化，从而产生电压。ECU 检测出该电压，并根据其值的大小判断爆震强度。

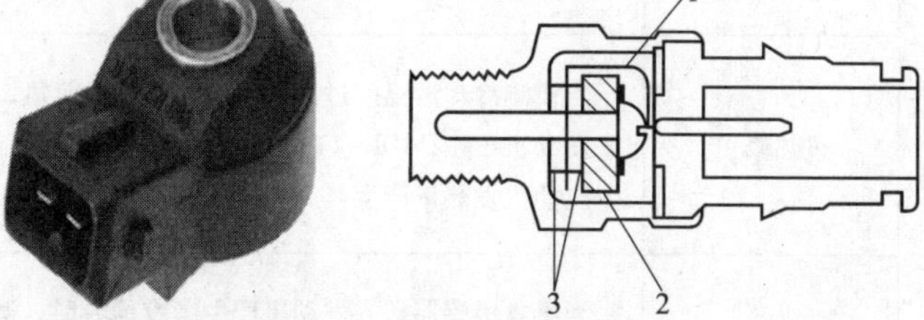

a）　　　　　　　　b）

图 3—2—2　压电式爆震传感器的外形和结构

a）外形　b）结构

1—引线　2—配重块　3—压电元件

三、电控发动机点火正时检修

1. 电控发动机点火提前角确定

点火提前角是指火花塞电极间跳火开始到活塞运行至上止点时这段时间内曲轴所转过的角度。点火系统控制内容见表 3—2—1，点火正时标记如图 3—2—3 所示。

表 3—2—1　　点火系统控制内容

项目	内容		说明
点火提前角组成	初始点火提前角		将曲轴位置传感器的第一个 Ne 转速信号过 0 点位置，定为气缸压缩行程上止点前 10°曲轴转角
	基本点火提前角	发动机转速	基本点火提前角随发动机转速的升高而增大
		发动机负荷	发动机负荷通过进气压力传感器或空气流量计检测：当发动机负荷在最大负荷的 25% ~50% 时，基本点火提前角随发动机负荷的增大而迅速增大 当发动机负荷在最大负荷的 25% 以下和 50% ~75% 时，基本点火提前角随发动机负荷的增大而基本不变 当发动机负荷在最大负荷的 75% 以上时，基本点火提前角随发动机负荷的增大而迅速减小
	点火提前角修正值	暖机修正	当冷却液温度低于 0℃时，点火提前角增大 15°，使发动机迅速升温 当冷却液温度在 0 ~70℃逐渐上升时，点火提前角由增大 15°然后开始逐渐减少，发动机温度也逐渐升高 当冷却液温度大于 70℃时，暖机修正点火提前角不需要增大
		稳定怠速修正	当发动机运转在怠速状态下，如空调起动等使发动机负荷发生变化，为稳定怠速而调整点火提前角
		空燃比反馈修正	在氧传感器反馈信号修正空燃比过程中，当修正喷油量减少时，增大点火提前角，使混合气迅速燃烧；反之减小点火提前角
		过热修正	当检测冷却液温度过高时，增大点火提前角，发动机发热量减少 发动机工作，IDL 怠速打开时，减小点火提前角，避免产生爆震，减少发动机发热量产生
		爆震修正	当爆震传感器送入发动机产生爆震信号时，减小点火提前角，使爆震停止
		大气压力修正	由大气压力传感器送入信号，大气压力越低，点火提前角越大
	蓄电池电压		闭合角随蓄电池电压的升高而缓慢加大

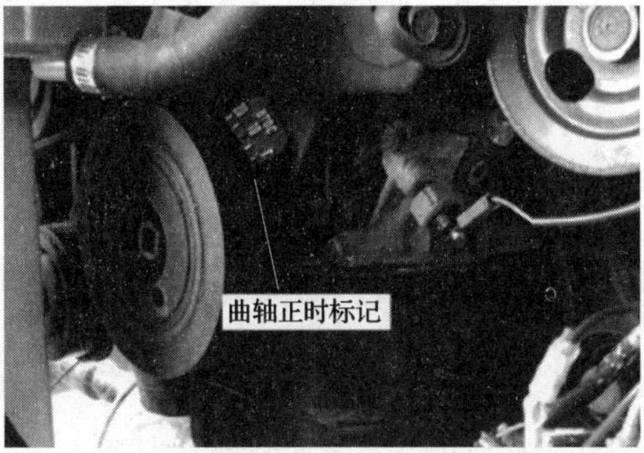

图 3—2—3　点火正时标记

2．点火正时检查

（1）点火正时不正确的现象。起动发动机，使冷却液温度上升到 80℃，急加速，如转速不能随之立即提高，感到发闷，或在排气管中有突突声，说明点火过迟；如出现类似金属敲击声，说明点火过早。

（2）点火正时检查

1）查找并验证飞轮或曲轴前端皮带盘上一缸压缩终了上止点标记和点火提前角标记。

2）将点火正时枪正确连接到汽车发动机上。正时灯通常有电源夹子，夹在蓄电池正负极上提供电源，黑色的大夹子是夹在一缸高压线上的，注意不要夹反，这个夹子有一个面是必须朝向火花塞一端的。

3）起动发动机，至正常工作温度状态，保持在怠速下稳定运转。扳动正时枪上的扳机，正时灯会和一缸点火火花同步闪烁，将此灯光打在曲轴皮带轮的正时记号上，对比皮带轮正时记号和皮带轮旁边的正时记号的相对位置，测出的点火提前角应与规定标准值进行对照，判断点火提前角的大小是否符合要求。

如果要调整，就通过旋转分电器外壳来实现。没有分电器的车辆，点火正时可以检测，但不可以调整，如果这种车辆点火正时出现了误差，通常是发动机电脑有问题或者配气正时不正确。

四、发动机爆震传感器检修

1．安装位置

爆震传感器一般安装在发动机缸体上，如图 3—2—4 所示。对于四缸发动机，一般安装在中间两个气缸的缸体之间，在 V 型发动机中两列气缸缸体上分别安装一个爆震传感器，分别检测两列气缸的爆震情况。

图 3—2—4　爆震传感器安装位置

2. 爆震传感器线路

爆震传感器线路如图 3—2—5 所示。

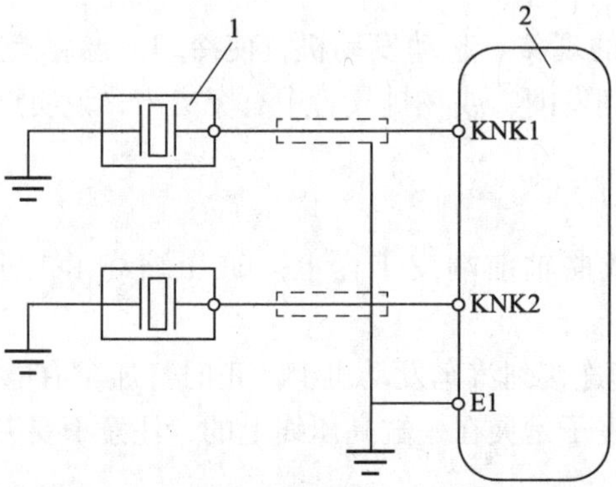

图 3—2—5　爆震传感器线路

3. 爆震传感器检测

（1）爆震传感器电阻的检测。点火开关置于“OFF”位置，拔开爆震传感器导线接头，检测爆震传感器的接线端子与外壳间的电阻，应为∞（不导通）；若为 0 Ω（导通），则须更换爆震传感器。对于磁致伸缩式爆震传感器，还可检测线圈的电阻，其阻值应符合规定值（具体数据见具体车型维修手册），否则更换爆震传感器。

（2）爆震传感器输出信号电压的检查。拔开爆震传感器的连接插头，在发动机怠速时检查爆震传感器的接线端子与搭铁间的电压，应有脉冲电压输出。如没有，应更换爆震传感器。

（3）爆震传感器信号波形检测。连接示波器的负极检测探针到传感器（KS）的搭铁线或发动机的缸体。注意：不要连接到蓄电池的负极连接柱上；连接示波器的正极探针到传感器（KS）通往 ECU 的信号线上。

起动发动机，在发动机急加速的时候，测试传感器的输出信号，爆震传感器波形如图 3—2—6 和图 3—2—7 所示。

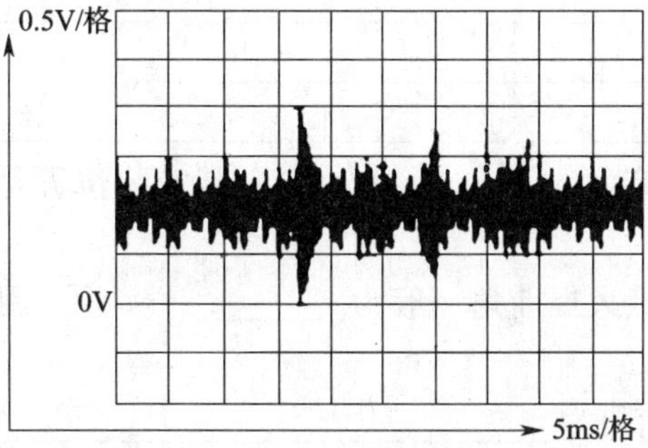

图 3—2—6　爆震传感器波形图 1

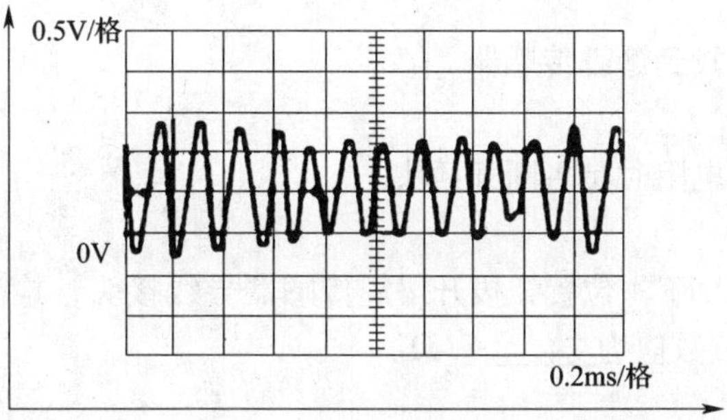

图 3—2—7　爆震传感器波形图 2

注意：爆震传感器主要是依靠发动机缸体的震动来检测是否有爆燃现象出现，所以在安装时一定要注意扭紧力矩，如丰田车要求以 20 N · m 的力扭紧。

任务实施

根据教材，小组合作完成下列问题

1. 描述什么是爆燃。

____。

____。

____。

2. 描述什么是爆震。

____。

____。

____。

3. 爆震形成的原因有哪些？

____。

____。

____。

____。

4. 爆震传感器的种类有________、________；其安装位置是________；安装扭紧力矩为________。

5. 电控发动机怠速时点火提前角一般为________。实验，用正时灯的探头夹在第一缸高压线上，读出点火提前角：

(1) 怠速时，点火提前角为________________________________。

(2) 加油时，点火提前角为________________________________。

爆震传感器检测任务实施规范

1. 在实训发动机上找到爆震传感器。

是/否

2. 检测爆震传感器电阻时是否断开插头。

是/否

3. 点火开关置于“OFF”位置，拔开爆震传感器导线接头，检测爆震传感器的信号端子与搭铁之间的电阻，读数应为________ Ω。

正常/异常

4. 检测爆震传感器的信号端子与屏蔽线之间的电阻，读数应为________ Ω。

正常/异常

技术操作要点

电阻正常应为∞（不导通）；若为0Ω（导通），则须更换爆震传感器。

5. 检测爆震传感器信号电压是否断开插头？

是/否

6. 连接爆震传感器插头，发动机怠速时检查爆震传感器的接线端子与搭铁间的电压，读数为________ V。

正常/异常

技术操作要点

正常应有脉冲电压输出，如没有，应更换爆震传感器。

教师检查签名

回顾该工作页的目标，如果你对目标中的哪一部分还不清楚，要请教教师。如果认为已经达到了该工作页的目标，则请教师检查你的工作，并在该工作页上签字。

教师签名____________________

任务总结

一、任务评价

对本学习任务进行评价，见表3—2—2。

表3—2—2　　评分表

考核项目	评分标准	分数	学生自评	小组互评	教师评价	小计
团队合作	是否和谐	5				
活动参与	是否积极主动	5				
安全生产	有无安全隐患	10				
现场5S	是否做到	5				
任务方案	是否正确、合理	20				
操作过程	1. 爆震传感器电路检查 2. 爆震传感器信号电压测量 3. 点火提前角测量	30				
任务完成情况	是否圆满完成	5				
工具、设备使用	是否规范、标准	10				
劳动纪律	是否严格遵守	5				
工单填写	是否完整、规范	5				
总分		100				
教师签名			年　月　日		得分	

二、理论知识检验

1. 下列说法正确的是（　　）。

A. 发动机爆燃是形成爆震的主要原因

B. 压缩比高的发动机易爆燃爆震

C. 提高汽油标号可以降低爆燃爆震

D. 发动机温度过高易爆燃爆震

2. 下列说法正确的是（　　）。

A. 由于有了爆震传感器，点火才能形成闭环控制

B. 发动机温度越高，点火提前角越大

C. 发动机转速越高，点火提前角越小

D. 刚起动发动机时点火提前角大，随着温度升高点火提前角变小

3. 下列说法正确的是（　　）。

A. 适当增大点火提前角可以提高发动机动力

B. 点火时间过晚容易使发动机温度升高

C. 发动机进气歧管回火是因为点火提前角太小

D. 发动机排气管放炮是因为点火时间晚

4. 下列说法正确的是（　　）。

A. 爆震传感器的安装力矩为 40 N · m

B. 爆震传感器的安装力矩为 30 N · m

C. 爆震传感器的安装力矩为 20 N · m

D. 爆震传感器的安装力矩为 10 N · m

5. 下列说法正确的是（　　）。

A. 爆震传感器都是 1 条线

B. 爆震传感器都是 2 条线

C. 爆震传感器都是 3 条线

D. 爆震传感器的信号电压为交流电压

6. 下列说法正确的是（　　）。

A. 压电式爆震传感器电阻无穷大

B. 磁致伸缩式爆震传感器电阻无穷大

C. 爆震传感器必须安装在发动机缸体上

D. 所有发动机只有一个爆震传感器

任务 3.3　电控点火系统故障检修

任务目标

1. 能描述电控点火系统的组成及分类。
2. 能描述有分电器点火系统的点火过程。
3. 能检修有分电器点火系统无高压火故障。

任务描述

一台丰田卡罗拉轿车，行驶里程为 150 000 km，现出现怠速不稳，加速无力故障，经某

4S店专业维修人员诊断，读取故障码显示为“1号缸缺火”。请问：如果你作为一名专业的维修人员，你准备如何进行检查与维修？请制定一份维修方案并按作业规范实施检修作业。

任务内容

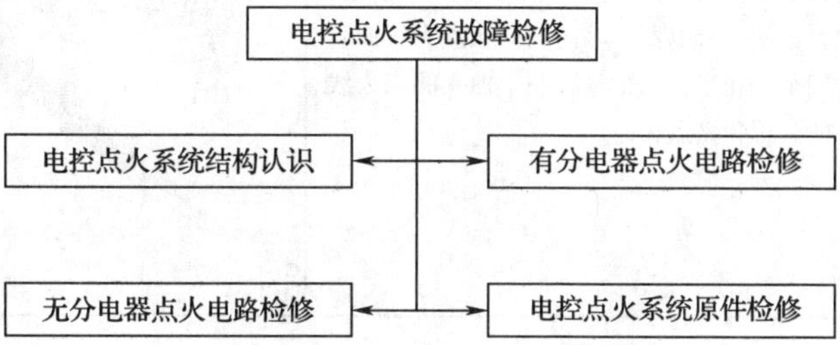

任务准备

一、电控点火系统概述

1. 电控发动机点火系统分类

电控发动机点火系统分类见表3—3—1。

表3—3—1　　电控发动机点火系统分类

类型	特点	图示
有分电器电脑控制点火系统	该点火系统中，传感器产生的信号发送到ECU，ECU根据传感器信号计算出点火正时信号发送到点火模组，点火模组根据电脑的命令控制点火线圈的点火时间，点火线圈的高压电通过分电器控制按照点火顺序发送给各个气缸	
双缸同时控制点火系统	双缸同时控制点火系统又叫DLI（无分电器点火），是一种电子控制火花分配系统，将高电压直接从点火线圈传送至火花塞，不需要常规的分电器。每两个火花塞共用一个点火线圈，又称“双点火”系统。所谓“双点火”系统，是指点火线圈每产生一次高压火，都使两个气缸的火花塞同时点火。若第一缸处于压缩行程末期，是有效点火。第四缸处于排气行程末期，缸内温度较高、压力很低、气体密度大，所需点火能量小，此点火为无效点火	

续表

类型	特点	图示
单缸独立控制点火系统	单缸独立控制点火系统（简称 DIS）与 DLI 相似，不使用分电器，将高电压从点火线圈直接分配至火花塞。每个气缸一个独立的点火线圈，故又称独立点火	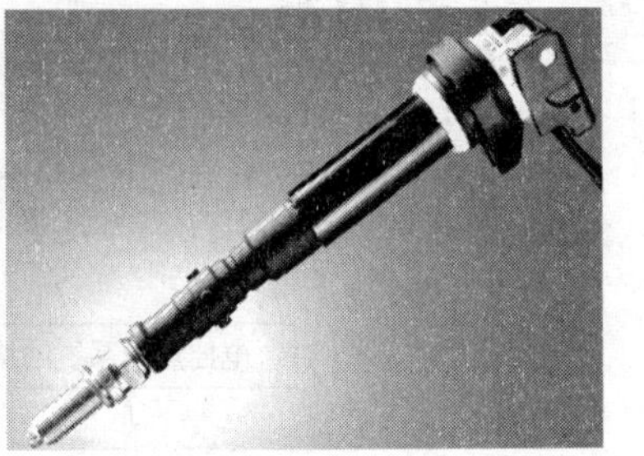

2. 电控点火系统工作过程

电控点火系统根据控制过程不同分为两种形式，见表 3—3—2。

表 3—3—2　　两种形式点火系统工作过程

形式	工作情况	图示
形式一	曲轴位置和凸轮轴位置传感器发送信号到 ECU，ECU 根据传感器信号，计算出点火正时信号，发送到点火模组，点火模组根据点火正时信号控制点火时间，ECU 同时控制喷油器喷油 该形式是多数轿车所采用的电控点火系统的控制形式	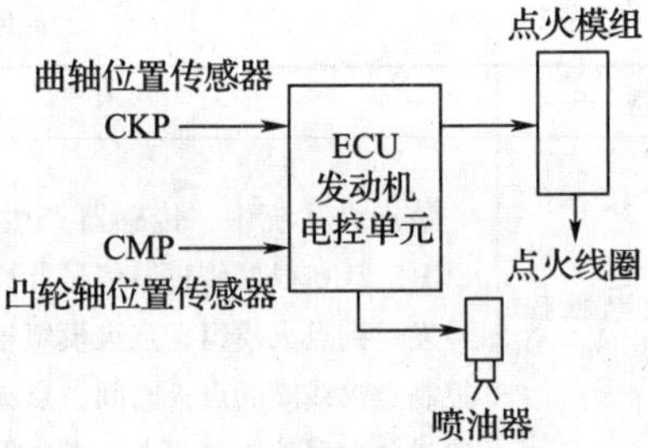
形式二	曲轴位置传感器和凸轮轴位置传感器发送信号到点火模组，在发动机起动瞬间，点火模组根据传感器信号控制点火线圈的触发时间，点火模组同时把传感器信号发送到 ECU，当发动机起动后，ECU 把点火正时信号发送到点火模组控制点火 该形式多见于美国车系，如通用、福特等车型中	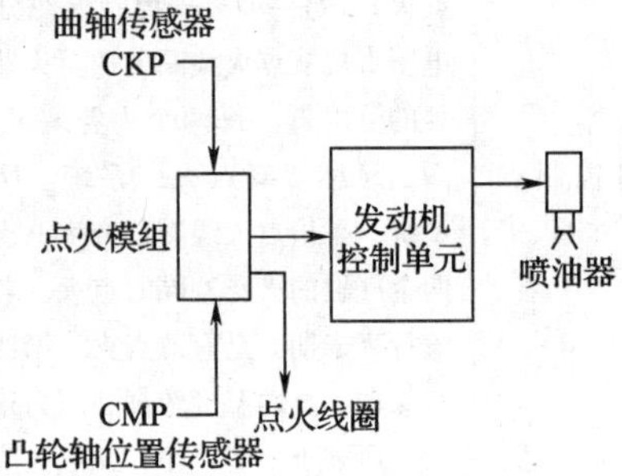

二、有分电器电控点火原理

1. 有分电器电控点火系统电路

有分电器电控点火系统如图3—3—1所示，点火线圈、点火模块、曲轴位置传感器、凸轮轴位置传感器全部集成在分电器内部为一体。

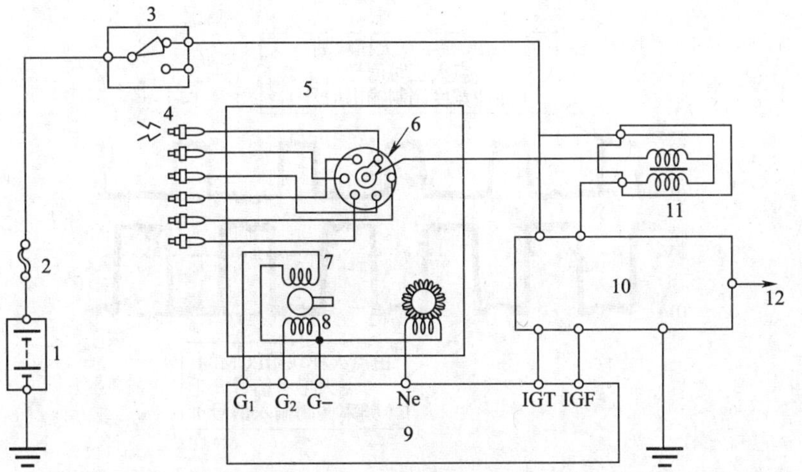

图3—3—1　有分电器电控点火系统

1—蓄电池　2—熔丝　3—点火开关　4—火花塞　5—分电器　6—分火头　7—传感器线圈　8—导磁转子　9—ECU　10—点火模块　11—点火线圈　12—至转速表

2. 有分电器电控点火系统工作原理

发动机工作时，ECU根据接收到的各传感器信号，按存储器中存储的有关程序和相关数据，确定出该工况下最佳点火控制参数（点火时间和通电时间），通过IGT向点火模块发出点火指令。点火模块则根据ECU的指令，控制点火线圈初级电路的导通和截止。当电路导通时，有电流从点火线圈中的初级电路通过，点火线圈将点火能量以磁场的形式存储起来。当初级电路中的电流被切断时，在次级线圈中将产生很高的感应电动势（15～20 kV），而此时，随分电器轴一同旋转的分火头正好对准分电器盖上某缸的旁电极，高压电由分缸高压线送给火花塞，点火能量经火花塞瞬间稀放，使火花塞跳火，产生的电火花点燃气缸内的混合气，使发动机完成做功过程。

根据以上分析，点火系统的工作过程可分为3个过程：初级电路导通，点火能量储存；初级电路截止，次级电路产生高压电；火花塞电极产生电火花，点燃混合气。

3. 有分电器点火特点

发动机ECU只需要得到曲轴位置信号（上止点信号），ECU得到上止点信号作为点火基准信号，此信号在活塞到达上止点之前某个角度。ECU 根据最佳点火提前角然后开始计算曲轴转过的角度（从得到上止点信号开始），ECU 确定点火时刻。ECU 不需要确定哪一缸到达压缩行程上止点，ECU 控制点火以后，由分火头适时传递。

此分火头与传统分电器分火头不一样，它的分火头更宽，保证高压火能准确传到分缸缸线（解决了点火提前的问题）。

IGT 发出点火指令，IGF 发出点火成功反馈信号，如果电脑得不到点火成功反馈信号，电脑只喷一次燃油，IGT、IGF 信号波形如图 3—3—2 所示。

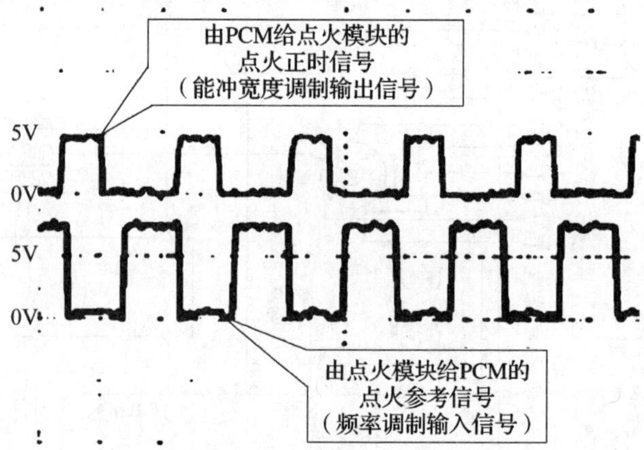

图 3—3—2　IGT、IGF 信号波形

三、无分电器电控点火原理

无分电器的电子点火控制系统按配电方式的不同，可分为双缸同时配电的点火方式和单独配电的点火方式两种类型。

1. 双缸同时配电的点火方式

双缸同时配电点火方式是两个火花塞共用一个点火线圈且同时点火，故这种方式只能用在缸数为双数的发动机上，其工作原理如图 3—3—3 所示。发动机 ECU 交替控制点火线圈内的两个功率三极管的通断，使点火线圈的初级电流根据点火顺序 1—3—2—4 中断并产生高压电，点火线圈 A 和 B 分别提供高压电给 1、4 和 2、3 缸。此种形式点火系统取消了分电器、分火头和中央高压线，但仍保留了点火线圈与火花塞之间的高压线。

双缸同时点火要求共用于一个点火线圈的两个气缸工作相位差 360°曲转角，同时，点火处于排气行程的气缸由于缸内气体压力较小，且缸内混合气又处于后燃期，易产生火花，这样放电能量损失小，而大部分点火高压和点火能量被加在压缩行程的火花塞上，故处于压缩行程的火花塞的跳火情况与单独点火的火花塞跳火情况基本相同。

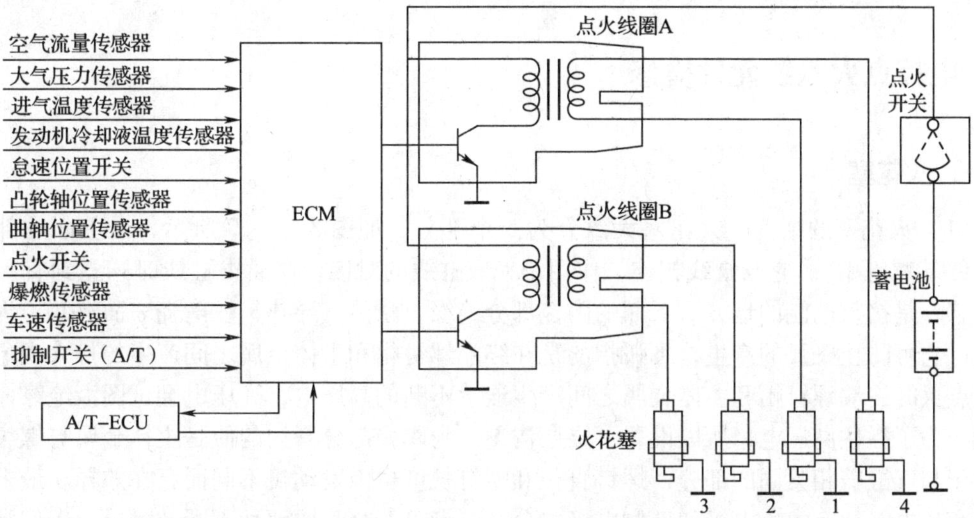

图 3—3—3　双缸同时配电的点火方式

2. 独立配电点火方式

独立配电点火方式的点火系统可将点火线圈直接安装在火花塞的顶上，这样不仅取消了分电器，也取消了高压线，故点火性能更好。其工作原理如图 3—3—4 所示。

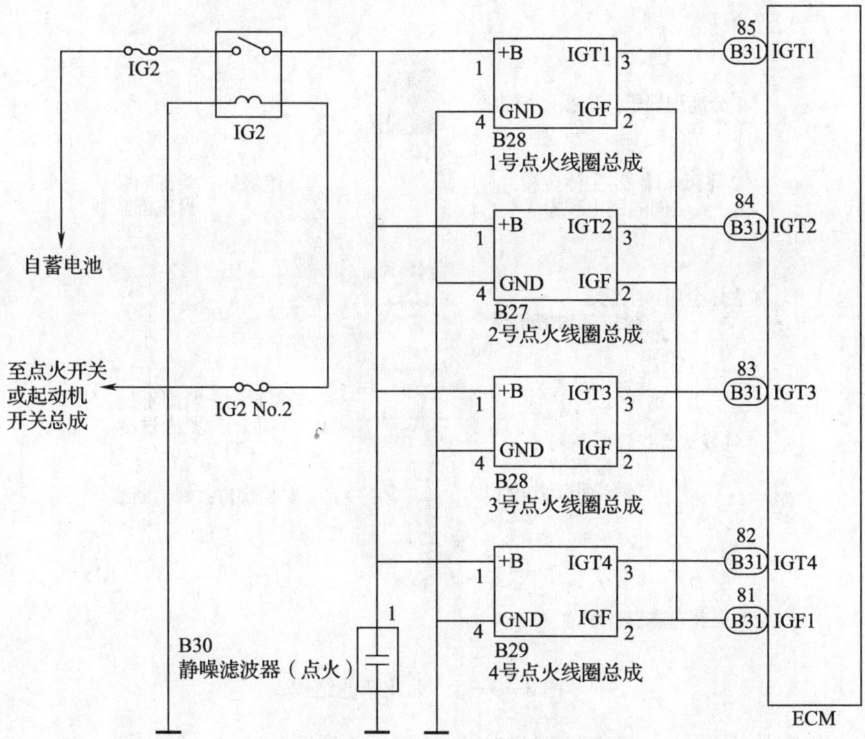

图 3—3—4　独立配电点火方式

四、电控点火系统元件检修

1. 火花塞

(1) 火花塞的结构。火花塞大致分为5个部分，如图3—3—5所示，最上面的部分叫作“终端螺钉帽”，它与缸线相连，作用是完成缸线的对接，在插拔缸线时感觉到有吸入或弹出感，是接收电能的地方。下面的陶瓷部分绝缘、耐热、导热，在陶瓷表面有几道沟状的波纹，它可防止飞弧的产生，飞弧指的是在终端螺钉帽和主体金属之间产生的打火现象，因为在点火时终端螺钉帽和主体金属之间产生连续不断的高压电，高压电会试图沿绝缘体表面溜走，为了拦住高压电，所以设置了层层沟壑。与陶瓷部分紧挨的便是主体金属与螺纹。螺纹用于与气缸盖相紧固的部分，螺钉直径和螺钉长度也因发动机不同而存在差异。最末端是火花塞的电极，有中心电极和外侧电极之分，二者可能会采取两种不同的材质，人们常说的铱金或者白金等贵金属材质则多指中心电极的材质（有些火花塞的外侧电极也会采用相同的材质)，相比于电极为镍锰合金材质的普通火花塞，它们的点火能力更强，但价格也高出数倍。

在火花塞的内部还会刻意加装3~5 kΩ 的电阻，火花塞内藏的是陶瓷的电阻体，它可有效地降低点火时出现电波杂音，这些杂音若不进行处理很容易对车内的收音机或者手机设备形成干扰。

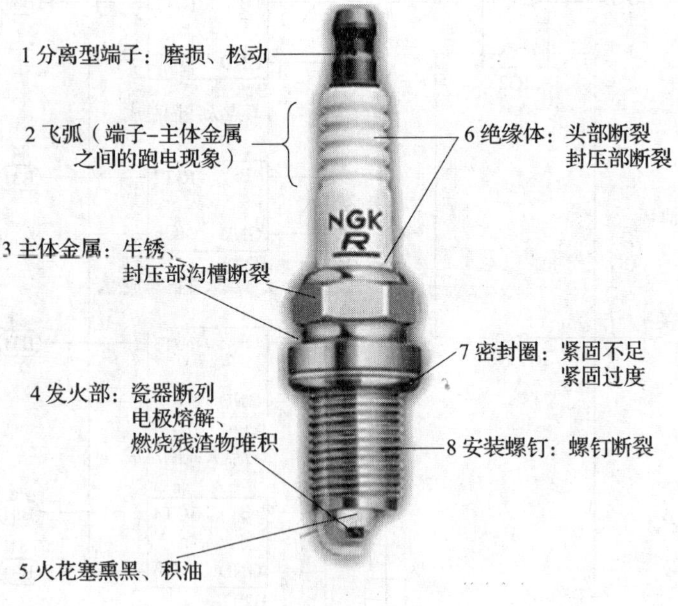

图3—3—5 火花塞的结构

(2) 火花塞的型号。火花塞的型号如图3—3—6所示。

(3) 火花塞的热值。炙热的气缸温度会蔓延到所及的各个部位，火花塞的绝缘体和电

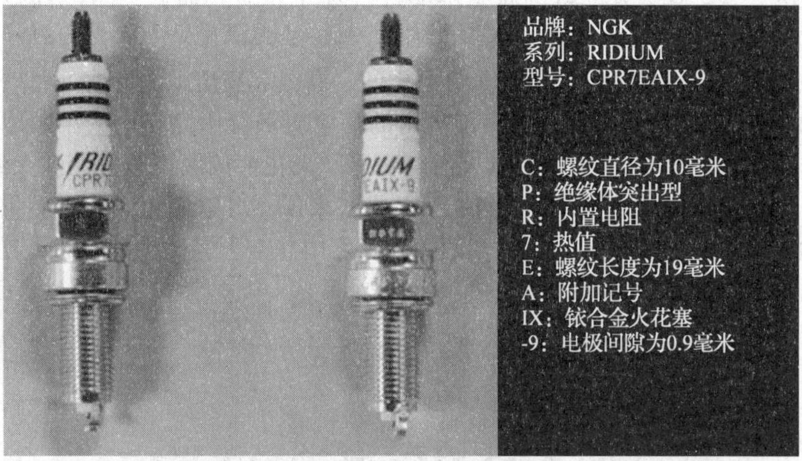

图 3—3—6　火花塞的型号

极暴露在气缸之中，混合气燃烧所释放的热量附着在其表面，如果不能将这部分热量进行有效的控制，在活塞压缩进程中，燃油混合气进入气缸，暴露在气缸内的火花塞表面的温度过高，高到可以将燃油混合气点燃，活塞还在上行，但燃油混合气已经被点燃并释放了能量，而被释放的能量并没有用到推动活塞下行的进程上，进而导致加速无力，加速积炭的滋生。

根据不同的发动机调校，相对应的火花塞也有严格的型号规定，因此，在出厂时，火花塞的热值就已经被设定好，如果对其进行更换，有可能会引发一系列故障。

（4）火花塞的点火性能。火花塞的点火性能指的是火花塞将混合气点火、燃烧的性能。在中心电极和外侧电极之间跳出的高压电率先将这个部位的混合气点燃形成火种（学名“火炎核”），之后火种会向四周蔓延，但在这期间，两个电极会对热能不断地侵蚀（消炎作用），从而使热能被削弱，严重的情况下还有可能造成火种熄灭，形成失火现象（此时气缸会处于缺缸的状态）。所以，两个电极的消炎作用应尽可能得到抑制，火种的蔓延直接影响着点火性能。

所以，无论是在电极处设置 90°V 型切口，还是采用电极直径极小的铱金火花塞，又或者是刻意扩大电极间隙的大间隙火花塞，还有那些将点火位置设计在燃烧室中心附近的突出型火花塞，它们都是为了提高点火性能而特别设计的。

对于高性能车来说，特别是赛车，它们所搭载的发动机拥有高转速、高压缩比等，因此，火花塞也会变得更强壮。在全力加速和发动机长期处于高转速状态下，首先，要保证火花塞在这种极端情况的稳定性；其次，火花塞要能打出火花来，最后，还要具备良好的点火性能，这才能让赛车拥有出众的速度优势。为了让火花塞达到非凡的能力，在电极的材质上多以白金、铱合金等贵金属为主。电极的形状更为考究，电极直径越小，越容易点火，点火性能便可提高，所以为高性能发动机而生的火花塞都拥有一个纤细的电极。

（5）火花塞常见故障

1）电极处积炭。如果发动机的状态不够好（易生积炭体质），积炭会附着在电极处，致使两个电极间的间隙变小，导致点火强度不够。

2）间隙变大。气缸的工作环境是非常恶劣的，高温、高压，火花塞的每一次跳火还会产生数万伏的高压电，长此以往，被直接电击的两个电极会因高压电的不断摩擦而产生缺口，从而造成两个电极间隙变大，使点火强度变弱。火花塞的两个电极间隙大约是 1.1 mm（不同的火花塞，电极间隙可能不同）。对于火花塞来说，可以使用锯条来测量其间隙。锯条的厚度基本在 0.5 mm 左右，把它插入两极间隙之中并上下轻微晃动，通过晃动的幅度来大致判断出。火花塞的间隙如图 3—3—7 所示。

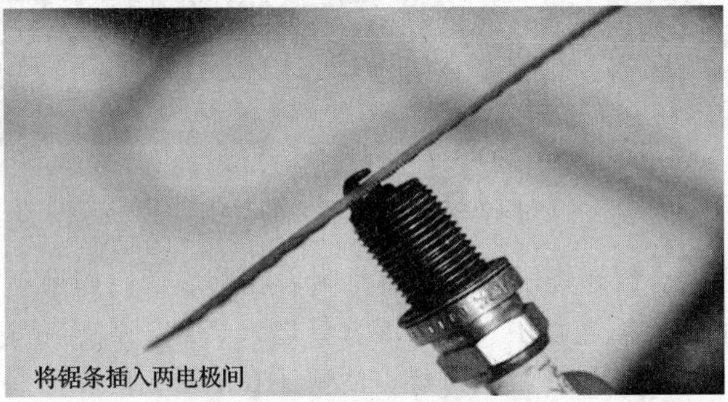

图 3—3—7　火花塞的间隙

3）通过火花塞电极颜色判断气缸工作情况。电极以及绝缘体处呈淡黄色，则代表其所对应的气缸处于上佳状态；如果上面覆盖了一层黑乎乎的东西，则代表发动机混合气过浓，或者存在烧机油的情况；火花塞电极上有红褐色沉积物，证明汽油铅超标，造成发动机加速无力；火花塞电极断裂，一般为所加燃油标号低，发动机爆燃使燃烧温度过高所致。电极断裂，通常会打坏气门或活塞。

2. 分缸高压线的检查

外观检查分缸高压线有无锈蚀、弯曲（两端头）和破裂现象，并视情况予以更换。检测各分缸高压线的电阻值，电阻值应符合标准要求，否则应更换分缸高压线。

3. 点火线圈的检查

用万用表分别测量初级绕组以及次级绕组之间的电阻值。电阻值的标准值：初级绕组的电阻为 0.45 ~ 0.55 Ω，次级绕组的电阻为 16.8 ~ 25.2 kΩ。若检测值不符合要求，则应更换点火线圈。

4. 供电线路的检查

将点火开关转至“ON”位置，检测点火线圈是否有工作电源，如果测得的电压为蓄电池电压，则说明点火线圈与点火开关之间的供电线路正常，否则，检查供电线路。

5．点火输出信号的检查

在点火控制系统中，ECM/PCM 将根据有关传感器输入的信号计算出最佳点火时刻，并输出点火正时信号，以控制点火控制模块按规定要求进行点火。点火输出信号电路的检修方法和步骤如下。

（1）发光二极管试灯的一端接点火 IGT 信号端子，一端搭铁。

（2）起动发动机，观察试灯是否闪烁。如果试灯不闪烁，则说明 ECM/PCM 没有输出控制信号。

任务实施

根据教材，小组合作完成下列问题

1．写出下列点火类型

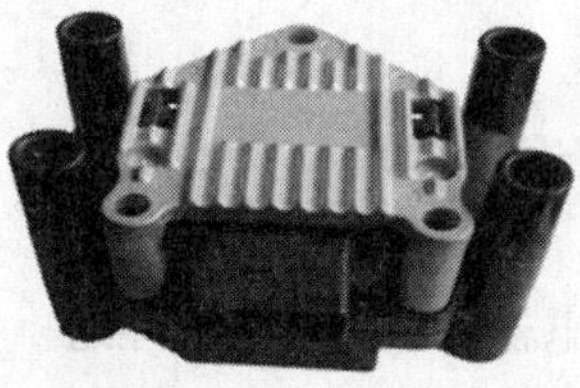

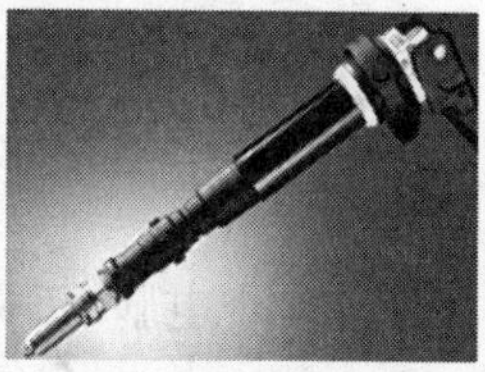

点火类型：__________　　点火类型：__________　　点火类型：__________

2．写出下列点火部件名称与作用

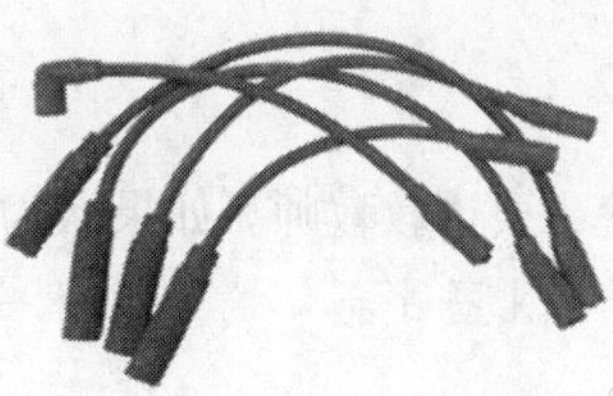

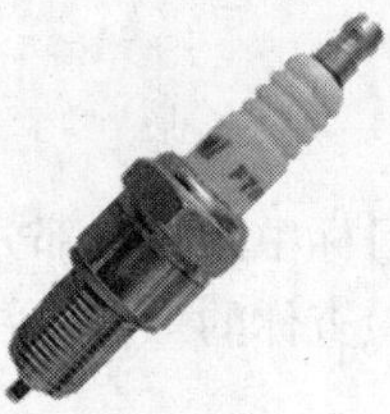

名称______________　　名称______________　　名称______________

作用______________　　作用______________　　作用______________

丰田无高压火故障检修任务实施规范

1．检查点火器的电源，获得的电压读数是__________V。

2．此读数是否在维修手册技术参数范围内吗？

是/否

3．如果测量电压为零，应检查线束__________。

4．检查点火器 IGF 输出信号时，检查获得的电压读数是__________V。

5. 此读数是否在维修手册技术参数范围内?

是/否

6. 检查点火器 IGF 端子是________颜色。

7. 检查点火器搭铁端子是________颜色。

8. 检查点火器 IGT 端子是________颜色。

9. 检查点火器 IGT 信号时，需要起动发动机吗?

是/否

10. 检查点火器 IGT 电压是________V。

11. 检查电脑 IGT 有无输出信号。

有/无

12. 检查电脑 IGT 端子至点火器 IGT 端子是否导通。

是/否

技术操作要点

点火信号是发动机电脑向点火器发出的点火指令信号。

13. 检查 NE 有无输出信号。

有/无

14. 检查电脑 NE 有无输入信号?

有/无

15. 检查电脑 NE 端子至分电器 NE 端子是否导通。

是/否

16. 检查点火器是否正常。

是/否

教师检查签名

回顾该工作页的目标，如果你对目标中的哪一部分还不清楚，要请教教师。如果认为已经达到了该工作页的目标，则请教师检查你的工作，并在该工作页上签字。

教师签名____________________

任务总结

一、任务评价

对本学习任务进行评价，见表 3—3—3。

表 3—3—3　　评分表

考核项目	评分标准	分数	学生自评	小组互评	教师评价	小计
团队合作	是否和谐	5				
活动参与	是否积极主动	5				
安全生产	有无安全隐患	10				
现场 5S	是否做到	5				
任务方案	是否正确、合理	20				
操作过程	1. 点火模块电路检查 2. IGT 点火信号电压测量 3. IGF 点火反馈信号电压测量 4. NE 信号电压测量	30				
任务完成情况	是否圆满完成	5				
工具、设备使用	是否规范、标准	10				
劳动纪律	是否严格遵守	5				
工单填写	是否完整、规范	5				
总分		100				
教师签名			年　月　日		得分	

二、理论知识检验

1. 下列说法正确的是（　　）。

A. 电控发动机点火分为有分电器点火和无分电器点火

B. 凸轮轴位置传感器对于所有类型的点火影响都是一样的

C. 曲轴位置传感器对于所有点火的影响都是一样的

D. 以上都正确

2. 下列哪些传感器与点火系统无关（　　）。

A. 曲轴位置传感器　　B. 凸轮轴位置传感器

C. 爆震传感器　　D. 氧传感器

3. 下列不属于点火系统部件的是（　　）。

A. 点火线圈　　B. 火花塞　　C. 点火模块　　D. EGR 阀

4. 下列说法正确的是（　　）。

A. 双缸同时点火只要有一个缸点火不良，会造成两个缸工作不良

B. 凸轮轴位置传感器损坏，对于双缸同时点火系统没有影响

C. 爆震传感器损坏，点火时间将提前

D. 火花塞的间隙越小，越容易点火

5. 下列说法正确的是（　　）。

A. 火花塞电极上有红褐色沉积物，证明汽油铅超标
B. 火花塞电极断裂，一般为所加燃油标号低，发动机爆燃使燃烧温度过高所致
C. 火花塞间隙过大很容易对车内的收音机或者手机设备形成干扰
D. 火花塞电极直径越小，越容易点火，点火性能便可提高

6. 下列说法正确的是（　　）。
A. 火花塞间隙过大或过小都会使高压火变弱
B. 高压线断路会造成无高压火
C. 发动机急加油容易熄火可能是高压火弱
D. 对于发动机来讲，火花塞的热值越大越好

7. 下列对于无高压火说法正确的是（　　）。
A. 凸轮轴位置传感器故障　　B. IGF 点火成功反馈信号线断路
C. IGT 点火线断路　　D. 高压线断路

8. 下列对于单缸独立点火说法正确的是（　　）。
A. 凸轮轴位置传感器出现故障会造成起动困难
B. 凸轮轴位置传感器出现故障会造成发动机回火
C. 凸轮轴位置传感器出现故障会造成发动机放炮
D. 以上都正确

知识拓展

别克君威点火原理分析

1. 君威点火电路分析

别克君威点火系统控制电路如图 3—3—8 所示，点火系统相关电路的功能如下：

（1）3X 参考信号高态（电路 430）

7X 曲轴位置传感器发送的信号到 ICM，而 ICM 产生 3X 参考信号并送到 PCM，PCM 利用此信号计算曲轴位置和发动机转速（还用于触发喷油器）。

（2）3X 参考信号低态（电路 453）

线路通过 ICM 接地，并且保证 ICM 与 PCM 之间接地电路无电压降。

（3）旁通控制电路（电路 424）

初始起动时，ICM 控制点火（为保证性能，ICM 有一个固定的点火提前角）。

（4）点火控制（IC）电路（电路 423）

发动机起动后，PCM 控制点火。PCM 根据曲轴位置传感器参考信号计算所需的点火提前角，使用此电路触发 ICM。当 PCM 在 IC 电路（电路 423）中检测到断路故障时，PCM 将设置故障代码 P1351（其含义是点火控制电路电压高态）；当 PCM 在 IC 电路（电路 424）中检测到与搭铁短路故障时，PCM 将设置故障代码 P1361（其含义是点火控制电路电压低态）。

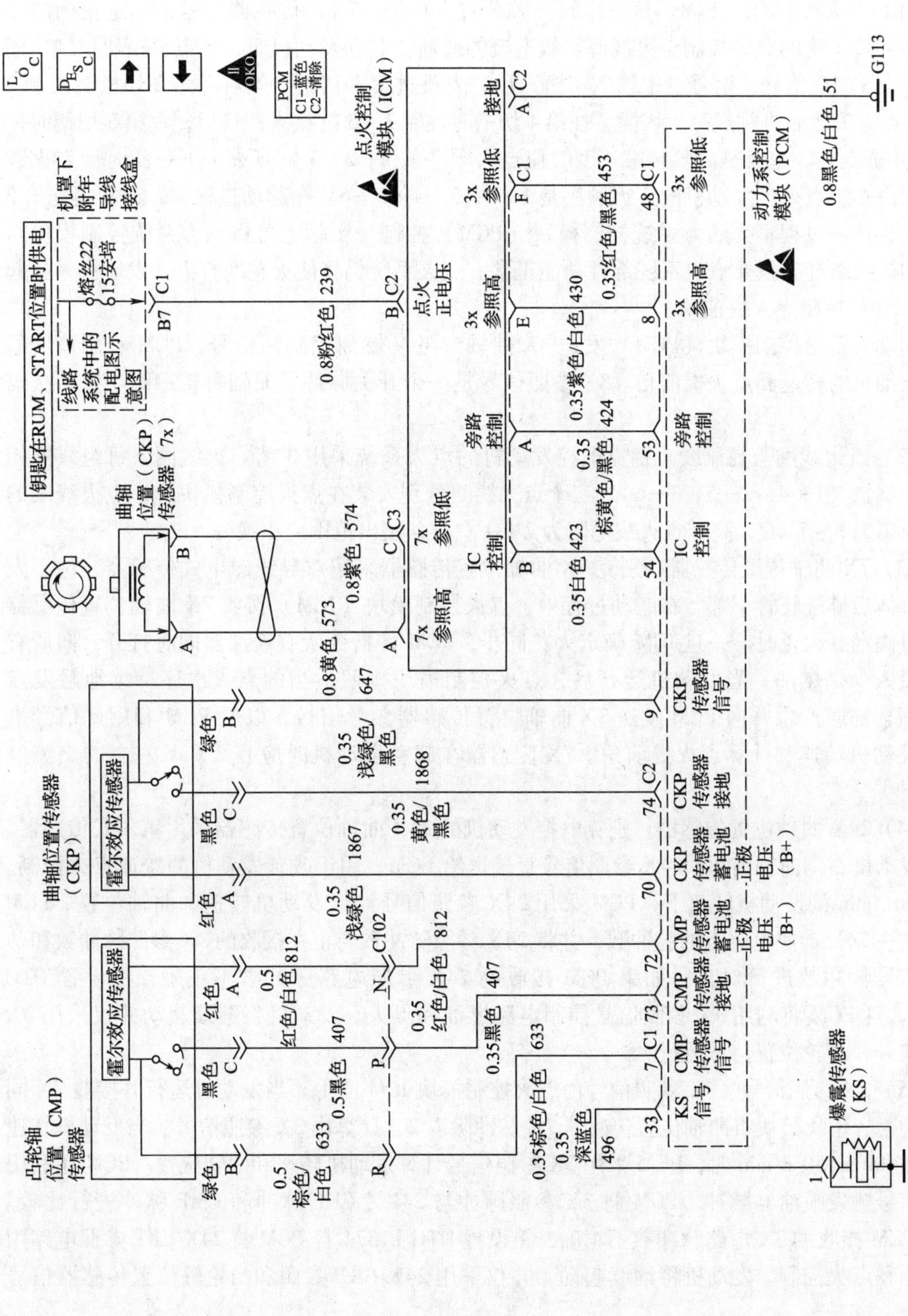

图 3—3—8　别克君威点火系统控制电路

2. 点火系统的元件检测

(1) 点火控制模块 ICM。接收来自曲轴位置 (CKP-7X) 传感器信号，确定正确的点火顺序并按正确的顺序控制点火线圈初级电流的通断。起动发动机时，当点火模块识别出同步信号 (SYNC 信号，信号盘中第7切槽) 后，先跳过第1切槽，然后在第2切槽时控制2-5缸点火：然后再跳过第3切槽，在第4切槽时控制3-6缸点火；最后，在第6切槽时控制1-4缸点火。也就是曲轴转第一圈时使点火顺序前1—2—3缸点火：下一圈时使点火顺序4—5—6缸点火，发动机的点火顺序是1—2—3—4—5—6。在起动过程中，通常是先给2缸点火，这一过程不受动力系统控制模块 (PCM) 控制。实际上可将动力系统控制模块与 ICM 的连线断开，只要点火系统部件功能正常，点火系统仍将使火花塞打火。发动机一旦起动，PCM 就控制点火提前角。

向动力系统控制模块 (PCM) 发送 3X 曲轴参考 (燃油控制) 信号，PCM 利用该信号确定发动机的转速和点火提前角。3X 参照信号是一个开关脉冲，曲轴每转一圈产生3次信号。

(2) 点火线圈与高压线。别克电控发动机的点火系统采用3组点火线圈，每组线圈控制两个气缸 (1—4，2—5，3—6)。三个点火线圈分别安装在点火控制模块上，点火线圈的次级电阻为5~7 kΩ，高压点火线电阻为7 kΩ 左右，超出范围应更换。

(3) 7X 曲轴位置传感器。别克 7X 曲轴位置传感器采用双导线磁电式传感器，位于发动机缸体后排气歧管下部。在起动过程中，点火控制模块 (ICM) 接收 7X 曲轴位置传感器信号以确定点火正时。一旦 ICM 确定火花同步，PCM 将指令所有喷油器同时打开，向所有气缸喷入少量燃油。当发动机运行后，点火控制模块按照适当的点火次序持续地触发点火线圈，同时产生并向 PCM 发送 3X 曲轴位置传感器参考信号，以便 PCM 利用此信号来确定发动机转速和计算点火提前角。7X 传感器在起动发动机时应有2.0 V 左右的交流电压信号。

(4) 24X 曲轴位置传感器。别克电控发动机的 24X 曲轴位置传感器采用霍尔式传感器，位于发动机右侧曲轴前部。24X 参照信号直接送给 PCM，用于改善发动机的怠速点火控制。在1600r/min 的发动机转速下，PCM 采用 24X 参照信号计算发动机转速和曲轴位置。PCM 连续监视 24X 参照电路上的脉冲数，并将 24X 参照脉冲数与正在接收的 3X 参照脉冲数和凸轮轴信号脉冲数进行对比。如果 PCM 接收的 24X 参照电路脉冲数不正确，将设置 DTC P0336，且 PCM 将利用 3X 参照信号控制电路燃油和点火。发动机将继续起动并仅采用 3X 参照信号和凸轮位置信号运行。

(5) 3X 参照信号。3X 参照信号由点火控制模块 ICM 产生。当发动机运行并接收 7X 同步脉冲时，ICM 模块将曲轴位置传感器 7X 脉冲除以2，计算出 3X 参照信号。当发动机转速超过1 600±150 r/min 时，PCM 采用 3X 参照信号计算发动机转速和曲轴位置。PCM 还利用这些信号触发喷油器脉冲。PCM 将 3X 参照脉冲与 24X CKP 脉冲和 CMP 脉冲进行比较。如果 PCM 接收的 3X 电路脉冲数不正确，将设置 DTC P1374 且 PCM 将 24X CKP 参照电路用于燃油和点火控制。发动机将继续起动，并仅采用 24X CKP 参照和凸轮轴位置传感器信号运行。

提示：3X 参照信号也就是电控点火系统中的点火反馈信号。

（6）旁路控制模式。当发动机起动时，ICM 根据 7X 信号控制点火提前（旁路模式）。当 PCM 识别第二个 3X 参照脉冲时，在旁路上施加 5V 电压，指令 ICM 将点火提前转换为 PCM 控制（IC 模式）。如果 PCM 检测出旁路中出现断路，将设置 DTC P1352，发动机继续运转并在旁路模式中运行。如果 PCM 检测出旁路与电压短路，将设置 DTC P1362，发动机继续运转并在旁路模式中运行。

（7）IC 控制模式。当发动机起动时，ICM 根据 7X 信号控制点火提前（旁路模式）。当 PCM 识别第二个 3X 参照脉冲时，在旁路上施加 5V 电压，指令 ICM 将点火提前转换为 PCM 控制（IC 模式），并通过 IC 控制线把点火正时信号提供给 ICM。如果 PCM 检测出 IC 电路中出现断路，将设置 DTC P1351，发动机起动并在旁路模式中运行。如果 IC 电路短路或旁通电路不良，PCM 监视不到 IC 脉冲，将设置 DTC P1361，发动机起动并在旁路模式中运行。

（8）凸轮轴位置传感器（CMP）。别克电控发动机的点火系统的凸轮轴位置传感器（CMP）采用霍尔式传感器，位于发动机右侧。在起动过程中，点火控制模块（ICM）监视 7X 曲轴位置传感器信号，一旦 ICM 确定火花同步，PCM 将指令所有 6 个喷油器打开，向所有各缸喷入燃油。PCM 接到一个凸轮脉冲信号后，触发顺序燃油喷射。PCM 继续监视凸轮信号的脉冲数，并将凸轮脉冲数与正在接收的 24X 参照脉冲数和 3X 参照脉冲数进行对比。如果 PCM 接收的凸轮参照电路脉冲数不正确，将设置 DTC P0341，且 PCM 利用喷油器顺序正确的 6 次机会之一触发喷油器顺序，而不采用凸轮信号。

（9）爆震传感器。别克电控发动机采用的压电晶体式爆震传感器，能够为 PCM 提供一个变化的电压信号，PCM 通过信号的强弱可以判断是否发生爆震，从而控制点火时间，防止爆震的出现。为了防止误判，PCM 只在点火的时候才检测爆震传感器的信号。

项目四　排放控制系统检修

任务4.1　废气再循环检修

任务目标

1. 能描述废气再循环的作用。
2. 能描述废气再循环的工作条件。
3. 能描述线性式EGR阀的工作过程。
4. 能检修线性式EGR阀故障。

任务描述

一辆别克君威轿车，行驶里程为90 000 km，行驶中发动机故障报警灯点亮，经某4S店专业维修人员诊断，读取故障码显示“EGR阀故障”。请问：如果你作为一名专业的维修人员，你准备如何进行检查与维修？请制定一份维修方案并按作业规范实施检修作业。

任务内容

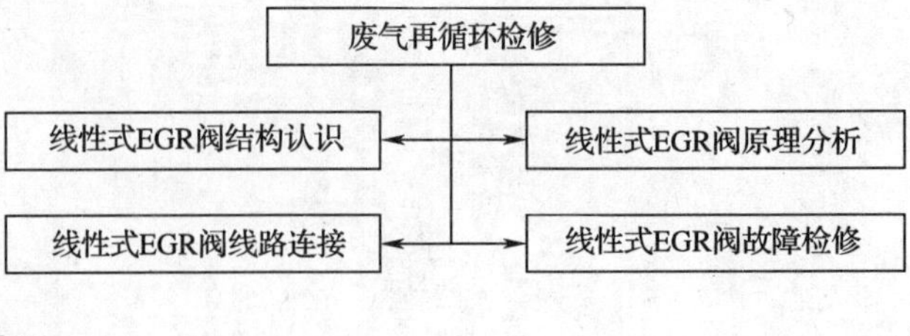

任务准备

一、废气再循环系统概述

汽车上用来控制废气排放的系统一般有曲轴箱强制通用系统（简称PCV）、废气再循环系统（简称EGR）、燃油蒸气回收系统（简称EVAP）、三元催化转化器（简称

TWC）等。

1. EGR 作用

废气再循环系统如图 4—1—1 所示。将排气管中 10% ~20% 的气体引入进气管，和新鲜混合气一起进入燃烧室进行燃烧，降低燃烧室和排气管的最高温度，以便减少 NOx 的排放。通常用 EGR 率表示 EGR 的控制量，它用进入气缸的混合气中废气的比例表示。EGR 率与发动机动力性、经济性和排放性能有关。EGR 率过大时，使燃烧速度太慢，燃烧变得不稳定，失火率增加，使 HC 也会增加；EGR 率过小，NOx 排放达不到法规要求，易产生爆震、发动机过热等现象，因此，EGR 率必须根据发动机工况要求进行控制。

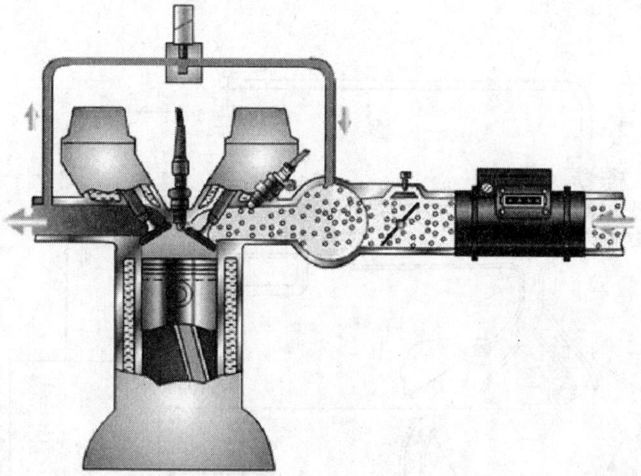

图 4—1—1　废气再循环系统

提示： 试验结果证明，当 EGR 率小于 10% 时，燃油消耗量基本不增加，当 EGR 率大于 20% 时，发动机燃烧不稳定，工作粗暴，HC 排放物将增加 10%。因此，通常将 EGR 率控制在 10% ~20% 范围内。

2. EGR 工作条件

NOx 化合物大量产生在高温富氧条件下。

怠速和低负荷时，NOx 排放浓度低，为了保证稳定燃烧，不进行 EGR。

发动机温度低时，NOx 排放浓度也较低，为了保证正常燃烧，冷机时不进行 EGR，只有热态下进行 EGR。

大负荷、高速时，为了保证发动机有较好的动力性，此时混合气较浓，NOx 排放生成物较少，可不进行 EGR 或降低 EGR 率。

废气再循环量对 NOx 排放和油耗的影响还受到空燃比、点火提前角等因素的影响。因此在进行 EGR 率控制时，同时对点火等进行综合控制，就能得到较好的发动机性能。

EGR 的控制策略：

增加 EGR 率可以使 NOx 排出物减少，但同时会使 HC 排出物和燃油消耗增加。因此在各种工况采用的 EGR 率必须是对动力性、经济性和排放性能综合考虑的结果。

二、废气再循环阀的结构与工作原理

1. 真空控制 EGR 阀系统

不同类型的 EGR 系统的组成元件是不同的，一般主要部件有 EGR 控制阀、EGR 电磁阀、EGR 阀位置传感器。EGR 控制系统中，EGR 控制阀是关键部件。不同的 EGR 率是通过 EGR 控制阀的调节来实现的。

真空控制废气再循环（EGR）控制系统组成如图 4—1—2 所示。

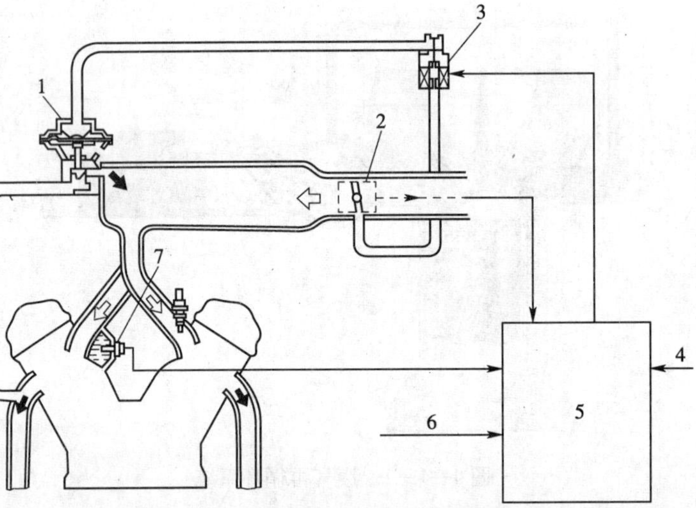

图 4—1—2　废气再循环控制系统组成图

1—废气再循环控制阀　2—节气门位置传感器　3—EGR 电磁阀　4—起动信号
5—ECU　6—曲轴位置传感器　7—冷却液温度传感器

EGR 控制阀的结构如图 4—1—3 所示。EGR 控制阀主要受两个力控制，一个是膜片上方的真空吸力，另一个是膜片上方的弹簧弹力。真空吸力对膜片是一个向上的吸力，弹簧弹力是向下的推力，当膜片上方有强大的吸力作用时，克服弹簧弹力，把膜片吸上去，EGR 阀打开，废气通过 EGR 阀进入进气管，进行循环。当大气进入膜片上方时，会推动膜片下移，EGR 阀关闭，废气停止循环。

2. 线性式 EGR 控制系统

线性式 EGR 阀由 ECU 通过占空比控制 EGR 阀线圈电流大小开启针阀位置，调节排气进入进气歧管孔口的大小，精确地控制 EGR 率。EGR 工作期间，通过监测针阀位置反馈信号控制针阀位置，并根据冷却液温度、节气门位置和进气流量修正 EGR 针阀的位置。线性式 EGR 控制阀实物如图 4—1—4 所示；线性式 EGR 控制阀内部结构如图 4—1—5 所示。

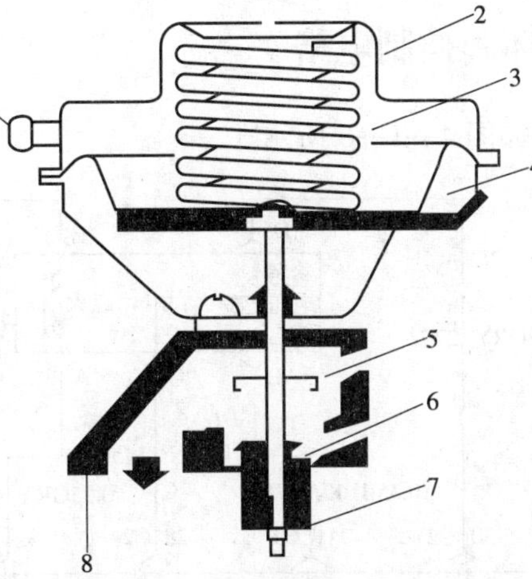

图 4—1—3　EGR 控制阀的结构

1—真空入口　2—EGR 控制阀　3—弹簧　4—膜片　5—阀打开位置
6—阀关闭位置　7—废气入口　8—进气管

a）　　b）

图 4—1—4　线性式 EGR 控制阀实物图

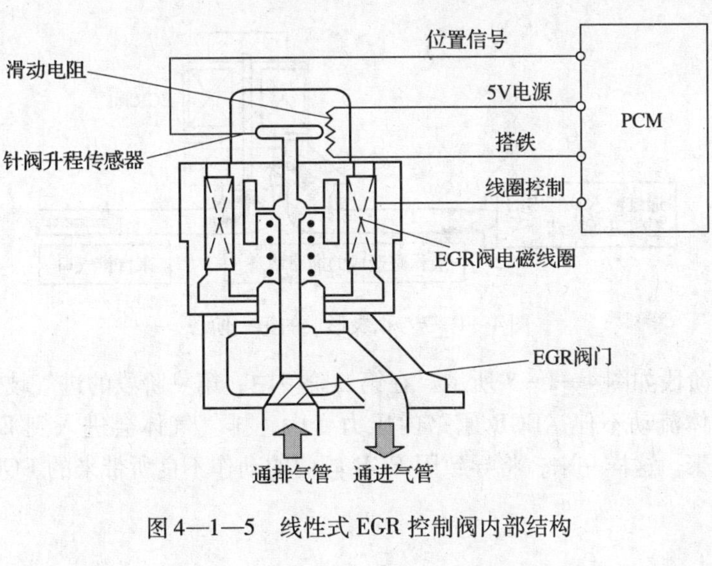

图 4—1—5　线性式 EGR 控制阀内部结构

三、线性式废气再循环阀控制电路

线性式 EGR 控制电路如图 4—1—6 所示。

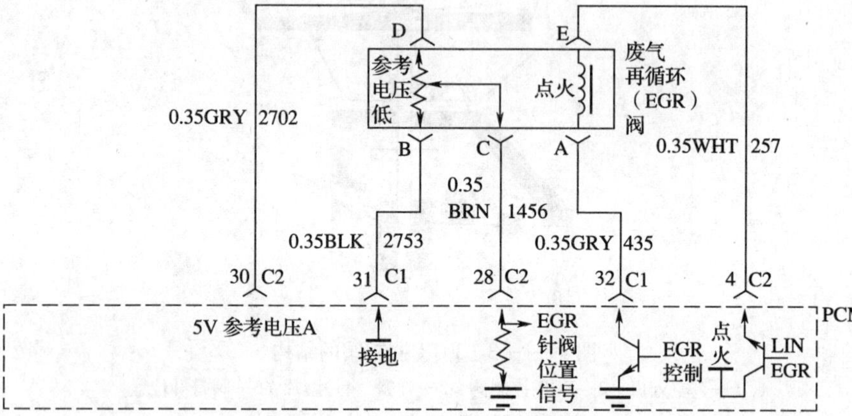

图 4—1—6 线性式 EGR 控制电路

四、废气再循环阀故障分析

1. 积炭造成的 EGR 阀门故障的形成过程

由于排气气体从排气歧管回流到进气歧管，所以经常会在 EGR 控制阀产生炭的积聚。炭的积聚造成的影响分为几个阶段，第一阶段如图 4—1—7 所示，在 EGR 通路的进气歧管的入口处，回流的排气气体被进气歧管的空气冷却的瞬间，炭会积聚、堵塞，这将导致 EGR 的流量下降。

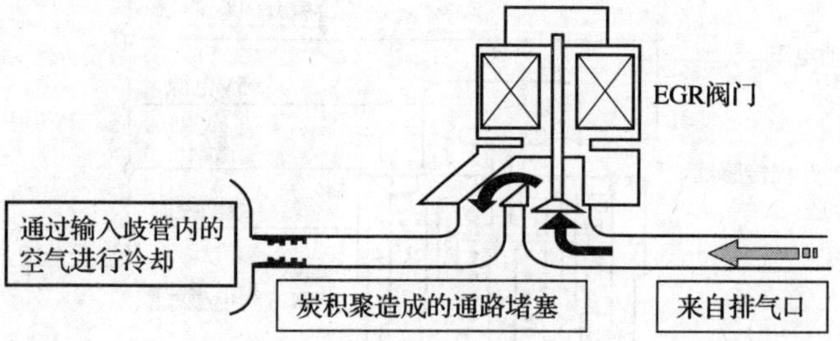

图 4—1—7 积炭形成的第一阶段

第二、第三阶段如图 4—1—8 所示。在第二阶段中，第一阶段的进气歧管入口处积聚的积炭导致回流气体流动不佳，EGR 通路内压力变大，排气气体会进入到 EGR 阀门的轴承部，造成炭的积聚。这样一来，将导致因 EGR 阀门的动作不良所带来的 EGR 追踪异常等问题。

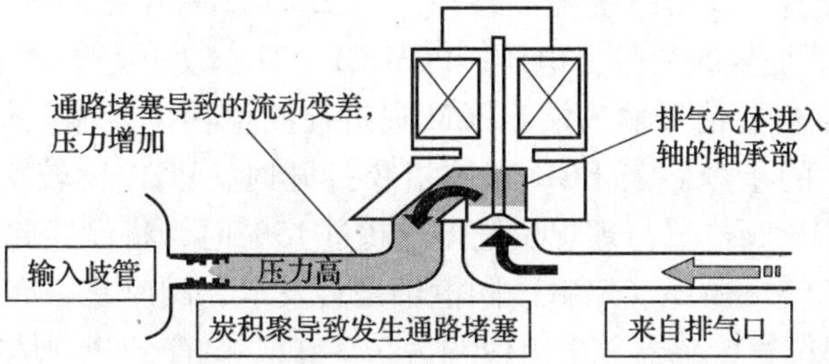

图 4—1—8　积炭形成的第二、第三阶段

第三阶段是轴承部由于完全受到积炭的影响，高温排气气体使 EGR 阀门受热膨胀，间隙消失，从而完全黏着，导致 EGR 阀门关闭。

2. EGR 阀故障码分析

（1）废气再循环（EGR）阀流量不足。EGR 阀动作时，EGR 回流的排气气体会使进气压力增加。该气体压力的变化量与 EGR 的流量成正比，所以可以通过测量进气压力来检测 EGR 阀的流量是否异常。判定方法：首先，当处于减速状态时，强制使 EGR 阀门关闭；其次，到达规定时间后，将 EGR 阀门打到全开状态；最后，再控制全关闭。根据 EGR 阀全开前和全开后的进气压力的变动量来推测基准进气压力，然后以推测的基准进气压力为基础进行故障判定。

1）故障码含义分析：动力系统控制模块（PCM）在监视进气歧管绝对压力（MAP）传感器信号的同时，通过瞬时指令使废气再循环（EGR）阀打开，对废气再循环系统进行测试。当 EGR 阀打开时，PCM 应感应到进气歧管绝对压力按比例增加，如果未检测到进气歧管绝对压力按预计增加，PCM 记录差量并向故障限度水平调整内部故障计数器计数，当故障计数器超过故障限度时，PCM 设置此故障码。

2）诊断：检查废气再循环（EGR）阀枢轴是否发卡或堵塞；检查 EGR 阀连接管路是否堵塞或泄漏；检查废气系统是否堵塞，三元催化转化器是否堵塞。

（2）废气再循环（EGR）阀电磁阀控制电路故障

1）故障码含义分析：线性式废气再循环（EGR）阀由动力系统控制模块（PCM）驱动，PCM 的 C2—4 脚向 EGR 阀电磁线圈提供 12 V 电压，PCM 的 C1—32 脚控制 EGR 阀电磁线圈的接地。PCM 内部的驱动电路能够检测电压提供和接地电路中的电气功能失效。如果出现电气功能失效，PCM 设置故障码 DTCP0403，在发动机起动或运行时，PCM 检测到废气再循环（EGR）阀电磁阀控制电路故障且持续 20 s 以上，则 PCM 设置此故障码。

2）诊断：检查 EGR 阀，其插头中 A、B 两端为 EGR 阀内部电磁线圈，正常情况下在室温下，电磁阀线圈电阻值约为 6.3 Ω。

检查 ECR 阀与 PCM 线路连接是否可靠，检查 PCM 接线插头是否因端子松脱、锁片断裂、端子变形或损坏而造成接触不良。

（3）废气再循环（EGR）阀打开位置性能不良

1）故障码含义分析：动力系统控制模块（PCM）C2—30 脚向废气再循环（EGR）阀内部的枢轴位置传感器提供 5 V 参考电压；PCM C1—31 脚为传感器提供接地回路；PCM 的 C2—28 脚为 EGR 枢轴位置信号输入端。PCM 通过检测枢轴位置输入信号，以检测 EGR 阀门是否正确响应 PCM 的指令。当 EGR 阀按指令打开时，PCM 比较实际 EGR 位置和理想 EGR 位置，若实际 EGR 阀位置与理想位置差异超过 15% 时，将设置此故障码。

2）诊断：检查废气再循环（EGR）阀枢轴是否发卡，阀座是否有积炭；在室温下，用万用表测量 EGR 内部位置传感器总电阻值约为 5.0 kΩ。检查 EGR 阀与 PCM 连接是否可靠，检查 PCM 接线插头是否因端子松脱、锁片断裂、端子变形或损坏而造成接触不良。

（4）废气再循环（EGR）位置传感器电路电压过低

1）故障码含义分析：动力系统控制模块（PCM）检测到废气再循环反馈小于 0.14 V 且持续 20 s 以上，则设置此故障码。

2）诊断：检查废气再循环（EGR）阀位置反馈信号电路是否搭铁。EGR 内部传感器是否损坏，在室温下，用万用表测量 EGR 内部位置传感器总电阻值约为 5.0 kΩ。

检查 EGR 阀与 PCM 连接是否可靠，检查 PCM 接线插头是否因端子松脱、锁片断裂、端子变形或损坏而造成接触不良。

（5）废气再循环（EGR）关闭位置性能不良

1）故障码含义分析：动力系统控制模块（PCM）检测废气再循环（EGR）枢轴位置，以确保 EGR 阀能按 PCM 指令正确动作。点火开关接通时，PCM 读出 EGR 阀关闭时的枢轴位置，当 EGR 阀被指令关闭时，PCM 将读出的 EGR 阀关闭枢轴位置和实际的 EGR 阀枢轴位置相比较，若实际的 EGR 阀位置表明仍处于打开时，将设置此故障码。

2）诊断：检查废气再循环（EGR）阀座是否有严重积炭，枢轴是否发卡。

检查 EGR 阀与 PCM 连接是否可靠，检查 PCM 接线插头是否因端子松脱、锁片断裂、端子变形或损坏而造成接触不良。

任务实施

根据教材，小组合作完成下列问题

废气再循环英文简称为________，可以减少尾气中________的排放；废气再循环只有在________条件下才参与工作；线性式 EGR 阀的位置传感器检测________。

EGR 检修操作实施规范

1. 参见 EGR 控制电路图 4—1—9。向 EGR 线圈供电的电源线是________颜色。
2. 向 EGR 线圈供电的电源线是电脑的哪个端口？

____。

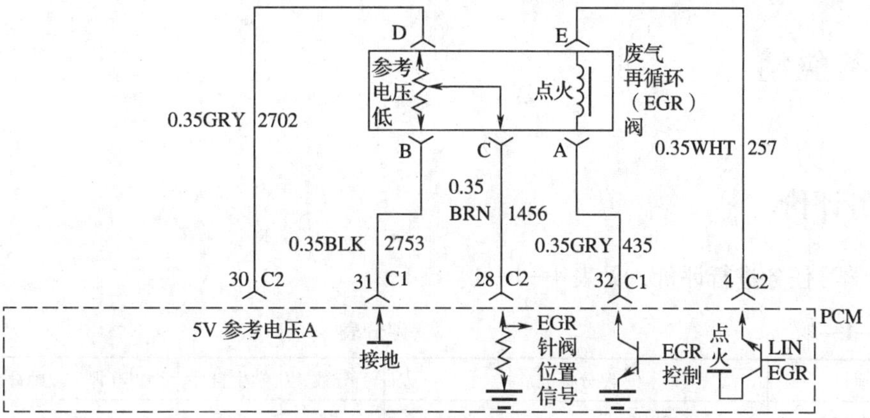

图 4—1—9 EGR 控制电路

3. 检查供电情况，获得的电压读数是________V。

4. 向 EGR 位置传感器供电的电源线是电脑的哪个端口？

____。

5. 检查供电情况，获得的电压读数是________V。

6. 电压值是否在维修手册技术参数范围内？

是/否

7. 如果测量电压为零，应检查哪个线束插头？

____。

8. 检查 EGR 位置传感器搭铁线至电脑的哪个端口导通。

____。

9. 检查 EGR 线圈搭铁线至电脑的哪个端口导通。

____。

10. 检查 EGR 位置传感器信号线至电脑的哪个端口导通。

____。

11. 检测 EGR 阀线圈电阻是________Ω。

12. 检查 EGR 阀位置传感器信号线与搭铁线之间电阻是________Ω。

13. 检查 EGR 阀位置传感器信号线与 5 V 电源线之间电阻是________Ω。

14. 打开点火开关，测量 EGR 阀位置传感器信号线电压是________V。

15. 电压值是否在维修手册技术参数范围内？

是/否

16. 给 EGR 阀线圈电源线加 12 V 电压，测量 EGR 阀位置传感器信号线电压是________V。

教师检查签名

回顾该工作页的目标，如果你对目标中的哪一部分还不清楚，要请教教师。如果认为已经达到了该工作页的目标，则请教师检查你的工作，并在该工作页上签字。

教师签名____________________

✓ 任务总结

一、任务评价

对本学习任务进行评价，见表4—1—1。

表4—1—1 评分表

考核项目	评分标准	分数	学生自评	小组互评	教师评价	小计
团队合作	是否和谐	5				
活动参与	是否积极主动	5				
安全生产	有无安全隐患	10				
现场5S	是否做到	5				
任务方案	是否正确、合理	20				
操作过程	1. EGR阀电路检查 2. EGR阀线圈电阻测量 3. EGR阀位置传感器信号电压测量	30				
任务完成情况	是否圆满完成	5				
工具、设备使用	是否规范、标准	10				
劳动纪律	是否严格遵守	5				
工作任务单填写	是否完整、规范	5				
总分		100				
教师签名			年 月 日		得分	

二、理论知识检验

1. 下列说法正确的是（　　）。

A. 废气再循环减少CO的排放　　B. 废气再循环减少HC的排放

C. 废气再循环减少NO的排放　　D. 废气再循环减少CO_2的排放

2. 下列说法正确的是（　　）。

A. 发动机怠速时废气再循环系统工作

B. 发动机大负荷时废气再循环系统工作

C. 发动机高温时废气再循环系统工作

D. 发动机中等负荷时废气再循环系统工作

3. 下列说法正确的是（　　）。

A. 线性式 EGR 阀由线圈与位置传感器组成

B. 电脑控制线性式 EGR 阀线圈通电是占空比控制

C. 所有线性式 EGR 阀工作时，位置传感器电压升高

D. 所有线性式 EGR 阀工作时，位置传感器电压降低

4. 下列说法正确的是（　　）。

A. 只要电脑记录 EGR 故障码，肯定是 EGR 阀的原因

B. 只要 EGR 出了故障，电脑肯定记录 EGR 故障码

C. 如果电脑记录 EGR 故障码，有可能是 EGR 积炭引起的

D. 电脑是通过监测位置传感器的信号电压来判断 EGR 是否工作的

5. 下列说法正确的是（　　）。

A. 如果 EGR 阀关闭不严，会造成发动机怠速不稳

B. 如果 EGR 阀关闭不严，会造成发动机加速无力，动力性变差

C. 有的车型既有空气流量计又有进气压力传感器，进气压力传感器是用来监测 EGR 流量的

D. 如果 EGR 阀关闭不严，会造成发动机进气歧管压力升高

6. 下列对于怠速不稳说法不正确的是（　　）。

A. 可能是 EGR 阀关闭不严　　B. 可能是怠速阀开度过大

C. 可能是氧传感器故障　　D. 可能是油泵滤网堵塞

任务 4.2　曲轴箱强制通风系统与燃油蒸气回收系统检修

任务目标

1. 能描述 PCV、EVAP 的作用与工作原理。
2. 能描述 PCV、EVAP 对发动机的影响。
3. 能检修 EVAP、PCV 故障。

任务描述

一辆帕萨特轿车，行驶里程为 210 000 km，现出现怠速轻微发抖，加速无力故障，经某 4S 店专业维修人员诊断，读取发动机故障码无故障码，且燃油压力正常，空气流量计正常，更换火花塞后故障依旧。请问：如果你作为一名专业的维修人员，你准备如何进行检查与维修？请制定一份维修方案并按作业规范实施检修作业。

任务内容

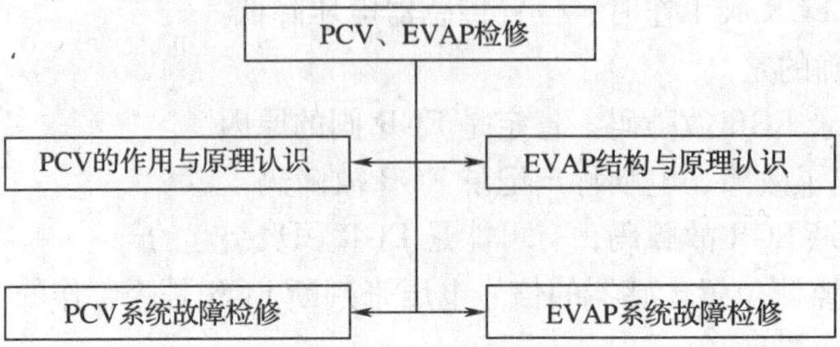

任务准备

一、曲轴箱强制通风系统概述

1. 构成及安装位置

曲轴箱强制通风（PCV）系统主要由PCV阀和连接软管组成。PCV阀安装在发动机缸体上，广州本田奥德赛的PCV阀安装实物如图4—2—1所示。

图4—2—1　PCV阀安装实物图（广州本田奥德赛）

2. 作用

曲轴箱强制通风系统主要是防止曲轴箱窜气对发动机的危害。曲轴箱窜气即在发动机运转过程中，部分燃烧完和未燃烧完的混合气一起经过气缸与活塞之间的间隙进入曲轴箱，这部分气体就称为曲轴箱窜气。曲轴箱窜气会加快机油的变质，使发动机润滑效果变差，浪费燃料，同时也会引起大气污染。

曲轴箱强制通风是把曲轴箱的窜气不断引入进气管中，同新鲜的混合气一起进入气缸，进行燃烧，就可以减少窜气的危害。曲轴箱强制通风系统的核心部件是PCV阀，它的主要作用是根据发动机的不同工况控制进入发动机的窜气量。PCV阀结构如图4—2—2所示。

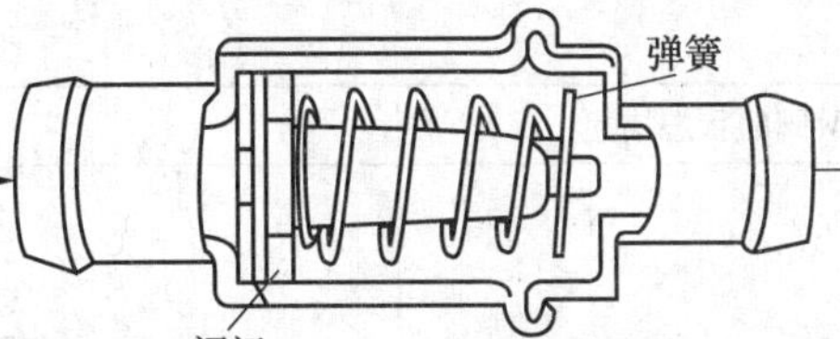

图 4—2—2 PCV 阀结构

二、曲轴箱强制通风系统的工作过程

曲轴箱强制通风系统（PCV）系统工作过程如图 4—2—3 所示，各工况下 PCV 阀的工作状态见表 4—2—1。

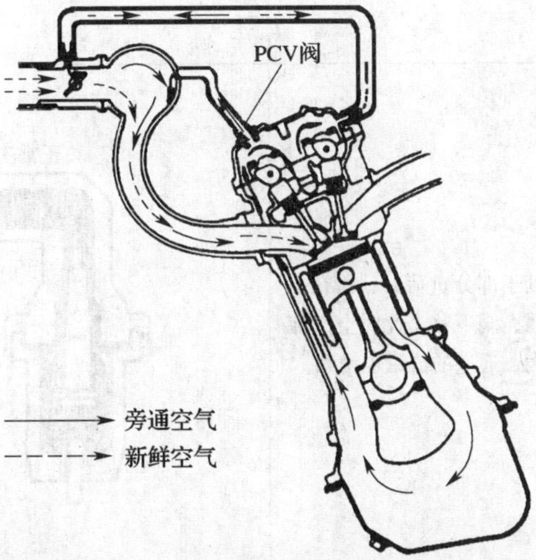

图 4—2—3 PCV 系统的工作过程

表 4—2—1 **各工况下 PCV 阀的工作状态**

发动机工况	PCV 阀的状态描述	图解
发动机不工作	发动机不工作时，PCV 阀在弹簧的作用下，处于关闭状态	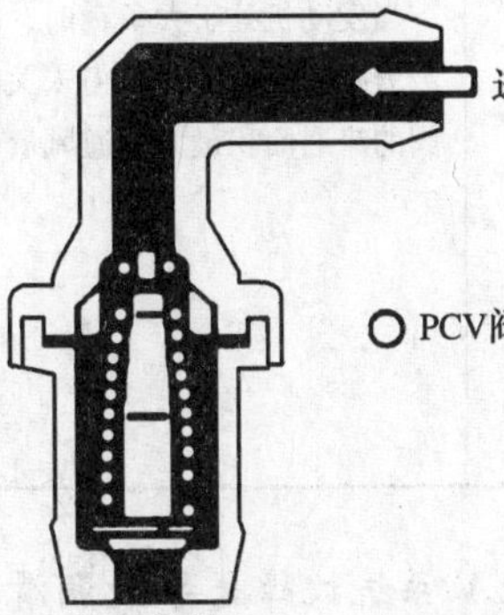

续表

发动机工况	PCV 阀的状态描述	图解
怠速或减速时	在发动机怠速或减速时，阀的上方受到强真空作用，使阀移到最上面位置，PCV 阀完全打开，但通风流量很小，因为阀完全打开时，通道的截面积很小	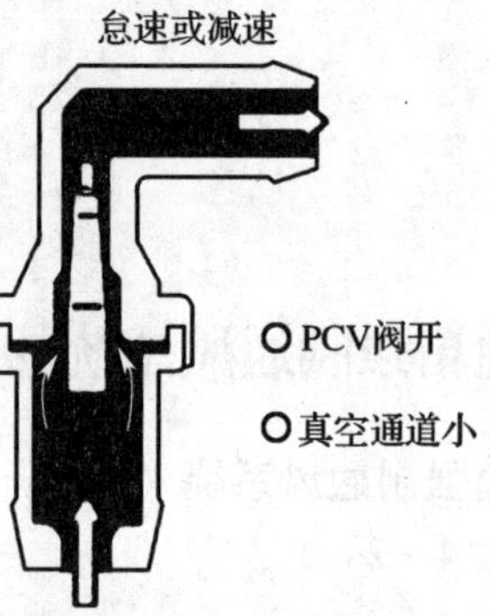
部分节气门开度时	当发动机处于部分负荷时，阀在上方的吸力减弱，阀下移，此时空气流通截面积增大，通风的流量也增大	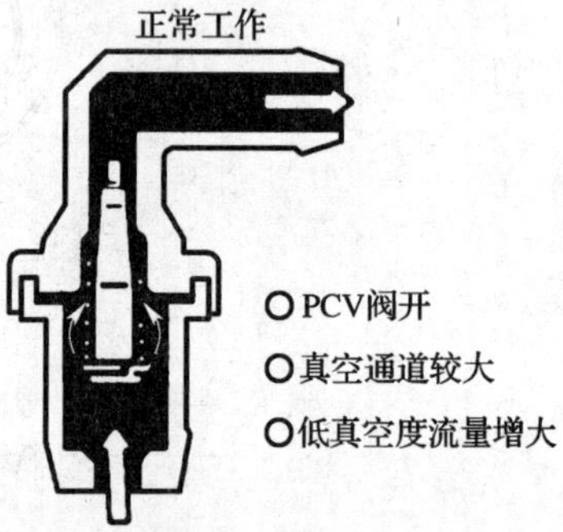
大负荷时	当发动机处于大负荷时，阀上方的吸力减小，阀下移，但未关闭，此时阀的流通面积最大，通风量最大	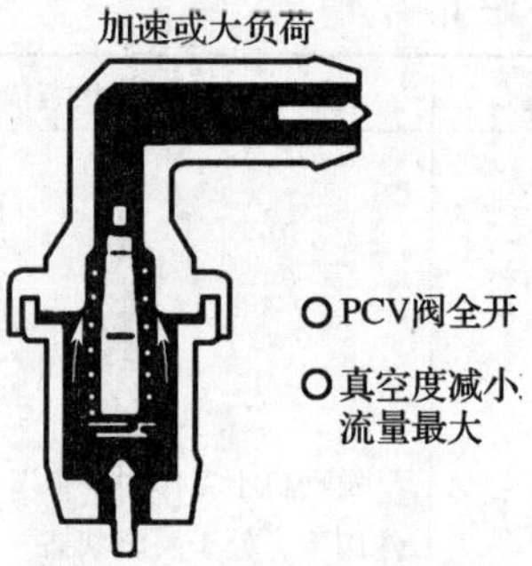

提示：PCV 系统故障是导致润滑油变质、燃油消耗过多的主要原因，维修中应该注意检查。

三、燃油蒸气回收系统概述

1. 系统作用

燃油蒸气回收系统可以防止汽油箱内蒸发的汽油蒸气泄漏到大气中而造成环境污染，同时将汽油箱的汽油蒸气进行收集后，适时地送入进气歧管，与空气混合后进入发动机燃烧，使汽油得到充分利用，提高了汽油发动机的经济性。

2. 构成和工作原理

燃油蒸气回收系统主要由油箱、活性炭罐、炭罐电磁阀及油气管路等部件构成，如图 4—2—4 所示。

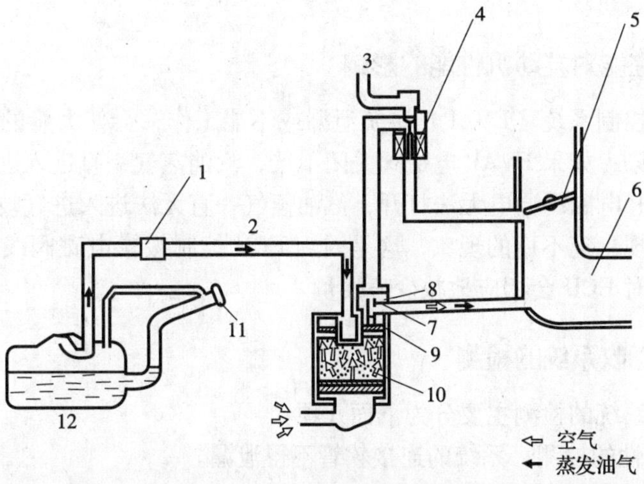

图 4—2—4　燃油蒸气回收系统的构成

1—燃油止回阀　2—蒸气通气管路　3—接缓冲器　4—电磁阀　5—节气门　6—进气歧管　7—主节气门室　8—排放控制阀　9—定量排放小孔　10—活性炭罐　11—油箱盖释放阀　12—油箱

提示：现代电控发动机配备燃油蒸气回收系统是有效降低污染的重要手段，燃油箱上一般至少都有三根管路，分别是出油管、回油管、炭罐回收管路。

在装有燃油蒸气排放系统的汽车上，油箱盖上只有空气阀，而不设蒸气放出阀。在活性炭罐与油箱之间设有排气管和单向阀，当汽油箱内的汽油蒸气超过一定压力时，顶开单向阀经排气管进入活性炭罐，活性炭罐内的活性炭将汽油蒸气吸附在炭罐内。发动机工作时，ECU 根据发动机转速、温度、空气流量等信号，控制炭罐电磁阀的开闭来控制真空控制阀上部的真空度，从而控制真空控制阀的开度。当真空控制阀打开时，燃油蒸气通过真空控制阀被吸入进气歧管。活性炭罐下方设有进气滤芯并与大气相通，使部分清洁空气与活性炭罐内的燃油蒸气一起被吸入进气管，从而防止混合气变浓。

在部分电控 EVAP 控制系统中，活性炭罐上不设真空控制阀，而将受 ECU 控制的炭罐电磁阀直接装在活性炭罐与进气管之间的吸气管中，ECU 根据空气流量计、冷却液温度传感器和进气温度传感器等信号控制炭罐电磁阀通电或断电，炭罐电磁阀直接控制活性炭罐与进气管之间的吸气通道。当发动机怠速（进气量较少）或温度较低时，ECU 使炭罐电磁阀断电，关闭吸气通道，活性炭罐内的燃油蒸气不能被吸入进气管。

通常，在发动机温度低于正常值、发动机停机或怠速运转时，在 ECU 的控制下，炭罐电磁阀线圈不通电，电磁阀的阀门处于关闭状态，此时，汽油箱中的汽油蒸气被活性炭罐吸收并临时储存。当发动机温度达正常值或中、高速运转时，ECU 控制炭罐电磁阀线圈电路接通，电磁阀的阀门开启，储存在活性炭罐内的汽油蒸气经软管被吸入发动机燃烧。此时，由于发动机的进气量较大，少量的汽油蒸气进入发动机不会影响混合气的浓度。

四、燃油蒸气回收系统检修

1. 系统工作性能对发动机性能的影响

如果炭罐清洗控制系统（EVAP）系统泄漏或不能工作，会使大量的汽油蒸气挥发至大气中而造成环境污染；如果 EVAP 电磁阀关闭不严，汽油蒸气一直进入进气歧管，将造成混合气浓；如果 EVAP 电磁阀通电无法打开，汽油蒸气一直无法进入进气歧管，将造成混合气稀，发动机也会出现怠速不稳的现象，这是因为 ECU 控制炭罐电磁阀线圈电路接通，电磁阀的阀门开启的同时 ECU 会相应地减少喷油量。

2. 燃油蒸气回收系统的检测

燃油蒸气回收系统的检测主要分为下面几项：

（1）管路密封性的检测：系统的连接软管不得泄漏。

（2）活性炭罐的检测：活性炭罐不得有泄漏，各条管路不得阻塞，可通过向一个管路吹入压缩空气的方法检查，如图 4—2—5 所示。

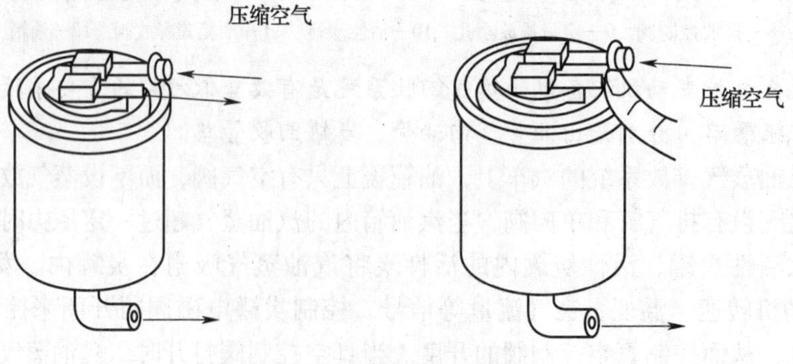

图 4—2—5　活性炭罐的检查

（3）活性炭罐电磁阀波形的检测：利用汽车专用示波器对炭罐电磁阀检测，炭罐电磁阀的正常波形，如图 4—2—6 所示。

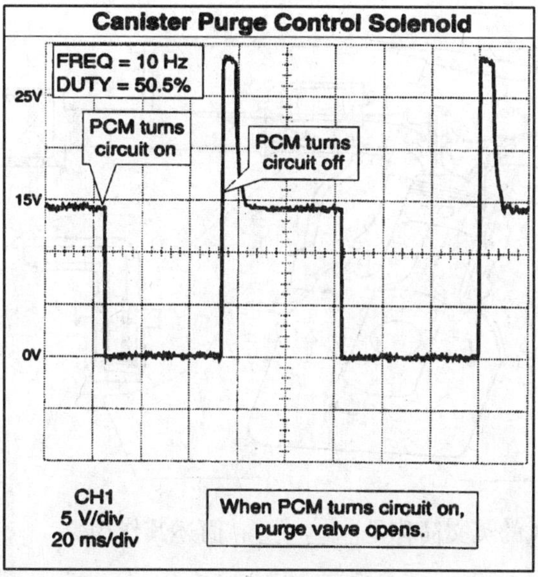

图 4—2—6　炭罐电磁阀的正常波形

任务实施

根据教材，小组合作完成下列问题。

1. 写出下列部件的名称与作用

名称：________________　名称：________________

作用：________________　作用：________________

2. 写出下列箭头处部件名称

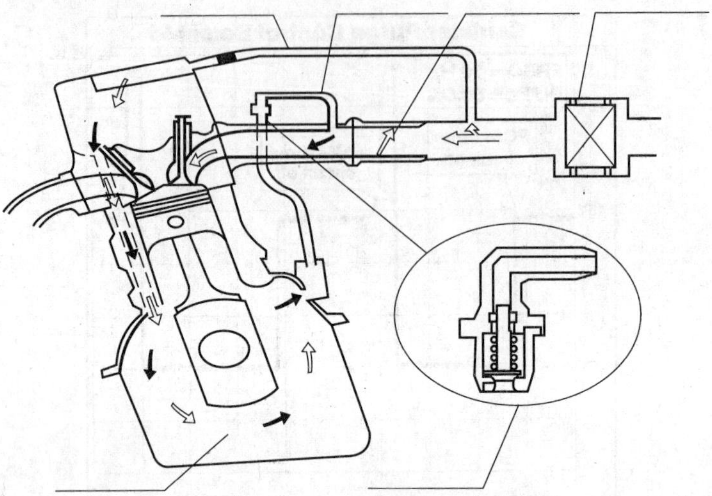

3. 曲轴箱强制通风的英文简称是________，简述其作用。

____。

4. 曲轴箱强制通风装置的常见故障有哪些？应如何处理？

____。

____。

____。

活性炭罐检修操作任务实施规范

1. 找到实训发动机的 EVAP 炭罐，是否存在？

是/否

2. 如果从 EVAP 炭罐的 A 口吹入空气，应该有任何泄漏吗？

是/否

3. 为了使气流通过 B 口，应在哪个口施加真空？

____口

4. 已经在正确的口施加真空，应在哪个口吹入空气使空气从 B 口流出？

____口

5. 检查 EVAP 炭罐。检查结果是否在维修手册技术范围内？

是/否

6. 如果不在维修手册技术范围内，应将其更换。

7. 找到实训发动机的 EVAP 电磁阀，是否存在？

是/否

8. 检测 EVAP 电磁阀电阻，正常读数是________ Ω。

9. 找到实训发动机的 PCV 阀，是否存在？

是/否

10. 按照维修手册的说明检查 PCV 系统的工作情况。

11. PCV 阀的检查结果是否在维修手册技术参数范围内?

是/否

教师检查签名

回顾该工作页的目标，如果你对目标中的哪一部分还不清楚，要请教教师。如果认为已经达到了该工作页的目标，则请教师检查你的工作，并在该工作页上签字。

教师签名____________________

任务总结

一、任务评价

对本学习任务进行评价，见表 4—2—2。

表 4—2—2　　评分表

考核项目	评分标准	分数	学生自评	小组互评	教师评价	小计
团队合作	是否和谐	5				
活动参与	是否积极主动	5				
安全生产	有无安全隐患	10				
现场 5S	是否做到	5				
任务方案	是否正确、合理	20				
操作过程	1. PCV 阀检查 2. EVAP 电磁阀电阻测量 3. 活性炭罐检查	30				
任务完成情况	是否圆满完成	5				
工具、设备使用	是否规范、标准	10				
劳动纪律	是否严格遵守	5				
工作任务单填写	是否完整、规范	5				
总分		100				
教师签名			年　月　日		得分	

二、理论知识检验

1. 下列说法正确的是（　　）。

A. PCV 系统是导致润滑油变质、燃油消耗过多的主要原因
B. PCV 管路破裂会导致混合气变浓
C. 曲轴油封漏油可能原因是 PCV 阀堵塞
D. 以上都正确
2. 下列说法正确的是（　　）。
A. EVAP 电磁阀关闭不严导致混合气浓
B. EVAP 电磁阀一直处于打开位置导致混合气稀
C. EVAP 系统对发动机影响不大
D. 以上都不正确
3. 燃油蒸气回收系统主要由（　　）等部件构成。
A. 活性炭罐　　　　B. 活性炭罐电磁阀
C. 进气压力传感器　　　　D. 氧传感器
4. 下列说法正确的是（　　）。
A. 由于三元催化的作用，三元催化后面的氧传感器信号电压变化较大
B. 三元催化器后面的氧传感器检测混合气
C. 缺缸对三元催化器没有影响
D. 以上都不正确

任务 4.3　氧传感器与三元催化器检修

任务目标

1. 能描述发动机的开环与闭环控制。
2. 能描述氧传感器对喷油的修正控制过程。
3. 能检修氧传感器故障。
4. 能检修三元催化器堵塞故障。

任务描述

一辆别克君威轿车，行驶里程为 140 000 km，近日出现加速无力故障，经 4S 店专业维修人员诊断，读取故障码显示“氧传感器信号电压太低”。请问：如果你作为一名专业的维修人员，你准备如何进行检查与维修？请制定一份维修方案并按作业规范实施检修作业。

任务内容

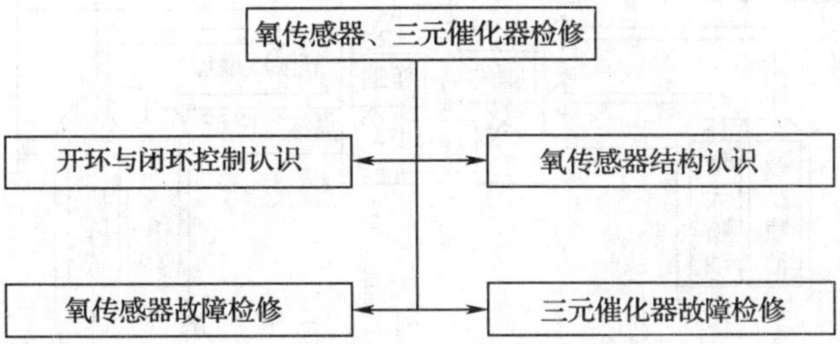

任务准备

一、发动机开环与闭环控制

1. 闭环控制的目的

闭环控制的目的主要是保证三元催化器长时间可靠工作，汽车安装三元催化转换器的主要目的就是减少排气中 CO、HC 的含量。为了使三元催化转换器能够长时间可靠地工作，就要提高空燃比的配制精度，将实际空燃比尽可能地控制在理论空燃比（14.7∶1）附近。三元催化器最佳工作区如图 4—3—1 所示。但是只用空气流量传感器（MAF）测得的进气量信号来确定喷油脉冲宽度达不到这么高的控制精度，因此，必须借助安装在排气管上、能随时监测发动机混合气燃烧质量的氧传感器（O2S）送来的反馈信号，对实际空燃比进行反馈控制，即闭环控制。

2. 氧传感器闭环工作过程

根据氧传感器（O2S）的输出特性，氧传感器输出电压信号在混合气空燃比为 14.7∶1 的时候会发生跃变。在闭环控制过程中，当实际空燃比比理论空燃比小，即混合气比较浓的时候，氧传感器向 ECU 输入高电压信号（0.45～0.9 V），此时 ECU 将减小喷油脉冲宽度，使空燃比增大；当空燃比增大到比理论空燃比大时，氧传感器输出电压信号将突降至 0.45 V 以下，此信号输入 ECU 后，ECU 立即控制增加喷油脉冲宽度，空燃比又开始减小。只要空燃比刚减到理论空燃比以下时，氧传感器输出电压信号又突变，上升至 0.45 V 以上，反馈给

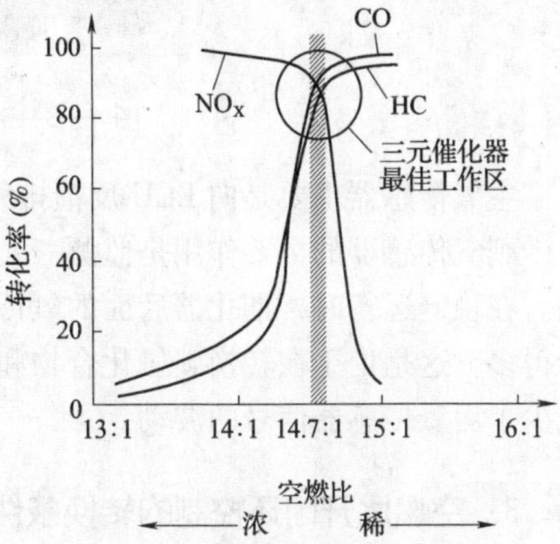

图 4—3—1　三元催化器最佳工作区

ECU 后，ECU 又将控制减小喷油量。通过这种反馈控制，就可以将空燃比精确地控制在理论空燃比 14.7∶1 附近一个极小的范围内。闭环控制的工作过程如图 4—3—2 所示。

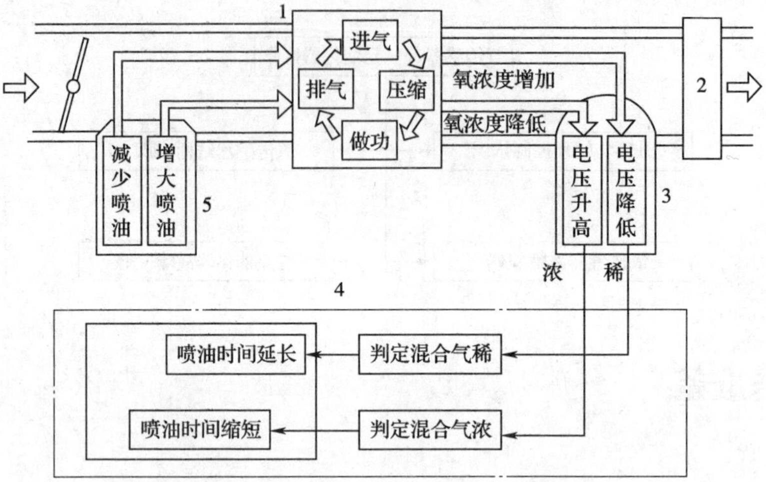

图 4—3—2　闭环控制的工作过程

1—发动机工作情况　2—三元催化器　3—氧传感器　4—ECU

在 OBD—Ⅱ中，为了监测三元催化转换器的转化效率，一般在三元催化转换器的前后各装一个氧传感器，如图 4—3—3 所示。装在三元催化器前端的称为主氧传感器（或上游氧传感器），装在三元催化器后端的称为副氧传感器（或下游氧传感器）。

图 4—3—3　主、副氧传感器安装位置

主氧传感器主要是向 ECU 反馈排气中的氧含量，以实现上述空燃比的闭环控制。

副氧传感器的主要作用是监测三元催化转换器的转化效率，在自诊断系统中起着重要作用。在稳定运行时，催化器后面的氧传感器应比催化器前的氧传感器的信号波动幅度、频率少得多，这是由于在转换碳氢化合物和一氧化碳时，正常运行的催化器消耗一部分氧，这就减少了后氧传感器信号的波动。

3. 空燃比开闭环控制的转换条件

采用氧传感器的信号进行空燃比反馈控制（即闭环控制）期间，原则上供给的混合气浓度是在理论空燃比14.7:1附近，但在有些条件下是无法进行闭环控制的，只能采用开环控制。当满足以下6种情况之一时，应进行开环控制。即ECU不采纳氧传感器的信号，而只是根据各种运行模式下传感器监测到的信号确定一个喷油脉冲宽度，不监测最终的混合气浓度。

（1）发动机起动时以及刚起动后暖机运转时。由于发动机冷却液温度低，燃油的雾化能力差，这时需要较浓的混合气，如按反馈控制供给的混合气在理论空燃比附近，发动机可能会因为混合气过稀而造成熄火。

（2）发动机在大负荷、高转速运转时。由于追求的是发动机的动力性，也需要较浓的混合气，如按反馈控制供给的混合气也在理论空燃比附近，则无法加浓混合气而造成发动机动力不足。

（3）加、减速燃油喷射脉冲宽度修正时或燃油供应中断时。

（4）从氧传感器送来的空燃比过稀信号持续时间大于规定值10 s以上时。

（5）从氧传感器送来的空燃比过浓信号持续时间大于规定值4 s以上及氧传感器故障时。

（6）氧传感器温度在300℃以下时。

提示：现代电控发动机可靠的闭环控制是保证三元催化器使用寿命，有效降低排气污染，节约发动机燃油消耗的最佳方法，但同时对燃油的要求也较高。

二、氧传感器结构与原理

1. 氧传感器的作用

氧传感器是用来检测排气管排出废气中氧的浓度，并将氧浓度信号转变成电信号输送给ECU，作为判定混合气浓度并对混合气浓度进行修正的重要参考信号。为充分发挥三元催化器的净化特性，需要把空燃比控制在理论空燃比附近的狭窄范围内，所以要由氧传感器检测混合气浓度信号并发送到ECU。氧传感器的外形如图4—3—4所示。

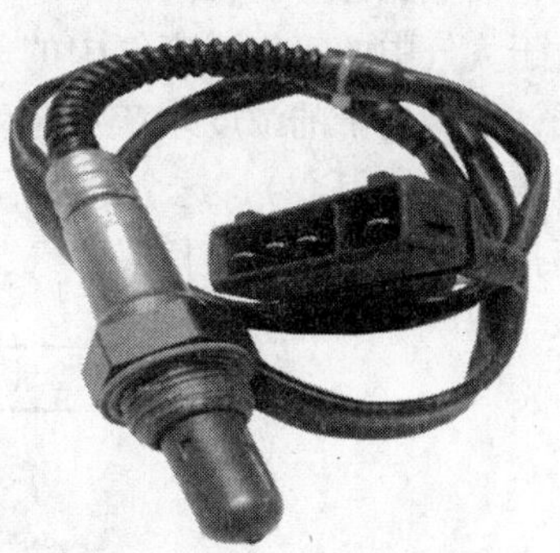

图4—3—4　氧传感器的外形

2. 氧传感器的分类

根据氧传感器所采用的材料和工作原理不同，氧传感器可以分为氧化锆式和氧化钛式氧传感器。

根据氧传感器是否需要加热，可将氧传感器分为加热式和不加热式。二氧化钛氧传感器为加热式，氧化锆氧传感器有加热式，也有不加热式。

3. 氧传感器的结构

氧化锆氧传感器结构如图4—3—5所示。氧化锆氧传感器是利用氧化锆高温时内外两侧氧浓度差，使其产生电动势的特性来测量废气中氧的浓度。二氧化钛氧传感器是利用二氧化钛周围氧气分压的不同而进行氧化或还原反应，从而使电阻发生变化的原理来测量废气中氧的浓度。在排气管中氧气浓度发生变化的时候，氧传感器的电阻将发生变化，ECU 根据传感器两端的电压降来判定混合气的浓度，进而对混合气的浓度进行适当的调整。

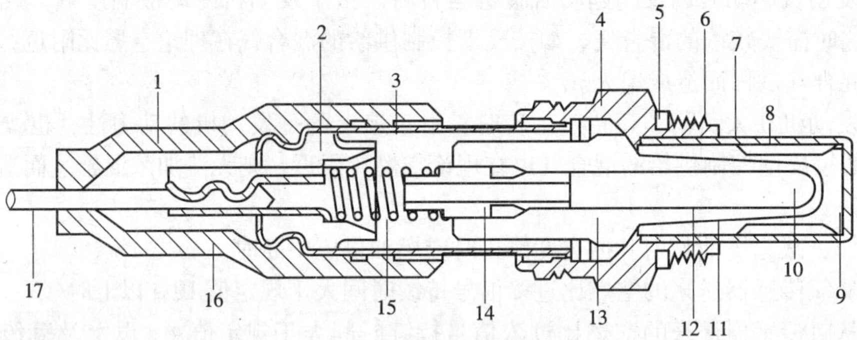

图 4—3—5　氧化锆氧传感器结构

1—保护盖　2—陶瓷绝缘体　3—进气孔　4—外壳　5—垫片　6—安装螺纹　7—保护管　8—进排气　9—排气侧　10—空气侧　11—外导电层　12—内导电层　13—陶瓷传感器体　14—接触衬套　15—接触簧　16—线夹套　17—连接电缆

4. 氧化锆式氧传感器的工作原理

基本工作原理：在一定条件下（高温和铂催化），利用氧化锆内外两侧的氧浓度差，产生电位差，且浓度差越大，电位差越大。大气中氧的含量为 21%，浓混合气燃烧后的废气实际上不含氧，稀混合气燃烧后生成的废气或因缺火产生的废气中含有较多的氧，但仍比大气中的氧少得多。在高温及铂的催化下，带负电的氧离子吸附在氧化锆套管的内外表面上。由于大气中的氧气比废气中的氧气多，套管上与大气相通一侧比废气一侧吸附更多的负离子，两侧离子的浓度差产生电动势。当套管废气一侧的氧浓度低时，在电极之间产生一个高电压（0.6 ~ 1 V），这个电压信号被送到 ECU 放大处理，ECU 把高电压信号看作浓混合气，而把低电压信号看作稀混合气。氧传感器的工作原理如图 4—3—6 所示。

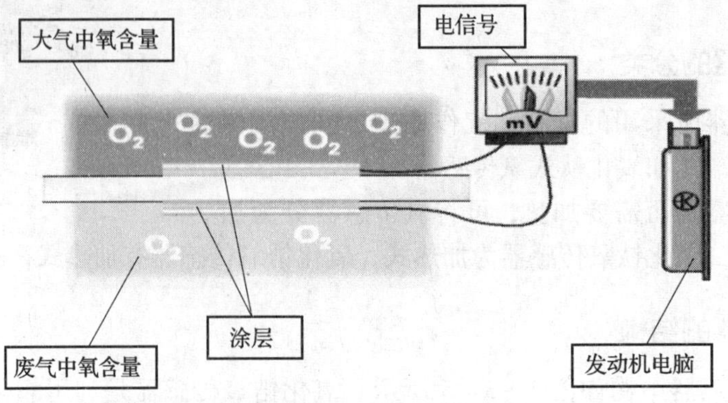

图 4—3—6　氧传感器的工作原理

三、氧传感器故障检修

氧传感器性能的检查分为四种情况：一是检测氧传感器电路；二是检测传感器电阻；三是测量氧传感器电压输出信号的变化；四是观察氧传感器外观的颜色。

1. 氧传感器电路检修

加热式氧传感器工作温度需要300℃以上，为了使其尽快参与工作，所以要对其加热。氧传感器电路一般有4根引线，其中两根为信号线，另外两根为加热线，如图4—3—7所示；而不加热式氧传感器一般为单线式，即只有一根信号线。

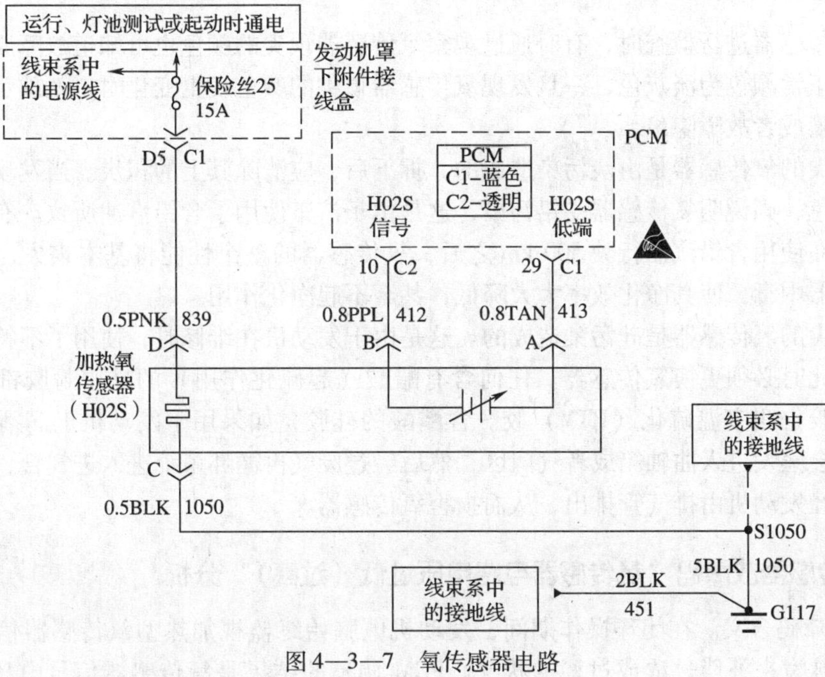

图4—3—7　氧传感器电路

2. 氧传感器的输出信号检修

一个功能正常的氧传感器应该能够完成以下三个基本工作：首先，当发动机在浓混合气状态下运行时，其输出电压至少应达到0.8 V；其次，当发动机在稀混合气状态下运行时，其电压应下降到0.2 V；最后，其输出电压应该每秒钟1～5次在高/低值之间变化。

通常，氧传感器正常时电压在0.2～0.8 V间跳动。如果在0.1～0.9 V间跳动，可能是气缸内积炭过多。如果固定在0.2 V，喷一点化油剂清洗剂，此时，若信号电压升至0.7～0.9 V，说明氧传感器是好的，是混合气过稀。

氧传感器电压输出信号的检测：装好氧传感器的导线连接器后，从信号端子引出一根导线，起动发动机，使发动机达到正常工作温度，并维持发动机怠速运转。此时，用电压表检测氧传感器信号端子的输出电压。当拔掉某个气缸的高压分火线（断火），排气中的含氧量将上升，如果电压表指示的电压有所降低，说明传感器性能良好（氧传感器输出电压一般在0.2~0.9 V之间，其变化范围在0.5 V左右）。

测试时应注意：不能短路传感器接线柱，正、负接头不能弄错，电压表负极表笔接蓄电池负极，正极表笔接传感器信号线。

3. 氧传感器加热电阻检测

当发动机温度达到正常后，拔下氧传感器的导线连接器，用欧姆表检测氧传感器加热线圈端子之间的电阻值，电阻值应符合具体车型标准值的要求（一般为4~40 Ω），如电阻值不符合要求，则应更换氧传感器。

4. 氧传感器外观检查

在对氧传感器进行检查时，有时通过观察氧传感器顶尖的颜色也可知道故障原因。氧传感器顶尖的正常颜色为淡灰色，一旦发现氧传感器顶尖的颜色发生变化时，就预示着氧传感器存在着故障或者故障隐患。

黑色顶尖的氧传感器是由炭污染造成的，拆下后，应清除其上的积炭。当发现氧传感器顶尖为红棕色，则说明氧传感器受铅污染，这是由于汽车使用了含铅汽油所致。有研究资料表明，汽车在使用含铅汽油行驶500 km之后，氧传感器的整个性能将基本丧失，从而使三元催化转换器中毒，使其净化效率大大降低，甚至不起净化作用。

白色顶尖的氧传感器是硅污染造成的。这是由于发动机在维修时，使用了不符合要求的硅密封胶，此时必须更换氧传感器。任何含有醋酸（起硫化作用）的硅密封胶都会损害氧传感器。硅胶也叫室温硫化（RTV）胶。含醋酸的硅胶，如果用于发动机上润滑油流动的部位，醋酸会蒸发进入曲轴箱或者气门区，然后经过废气再循环系统进入进气管，在正常工况下，就会经发动机由排气管排出，从而损害氧传感器。

5. 氧传感器故障码“氧传感器电路电压过低（过高）”分析

（1）故障码含义。在闭环操作期间，发动机电脑始终监视加热型氧传感器信号，通过增减喷油器脉宽来补偿过浓或过稀的状况。PCM 调整的结果是氧传感器信号电压在0.1~0.9 V之间波动。如果发动机电脑检测到氧传感器电压过低（过高）并保持相当长的一段时间，将设置故障码氧传感器电路电压过低（过高）。

（2）诊断。检查燃油压力是否太低，造成混合气变稀，氧传感器信号电压降低。

检查喷油器是否堵塞。

检查真空软管是否断开或损坏，如进气歧管、节气门体、废气再循环系统和曲轴箱通风系统真空管是否泄漏。

检查排气是否泄漏，引起外部空气被吸入，使混合气变稀。

空气流量（MAF）传感器是否不良，可断开 MAF 传感器，如果过稀状况得到校正，说明 MAF 信号不良。

检查燃油是否污染，如燃油中有少量的水及酒精都会导致燃油混合气变稀。

若以上检查均正常，更换氧传感器。

四、三元催化器检修

1. 三元催化器的作用

三元催化器安装在排气管上，安装位置如图4—3—8所示。其功能是利用转化器中的三元催化剂的作用，将发动机排出废气中的有害气体如碳氢化合物（HC）、一氧化碳（CO）、氮氧化合物（NO_X）转变为无害的二氧化碳（CO_2）、水（H_2O）及氮气（N_2）。

2. 三元催化器的结构与工作原理

三元催化器结构如图4—3—9所示，在车上安装时要注意隔热板与隔热罩的安装。三元催化器一般由壳体、减振层、载体和催化剂涂层几部分组成。催化转化器壳体由不锈钢材料制成，以防氧化皮脱落造成载体堵塞。载体一般由氧化铝制成，是承载催化剂的一种支撑体。催化剂又称为触媒，常用贵重金属如铂、钯、铑制成，可以促进废气中CO、HC氧化反应及NO_X还原反应的速度，而其本身不被消耗和改变。根据催化剂载体的结构特点，三元催化器可分为颗粒型和蜂巢型两种类型，前者将催化剂沉积在颗粒状氧化铝载体表面，后者将催化剂沉积在蜂巢状氧化铝载体表面，氧化铝表面有形状复杂的表层，可增大催化剂与废气的实际接触面积。当发动机排出的废气经过三元催化器时，三元催化器中的铂催化剂就会促使HC与CO氧化生成水蒸气和二氧化碳，铑催化剂会促使NO_X还原为氮气和氧气。

图4—3—8　三元催化器安装位置

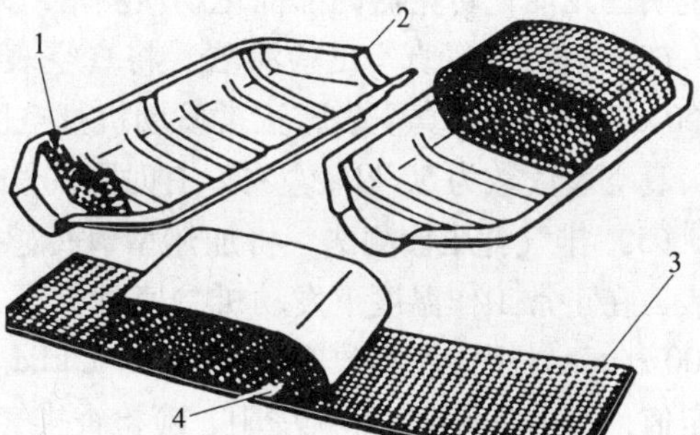

图4—3—9　三元催化器的结构

1—扩散板　2—转化器壳体　3—钢网敷层

4—由催化剂覆盖的陶瓷体

3. 影响三元催化器转换效率的因素

三元催化器的转换效率是指废气经过催化转化器后，催化剂使HC、CO和NO_X氧化还原成水蒸气、二氧化碳和氮气的程度。

三元催化器将有害气体转变成无害气体的效率受诸多因素的影响，其中影响最大的是混合气的浓度和排气温度。

在标准的理论空燃比 14.7 附近，对废气中三种有害气体（HC、CO、NO_X）的转换效率均比较高。混合气体过浓或过稀时，都将使三元催化转化器的转换效率降低。在发动机工作中，为将实际空燃比精确控制在标准的理论空燃比附近，在装用三元催化转化装置的汽车上，一般在三元催化器与发动机之间的排气管或排气歧管上都装有氧气传感器，用来检测废气中的氧浓度，氧传感器信号输送给 ECU，ECU 根据此信号对喷油器的喷油量进行修正，使实际的空燃比更接近理论空燃比，即电控燃油喷射系统的闭环控制。在此发动机上，三元催化转化器的后面还装有一个氧传感器，用来监测三元催化转化器的转换效率。

此外，发动机的排气温度过高（815℃以上）时，三元催化转化器的转换效率明显下降。有些三元催化转换装置中装有排气温度报警装置，当 ECU 收到排气温度传感器高温信号后，发出报警信号，当报警装置发出报警信号时，应停机熄火，查明排气温度过高的原因，予以排除。在使用中，排气温度过高一般是由于发动机长时间在大负荷下工作或因故障而燃烧不完全所致。

另外，铅和硫等元素对催化转化器会造成不利的影响，因为铅和硫等会与催化剂作用形成新的结晶体结构沉积在催化剂上面，从而破坏催化剂的表面活性，这就是所谓的催化剂中毒，是影响催化转化器寿命最为严重的物理现象。因此，使用催化转化器的前提是汽油的无铅化。硫主要是对稀土类催化器的寿命有比较大的影响。

4. 三元催化转化器检修

（1）敲打法。通过人工检查可以从一开始判断三元催化转化器是否有损坏。用橡皮槌轻轻敲打三元催化转化器，听有无“咔啦”声，并伴随有散碎物体落下。如果有此异响，则说明三元催化转化器内部催化物质剥落或蜂窝陶瓷载体破碎，必须更换整个转化器。

（2）进气歧管真空度检测法。将真空表接到进气歧管真空管上，让发动机缓慢加速到 2 500 r/min；观察真空表，正常发动机真空度为 60 ~ 70 kPa；若三元催化转化器或排气管堵塞，真空表读数为 50 kPa 左右，有时瞬间跌落到零。

（3）排气背压检测法。将加热型氧传感器拆下，在加热型氧传感器座孔处安装排气压力表，在正常工作温度下发动机怠速时，压力表读数应不超过 8.6 kPa，发动机转速提高至 2 000 r/min，压力表读数应不超过 20.7 kPa。如果在两种转速中的任何一种情况下压力超出规定值，那么表明排气系统受阻，应检查排气系统有无管路压扁，是否发生热变形，内部消声器是否有故障。如果没有找到排气系统压力过高的明显原因，那么可能是三元催化器受阻。

（4）红外温度计测量法。三元催化转化器在实际使用过程中，其出口管道温度比进口管道温度至少高出 40℃，在怠速时，其温度也相差 10%。但若出口与进口处的温度没有差别或出口温度低于进口温度，则说明三元催化转化器没有氧化反应，三元催化转化器已经损坏。

（5）利用氧传感器信号电压波形分析。在许多发动机燃油喷射反馈控制系统中，都安装两个氧传感器，分别装在三元催化转化器的前、后两端。这种结构在装有第二代车载诊断系统（OBD—Ⅱ）的汽车上，可以有效地检测三元催化转化器的性能。OBD—Ⅱ系统装有三元催化转化器的随车监视系统，由于三元催化转化器转化 CO 和 HC 时消耗氧气，因此三元催化转化器损坏，其转换能力基本丧失，使前、后端的氧气值接近，于是氧传感器信号的电压波形和波动范围均趋于一致，此时需要更换三元催化转化器。

任务实施

根据教材，小组合作完成下列问题。

写出下列箭头处部件名称

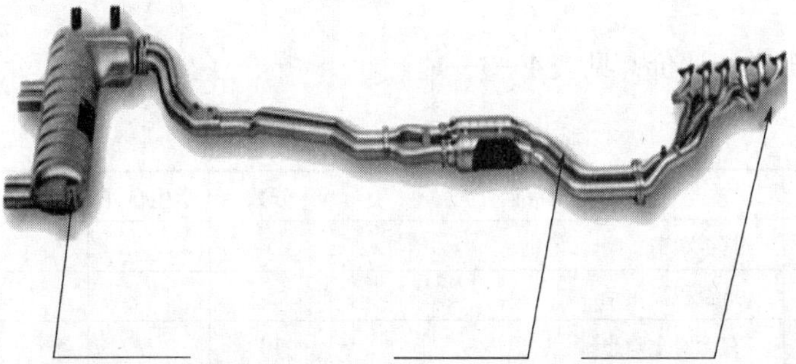

______　　______　　______

氧传感器检修操作任务实施规范

1. 找到实训发动机的氧传感器，有________个。
2. 找到实训发动机的三元催化器，是否存在？

是/否

3. 检测氧传感器加热线圈的电阻，是否断开氧传感器插头？

是/否

4. 检测氧传感器加热线圈的电阻是____________________ Ω。
5. 打开点火开关，检测氧传感器线束插头，是否有 12 V 加热电源？

是/否

6. 如果没有 12 V 电源，检测哪里？

____

7. 连接氧传感器插头，起动发动机，检测前氧传感器信号电压是________ V。
8. 加油门，电压是否变化？

是/否

9. 连接氧传感器插头，起动发动机，检测后氧传感器信号电压是________ V。
10. 急加油门，电压是否变化？

是/否

11. 断开空气流量计或进气压力传感器插头，前氧传感器电压如何变化？

____

教师检查签名

回顾该工作页的目标，如果你对目标中的哪一部分还不清楚，要请教教师。如果认为已经达到了该工作页的目标，则请教师检查你的工作，并在该工作页上签字。

教师签名__________________

任务总结

一、任务评价

对本学习任务进行评价，见表4—3—1。

表4—3—1　　评分表

考核项目	评分标准	分数	学生自评	小组互评	教师评价	小计
团队合作	是否和谐	5				
活动参与	是否积极主动	5				
安全生产	有无安全隐患	10				
现场5S	是否做到	5				
任务方案	是否正确、合理	20				
操作过程	1. 氧传感器电路检查 2. 氧传感器信号电压测量 3. 氧传感器加热电阻测量	30				
任务完成情况	是否圆满完成	5				
工具、设备使用	是否规范、标准	10				
劳动纪律	是否严格遵守	5				
工作任务单填写	是否完整、规范	5				
总分		100				
教师签名			年　月　日		得分	

二、理论知识检验

1. 下列说法正确的是（　　）。

A. 只要发动机着车之后，发动机即进入闭环控制

B. 只有氧传感器参与工作，发动机才进入闭环控制

C. 只要氧传感器工作了，发动机就进入闭环控制

D. 以上都不正确

2. 下列说法正确的是（　　）。

A. 氧传感器一定是安装在排气管上　　B. 氧传感器必须要有两个

C. 三元催化前面的氧传感器才修正喷油量　　D. 以上都正确

3. 下列说法正确的是（　　）。

A. 混合气稀时，氧传感器信号电压小

B. 发动机缺火时，氧传感器信号电压变大

C. 空气流量计加热丝脏污，氧传感器信号电压变小

D. 以上都正确

4. 下列说法正确的是（　　）。

A. 电脑没有记录氧传感器故障码，证明氧传感器工作良好

B. 氧传感器故障，电脑必记录氧传感器故障码

C. 氧传感器出现故障，混合气肯定变稀

D. 以上都正确

5. 下列说法正确的是（　　）。

A. 氧传感器加热线圈断路，电脑不会记录故障码

B. 氧传感器加热线圈断路，氧传感器不会工作

C. 氧传感器产生的信号电压为交流电压

D. 以上都正确

6. 下列说法正确的是（　　）。

A. 氧传感器顶尖的正常颜色为淡灰色　　B. 黑色顶尖的氧传感器是由炭污染造成的

C. 白色顶尖的氧传感器是硅污染造成的　　D. 汽油的质量对氧传感器寿命影响很大

7. 下列说法正确的是（　　）。

A. 三元催化器堵塞，发动机难起动　　B. 三元催化器堵塞，发动机加速无力

C. 三元催化器堵塞，发动机真空度变大　　D. 以上都正确

8. 下列说法正确的是（　　）。

A. 三元催化转化器在实际使用过程中，其出口管道温度比进口管道温度至少高40℃

B. 三元催化转化器堵塞，真空表读数为50 kPa左右，有时瞬间跌落到零

C. 排气系统压力过高的原因可能是三元催化器受阻

D. 以上都正确

知识拓展

空燃比传感器

全范围空燃比传感器可检测到发动机全部工作范围的空燃比数值（11～23），反应速度也更快。通过全范围空燃比传感器检测到的实际空燃比数值，发动机电脑可快速准确调整喷油量，将实际空燃比始终精确调整在理论空燃比，从而更有效地减少废气排放。

全范围空燃比传感器是利用氧气泵原理工作的，发动机电脑通过其内部的一个稳压电路在全范围空燃比传感器空气腔侧铂电极上分别施加一个3.3 V和一个3.0 V的固定电压，如

图 4—3—10 所示。当废气中氧气浓度变化时，全范围空燃比传感器从空气腔泵出或泵入氧气，从而产生一个大小、方向均改变的泵送电流，此泵送电流输入发动机电脑内部的一个线性化检测电路，对应出同废气中氧气含量相对应的电压值。此电压值只在发动机电脑内部变化，用万用表或示波器无法测出。用万用表或示波器只能在空燃比传感器的两条信号线分别在线测量到 3.3 V 和 3.0 V 的固定电压，在全范围空燃比传感器两条信号线之间也只能测到 0.3 V 的固定不变电压。但传统氧传感器则能用万用表或示波器在氧传感器两条信号线之间测到在 0 ~1 V 之间变化的电压值。全范围空燃比传感器输出信号电流在发动机电脑内部对应出同废气中氧气含量相对应的电压值，此电压值只能用专用检测仪测出。

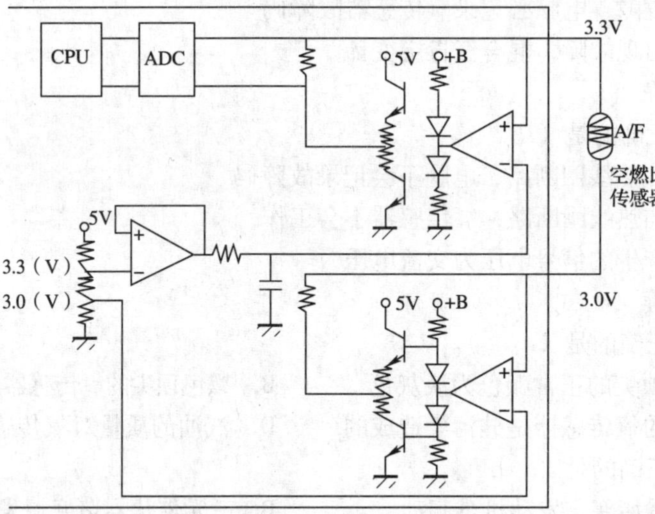

图 4—3—10　全范围空燃比传感器

当实际空燃比数值等于理论空燃比时，尾气中的氧气和未燃烧气体碳氢化合物、一氧化碳也很少，全范围空燃比传感器空气腔侧铂电极同尾气侧铂电极之间的氧化锆固态电解质中没有氧离子流，故全范围空燃比传感器在实际空燃比数值等于理论空燃比时不产生电流。因无电流输入，发动机电脑内检测电路对应出 3.3 V 电压。

当实际空燃比数值小于理论空燃比时，混合气浓，废气中氧气很少，全范围空燃比传感器参考空气腔内的氧气被空气腔侧铂电极电离后生成氧离子，生成的氧离子流过空气腔侧铂电极和尾气侧铂电极之间的氧化锆固态电解质，到达尾气侧铂电极，同穿过全范围空燃比传感器扩散阻力层到达全范围空燃比传感器尾气侧铂电极的未燃烧净的碳氢化合物和一氧化碳发生化学反应，失去电子，产生方向为负的电流。此方向为负电流输入发动机电脑后，发动机电脑内部的检测电路对应出小于 3.3 V 电压。

当实际空燃比数值大于理论空燃比时，混合气稀时，废气中氧气较多，废气中的氧气穿过扩散阻力层到达尾气侧铂电极被电离成氧离子，氧离子流过尾气侧铂电极和空气腔侧铂电极之间的氧化锆固态电解质，到达空气腔侧铂电极失去电子，产生方向为正的电流。此方向为正电流输入到发动机电脑内部的检测电路后，对应出大于 3.3 V 的电压。实际空燃比数值越小、混合气越稀，对应的全范围空燃比传感器电压值越高。实际空燃比数值越小、混合气越浓，对应出全范围空燃比传感器的电压值越低。丰田全范围空燃比传感器电压如图 4—3—11 所示。

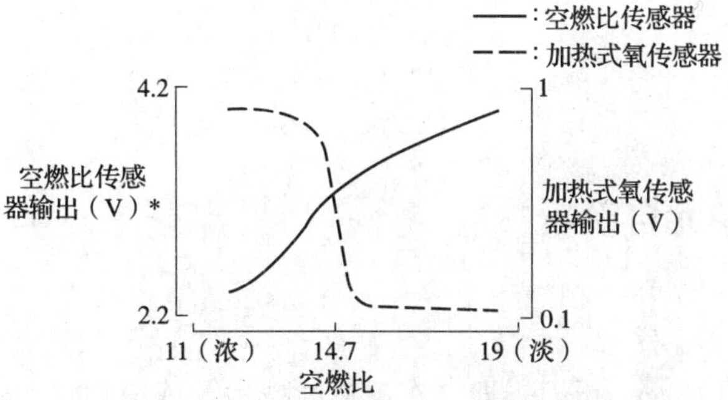

图 4—3—11　丰田全范围空燃比传感器电压

任务 4.4　排放控制车载诊断系统检修

任务目标

1. 能描述 OBD 含义。
2. 能正确读取故障码并分析故障码含义。
3. 能正确检测传感器的波形并分析波形含义。
4. 能排除发动机常见故障。

任务描述

一辆丰田威驰轿车，行驶里程为 65 000 km，现出现发动机起动时不着车故障，请你利用专用诊断仪器，读取发动机故障码，并根据故障码指引的内容进行故障的诊断与排除。

任务内容

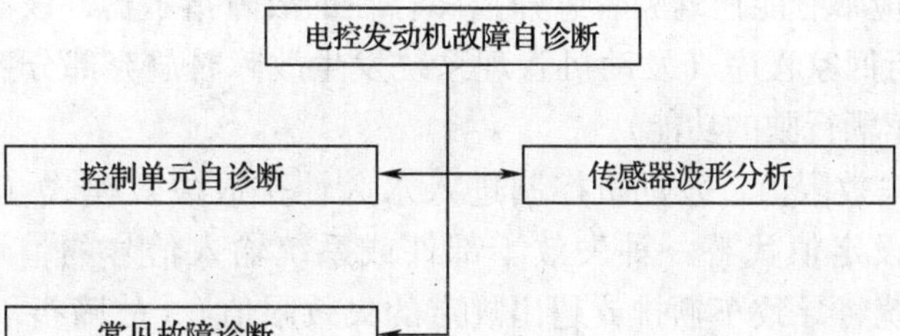

任务准备

一、发动机控制单元自诊断

1. OBD 定义

OBD（On—Board Diagnostics），即“车载诊断技术”或简称“车载诊断”。欧Ⅰ和欧Ⅱ排放法规阶段的发动机管理系统都带有车载故障诊断功能，但是在欧Ⅲ排放法规中，OBD隐含着专门用于排放控制的意思，根据定义，它是“用于排放控制的车载诊断系统”，而且必须能够通过储存在电脑存储器中的失效代码来识别故障的可能范围。

接通点火开关 ON 时，发动机故障指示灯点亮，以便系统进行自检和检查报警灯灯泡的状况。当发动机电脑检测到来自某传感器或执行器的故障信号时，将立即点亮故障指示灯，同时将故障信息以故障代码的形式存储于存储器中。在对车辆进行检修时，通过规定的方法可以读取所显示的故障代码，以帮助判明故障部位。

故障代码一旦存入存储器，即使关闭点火开关或故障已被排除，故障信息将仍然存在，直到故障已经排除并用规定方法将故障代码清除时为止。

美国加利福尼亚州率先于1994 年以立法的形式提出了利用车载诊断技术对排放控制装置实行故障监测的要求，称为 OBD—Ⅱ。内容包括：

（1）所有车辆必须装备 OBD 系统，其设计、制造和安装应能确保车辆在整个生命期内识别劣化类型和故障类型。

（2）当排放控制系统（与发动机电子管理系统以及排气系统或蒸发物控制系统中，任何与排放有关、向电子控制单元提供输入信号或从电子控制单元接收输出信号的零部件）失效导致排放超过规定的极限值（下文称为失效限值）时，OBD 系统必须指示它们的失效。

（3）汽油机 OBD 系统必须监测下列项目：三效催化转化器；发动机在一定工况区域内出现的缺火；氧传感器劣化；排放控制系统中其他一旦失效就会导致排放超过失效限值的零部件；排放控制系统中传感器和执行器电路是否接通；对于蒸发排放物控制系统中的炭罐控制阀，至少应监测其电路是否接通。

（4）每次发动机起动时，都必须开始一系列的诊断检测。

（5）OBD 系统应带有能让驾驶者感知故障存在的故障指示器，该器件只能用于指示起动了紧急程序或跛行回家程序（发动机管理系统发生故障时放弃部分控制功能，在不完备的状态下勉强维持车辆行驶的功能）。

排放一旦超过失效限值，发动机控制进入永久性排放失效模式（发动机管理控制器永久性地切换到以设定值代替一种失效零部件或系统输入信号的情形。在这种情形下，失效的零部件或系统将导致车辆排放超出规定的失效限值），故障指示器应在两个运转循环（运转循环指由发动机起动、足以检测到可能存在的故障的运转模式以及发动机关闭这三部分组成的循环）以内激活。如果制造商有充分的理由，可以放宽到十个运转循环以内激活。

当发动机缺火达到制造商指定的程度，而可能引起催化转化器损坏时，故障指示器必须以明显的警示模式工作，如灯光闪烁。

当汽车的点火开关处于接通位置，在发动机被起动或被拖转之前，故障指示器必须激活；发动机起动后，如果先前没有检测故障，故障指示器必须熄灭。

（6）OBD 系统必须记录指示排放控制系统状态的代码。使用各种专设的状态代码来标志正确工作的排放控制系统，以及那些需要进一步运转车辆才能全面地评价的排放控制系统。必须将由于劣化或故障或永久性排放失效模式引起故障指示器激活的失效代码储存起来，该失效代码必须标志故障的类型。故障指示器激活期间，车辆行驶经过的距离必须随时通过标准数据连接器的串行口读出。

（7）如果不再出现可能损坏催化转化器的缺火水平，或者如果发动机转入其缺火水平不会损坏催化转化器的其他转速和负荷条件之后继续运转，那么故障指示器可以切换回到先前检测到缺火的第一个运转循环的激活状态（该激活状态也可能是其他故障引起），并在后续的运转循环中切换到正常的被激活模式。如果故障指示器切换回到先前的激活状态，那么相应的失效代码和储存的冻结帧状况可以被擦除。对于缺火以外的所有其他故障，如果负责激活故障指示器的监测系统在三个相继的运转循环中不再检测到故障，并且没有识别到其他能独立激活故障指示器的故障，那么故障指示器可以被解除激活。

（8）如果在至少 40 个发动机暖机循环（在本指令中指充分运转车辆，使得冷却液温度从发动机起动时算起至少达到 70℃）内没有出现相同的失效，那么 OBD 系统可以擦除失效代码、行驶过的距离和冻结帧信息。

（9）OBD 系统在下列情况可以自动地临时停止工作：OBD 系统的监测能力因燃油箱液位过低而受到影响，但是只要燃油量超过燃油箱名义容量的 20%，OBD 系统就不得停止工作；发动机起动时环境温度低于 -7℃，或海拔高于 2 500 m 时，制造商可以让 OBD 系统停止工作；道路的路面情况十分恶劣；对于装有功率输出装置的车辆，允许让受到影响的监测系统停止工作，条件是当功率输出装置在工作时，监测系统才停止工作。

2. OBD 标准

（1）OBD—Ⅱ的特点。诊断座形状为 16PIN；有数值分析资料传输功能（DATA LINK CONNECTOR，DLC）；统一各车型相同故障代码及意义；具有行车记录器功能；具有重新显示记忆故障码功能；具有可由仪器直接清除故障码功能。

（2）DLC 诊断座统一标准。DLC 诊断座为国际通用 16PIN 脚，并安装在驾驶室驾驶侧仪表板下方，如图 4—4—1 所示，其端子排列如图 4—4—2 所示。DLC PIN 脚说明见表 4—4—1，诊断座资料传输线有两个标准。

1）ISO 欧洲统一标准，利用 7、15#端子。

2）SAE 美国统一标准，利用 2、10#端子。

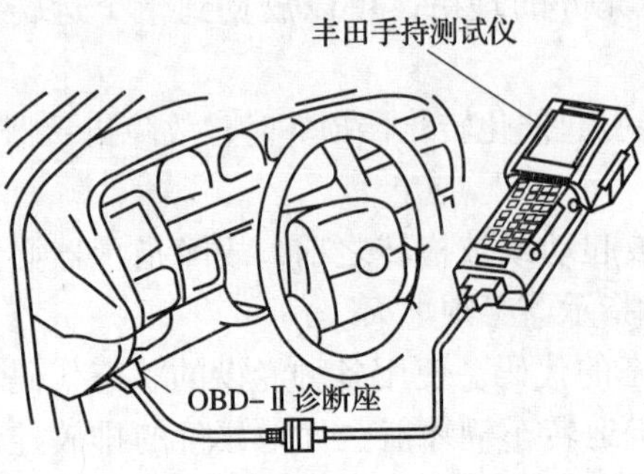

图 4—4—1　OBD—Ⅱ诊断座安装位置

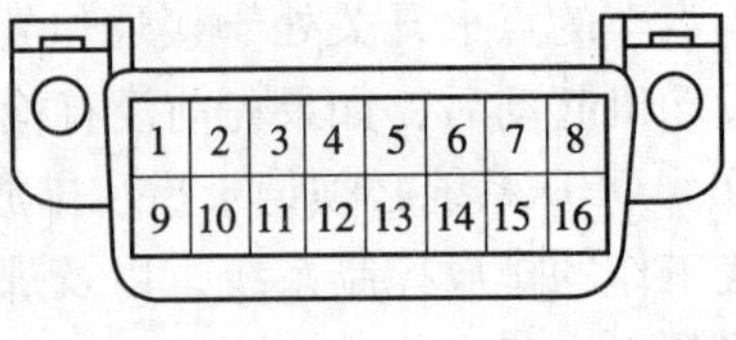

图 4—4—2　OBD—Ⅱ诊断座端子排列

表 4—4—1　**DLC PIN 脚说明**

1#	提供制造厂应用	9#	提供制造厂应用
2#	SAE J1850 所制定的资料传输线	10#	SAE 制造厂所制定的资料传输线
3#	提供制造厂应用	11#	提供制造厂应用
4#	车身搭铁	12#	提供制造厂应用
5#	信号回路搭铁	13#	提供制造厂应用
6#	提供制造厂应用	14#	提供制造厂应用
7#	ISO 所制定的资料传输线	15#	ISO 所制定的资料传输线
8#	提供制造厂应用	16#	蓄电池正极

（3）OBD 故障码标准。SAE（美国汽车工程师协会）的 OBD—Ⅱ故障码由 5 个字组合而成，第 1 个字为英文代码，第 2 个到第 5 个码为数字码。故障码前两个字分别代表下列不同定义：

P0——发动机变速箱电脑控制系统由 SAE 统一制定的故障码

P1——发动机变速箱电脑控制系统由厂商各自制定的故障码

P2——发动机变速箱电脑控制系统预留故障码

P3——发动机变速箱电脑控制系统预留故障码

C0——底盘电脑控制系统，由 SAE 统一制定的故障码

C1——底盘电脑控制系统，由各厂商各自制定的故障码

C2——底盘电脑控制系统，预留故障码

C3——底盘电脑控制系统，预留故障码

B0——车身电脑控制系统，由 SAE 统一制定的故障码

B1——车身电脑控制系统，由各厂家各自制定的故障码

B2——车身电脑控制系统，预留故障码

B3——车身电脑控制系统，预留故障码

U0——网络连接相关故障码

U1——网络连接相关故障码

U2——网络连接相关故障码

3. 故障代码的读取

如果发动机在运行中 MIL 点亮，则说明电控系统有故障，应该读取故障代码，故障代码的读取有人工读取和仪器读取两种方法。仪器读取一般只需按照固定的操作步骤指导进行，比较简单。本书重点介绍人工读取的方法。

（1）丰田车型诊断座介绍。丰田车系使用的诊断座总共有三种，即方形诊断座、圆形诊断座和 OBD—Ⅱ诊断座，诊断座的结构特点如下：

1）方形诊断座。方形诊断座安装在车辆的发动机舱中，位置如图 4—4—3 所示，方形诊断座端子排列如图 4—4—4 所示。

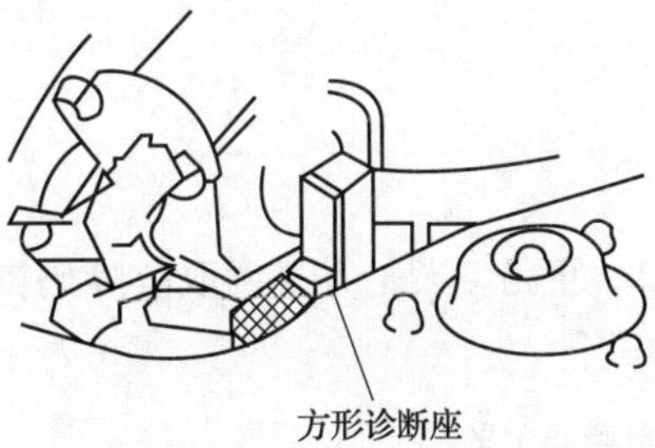

图 4—4—3　方形诊断座安装位置

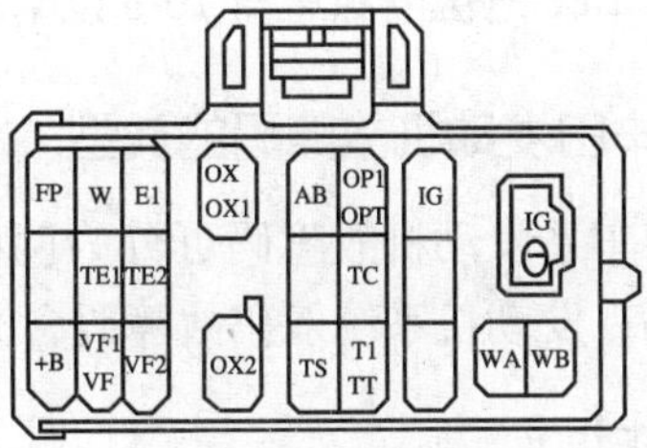

图 4—4—4　方形诊断座端子排列

2）圆形诊断座。圆形诊断座安装在仪表台左下方，位置如图 4—4—5 所示，圆形诊断座端子排列如图 4—4—6 所示。

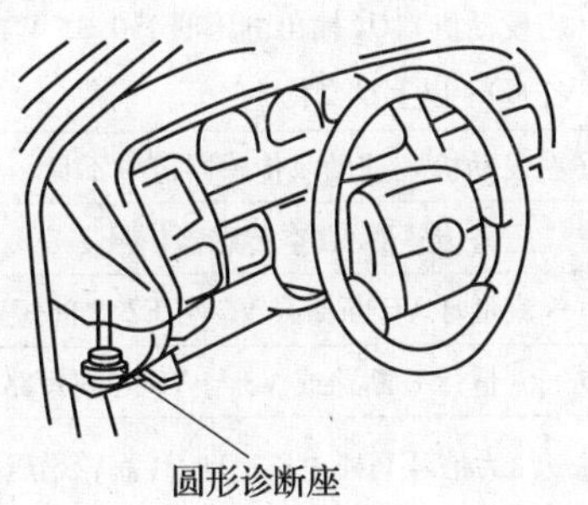

图 4—4—5　圆形诊断座安装位置

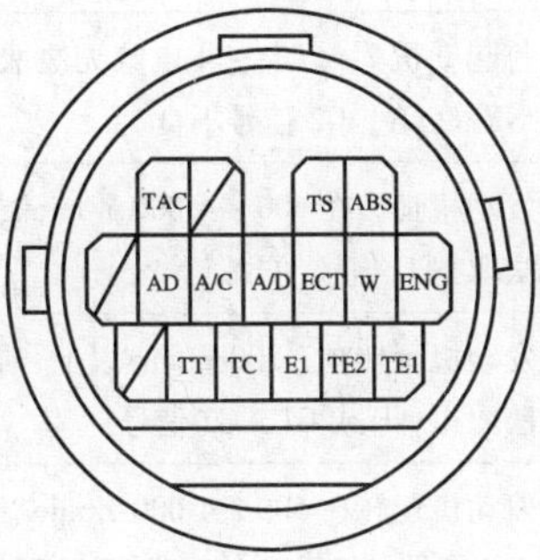

图 4—4—6　圆形诊断座端子排列

（2）发动机故障码读取与清除。人工读取故障代码的方法也有两种，具体的操作流程如下。

1）静态读取。所谓静态读取就是在打开点火开关但不起动发动机的时候读取故障代码，具体操作流程如下：确认节气门全关，变速器置于 N 挡，关闭全车电器，打开点火开关但发动机不要发动；跨接诊断座 TE1 与 E1，如图 4—4—7 所示；由仪表板直接读取［CHECK］灯闪烁故障码。

2）动态读取。所谓动态读取就是在起动发动机并且使车辆运行一段时间后读取，具体操作流程如下：先确认蓄电池电压在 12 V 以上，关闭全车电器，变速器置于 P 或 N 挡，节气门全关，点火开关 OFF；跨接诊断座中 TE2 与 E1 脚，然后打开点火开关，但不要起动发动机，此时［CHECK］灯会一直闪烁；起动发动机，并进行道路驾驶，车速应在 10 km/h 以上，并保持 TE2 与 E2 跨接状态；道路驾驶结束后，在 TE2 与 E1 仍保持跨接的状态下将 TE1 与 E1 跨接，如果系统正常，CHECK 灯会闪烁 2 次；如果系统有故障记忆，［CHECK］灯将会闪烁故障码。

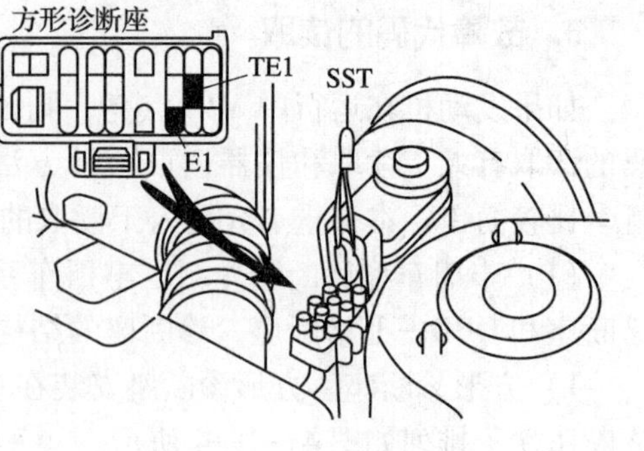

图 4—4—7　诊断座跨接

3）清除故障代码。如果要清除故障代码，只要拆下 EFI 记忆电源熔丝 10 s 以上再装回即可。

4. 丰田发动机故障码的类型

丰田车系发动机故障码可分为两种：双码和 OBD—Ⅱ码。人工方式调取故障码读取的都是双码，发动机系统双码故障码含义见表 4—4—2。

表 4—4—2　　发动机系统双码故障码含义

闪码	内容
一直闪	系统正常
11	发动机 B＋线路电源没有接入（主继电器不良）
12	打起动机 2 s 以上，主电脑无法取得 NE 信号，或 NE 的 G1，G2 信号不良
12	发动机运转在 600～4 000 r/min 之间 3 s 以上无法取得 G 信号
13	发动机运转在 1 500 r/min 以上，有 0.3 s 以上无法取得 NE 或 G1，G2 信号
13	发动机运转在 500～4 000 r/min 之间，检测 4 次 NE 信号，但无 G 信号或 STA 断路
14	点火系统 IGT 或 IGF 回路不良
15	第二组点火系统 IGT 或 IGF 回路不良
16	主电脑与 A/T 电脑连线不良
17	No. 1 凸轮传感器信号不良
18	No. 1 凸轮传感器信号不良
21	O2 输出电压低于 0.35 V 或高于 0.7 V，60 s 以上没变化
22	水温信号短路或断路超过 0.5 s 以上
24	进气温度信号短路或断路超过 0.5 s 以上
25	空燃比（混合气）过稀或漏气
26	空燃比（混合气）过浓或滴油
27	辅助氧传感器信号不良
28	（右发动机）O_2 输出电压低于 0.35 V 或高于 0.7 V，60 s 以上没变化
29	（右发动机）辅助氧传感器信号不良
31	进气压力传感器/真空传感器信号不良
31	空气流量计 VC 断路或 VC 与 E2 之间短路
32	空气流量计 E 断路或 VS 与 VS 之间短路
34	进气压力信号 PIM 电压不良。（涡轮增压太高） KEY—ON：PIM—E2：2.5～4.5 V 正常值 VC—E2：4.5～5.5 V
35	进气压力或大气压力传感器信号线路短路或断路
35	LS 400 发动机电脑内装有海拔压力传感器信号，不良时即会有 CODE 16 或 CODE 35
41	节气门位置传感器 VTA 信号断路或短路超过 0.5 s 以上
42	当车辆行驶中，发动机转速在 2 500～4 500 r/min 之间有 8 s 以上无法取得车速信号

续表

闪码	内容
43	当点火开关 ON 后再打起动机，此时，主电脑接收到转速信号在 8 000 r/min 以上，却未接收到起动信号，即设定此故障码
47	GS300 与 SC300 Lexus 车系辅助节气门位置传感器（TPS）线路断路或短路 2 与 VGA2 电压超过 1.5 V
48	真空开关电磁阀（VSV）线路断路或短路
51	取 A/C 开关没有 OFF，A/T 挡位不在 P 或 N 挡，TPS 未全开，进行故障码读取，即会出现 CODE 51，表示正常
52	左侧爆震传感器信号，当发动机转速在 1 600 ~ 6 700 r/min 之间，有输出爆震信号 6 次以上给电脑，才算正常
53	发动机转速在 0 ~ 5 200 r/min 之间运转，一直没有接收到爆震信号，表示主电脑不良
54	涡轮增压进气冷却器不良
55	右侧爆震传感器信号，当发动机转速在 1 600 ~ 6 700 r/min 之间，有输出爆震信号 6 次以上给电脑，才算正常
61	变速器内车速信号不良
62	S1 电磁阀回路不良
63	S2 电磁阀回路不良
64	SL 锁定电磁阀不良
70	废气回收（EGR）控制信号不良（回州规格）
71	当水温在 60℃ 以上，EGR 温度传感器低于 70℃，而电脑检测到 EGR 打开超过 120 s 以上
72	燃料断油控制电磁阀不良
78	发动机转数低于 100 r/min 时，汽油总泵失去电源或监控线路不良
81	发动机电脑与变速器电脑间 ECT1 电路断路
83	发动机电脑与变速器电脑间 ESA1 电路断路
84	发动机电脑与变速器电脑间 ESA2 电路断路
85	发动机电脑与变速器电脑间 ESA3 电路断路

二、汽车专用示波器

1. 汽车电子信号的五大基本类型

（1）直流（DC）信号。在汽车中产生直流（DC）信号的传感器或电源装置：蓄电池电压或控制电脑（PCM）输出的传感器参考电压。

（2）交流（AC）信号。在汽车中产生交流（DC）信号的传感器和装置：车速传感器（VSS）、防滑自动轮速传感器、磁电式曲轴转角（CKP）和凸轮轴（CMP）传感器、爆震传感器（KS）。

（3）频率调制信号。在汽车中产生可变频率信号的传感器和装置：数字式空气流量计、福特数字式进气压力传感器、光电式车速传感器（VSS）、霍尔式车速传感器（VSS）、光电式凸轮轴和曲轴转角（CKP）传感器。

（4）脉宽调制信号。在汽车中产生脉宽调制信号的电路或装置：初级点火线圈、电子点火正时电路、废气再循环控制（EGR）、净化、涡轮增压和其他控制电磁阀、喷油嘴、怠速控制电动机和电磁阀。

（5）串行数据（多路）信号。若汽车中具备自诊断能力和其他串行数据送给能力的控制模块，则串行数据是由发动机控制电脑（PCM），车身控制电脑（BCM）和防滑制动系统

（ABS）或其控制模块产生。

2. 汽车电子信号的五个判定依据

幅值、频率、占空比、脉冲宽度如图 4—4—8 所示。

（1）幅值——电子信号在一定点上的计时电压

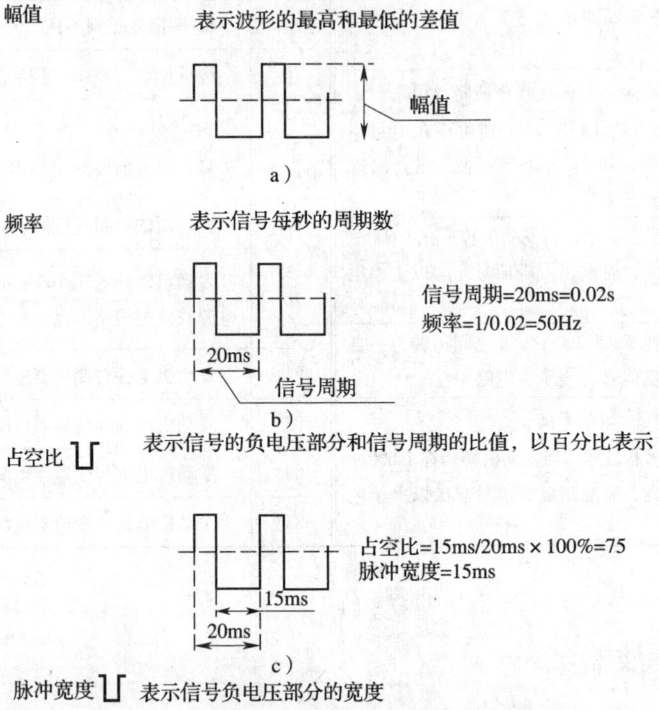

图 4—4—8　幅值、频率、占空比、脉冲宽度

（2）频率——电子信号在两个事件或循环之间的时间，一般指每秒的循环数（Hz）

（3）形状——电子信号的外形特征，它的曲线、轮廓和上升沿、下降沿等

（4）脉冲宽度——电子信号所占的时间或占空比

（5）陈列——组成专门信息信号的重复方式

3. 汽车示波器使用

（1）设置项目。为了显示一个波形，必须时要对示波器做如下设定：电压比例、时基、触发电平（也可以将触发模式置于“自动挡”）、耦合方式（AC 交流、DC 直流或 GND 接地），如图 4—4—9 所示。触发电平：示波器显示时的起始电压值；触发源：示波器的触发通道［通道（CH1）、通道（CH2）和外触发通道（EXT）］；触发沿：示波器显示时的波形上升或下降沿；电压比例：每格垂直高度代表的电压值；时基：每格水平长度代表的时间值；直流耦合：测量交流和直流信号；交流耦合：只允许信号的交流成分通过它滤掉了直流成分（电容用来过滤直流电压）；接地耦合：确认示波器显示的 0V 电压位置；自动触发：如果没有手动设定，示波器就自动触发并显示信号波形。

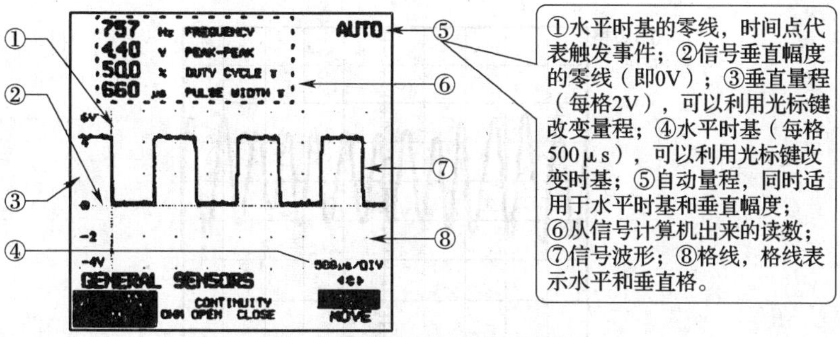

图 4—4—9　示波器设置

（2）设置要领

1）当用自动设置功能（AUTORANGE）能够看清楚显示的波形时，可以用手动设置（MANUAL）来进一步微调。

2）如果显示屏上无法捕捉到波形时，确认汽车示波器的屏幕显示并未处在冻结（HOLD）状态，若屏幕已被冻结，就按一下解除键；确认信号是否真的存在，可以用万用表先检查电压，如果确认信号是存在的，用汽车示波器和万用表不能够捕捉到，就检查测试线和接线柱的连接情况；确认耦合方式不在“接地 GND 模式”，若在“接地”模式，任何信号都无法进入；确认触发源是定义在所选择的通道上。

4. 传感器波形

（1）氧传感器波形。氧传感器电压在 0.1 ~ 1.0 V 之间变化，波形如图 4—4—10 所示。

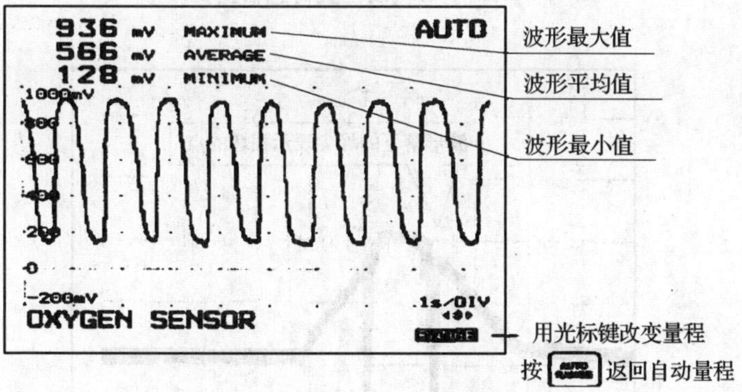

图 4—4—10　氧传感器波形

（2）爆震传感器波形。爆震传感器的峰值电压和频率随发动机转速的增加而增大，波形如图 4—4—11 所示。

（3）节气门位置传感器波形。节气门位置传感器的电压在 0.5 ~ 4.5 V 之间变化，波形如图 4—4—12 所示。如果节气门位置传感器的滑动触点接触不良，在那一瞬间没有信号电压，波形如图 4—4—13 所示。

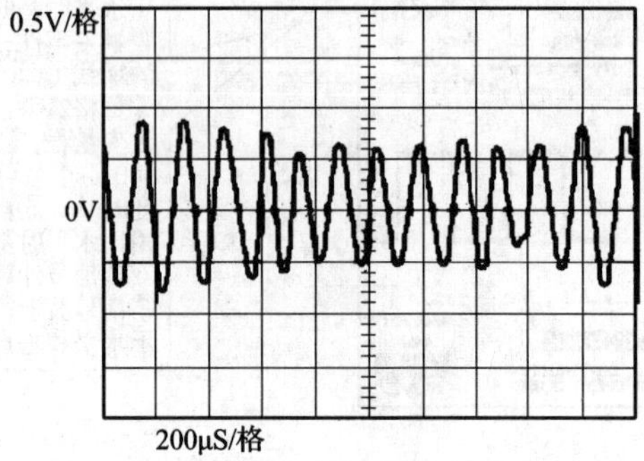

图 4—4—11　爆震传感器波形

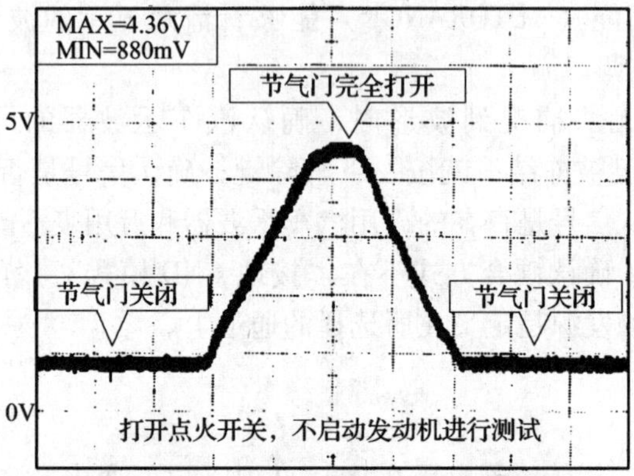

图 4—4—12　节气门位置传感器正常波形

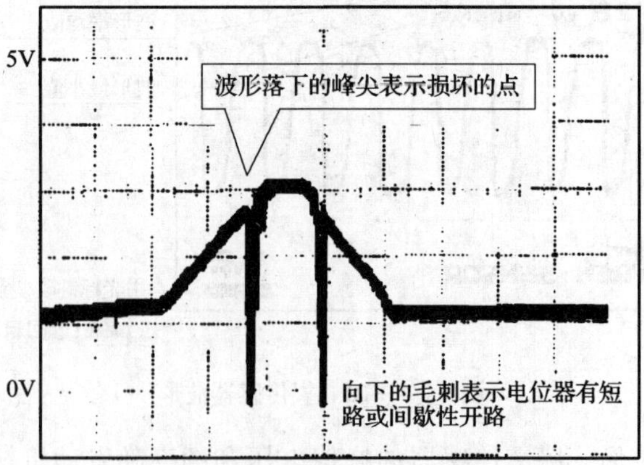

图 4—4—13　节气门位置传感器典型故障波形

（4）电磁式传感器波形。电磁式传感器产生交流信号电压，其信号电压幅值与频率随发动机转速增加而增大，如图 4—4—14 所示。

（5）霍尔式传感器波形。霍尔式传感器产生的脉冲信号如图 4—4—15 所示。

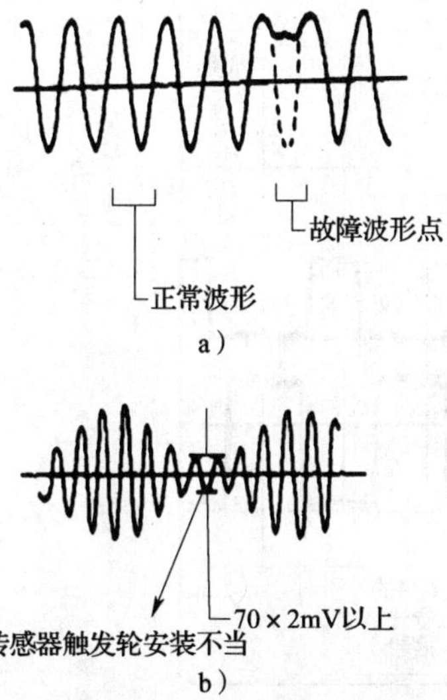

图 4—4—14 电磁式传感器波形

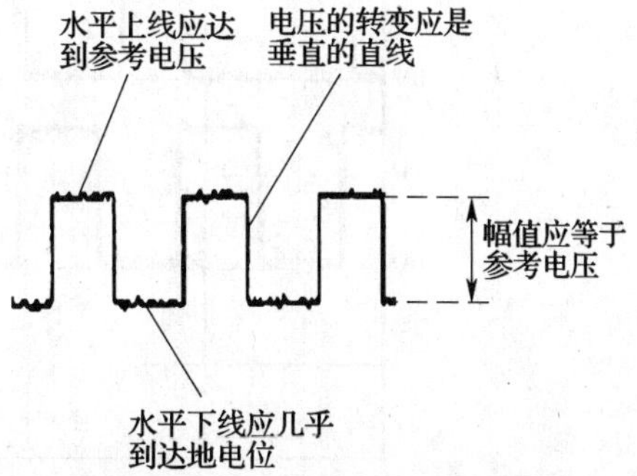

图 4—4—15 霍尔式传感器波形

（6）喷油器波形。电脑控制三极管导通的时间即喷油时间，电脑停止喷油时，喷油器线圈会产生瞬时电压，其波形如图 4—4—16 所示。

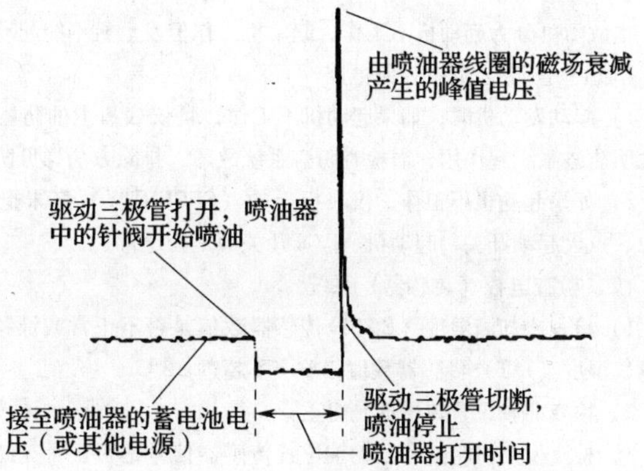

图 4—4—16 喷油器波形

（7）点火正时信号波形。发动机电脑发出的点火信号为脉冲信号，其波形如图 4—4—17 所示。

三、常见故障诊断

发动机常见故障与排除方法见表 4—4—3。

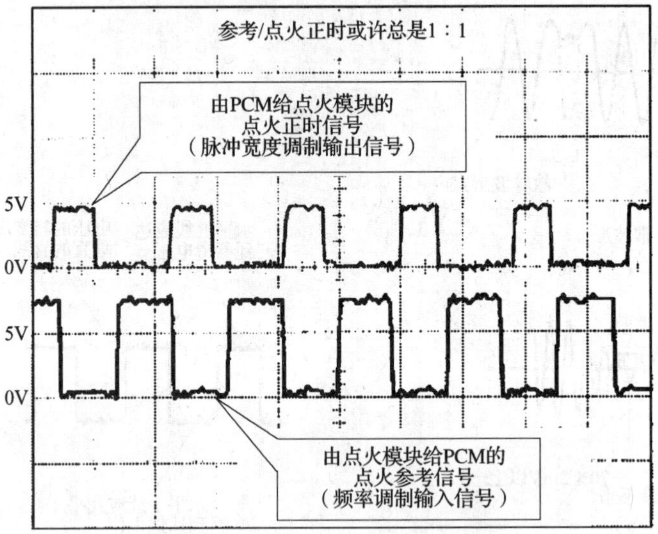

图 4—4—17　点火正时信号波形

表 4—4—3　**发动机常见故障与排除方法**

序号	故障名称	诊断与排除方法
1	发动机不能起动或起动困难	本故障可分为起动机不工作、起动机工作但发动机不能起动或起动困难两个方面 （1）检查防盗/起动控制电路 1）起动发动机时，如果起动机不工作，且仪表板上的防盗指示灯（SECURITY）亮起，说明防盗系统起作用，需检查防盗系统故障，排除方法详见防盗部分 2）如果起动机不工作，仪表板上的（SECURITY）灯未点亮，检查起动控制电路、电源、点火起动开关、起动机、P/N 开关等是否正常 （2）检查电控（传感器）系统 1）检查冷却液温度（ECT）传感器数值是否不正常或漂移，冷车起动时，ECT 温度与进气温度（IAT）传感器数值相差应不超过 ±3℃ 2）检查曲轴位置传感器是否正常 3）检查发动机转速和凸轮轴位置传感器信号是否正常。此两信号不正常时，会导致发动机起动困难，起动时间变长 4）检查空气流量（MAF）传感器是否正常，安装和连接是否正确 5）检查进气压力（MAP）传感器是否正常，真空连接软管是否断开或破裂 6）检查怠速空气控制阀（IAC）动作是否正常，是否动作发卡或滞涩 7）检查废气再循环（EGR）系统连接、密封和动作是否正常 （3）检查燃油供给系统 1）检查燃油压力是否正常 2）检查燃油泵及燃油泵控制电路是否正常 3）检查喷油器是否堵塞或线圈损坏 4）检查燃油品质是否不良 （4）检查点火系统

续表

序号	故障名称	诊断与排除方法
1	发动机不能起动或起动困难	1）检查点火系统是否有高压。拔下某缸高压线，在高压线插头端连接火花塞，火花塞螺纹端搭铁，起动发动机，看火花塞电极间是否有高压火花。注意这种检查时间不能过长，以免损坏三元催化转化器。如果没有高压火花，检查点火模块供电、点火模块。如果有高压火花，进行如下检查 2）如果只是同一线圈连接的相应两缸没有高压，更换相应的点火线圈（可以单独更换） 3）检查点火线圈、点火模块、高压线与发动机机体间是否有打火放电现象 4）检查高压点火线是否断路，根据高压线长度不同，其阻值分别在 2～4 kΩ 之间 5）检查火花塞是否有积炭、积油、电极烧损、电极间隙不正确、热型类别不正确等 （5）检查发动机机械系统 1）测量缸压是否正常 2）检查活塞、缸盖、气门组零件、凸轮轴及正时是否正确
2	动力不稳/功率波动是指在加速踏板不变的情况下，感觉车速忽高忽低	（1）检查传感器 1）检查氧传感器信号变化是否正常。氧传感器中毒失效（如硅中毒或铅中毒）会使其本身对不同的节气门位置不能做出迅速反应或信号电压不正确，造成动力系统控制模块（PCM）不正确地增大或减小喷油量 2）检查空气流量（MAF）传感器和相关连接导线 3）检查废气再循环阀（EGR）动作是否正常，阀座是否有积炭、枢轴是否发卡等 （2）检查燃油系统 1）检查燃油压力是否正常 2）检查燃油品质是否良好，燃油中是否有过多的杂质、水分或酒精等 3）检查各喷油器线束是否正确 4）检查燃油调整是否过浓，检查长期燃油调整值是否正常 5）检查燃油调整是否过稀，检查长期燃油调整值是否正常 （3）检查点火系统 1）检查线圈、点火模块是否有断裂、漏电跳火 2）检查火花塞点火高压线是否有跳火/交叉放电、断裂、孔塞护罩损坏，检查点火高压线电阻是否正常 3）检查火花塞是否有积炭、电极断裂烧损或损坏、间隙不正确、热型不正确等。如果火花塞被汽油或机油污染，在更换火花塞前应首先确定引起污染的原因 （4）检查排气管消声器或三元催化转化器是否堵塞 （5）检查变矩器或变速器
3	功率不足、加速不良	本故障是指踩下加速踏板时，发动机动力不足，提速很小或不能提速 （1）检查燃油系统 1）检查燃油压力是否正常 2）检查燃油喷油器是否脏污、发卡或堵塞，检查喷油器线圈是否损坏 3）检查燃油是否污染或含有水分、酒精等杂质 4）检查燃油调整是否过浓，检查长期燃油调整值是否正常 5）检查燃油调整是否过稀，检查长期燃油调整值是否正常 （2）检查电控（传感器）系统

续表

序号	故障名称	诊断与排除方法
3	功率不足、加速不良	1）检测爆燃延迟点火角度，如果大于12°，说明点火延迟过大，应检查爆燃传感器（KS）或线路是否正常。检查时，断开爆燃传感器并将传感器线束接地，应没有爆燃延迟点火出现；如果仍有爆燃延迟点火角出现，检查爆燃传感器线束或更换动力系统控制模块（PCM） 2）检查废气再循环阀（EGR）动作是否正常，阀座是否有积炭、枢轴是否发卡等 （3）检查点火系统 1）检查线圈、点火模块是否有断裂、漏电/跳火 2）检查火花塞点火高压线是否有跳火/交叉放电、断裂、孔塞护罩损坏，检查火花塞导线电阻是否正常 3）检查火花塞是否有积炭、电极断裂烧损或损坏、间隙不正确、热型不正确、被汽油或机油污染等 （4）检查发动机机械 1）检查缸压是否过低 2）检查活塞与缸孔是否过度磨损 3）检查进、排气门是否密封不良 4）检查排气管消声器或三元催化转化器是否堵塞 5）检查进气系统是否堵塞不畅
4	发动机爆燃	发动机爆燃是指在急加速时，随着节气门开度的增大，发动机产生尖锐的金属敲击声 （1）检查燃油系统 1）检查燃油压力是否过低 2）检查燃油调整是否过稀，检查长期燃油调整值是否正常 3）检查燃油品质是否不良，标号是否过低 （2）检查电控（传感器）系统 1）检测爆燃延迟点火角度，如果为0°，说明爆燃点火延迟不当，应检查爆燃传感器（KS）、爆燃传感器线路、动力系统控制模块（PCM）是否正常 2）检查发动机冷却液温度是否过高。冷却液温度过高会造成发动机爆燃，应排除造成温度过高的因素 3）检查废气再循环（EGR）系统是否正常，流量是否过小，是否有故障码 （3）检查冷却系统 1）检查冷却液是否不足，液面是否过低 2）检查冷却系统排气是否不净，系统有无气流堵塞 3）检查散热器是否堵塞 4）检查电动冷却风扇是否有故障不能工作 5）检查冷却液混合比是否正确或使用非指定冷却液 （4）检查发动机机械 1）检查缸压是否正常 2）用内馈镜检查燃烧室内是否有积炭，检查进气门密封面是否有机油泄漏 3）检查活塞、缸盖、凸轮轴安装是否正确

续表

序号	故障名称	诊断与排除方法
5	发动机缺火	发动机缺火是指发动机转速不稳，有持续脉动，负载增加时更加明显 （1）检查燃油系统 1）检查燃油压力 2）检查燃油喷油器是否脏污、发卡或堵塞，检查喷油器线圈是否损坏 3）检查燃油品质是否不良，是否污染或含有水分、酒精等杂质 4）检查燃油调整是否过浓，检查长期燃油调整值是否正常 5）检查燃油调整是否过稀，检查长期燃油调整值是否正常 （2）检查电控（传感器）系统 1）检查节气门体是否堵塞、积炭过多 2）检查进气系统是否有泄漏或堵塞 3）检查节气门位置（TP）传感器，是否有节气门位置传感器故障码 4）检查排气再循环（EGR）系统是否正常 5）检查曲轴位置传感器信号是否不良 6）检查凸轮轴位置传感器信号是否不良 （3）检查点火系统 1）检查线圈、点火模块是否有断裂、漏电/跳火 2）检查火花塞导线是否有跳火/交叉放电、断裂、孔塞护罩损坏，检查火花塞导线电阻是否正常，根据各缸高压线长度不同，其阻值分别在 2 ~4 kΩ 之间 3）检查火花塞是否有积炭、电极断裂烧损或损坏、间隙不正确、热型不正确等如果火花塞被汽油或机油污染，在更换火花塞前应首先确定引起污染的原因 4）检查高压点火线对参考电路是否有干扰 （4）检查发动机机械 1）检查各缸压力差是否在规定的范围内 2）检查气门是否卡滞或密封不良 3）检查配气正时 4）检查推杆是否弯曲损坏 5）检查气门弹簧是否断裂 6）检查凸轮或摇臂是否过度磨损 7）检查活塞、缸盖、凸轮轴装配是否正确 8）检查曲轴箱强制通风（PCV）系统工作是否堵塞或发卡 9）检查排气系统（消声器、三元催化转化器）是否损坏或堵塞
6	发动机怠速不良	发动机怠速不良是指在怠速时发动机转速不稳，车辆会出现颤抖，有时发动机熄火 （1）检查燃油系统 1）检查燃油压力 2）检查燃油喷油器是否脏污、发卡或堵塞，检查喷油器线圈是否损坏 3）检查燃油品质是否不良，是否污染或含有水分、酒精等杂质 4）检查燃油调整是否过浓，检查长期燃油调整值是否正常 5）检查燃油调整是否过稀，检查长期燃油调整值是否正常 （2）检查电控（传感器）系统 1）检查怠速空气控制阀（IAC）是否发卡、动作滞涩、线路损坏或积炭严重

续表

序号	故障名称	诊断与排除方法
6	发动机怠速不良	2）检查节气门体是否有积炭、油污或堵塞 3）检查进气系统是否堵塞或有真空泄漏 4）检查节气门位置（TP）传感器及相关导线 5）检查废气再循环（EGR）系统是否正常 （3）检查点火系统 1）检查线圈、点火模块是否有断裂、漏电/跳火 2）检查火花塞点火高压线是否有跳火/放电、断裂、孔塞护罩损坏，检查火花塞高压线电阻是否正常 3）检查火花塞是否有积炭、电极断裂烧损或损坏、间隙不正确、热型不正确等 4）检查高压点火线对参考电路是否有干扰 （4）检查发动机机械 1）检查各缸压力差是否在规定的范围内 2）检查气门是否卡滞或密封不良 3）检查配气正时 4）检查推杆是否弯曲损坏 5）检查气门弹簧是否断裂 6）检查凸轮或摇臂是否过度磨损 7）检查活塞、缸盖、凸轮轴装配是否正确 8）检查曲轴箱强制通风（PCV）系统工作是否堵塞或发卡 9）检查排气系统（消声器、三元催化转化器）是否损坏或堵塞
7	发动机回火、放炮	发动机回火、放炮是指在进气歧管或排气管中有燃油燃烧，产生严重爆破噪声进气歧管回火的原因常常是混合气过稀，使燃烧时间过长，以致在下一个进气行程时燃烧过程仍未结束，点燃进气歧管内的混合气排气管放炮的原因常常是燃油过浓，排气中含有可燃物质，使可燃物质在排气管中燃烧点火时间错乱也可造成发动机回火、放炮。应检查： （1）检查电控（传感器）系统 1）检查发动机转速传感器信号是否有间断 2）检查凸轴位置（CMP）传感器信号是否有间断 3）检查空气流量（MAF）传感器信号是否正常 4）检查进气歧管绝对压力（MAP）传感器是否正常 （2）检查燃油系统 1）检查燃油压力是否过低或过高 2）喷油器线束是否损坏搭铁 3）检查燃油品质是否不良 （3）检查点火系统 1）检查线圈、点火模块是否有断裂、漏电/跳火 2）检查点火高压线是否有跳火/交叉放电、断裂、孔塞护罩损坏，检查火花塞高压线电阻是否正常 3）检查火花塞是否有积炭、电极断裂烧损或损坏、间隙不正确、热型不正确等 4）检查高压点火线是否对点火参考电路是否有干扰

续表

序号	故障名称	诊断与排除方法
7	发动机回火、放炮	（4）检查发动机机械系统 1）检查发动机缸压是否正常 2）检查气门是否卡滞或密封不良 3）检查配气正时 4）检查推杆是否弯曲损坏 5）检查气门弹簧是否断裂 6）检查凸轮或摇臂是否过度磨损 7）检查活塞、缸盖、凸轮轴装配是否正确 8）检查曲轴箱强制通风（PCV）系统工作是否堵塞或发卡 9）检查排气系统（消声器、三元催化转化器）是否损坏或堵塞
8	燃油经济性差、油耗过高	（1）检查燃油系统 1）检查燃油压力是否过高 2）检查喷油器是否卡滞或损坏，检查喷油器线路是否搭铁 3）拔下燃油压力调节器真空软管，看是否有燃油从软管进入进气道 （2）检查电控（传感器）系统 1）检查发动机转速传感器信号是否正常 2）检查凸轴位置（CMP）传感器信号是否正常 3）检查空气流量（MAF）传感器信号是否正常 4）检查进气歧管压力（MAP）传感器信号是否正常 5）检查进气系统是否泄漏 （3）检查点火系统 1）检查线圈、点火模块是否有断裂、漏电/跳火 2）检查火花塞点火高压线是否有跳火/放电、断裂、孔塞护罩损坏，检查火花塞高压线电阻是否正常 3）检查火花塞是否有积炭、电极断裂烧损或损坏、间隙不正确、热型不正确等 （4）检查发动机冷却系统 1）检查冷却液温度是否正常 2）检查冷却风扇运转是否正常 3）检查节温器开起/关闭是否正常 （5）检查发动机机械 1）检查各缸缸压是否过低 2）检查气门是否卡滞或泄漏 3）检查凸轮表面是否过度磨损 4）检查配气正时是否正确 5）检查推杆是否弯曲 6）检查气门弹簧是否折断 7）检查活塞、缸盖、凸轮轴装配是否正确 8）检查曲轴箱强制通风（PCV）系统工作是否堵塞或发卡 9）检查排气系统（消声器、三元催化转化器）是否损坏或堵塞

任务实施

根据教材，小组合作完成下列问题。

1. OBD 系统必须监测下列项目：________、________、________、________、________。

2. OBD－Ⅱ的特点：________________________________。

3. OBD 诊断座资料传输线有两个标准，分别为：

ISO 欧洲统一标准：________________________________。

SAE 美国统一标准：________________________________。

4. SAE 的 OBD－Ⅱ故障码由 5 个字组合而成，第 1 个字为英文代码，分别代表下列不同定义：

P 代表________系统故障码；C 代表________系统故障码；B 代表________系统故障码；U 代表________系统故障码。

5. 丰田车型人工读取故障代码的方法是跨接________与________。

发动机手工读取故障码任务实施规范

1. 找到实训电控发动机的诊断座。

是/否

2. 找到诊断座 TE1 端子与 E1 端子。

正常/异常

3. 检查蓄电池电压为________ V。

4. 打开点火开关，观察仪表的发动机故障报警灯是否点亮？

是/否

技术操作要点

如果发动机故障报警灯不亮，检查电脑的工作电源是否正常。如果电脑的工作电源电压低于 9.5 V，发动机电脑不工作，报警灯将不点亮。

5. 关闭点火开关，关闭大功率用电器，变速器挂挡杆置于 P 挡。

是/否

6. 使用跨接线跨接 TE1 端子与 E1 端子。

是/否

7. 打开点火开关，观察仪表发动机故障报警灯是否闪烁？

是/否

8. 记录故障码。

____。

9. 检修读取的故障码所对应的故障。

是/否

10. 关闭点火开关，断开发动机电脑的记忆电源熔丝，等待 10 s，清除故障码。

是/否

11. 再重新打开点火开关，读取故障码，是否还有故障码？

是/否

教师检查签名

回顾该工作页的目标，如果你对目标中的哪一部分还不清楚，要请教教师。如果认为已经达到了该工作页的目标，则请教师检查你的工作，并在该工作页上签字。

教师签名____________________

✓ 任务总结

一、任务评价

对本学习任务进行评价，见表 4—4—4。

表 4—4—4　　评分表

考核项目	评分标准	分数	学生自评	小组互评	教师评价	小计
团队合作	是否和谐	5				
活动参与	是否积极主动	5				
安全生产	有无安全隐患	10				
现场 5S	是否做到	5				
任务方案	是否正确、合理	20				
操作过程	1. ECU 工作电源电压测量 2. 读取发动机故障码 3. 清除故障码	30				
任务完成情况	是否圆满完成	5				
工具、设备使用	是否规范、标准	10				
劳动纪律	是否严格遵守	5				
工作任务单填写	是否完整、规范	5				
总分		100				
教师签名　　　　年　月　日		得分				

二、理论知识检验

1. 下列不属于电控发动机控制系统功能的是（　　）。
A. 电子控制汽油喷射（EFI）　　B. 电子控制点火提前（ESA.）
C. 怠速控制（ISC）　　D. 空气悬架
2. 下列不属于电控发动机结构组成的是（　　）。
A. 传感器　　B. 执行器　　C. ECU　　D. A/D 转换器
3. 下列说法正确的是（　　）。
A. OBD 系统可以监测发动机任何系统的好坏
B. OBD 系统主要监测排放控制系统失效导致排放超标的系统元件
C. OBD—Ⅱ的诊断座形状为 16PIN，为国际通用诊断座
D. 以上都正确
4. 下列说法不正确的是（　　）。
A. 对于 OBD 系统，打开点火开关，发动机故障报警灯必须点亮
B. OBD 系统必须监测三效催化转化器
C. OBD 系统必须监测发动机在一定工况区域内出现的缺火
D. 以上都不正确
5. 下列说法正确的是（　　）。
A. OBD 诊断座都常有电，不需要外接电源　　B. OBD 诊断座都位于仪表台下方
C. OBD—Ⅱ故障码由 5 个字组合而成　　D. 以上都不正确
6. 针对汽车电子信号的五大基本类型，下列说法不正确的是（　　）。
A. 直流信号　　B. 交流信号
C. 频率调制信号　　D. 以上都不正确
7. 下列说法正确的是（　　）。
A. 幅值——电子信号在一定点上的计时电压
B. 频率——电子信号在两个事件或循环之间的时间，一般指每秒的循环数（Hz）
C. 形状——电子信号的外形特征，它的曲线、轮廓和上升沿、下降沿等
D. 脉冲宽度——电子信号所占的时间或占空比

项目五　丰田2AZ发动机起动困难故障维修

任务5.1　丰田2AZ发动机燃油系统检修

任务目标

1. 能描述丰田发动机型号的含义。
2. 能描述丰田凯美瑞2AZ发动机的技术特点。
3. 能检修丰田凯美瑞2AZ发动机油路故障。

任务描述

一辆丰田凯美瑞240 G轿车（2.4升，2AZ－FE发动机），行驶里程为150 000 km，现出现起动困难故障。请问：如果你作为一名专业的维修人员，你准备如何进行检查与维修？请制定一份维修方案并按作业规范实施检修作业。

任务内容

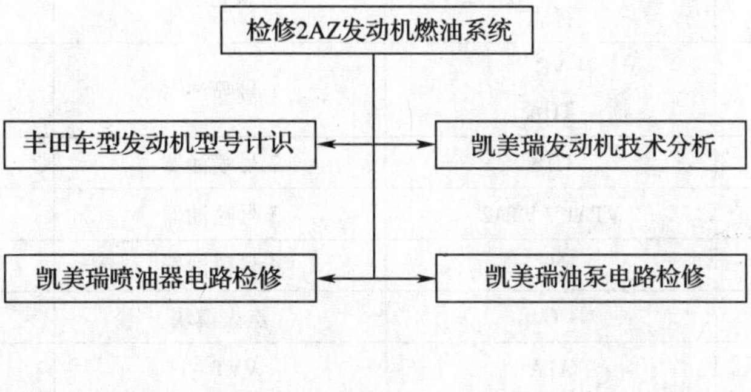

任务准备

一、丰田2AZ发动机概述

1. 丰田2AZ发动机型号

丰田发动机型号一般由两部分组成，如凯美瑞240G（2.4升2AZ-FE发动机）：2就是A系列发动机的第2代；Z—机械增压；F—窄气门夹角设计的（主要是考虑其燃油经济性，而且是DOHC的）；E—电控汽油喷射。丰田发动机型号意义见表5—1—1。

表5—1—1　丰田发动机型号意义

A	可变配气相位	M	菲律宾市场
B	双腔上吸式化油器	N	燃料（天然气）
C	主要是出口到加利福尼亚州	R	LPG燃料（液化石油气）
D	双腔下吸式化油器	S	主要是20世纪的回旋进气歧管
E	电控汽油喷射	T	涡轮增压
F	窄气门夹角设计的（主要是考虑其燃油经济性，而且是DOHC的）	SE	缸内直喷
G	强调动力性能的宽气门夹角设计	V	共轨柴油喷射
H	高压缩比发动机	U	带有催化器的发动机
J	具有污染控制的	Z	机械增压
L	横置发动机		

2. 发动机控制系统结构

丰田凯美瑞发动机的传感器与执行器见表5—1—2。

表5—1—2　凯美瑞发动机传感器与执行器

传感器	与ECU连接的字母标志	执行器	与ECU连接的字母标志
空气流量计 进气温度传感器	VG THA	1号喷油器	10#
冷却液温度传感器	THW	2号喷油器	20#
节气门位置传感器	VTA1　VTA2	3号喷油器	30#
曲轴位置传感器	NE	4号喷油器	40#
凸轮轴位置传感器	G	点火模块	IGT1-IGT4 IGF
空燃比传感器	A1A	VVT-i	OC1+
加热型氧传感器	OX1B	节气门马达	M+
加速踏板位置传感器	VPA　VPA2	燃油蒸发控制	PRG

续表

传感器	与ECU连接的字母标志	执行器	与ECU连接的字母标志
爆震传感器	KNK	空燃比传感器加热	HA1A
空挡起动开关	NSW	氧传感器加热	HT1B
组合仪表车速信号	SPD	燃油泵控制	FC
动力转向油压力开关	PSW	冷却风扇低速控制	FAN－L
刹车灯开关	STP	冷却风扇高速控制	FAN－H
巡航控制开关	CCS	主继电器控制	MREL
发电机	ALT	发动机故障报警灯	W
DLC3（数据连接器）	TC		

二、丰田凯美瑞燃油系统结构与原理

1. 燃油供给系统特点

（1）采用了无回油系统，以减少燃油蒸气排放量。与燃油泵合为一体的燃油滤清器、压力调节器、燃油油位传感器和燃油切断阀，可以断开发动机部件的回油，并能防止燃油箱内部温度升高。无回油系统燃油压力一般为350 kPa，结构如图5—1—1所示。

（2）采用燃油切断控制，在驾驶员和前排乘客侧气囊展开时燃油泵停止工作。

（3）采用快速连接器连接带燃油软管的燃油管，以提高维护方便性。

（4）采用燃油滤清器、压力调节器、燃油油位传感器、燃油节断阀一体的模块式燃油泵总成。

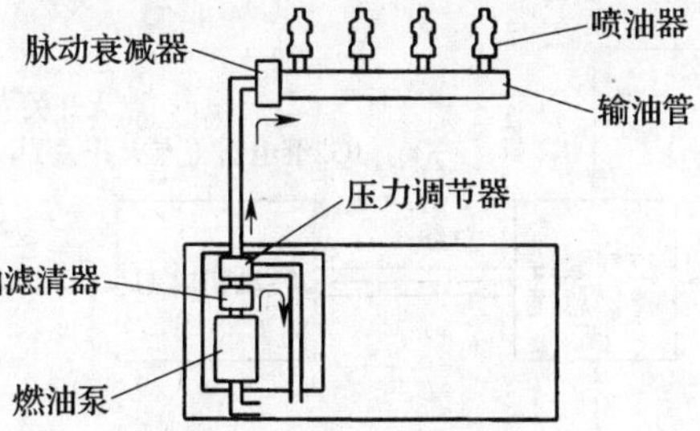

图5—1—1　无回油系统结构

2. 燃油泵与喷油器电路

丰田凯美瑞2AZ发动机燃油泵电路如图5—1—2所示。燃油切断控制在发动机ECU检测到安全气囊传感器的引爆信号后关闭开路继电器，切断燃油供应，如图5—1—3所示。喷油器电路如图5—1—4所示。

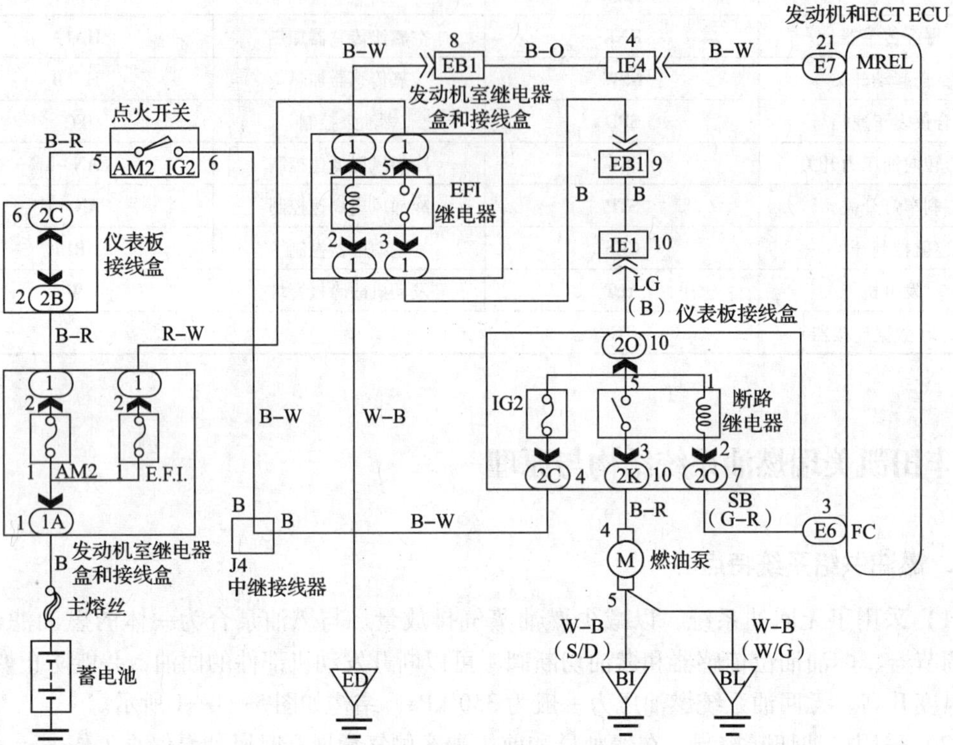

图 5—1—2　燃油泵电路

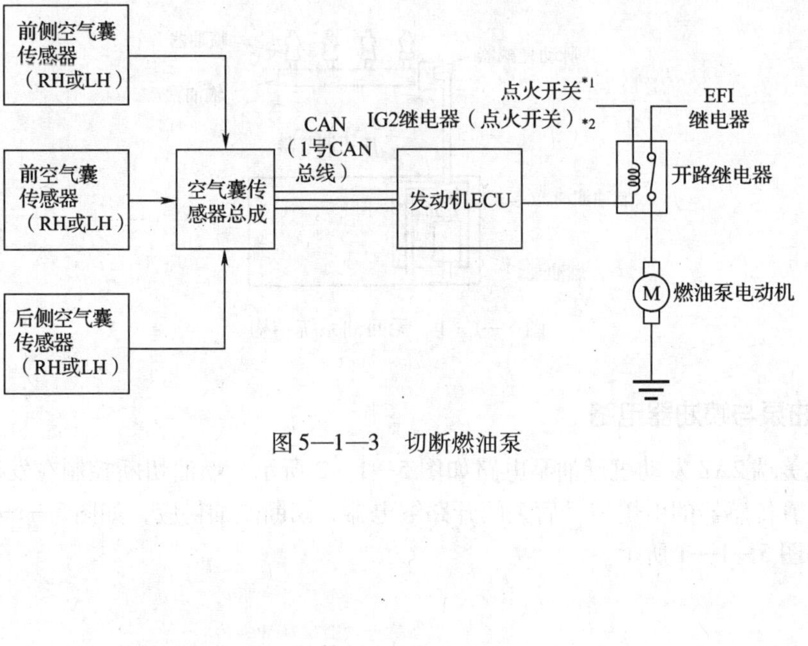

图 5—1—3　切断燃油泵

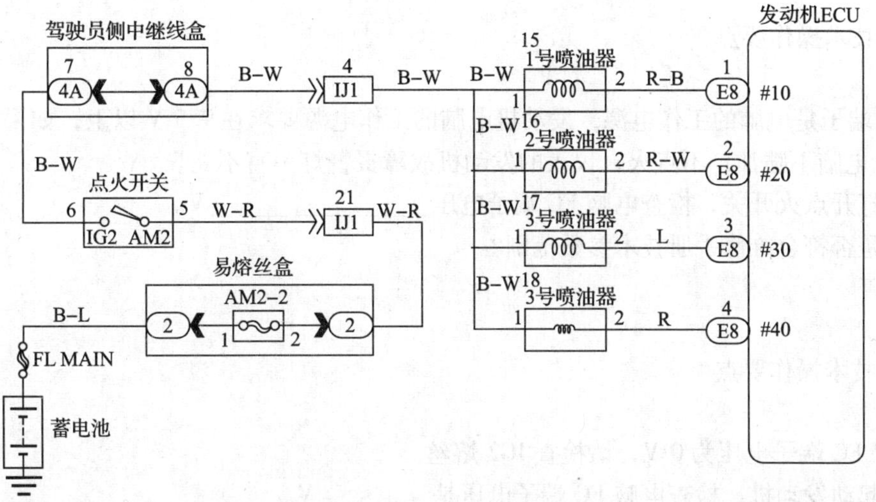

图 5—1—4　喷油器电路

任务实施

根据教材，小组合作完成下列问题。

1. 凯美瑞 240G（2.4 升 2AZ－FE 发动机）中的 2 代表________，A 代表________，Z 代表________，F 代表________，E 代表________。

2. 凯美瑞无回油系统中燃油压力调节器安装在________，燃油压力为________，采用________喷射方式。

3. 打开点火开关，凯美瑞油泵电路中 MREL 端子电压为________ V，FC 端子电压为________ V，起动发动机时 FC 端子电压为________ V。

丰田凯美瑞 2AZ 发动机油泵电路检修操作规范

1. 打开点火开关，检查电脑 IGSW 端子电压是________ V。
2. 是否符合维修手册技术参数范围？
是/否
3. 打开点火开关，检查电脑 MREL 端子电压是________ V。
4. 是否符合维修手册技术参数范围？
是/否
5. 打开点火开关，检查电脑＋B 端子电压是________ V。
6. 是否符合维修手册技术参数范围？

是/否

技术操作要点

+B 端子是电脑的工作电源，发动机电脑的工作电源要求在 9.5 V 以上，如果电脑无工作电源，电脑不喷油，不点火，仪表的发动机故障报警灯一直不亮。

7. 打开点火开关，检查电脑 FC 端子电压________ V。

8. 是否符合维修手册技术参数范围?

是/否

技术操作要点

如果 FC 端子电压为 0 V，请检查 IG2 熔丝。

9. 起动发动机，检查电脑 FC 端子电压是________ V。

正常/异常

10. 起动发动机，检查油泵电动机端子电压是________ V。

正常/异常

11. 如果油泵电动机电压为 0 V，检查油泵电动机至断路继电器是否导通?

是/否

12. 检查油泵电动机电阻是________ Ω。

正常/异常

教师检查签名

回顾该工作页的目标，如果你对目标中的哪一部分还不清楚，要请教教师。如果认为已经达到了该工作页的目标，则请教师检查你的工作，并在该工作页上签字。

教师签名________________

任务总结

一、任务评价

对本学习任务进行评价，见表 5—1—3。

表 5—1—3　　评分表

考核项目	评分标准	分数	学生自评	小组互评	教师评价	小计
团队合作	是否和谐	5				
活动参与	是否积极主动	5				

续表

考核项目	评分标准	分数	学生自评	小组互评	教师评价	小计
安全生产	有无安全隐患	10				
现场5S	是否做到	5				
任务方案	是否正确、合理	20				
操作过程	1. 主继电器电路测量 2. 油泵继电器电路测量 3. 油泵电动机电阻测量	30				
任务完成情况	是否圆满完成	5				
工具、设备使用	是否规范、标准	10				
劳动纪律	是否严格遵守	5				
工作任务单填写	是否完整、规范	5				
总分		100				
教师签名			年　月　日		得分	

二、理论知识检验

1. 下列说法正确的是（　　）。

A. 丰田2AZ－FE发动机中的2代表A系列发动机的第2代

B. 丰田2AZ－FE发动机中的Z代表废气涡轮增压

C. 2AZ－FE发动机中的F代表电控汽油喷射

D. 以上都正确

2. 下列说法正确的是（　　）。

A. 丰田2AZ－FE发动机采用单管路供油系统，燃油分配导管上有燃油压力调节器

B. 丰田2AZ－FE发动机怠速时燃油压力为3.5 kg，加油门油压升高

C. 2AZ－FE发动机采用燃油顺序喷射

D. 以上都正确

3. 下列说法正确的是（　　）。

A. 丰田2AZ－FE发动机为L型发动机

B. 丰田2AZ－FE发动机没有进气温度传感器

C. 2AZ－FE发动机采用热线式空气流量计

D. 以上都正确

4. 下列说法正确的是（　　）。

A. 丰田2AZ－FE发动机的空燃比传感器与加热型氧传感器作用相同

B. 丰田2AZ－FE发动机的空燃比传感器在混合气浓时信号电压变大

C. 丰田2AZ－FE发动机的空燃比传感器在混合气浓时信号电压变小

D. 以上都不正确

5. 下列说法正确的是（　　）。

A. 丰田 2AZ－FE 发动机的空燃比传感器只能用解码器诊断好坏

B. 电脑通过检测空燃比传感器的电流来判断混合气

C. 空燃比传感器与加热型氧传感器都需要加热

D. 以上都不正确

6. 下列说法正确的是（　　）。

A. 丰田 2AZ－FE 发动机混合气稀的可能原因是燃油压力低

B. 丰田 2AZ－FE 发动机混合气稀的可能原因是喷油器滴油

C. 丰田 2AZ－FE 发动机混合气稀的可能原因是发动机水温传感器故障

D. 以上都正确

任务 5.2　丰田 2AZ 发动机点火系统检修

任务目标

1. 能描述丰田 2AZ 发动机单缸独立点火的工作原理。
2. 能检修丰田 2AZ 发动机曲轴/凸轮轴/爆震传感器。
3. 能检修丰田 2AZ 发动机点火系统常见故障。

任务描述

一辆丰田凯美瑞 240G（2.4 升 2AZ－FE 发动机）行驶里程为 150 000 km，现出现起动困难故障。请问：如果你作为一名专业的维修人员，你准备如何进行检查与维修？请制定一份维修方案并按作业规范实施检修作业。

任务内容

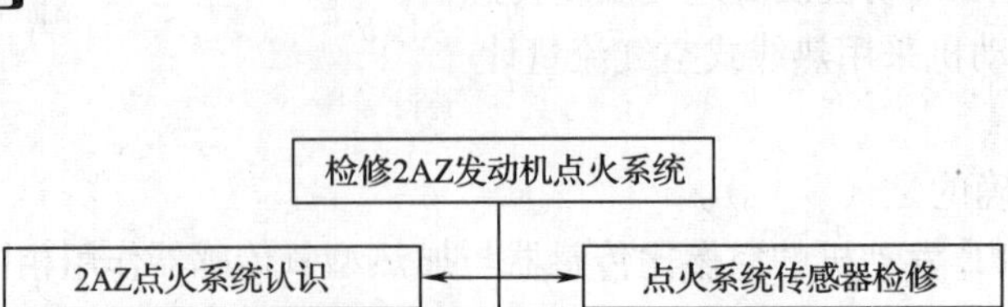

任务准备

一、丰田凯美瑞点火系统传感器

丰田车型中一般利用凸轮轴位置传感器为电控单元提供气缸位置信号，即判缸信号，也称为G信号；曲轴位置传感器为控制单元提供曲轴的转角和转速信号，称为Ne信号。

1. 曲轴位置传感器

曲轴位置传感器的正时转子由34个齿组成，带有两个缺齿。曲轴位置传感器每隔10°输出曲轴旋转信号，缺齿用于确定1、4缸上止点。凯美瑞曲轴位置传感器如图5—2—1所示。

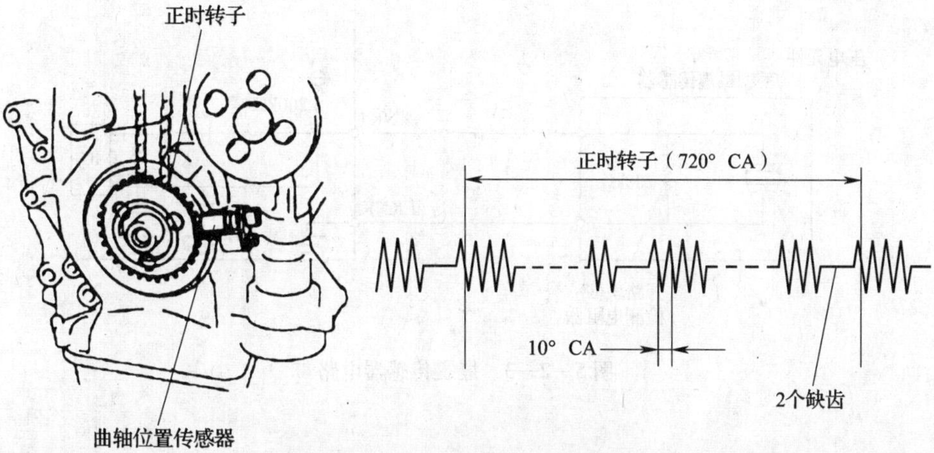

图5—2—1　凯美瑞曲轴位置传感器

2. 凸轮轴位置传感器

凸轮轴位置传感器安装在气缸盖的左列，为了检测凸轮轴位置，正时皮带轮上有一突出处，用于在曲轴每转动两周时产生1个脉冲，确定1缸压缩行程上止点，用于确立燃油顺序喷射和点火次序。凸轮轴位置传感器如图5—2—2所示。

3. 爆震传感器

打开点火开关，爆震传感器中的开路/短路检测电阻器及发动机ECU中的电阻器保持发动机端KNK1处的电压恒定。

发动机ECU中的IC集成电路始终监视端子KNK1的电压，如果爆震传感器和发动机ECU之间出现开路/短路，端子KNK1的电压将改变，ECU存储故障码。爆震传感器电路如图5—2—3所示。

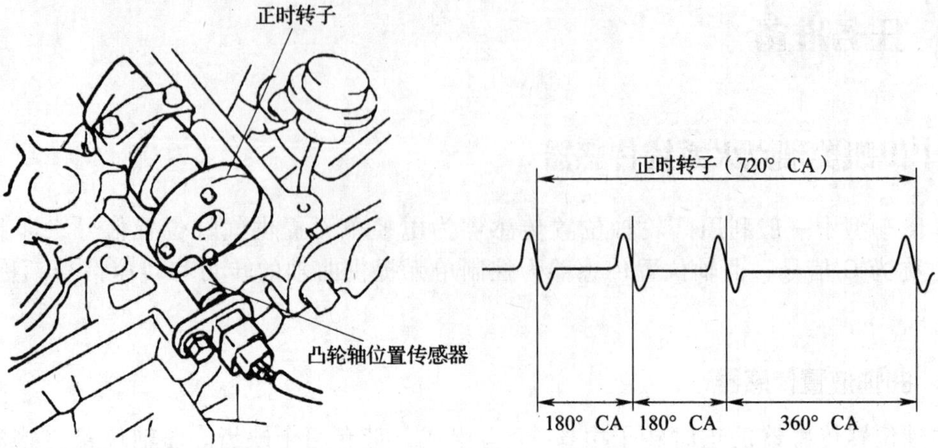

图 5—2—2　凸轮轴位置传感器

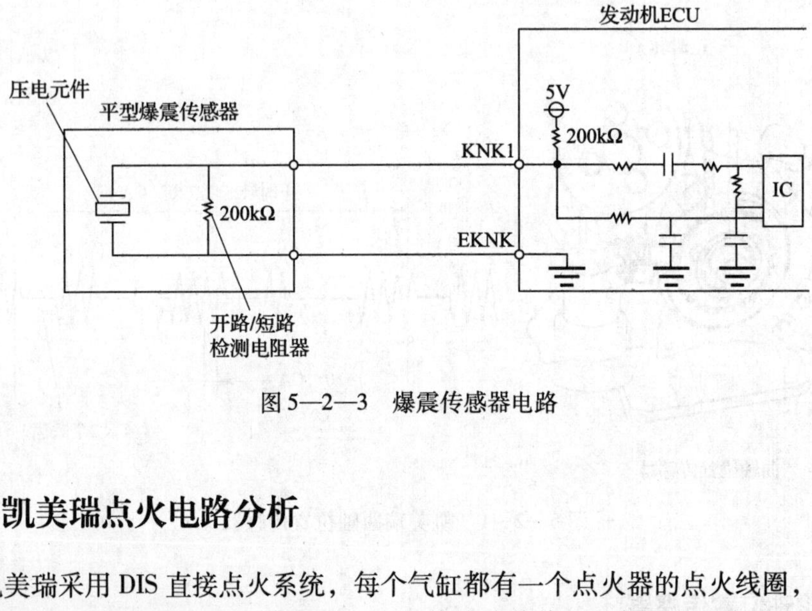

图 5—2—3　爆震传感器电路

二、丰田凯美瑞点火电路分析

丰田凯美瑞采用 DIS 直接点火系统，每个气缸都有一个点火器的点火线圈，点火电路如图 5—2—4 所示。ECM 根据 TDC 传感器、CKP 传感器等传送的信号判定点火正时。ECM 指令 ICM 控制内置于火花塞帽中的点火线圈初级电流的通断，随后点火线圈产生的次级电流流向火花塞。点火器与点火线圈如图 5—2—5 所示。火花塞使用铱金火花塞，火花塞间隙 1.0 ~ 1.1 mm，如图 5—2—6 所示。

三、丰田凯美瑞点火系统原件检修

1. 点火模块的检测

（1）点火模块工作电源检测。拔下点火模块插头，打开点火开关，测量点火模块电源端子和车身搭铁之间电压，正常工作电源应该有 9 ~ 14 V 的电压。

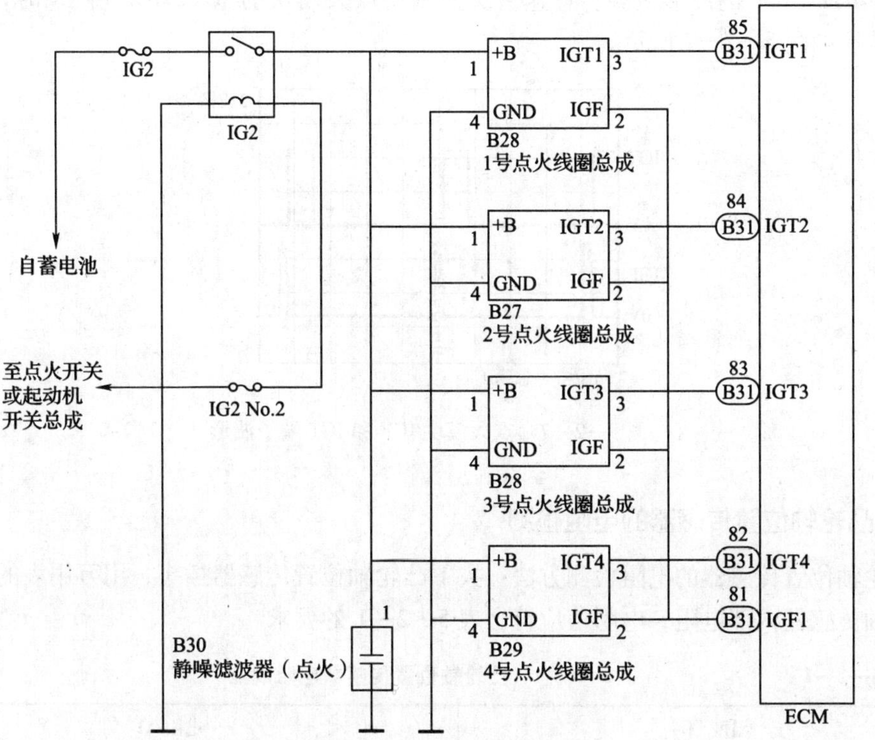

图 5—2—4　DIS 直接点火系统电路

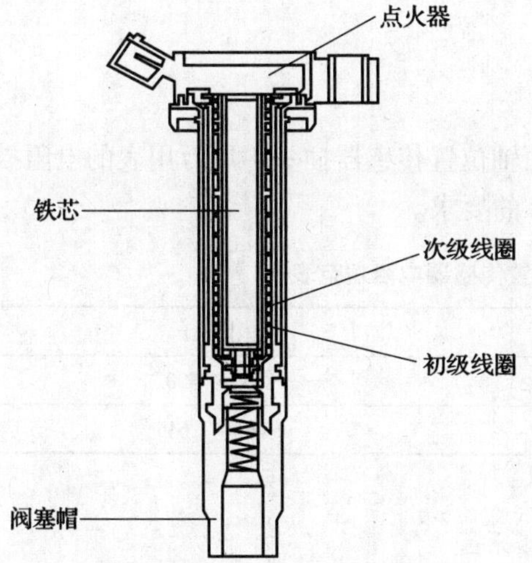

图 5—2—5　点火器与点火线圈

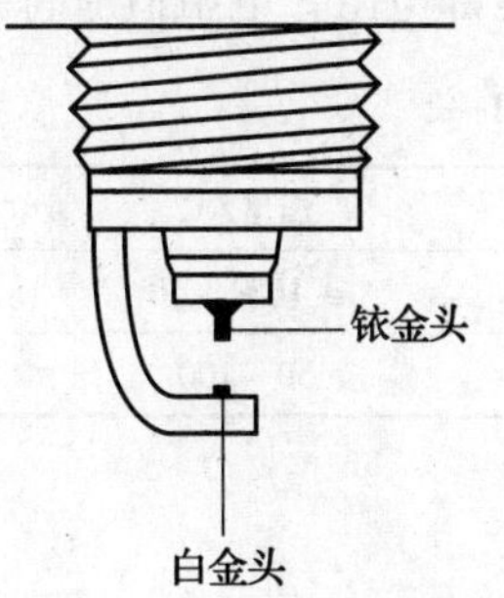

图 5—2—6　铱金火花塞

（2）IGF 电压检测。拔下点火模块插头，在点火开关打到 ON 位置时，测量点火模块 IGF 端子和搭铁之间的电压，电压值在 4.5 ~5.5 V 之间。

（3）IGT 电压检测。起动发动机，测量点火模块的 IGT 端子和车身搭铁之间的电压，该电压应在 0.1 V ~4.5 V 之间。

(4) IGT、IGF 的波形检测。怠速情况下测量点火模块的 IGT、IGF 端子和搭铁之间的波形，波形如图 5—2—7 所示。

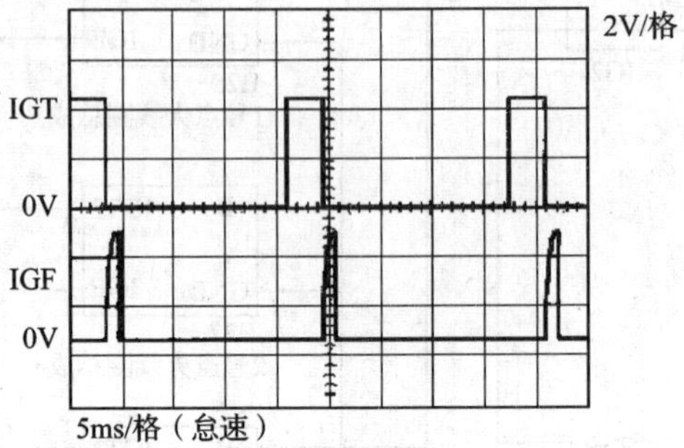

图 5—2—7　点火模块 IGF 和 IGT 端子波形

2. 凸轮轴位置传感器的电阻检测

凸轮轴位置传感器的电阻检测方法：拔下凸轮轴位置传感器插头，用万用表的电阻挡测量凸轮轴传感器内部电阻，电阻值应符合表 5—2—1 的要求。

表 5—2—1　凸轮轴位置传感器电阻规范

温度/℃	电阻/Ω
-10℃ ~50	835 ~1 400
50 ~100	1 060 ~1 645

3. 曲轴位置传感器的电阻检测

曲轴位置传感器的电阻检测方法：拔下曲轴位置传感器插头，用万用表的电阻挡测量曲轴传感器内部电阻，电阻值应符合表 5—2—2 的要求。

表 5—2—2　曲轴位置传感器电阻规范表

温度/℃	电阻/Ω
-10℃ ~50	835 ~1 400
50 ~100	1 060 ~1 645

四、丰田凯美瑞发动机缺火故障分析

1. 发动机缺火的监测

为了防止尾气排放超标和三元催化器热损坏，丰田凯美瑞发动机控制单元使用曲轴位置传感器监测发动机转动时速率的偏差来确定缺火，用凸轮轴位置传感器识别缺火的气缸。当发动机缺火率超过了极限值并有可能导致排放超标时，发动机控制单元开始统计发动机缺火次数。

2. 发动机缺火的分类

发动机缺火可简单分为两种情况，一种是完全缺火也就是没有燃烧，另一种是部分缺火，也就是燃烧不稳定。OBD—Ⅱ定义了A、B、C三种发动机缺火水平。

（1）A型缺火是最严重的缺火，容易损坏三元催化器。如果检测到此类情况，发动机故障警告灯会闪烁，提醒驾驶者立即修理，并按第一次行程逻辑存储故障码和数据帧。发动机诊断系统通过统计发动机曲轴200转中的缺火次数来鉴别A型缺火。

（2）B型缺火出现时，废气中有害物质的排放量会增加1.5倍以上。

（3）C型缺火是程度最轻的缺火，会导致汽车废气排放不达标。

发动机诊断系统通过统计发动机曲轴1 000转中的缺火次数来鉴别B、C型缺火，B、C型缺火在两次行程中连续发生，发动机控制单元会存储故障码并点亮发动机故障灯。空燃比正确、点火充足以及机械状况好的发动机就不会发生缺火，如果有任何一方面出现问题，燃烧就会过早结束，从而产生缺火。

3. 发动机缺火的检修

在排除发动机缺火故障的过程中，需要特别注意3点，即缸压、点火以及喷油。

（1）缸压：利用缸压表可以很容易进行检测，在这里不再赘述，但要考虑到气门弹簧的硬度变化与凸轮轴的磨损程度在测量缸压的时候很难检测出来，也要考虑到进气量是否足够（漏气或气门积炭）。

（2）点火：对于发动机缺火的检修，有时只靠读取发动机数据流是不能发现问题的，还要借助示波器来进一步做出判断。点火要考虑的因素包括点火正时、火花塞的工作是否正常、高压线的阻值是否在标准值范围、点火线圈的工作是否正常（电源线与信号线是否虚接）以及发动机控制单元的工作是否正常（包括CAN数据提供的信号）。建议尽量使用仪器检测，如可以用示波器检查凸轮轴位置传感器与曲轴位置传感器的同步性，能够分析出失火的存在性和点火正时与配气相位的准确性；用示波器检查点火线圈的工作状况与点火时间，同时能够分析出火花塞的好坏；用示波器检查各控制单元之间的数据线的连接；用兆欧表检测火花塞的电阻；用万用表检测高压线的阻值。

（3）喷油：一是通过数据流察看喷油脉宽、点火时间以及氧传感器的工作状况，二是用示波器检查节气门位置传感器TPS与喷油器的同步，检查TPS与氧传感器的同步，再就是检查喷油器与氧传感器的同步（怠速时在进气口喷入清洗剂，检查喷油器和氧传感器的变化），然后检查喷油器的单独波形，分析喷油器的好坏与喷油时间的长短（与标准波形进行对比），还要考虑所用汽油的标号、爆震传感器以及三元催化器等。

4. 案例分析

故障现象：一辆2006年款丰田卡罗拉轿车，装备1ZZ－FE发动机。用户反映发动机故障灯点亮，发动机怠速时抖动。

检查分析：使用丰田智能检测仪检测，调取发动机故障码为P0304（检测到发动机第4

缸缺火)，查看发动机缺火数据帧：发动机转速 724 r/min，总点火次数 391 次，发动机 4 缸缺火次数 4 次。

对发动机进行基本检查，但是没有发现问题。替换了点火线圈、火花塞以及喷油器等部件，但是依然显示发动机缺火。怀疑发动机进排气系统有问题，测量气缸压力，测得 1 缸、2 缸以及 3 缸的缸压接近 1.4 MPa，4 缸的压力 1.2 MPa，虽然比其他 3 个缸的缸压小 0.2 MPa，但也在正常相差范围内。

最后决定用废气分析仪进一步检查发动机进排气系统。为了满足排放法规的严格要求，使 HC、CO 和 NOx 等有害气体零排放，现代发动机控制系统必须始终将实际空燃比控制在理论空燃比 14.7∶1 附近。实测该车发动机怠速工作时尾气成分为：CO_2 为 9.94%，O_2 为 8.09%，HC 为 596×10^{-6}，CO 为 0.784%，NO_x 为 0，过量空气系数为 1.5。

将发动机转速稳定在 3 000 r/min 时，过量空气系数接近 1，这表明高速时发动机控制系统对实际空燃比的控制基本正常。维修人员怀疑发动机工作时有未经过空气流量计的空气进入气缸，造成怠速时混合气过稀，使过量空气系数大于 1。拆掉气门室盖，检查气门正时正常。检查进排气门间隙，发现 4 缸 2 个排气门中，有一个没有间隙，始终顶在凸轮轴上，造成气门无法关闭，一直存在漏气。拆解发动机气缸盖，发现始终漏气的排气门的气门座下沉。

故障排除：对发动机 4 缸下沉的排气门座进行修复，并更换 4 缸的 2 进 2 排 4 个气门和气缸盖全部 16 个气门油封，装复后故障排除。

任务实施

根据教材，小组合作完成下列问题。

1. 丰田车型中一般利用________为电控单元提供气缸位置信号，即判缸信号，也称为________信号；曲轴位置传感器为控制单元提供________信号，称为________信号。

2. 丰田 2AZ 发动机的曲轴位置传感器属于____________________类型，爆震传感器属于____________________类型。

3. 丰田 2AZ 发动机的爆震传感器内并联一个电阻，起____________________作用。

丰田 2AZ 发动机 1 缸失火故障检修任务实施规范

1. 检查 1 缸点火器的电源，获得的电压读数是________V，________颜色。

2. 此读数是否在维修手册技术参数范围内？

是/否

3. 如果测量电压为零，应检查哪个线束插头？

____

4. 检查 1 缸点火器 IGF 输出信号时，检查获得的电压读数是____________________V。

5. 此读数是否在维修手册技术参数范围内？

是/否

6. 检查1缸点火器IGF端子是____________________颜色。

7. 检查1缸点火器搭铁端子是____________________颜色。

8. 检查1缸点火器IGT端子是____________________颜色。

9. 检查1缸点火器IGT信号时，是否需要起动发动机？

是/否

10. 检查1缸点火器IGT电压是____________________V。

11. 检查电脑IGT是否有输出信号？

是/否

12. 检查电脑IGT端子至1缸点火器IGT端子是否导通？

是/否

技术操作要点

点火信号是发动机电脑向点火器发出的点火指令信号。

13. 检查1缸点火器是否正常？

是/否，否则更换。

14. 检查1缸喷油器是否喷油？

是/否

15. 检查1缸火花塞电极颜色、电极间隙是否正常？

是/否，否则更换。

教师检查签名

回顾该工作页的目标，如果你对目标中的哪一部分还不清楚，要请教教师。如果认为已经达到了该工作页的目标，则请教师检查你的工作，并在该工作页上签字。

教师签名____________________

✓ 任务总结

一、任务评价

对本学习任务进行评价，见表5—2—3。

表5—2—3 **评分表**

考核项目	评分标准	分数	学生自评	小组互评	教师评价	小计
团队合作	是否和谐	5				
活动参与	是否积极主动	5				

续表

考核项目	评分标准	分数	学生自评	小组互评	教师评价	小计
安全生产	有无安全隐患	10				
现场5S	是否做到	5				
任务方案	是否正确、合理	20				
操作过程	1. 点火器电路检查 2. IGT 信号电压测量 3. IGF 信号电压测量 4. 喷油器是否喷油检查 5. 曲轴位置传感器检查	30				
任务完成情况	是否圆满完成	5				
工具、设备使用	是否规范、标准	10				
劳动纪律	是否严格遵守	5				
工作任务单填写	是否完整、规范	5				
	总分	100				
教师签名			年 月 日		得分	

二、理论知识检验

1. 下列说法正确的是（　　）。

A. 丰田 2AZ－FE 发动机曲轴位置传感器为霍尔式

B. 丰田 2AZ－FE 发动机凸轮轴位置传感器为电磁式

C. 丰田 2AZ－FE 发动机爆震传感器为压电式

D. 以上都正确

2. 下列说法正确的是（　　）。

A. 电磁式传感器应该选择万用表直流电压挡检测

B. 霍尔式传感器应该选择万用表直流电压挡检测

C. 压电式爆震传感器应该选择万用表交流电压挡检测

D. 以上都正确

3. 下列说法正确的是（　　）。

A. 丰田 2AZ－FE 发动机曲轴位置传感器安装在大飞轮处

B. 丰田 2AZ－FE 发动机凸轮轴位置传感器安装在进气凸轮轴上

C. 丰田 2AZ－FE 发动机爆震传感器安装在进气歧管下面的发动机缸体上

D. 以上都正确

4. 下列说法正确的是（　　）。

A. 丰田 2AZ－FE 发动机点火电源电路上并联了一个电容

B. 丰田 2AZ－FE 发动机点火模块上的 IGF 线路断路后，发动机熄火

C. 打开点火开关，丰田 2AZ - FE 发动机 IGF 线电压为 0.4 ~ 0.6 V
D. 以上都正确
5. 下列说法正确的是（　　）。
A. IGT 为点火成功反馈信号线
B. IGF 为点火指令信号线
C. IGT、IGF 信号线波形一样
D. 以上都不正确
6. 下列说法正确的是（　　）。
A. 发动机失火的原因可能是点火模块损坏
B. 发动机失火的原因可能是发动机气缸压力低
C. 发动机失火的原因可能是喷油器不喷油
D. 发动机失火的原因可能是混合气过浓

任务 5.3　丰田 2AZ 发动机进气系统检修

任务目标

1. 能描述加速踏板位置传感器的作用与工作原理。
2. 能描述电子节气门的作用与工作原理。
3. 能检修电子油门/电子节气门故障。

任务描述

一辆丰田凯美瑞 240G（2.4 升 2AZ - FE 发动机）行驶里程为 150 000 km，现出现起动困难故障。请问：如果你作为一名专业的维修人员，你准备如何进行检查与维修？请制定一份维修方案并按作业规范实施检修作业。

任务内容

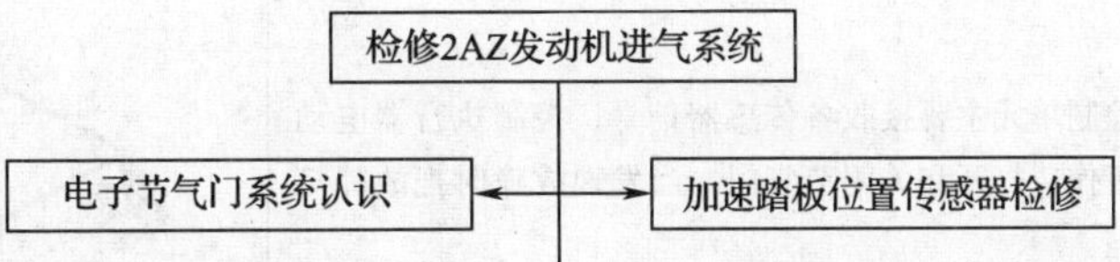

任务准备

一、电子节气门控制系统组成

电子节气门控制系统主要由加速踏板、加速踏板位置传感器、ECU、节气门驱动电动机、节气门位置传感器、故障指示灯等元件组成，见表 5—3—1。

表 5—3—1　　电子节气门控制系统组成

元件名称	作用	元件实物
空气流量计	主要检测空气进气流量，为电子节气门的工作提供主要参考信号	
转速传感器	检测发动机转速，控制单元结合该信号控制电子节气门的开度	
油门踏板传感器	主要用来检测驾驶员踩下油门踏板的开度，控制单元根据该信号结合其他传感器信号控制节气门的打开	
节气门位置传感器与节气门休执行器	检测节气门的开度，控制单元根据控制信号与该传感器的反馈信号判断该系统的工作是否正常；控制单元控制节气门执行器电动机的运转来控制节气门的打开和关闭	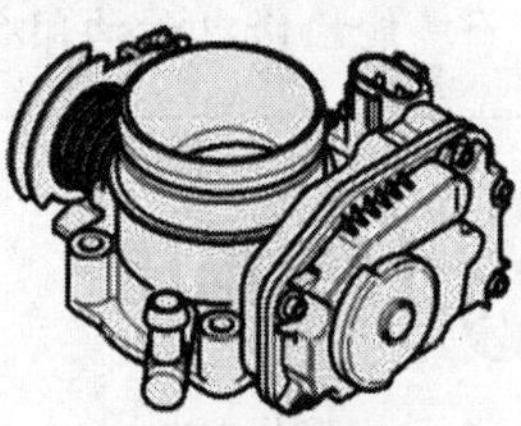
故障灯	当控制单元检测到系统存在故障时，控制单元会把此灯点亮，提醒驾驶员系统故障，应及时维修	
控制单元（ECU）	控制单元主要接收各传感器信号，控制执行器电动机工作，打开和关闭节气门。当发现故障时把故障灯点亮	

二、电子节气门系统工作过程

1. 信号接收过程

如图5—3—1所示，ECU可以从加速踏板位置传感器的信号电压上识别出加速踏板被踏下的程度和速度，如果检测出踏板没有被踩下，而发动机正在运转，则ECU控制发动机保持怠速运转；如果踏板位置传感器踩下的角度很大，说明车辆工作在大负荷。

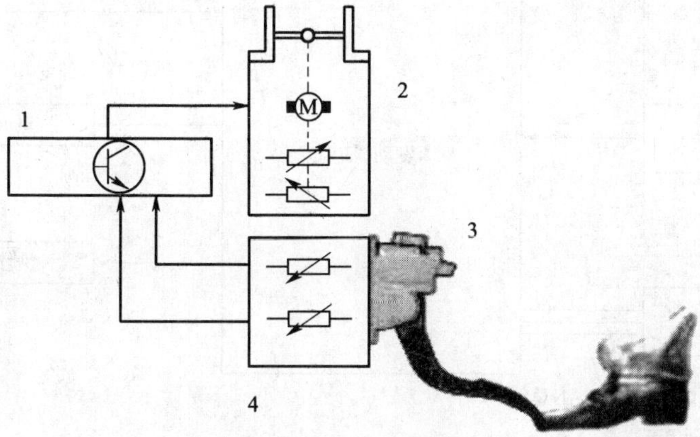

图5—3—1 信号接收过程

1—ECU 2—节气门控制单元 3—加速踏板模块 4—加速踏板位置传感器

2. 电脑控制过程

如图5—3—2所示，ECU接收到踏板位置传感器信号，同时结合其他传感器和系统的信号，控制节气门驱动装置即节气门电动机运转，使节气门保持在一定开度。ECU在计算必要的节气门位置时，允许附加的发动机扭矩需求因素包括速度限制装置、巡航控制、牵引力控制系统、发动机制动控制。当需要一定的发动机扭矩时，即使加速踏板的位置没有被改变，仍然可以调节节气门。

3. 信号反馈过程

节气门驱动装置的两个角度传感器将当前节气门的位置信号传递给ECU，ECU通过对比对节气门驱动电动机控制信号和传感器反馈信号，来判断节气门系统是否发生故障，判断节气门是否发卡，当ECU判断有故障发生，电脑会记忆故障码。

三、加速踏板位置传感器结构与原理

1. 加速踏板位置传感器工作原理

加速踏板位置传感器安装在加速踏板的支架上，它有两个传感器用来检测加速踏板位置

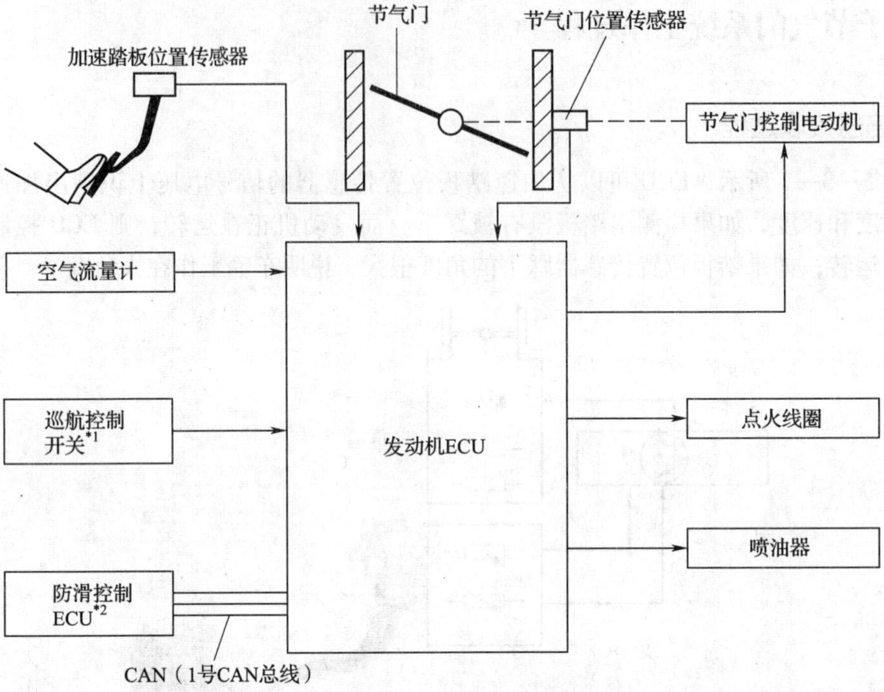

图 5—3—2　电脑控制过程

以及加速踏板位置本身的故障。在加速踏板位置传感器里，ECU 根据从 VPA1 与 VPA2 输入的信号来计算加速踏板的开启角度，同时 ECU 也是基于这些信号来控制节气门电动机。若存储了 DTC，ECU 切断节气门电动机的电源，节气门在复位弹簧作用下完全关闭。

（1）电位计式。电位计式加速踏板位置传感器以分压电路原理工作，发动机电脑供给传感器电路 5 V 电压。加速踏板通过转轴与传感器内部的滑动变阻器的电刷连接，加速踏板位置传感器的位置改变时，电刷与接地端的电压发生改变，电脑内部的受压电路将该电压转变成加速踏板的位置信号。电位计式加速踏板位置传感器如图 5—3—3 所示。

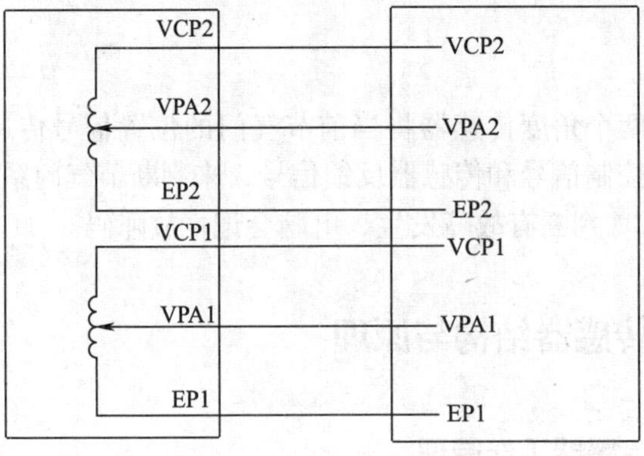

图 5—3—3　电位计式加速踏板位置传感器

(2) 霍尔式。该无触点型加速踏板位置传感器使用安装在加速踏板臂上的霍尔 IC。电磁轭安装在加速踏板臂的底座上，该轭根据施加在加速踏板上的作用力绕着霍尔 IC 旋转，霍尔 IC 将磁通量变化转化为电信号。霍尔式加速踏板位置传感器结构如图 5—3—4 所示。霍尔 IC 含有两个电路，一个用于主信号，一个用于副信号。霍尔式加速踏板位置传感器电路如图 5—3—5 所示。

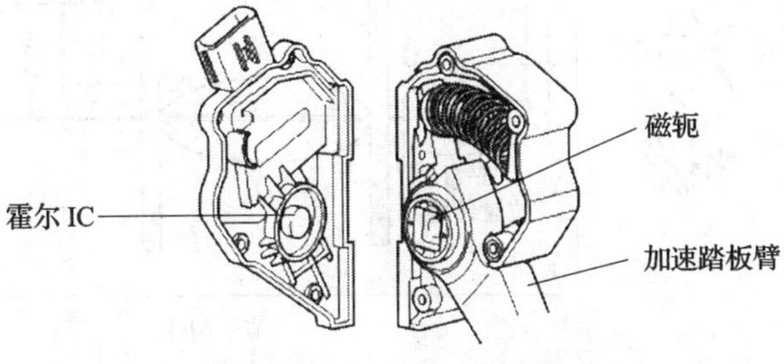

图 5—3—4 霍尔式加速踏板位置传感器结构

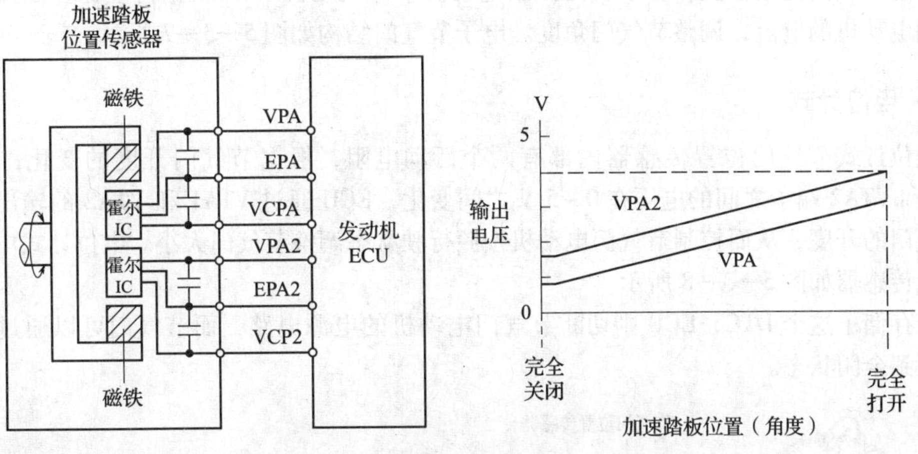

图 5—3—5 霍尔式加速踏板位置传感器电路

2. 加速踏板位置传感器的失效保护

加速踏板位置传感器有两个传感器电路，若其中一个传感器出现故障，发动机 ECU 能检测两个传感器电路之间不正常的信号电压差，并切换到跛行模式。在跛行模式中，正常工作的电路被用来计算加速踏板开度，从而在跛行模式控制下运行车辆。若两个电路都有故障，发动机 ECU 中断节气门控制。此时，可以在车辆的怠速范围内驾驶车辆。加速踏板位置传感器的失效保护如图 5—3—6 所示。

四、电子节气门结构与原理

电子节气门采用集成了节气门位置传感器和节气门控制电动机的无连杆型节气门体，具

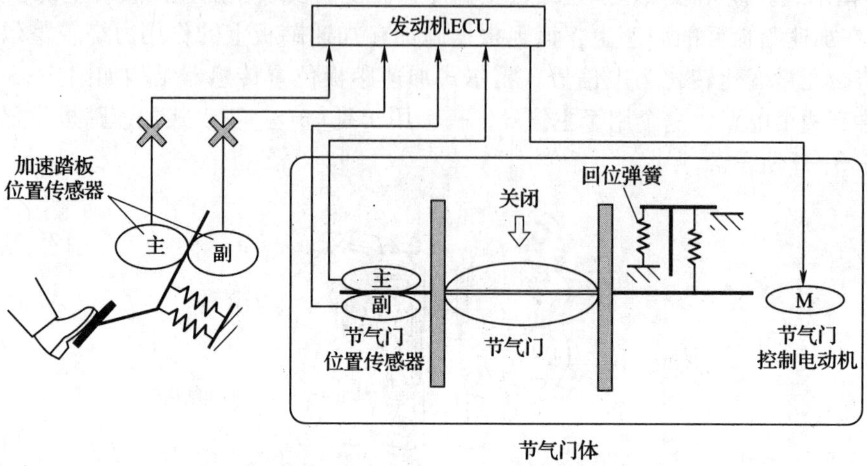

图 5—3—6　加速踏板位置传感器的失效保护

有优异的节气门控制性能。在节气门控制电动机中，发动机 ECU 根据占空比控制流经节气门控制电动机的电流，调整节气门角度。电子节气门结构如图 5—3—7 所示。

1. 电位计式

电位计式节气门位置传感器内部有两个滑动电阻，根据节气门开度的变化，ECU 的 VTA1 和 VTA2 端子之间的电压在 0 ~ 5 V 之间变化，ECU 通过 VTA1 和 VTA2 的输出信号判断节气门的开度，从而控制节气门电动机按照行驶状态调整节气门大小。电位计式电子节气门位置传感器如图 5—3—8 所示。

若存储了这个 DTC，ECU 则切断节气门电动机的电源电路，而节气门可以通过复位弹簧转回到全闭状态。

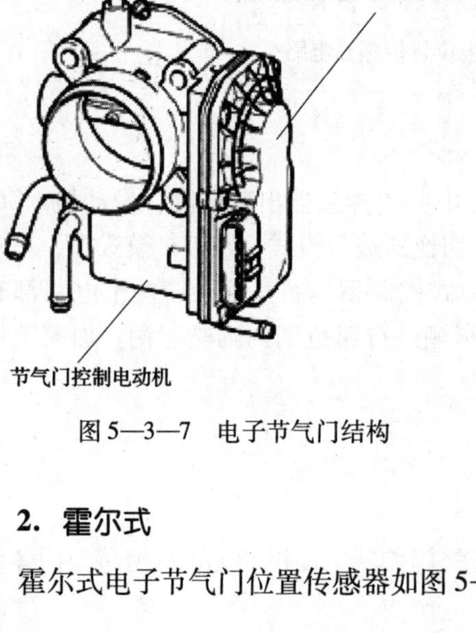

图 5—3—7　电子节气门结构

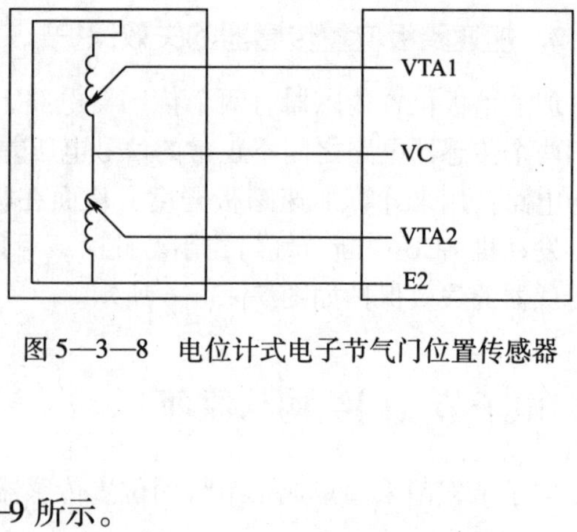

图 5—3—8　电位计式电子节气门位置传感器

2. 霍尔式

霍尔式电子节气门位置传感器如图 5—3—9 所示。

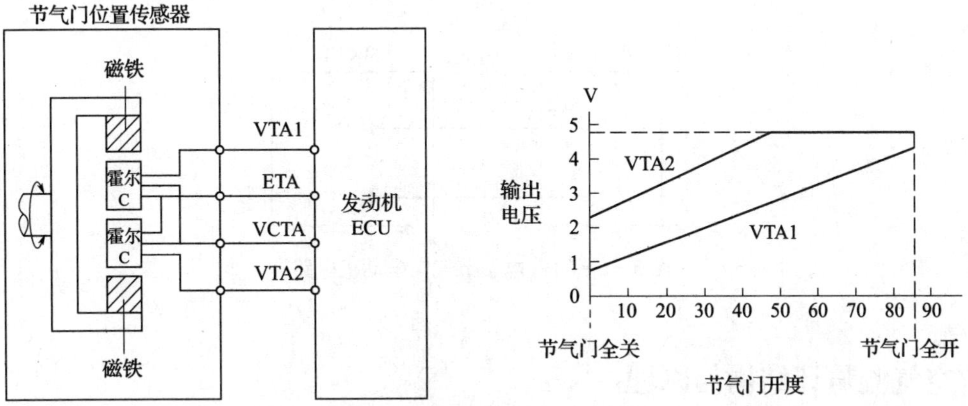

图 5—3—9　霍尔式电子节气门位置传感器

3. 电子节气门位置传感器的失效保护

电子节气门位置传感器有两个传感器电路，若其中一个传感器出现故障，发动机 ECU 能检测两个传感器电路之间不正常的信号电压差，切断至节气门控制电动机的电流，并切换到跛行模式。然后回位弹簧的弹力导致节气门回位，保持在指定的开度。电子节气门位置传感器的失效保护如图 5—3—10 所示。

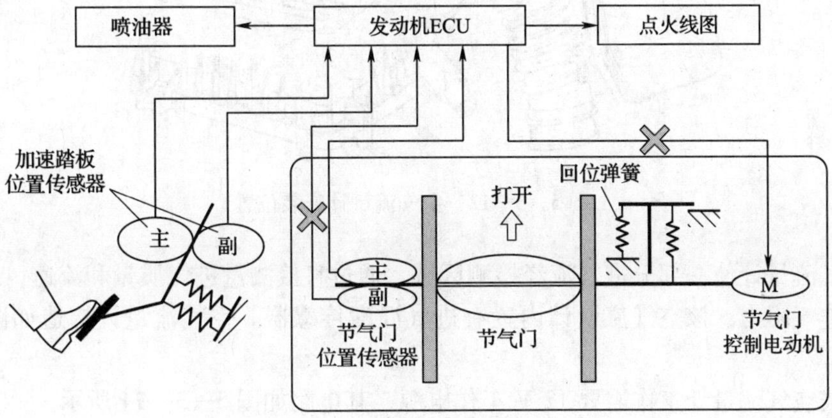

图 5—3—10　电子节气门位置传感器的失效保护

4. 节气门电动机

节气门电动机是由 ECU 控制的，它决定了节气门的开启与关闭。安装在节气门体上的节气门位置传感器可以检测到节气门开度角的大小，并且根据相应的驱动情况反馈给 ECU，节气门控制电动机并最终控制节气门开度角的大小。如果存储了 DTC，ECU 就会切断节气门电动机的电源电路，节气门在复位弹簧的作用下回到全闭状态，其电路如图 5—3—11 所示。

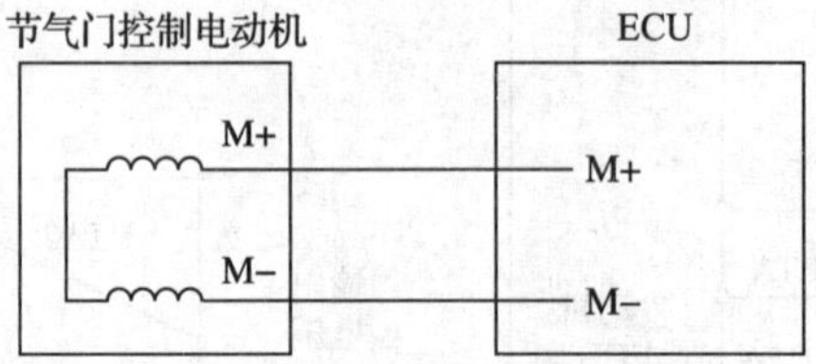

图 5—3—11　电子节气门电动机电路

五、空气流量计结构与原理

丰田凯美瑞采用热线式空气流量计，其安装位置如图 5—3—12 所示，进气歧管上的共振器有减少进气噪声和利用进气脉冲提高中速范围扭矩的作用。

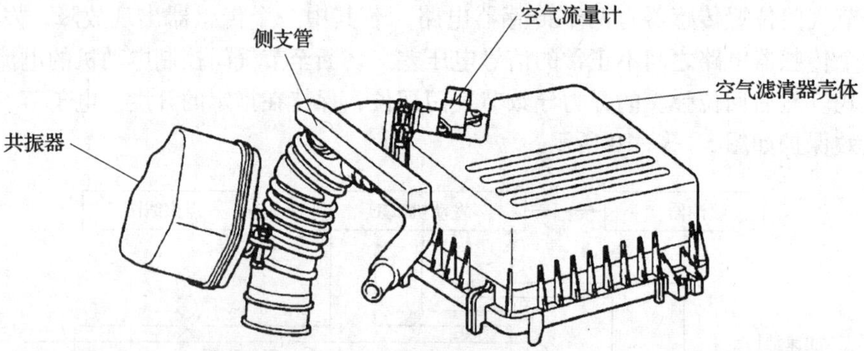

图 5—3—12　空气流量计安装位置

该空气流量计使一部分进气流经检测区域，通过直接测量进气质量和流速，提高检测精度，降低进气阻力。该空气流量计内置有进气温度传感器。空气流量计构造如图 5—3—13 所示。

热线式空气流量计工作需要 12 V 工作电源，其电路如图 5—3—14 所示。

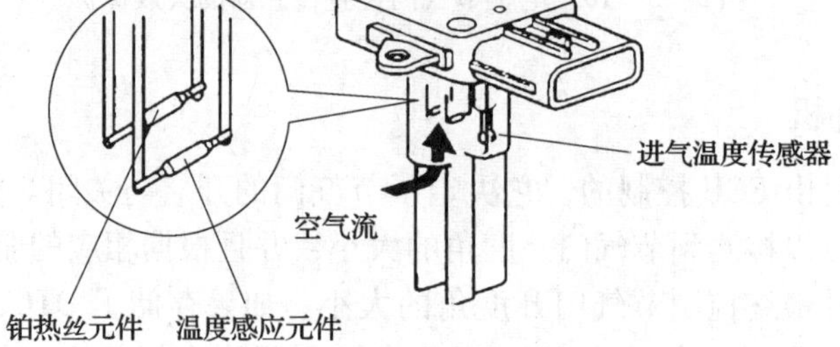

图 5—3—13　空气流量计构造

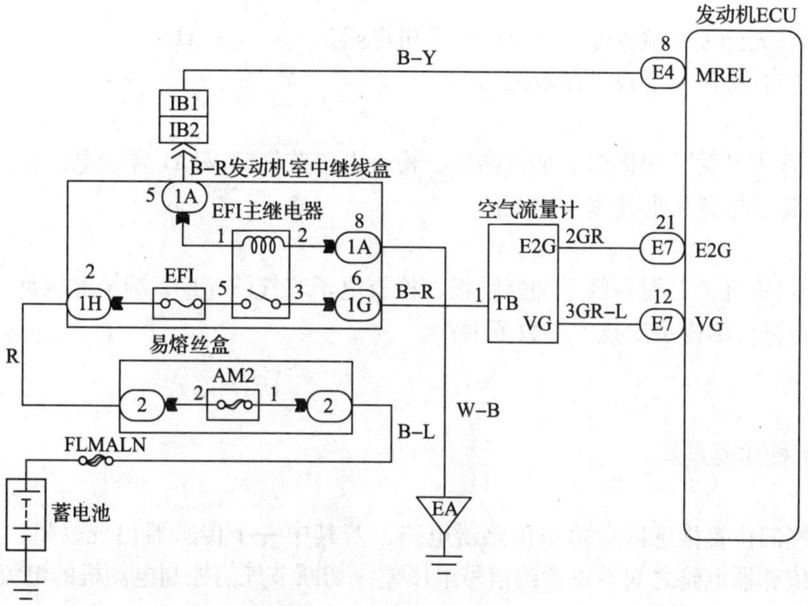

图 5—3—14　空气流量计电路

任务实施

根据教材，小组合作完成下列问题。

1. 电位计型加速踏板位置传感器以________工作，ECU 供给传感器电路________电压。电子加速踏板通过转轴与传感器内部的滑动变阻器的电刷连接，加速踏板位置传感器的位置改变时，电刷与接地端的________发生改变，ECU 将该电压转变成加速踏板的位置信号。加速踏板位置传感器同时输出________信号给 ECU，保证输出信号的可靠性。

2. 连接诊断仪，打开点火开关读取发动机系统数据流。怠速时“加速踏板 1 电位计电压值”应为________左右，“加速踏板 2 电位计电压值”为________左右；油门至最大“加速踏板 1 电位计电压值”应为________左右，“加速踏板 2 电位计电压值”为________左右。

丰田凯美瑞 2AZ 发动机电子节气门检修操作规范

1. 打开点火开关，检查电子节气门 VTA1 端子电压是____________________V。

2. 是否符合维修手册技术参数范围？

是/否

3. 打开点火开关，检查电子节气门 VTA2 端子电压是____________________V。

4. 是否符合维修手册技术参数范围？

是/否

5. 打开点火开关，检查电子节气门电动机电阻是________Ω。

6. 是否符合维修手册技术参数范围？

是/否

7. 打开点火开关，缓慢踩下加速踏板，检查电子节气门 VTA1 端子电压是________V。

8. 是否符合维修手册技术参数范围？

是/否

9. 打开点火开关，缓慢踩下加速踏板，检查电子节气门 VTA2 端子电压是________V。

10. 是否符合维修手册技术参数范围？

是/否

技术操作要点

电子节气门位置传感器有两个传感器电路，若其中一个传感器出现故障，发动机 ECU 能检修两个传感器电路之间不正常的信号电压差，切断节气门控制电动机的电流，并切换到跛行模式。然后回位弹簧的弹力导致节气门回位，保持在指定的开度。

11. 打开点火开关，检查电子节气门电动机两端电压是________V。

12. 是否符合维修手册技术参数范围？

是/否

13. 打开点火开关，缓慢踩下加速踏板，检查电子节气门电动机两端电压是________V。

14. 是否符合维修手册技术参数范围？

是/否

15. 缓慢收加速踏板时，检查电子节气门电动机两端电压是________V。

技术操作要点

节气门电动机是由 ECU 控制的，它决定了节气门的开启与关闭。安装在节气门体上的节气门位置传感器可以检测到节气门开度角的大小，并且根据相应的驱动情况反馈给 ECU，节气门控制电动机并最终控制节气门开度角的大小。如果存储了 DTC，ECU 就会切断节气门电动机的电源电路，节气门在复位弹簧的作用下回到全闭状态。

教师检查签名

回顾该工作页的目标，如果你对目标中的哪一部分还不清楚，要请教教师。如果认为已经达到了该工作页的目标，则请教师检查你的工作，并在该工作页上签字。

教师签名____________________

任务总结

一、任务评价

对本学习任务进行评价，见表5—3—2。

表5—3—2　　评分表

考核项目	评分标准	分数	学生自评	小组互评	教师评价	小计
团队合作	是否和谐	5				
活动参与	是否积极主动	5				
安全生产	有无安全隐患	10				
现场5S	是否做到	5				
任务方案	是否正确、合理	20				
操作过程	1. 加速踏板传感器电路检查 2. 加速踏板传感器信号电压测量 3. 电子节气门电路检查 4. 电子节气门信号电压测量	30				
任务完成情况	是否圆满完成	5				
工具、设备使用	是否规范、标准	10				
劳动纪律	是否严格遵守	5				
工作任务单填写	是否完整、规范	5				
总分		100				
教师签名			年　月　日		得分	

二、理论知识检验

1. 下列说法正确的是（　　）。

A. 丰田2AZ－FE发动机没有怠速阀

B. 丰田2AZ－FE发动机通过电动机控制节气门的开度来调节发动机怠速

C. 电子节气门出现故障，发动机将熄火

D. 以上都正确

2. 下列说法正确的是（　　）。

A. 丰田2AZ－FE发动机电子节气门电动机出现故障导致怠速高

B. 丰田2AZ－FE发动机电子节气门电动机出现故障导致怠速低

C. 电子节气门电动机出现故障导致无怠速

D. 以上都不正确

3. 下列说法正确的是（　　）。

A. 丰田2AZ－FE发动机电子节气门的一个滑动电阻出现故障，不影响发动机正常工作

B. 丰田2AZ－FE发动机电子节气门的两个滑动电阻出现故障，发动机熄火

C. 丰田2AZ－FE发动机电子节气门的两个滑动电阻出现故障，发动机怠速高

D. 丰田2AZ－FE发动机电子节气门的两个滑动电阻出现故障，发动机怠速低

4. 下列说法正确的是（　　）。

A. 丰田2AZ－FE发动机加速踏板位置传感器的一个滑动电阻出现故障，不影响发动机工作

B. 丰田2AZ－FE发动机加速踏板位置传感器的两个滑动电阻出现故障，发动机熄火

C. 丰田2AZ－FE发动机加速踏板位置传感器的两个滑动电阻出现故障，发动机怠速高

D. 丰田2AZ－FE发动机加速踏板位置传感器的两个滑动电阻出现故障，发动机怠速低

5. 下列说法正确的是（　　）。

A. 更换加速踏板位置传感器后必须要和电脑相互学习

B. 更换电子节气门后必须要和电脑相互学习

C. 电子节气门脏污会造成车辆滑行时容易熄火

D. 以上都正确

知识拓展

大众车型电子节气门

1. 大众车型电子节气门体构成

节气门体一般由节气门、节气门的驱动装置、节气门位置传感器及相关的传动部件构成，其外形如图5—3—15所示。

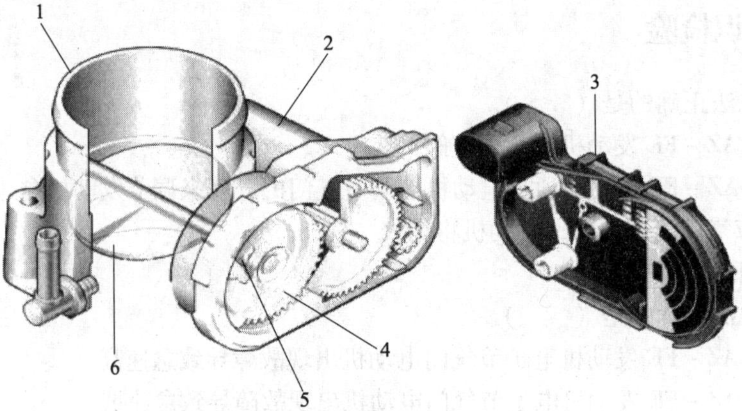

图5—3—15　节气门体外形

1—节气门体　2—节气门驱动装置　3—带集成电路的罩盖

4—带弹簧回位的齿轮　5—节气门驱动装置角度传感器　6—节气门

2. 工作原理

ECU通过接收踏板位置传感器和其他传感器信号，同时接收巡航系统、变速器系统、ABS系统的信号，计算出适当的节气门打开位置，然后控制节气门驱动电动机打开一定的程度，即进行加速和减速控制。同时，节气门位置传感器不断检测节气门的开度，并把信号反馈给ECU，电脑通过对比节气门的实际开度信号和计算设定的信号，来判断电子节气门系统的工作情况。出于安全性的考虑，使用两个传感器来检测节气门开度。节气门驱动装置根据ECU发出的指令激活节气门。电子节气门控制节气门驱动装置是一个电动机，它由ECU控制。节气门驱动装置通过一个小齿轮驱动节气门，节气门可以在怠速位置和节气门全开位置之间无级定位。其工作原理如图5—3—16所示。

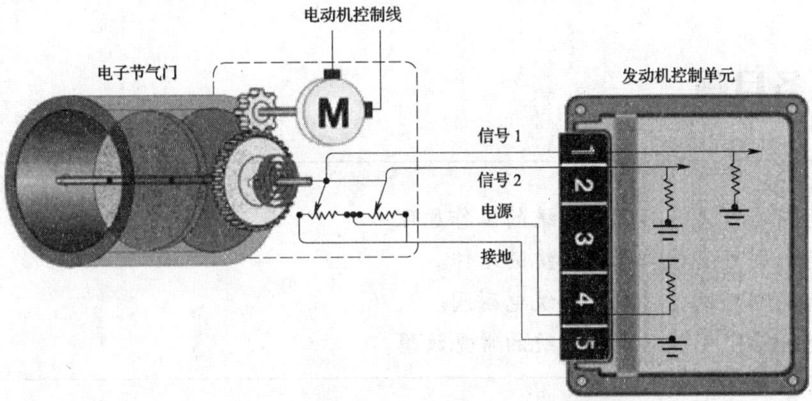

图5—3—16 大众电子节气门体工作原理

3. 检测

(1) 驱动电动机检测。可以测量其内部线圈的电阻，其电阻值为30~200 Ω。

(2) 节气门位置传感器检测。以奥迪A6为例，电源5 V左右，搭铁0~1 V，信号共2个，电压在0.3~4.5 V变化，两个信号变化的趋势是相反的。节气门体内部电路如图5—3—17所示。

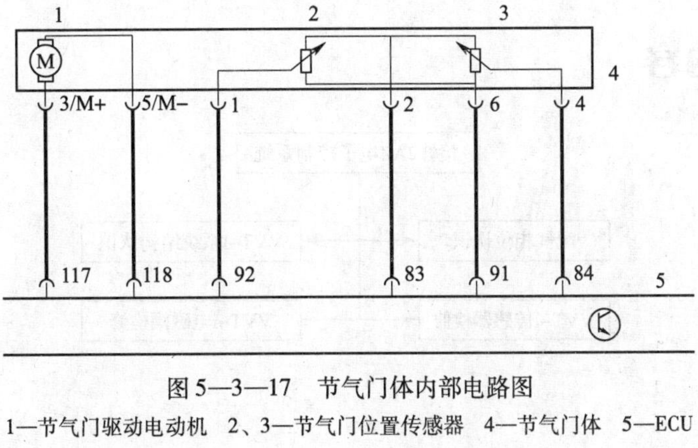

图5—3—17 节气门体内部电路图

1—节气门驱动电动机 2、3—节气门位置传感器 4—节气门体 5—ECU

4. 故障指示灯

故障指示灯向驾驶员提示电子节气门控制系统已发生故障。电子节气门控制系统故障指示灯位于仪表板中，上有“EPC”的标记。EPC 是 Electronic Power Control 的缩写，即电子节气门控制系统。接通点火开关后，该指示灯亮约 3 s，如果在故障存储器中没有存储故障，或者在该期间没有探测到故障，则指示灯熄灭。如果系统中存在故障，ECU 激活故障指示灯，并且将故障存储到故障存储器中。

任务 5.4　丰田 2AZ 发动机可变气门正时系统检修

任务目标

1. 能描述可变气门正时系统的工作原理。
2. 能识别可变气门正时系统的元件。
3. 能检测可变气门正时系统电磁阀。
4. 能检修可变气门正时系统的常见故障。

任务描述

一辆丰田凯美瑞 240G（2.4 升 2AZ－FE 发动机），行驶里程为 150 000 km，现出现起动困难故障，经某 4S 店专业维修人员诊断，故障码显示为“VVT－i 故障”。请问：如果你作为一名专业的维修人员，你准备如何进行检查与维修？请制定一份维修方案并按作业规范实施检修作业。

任务内容

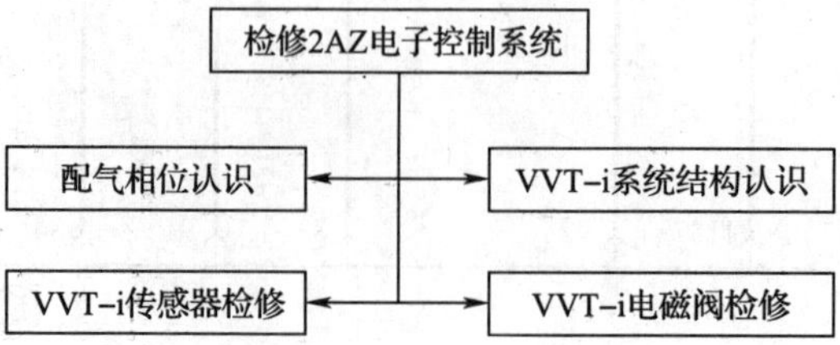

任务准备

一、配气相位对发动机性能的影响

1. 发动机配气相位

发动机进气门开启的大小和时间长短决定了进气流量。进气门开启的角度越大，开启的时间越长，进气流量越大，反之同理，于是在发动机上就产生了气门升程和正时的概念。气门升程就如同气门开启的角度，气门正时就如同气门开启的时间，它决定了单位时间内的进、排气量。

发动机的气门通常由凸轮轴带动，对于没有可变气门正时技术的普通发动机而言，进、排气门开闭的时间都是固定的。传统配气相位如图5—4—1所示。但是这种固定不变的气门正时却很难顾及发动机在不同转速和工况时的需要，当发动机处在高转速区间时，四冲程发动机的一个工作冲程仅需千分之几秒，这么短的时间往往会引起发动机进气不足和排气不净，影响发动机的效率。因此，就需要通过气门的早开和晚关，来弥补进气不足和排气不净的缺陷。这种情况下，必然会出现一个进气门和排气门同时开启的时刻，配气相位上称为“气门重叠角”，如图5—4—2所示。

图5—4—1　传统配气相位

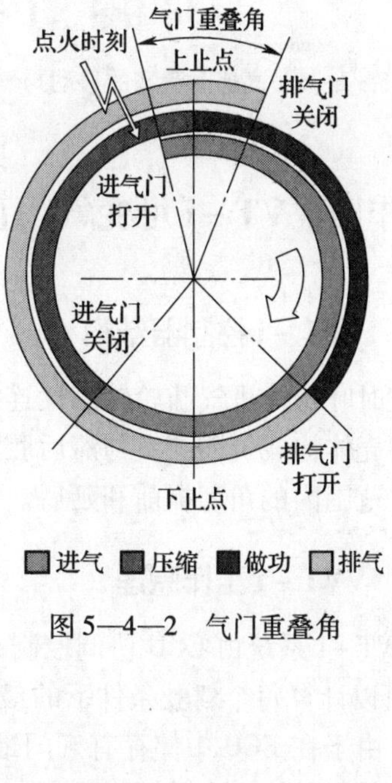

图5—4—2　气门重叠角

2. 气门重叠角对发动机的影响

气门重叠的角度往往对发动机性能产生较大的影响，发动机转速越高，每个气缸一个工作循环内留给吸气和排气的绝对时间也越短，因此，要达到更高的充气效率，就需要延长发动机的吸气和排气时间。显然，当转速越高时，要求的气门重叠角度越大。但在低转速工况下，过大的气门重叠角会使得废气过多地泻入进气端，吸气量反而会下降，气缸内气流也会紊乱，此时 ECU 也会难以对空燃比进行精确的控制，从而导致怠速不稳，低速扭矩偏低。相反，如果配气机构只对低转速工况进行优化，那么发动机就无法在高转速下达到较高的峰值功率。所以发动机的设计都会选择一个折中的方案，不可能在两种截然不同的工况下都达到最优状态，即所谓的气门“早开晚闭”。

在怠速时进气门早开，会造成排废气与进气门打开时吸入的新鲜混合气混合在一起，使燃烧不易控制，从而造成怠速不稳。在中、高速时进气门早开，可利用进气的惯性将气缸中的废气推出来，增加扭力。在极高速时，由于进排气的时间太短，且排气压力增加，此时进气门宜早开，以免造成进气受阻，且进气门宜早关，让进气更充分，进而提高容积效率。发动机高速时活塞的移动与气门的工作情况如图 5—4—3 所示。

发动机转速低时，进气管内气流慢，活塞在向上运动过程中，混合气仍可继续涌入气缸，为增加混合气量，进气门应该延迟关闭，如图 5—4—4 所示。

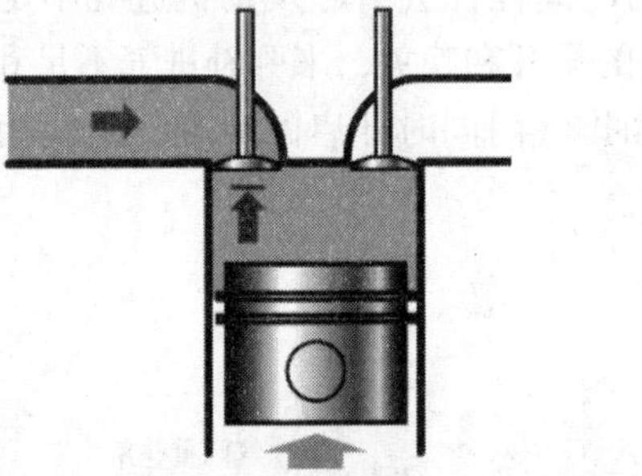

图 5—4—3　高速时活塞的移动与气门的动作

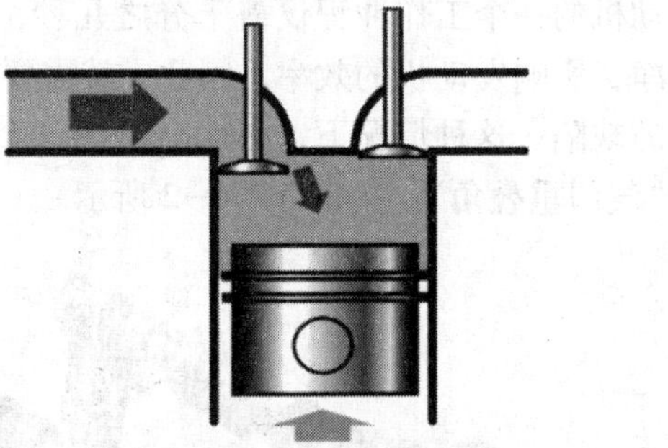

图 5—4—4　低速时活塞的移动与气门的动作

二、丰田 VVT - i 可变气门正时结构与原理

1. VVT - i 控制器结构

正时叶轮与进气凸轮轴刚性连接，正时链轮与正时链条连接，如图 5—4—5 所示。正时叶轮与壳体构成提前腔室与滞后腔室，如图 5—4—6 所示。正时叶轮在油压的作用下可以实现一定范围内的角度提前和延后。

2. VVT - i 工作原理

VVT - i 系统由 ECU 协调控制，根据发动机转速、进气量、节气门位置和水温，发动机 ECU 可以计算每个驾驶条件下的最佳气门正时，控制凸轮轴正时机油控制阀，如图 5—4—7 所示。由于在 ECU 中储存有气门最佳正时参数，所以 ECU 会随时对正时机构进行调整，从而改变气门的开启和关闭时间。

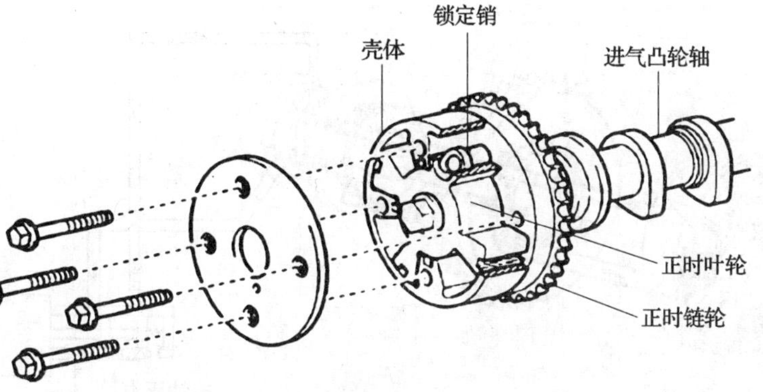

图 5—4—5　正时叶轮与正时链轮

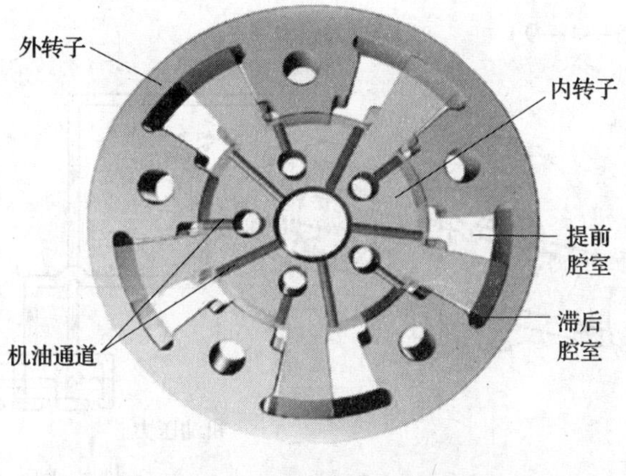

图 5—4—6　提前腔室与滞后腔室

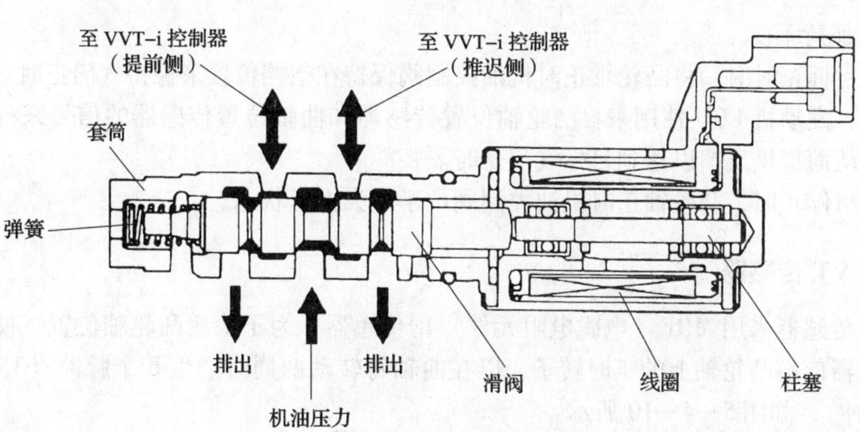

图 5—4—7　凸轮轴正时机油控制阀

(1) 提前(见图 5—4—8)

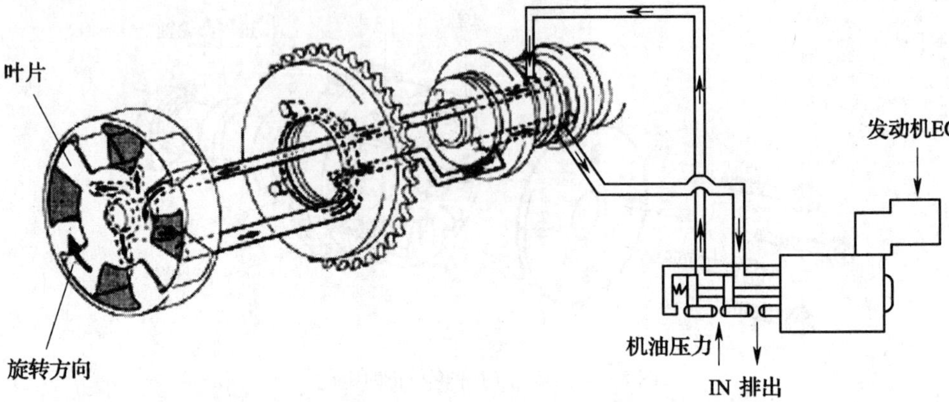

图 5—4—8 提前

(2) 推迟(见图 5—4—9)

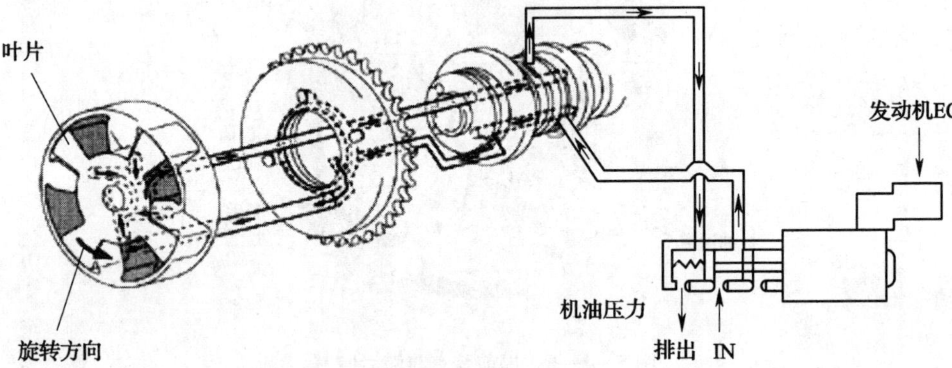

图 5—4—9 推迟

(3) 保持不变

达到目标正时时，将凸轮轴正时机油控制阀保持在空挡位置来保持气门正时。

此外，发动机 ECU 使用来自凸轮轴位置传感器和曲轴位置传感器的信号来检测实际气门正时，从而提供反馈以达到目标气门正时。

发动机停止时，凸轮轴正时机油控制阀位于最大推迟状态。

3. VVT 传感器

VVT 传感器采用 MRE(电磁电阻元件)型传感器，为了检测凸轮轴位置，使用固定在 VVT 控制器前端凸轮轴上的正时转子，以在曲轴每转动两周时产生 6 个脉冲(3 个高脉冲，3 个低脉冲)，如图 5—4—10 所示。

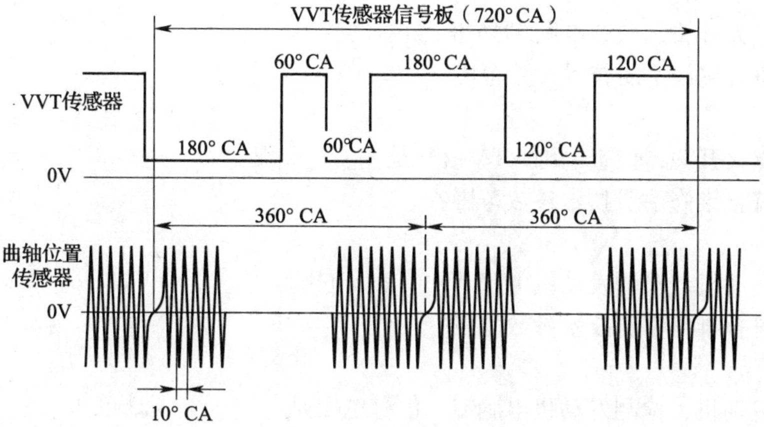

图 5—4—10　VVT 传感器

任务实施

根据教材，小组合作完成下列问题。

1. 凯美瑞三元催化器前端为________传感器，后端为________传感器。

2. 当发动机转速较低时，进气提前角________（大/小），气门升程________（高/低）有利于提高进气量。

3. 当发动机转速较高时，进气提前角________（大/小），气门升程________（高/低）有利于提高进气量。

4. 写出下列箭头处部件名称

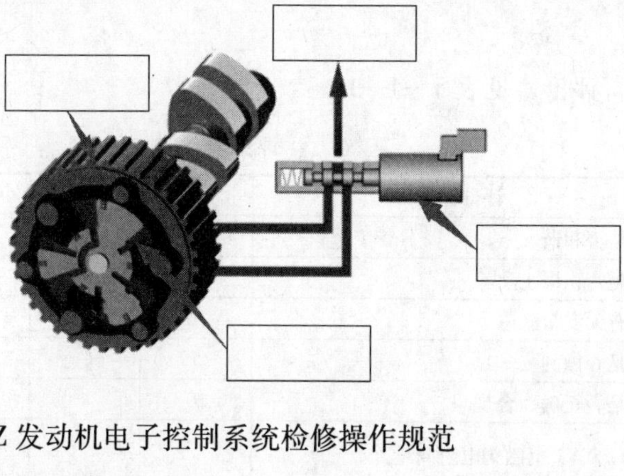

丰田凯美瑞 2AZ 发动机电子控制系统检修操作规范

1. 打开点火开关，检查电脑 THW 信号电压是________V。

2. 是否符合维修手册技术参数范围？

是/否

3. 打开点火开关，检查电脑 THA 信号电压是________V。

4. 是否符合维修手册技术参数范围?

是/否

5. 打开点火开关，检查电脑 VTA 信号是________V。

6. 是否符合维修手册技术参数范围?

是/否

7. 起动发动机，检测发动机电脑 NE + 信号电压是________V。

8. 是否符合维修手册技术参数范围?

是/否

9. 起动发动机，检测发动机电脑 G + 信号电压是________V。

10. 是否符合维修手册技术参数范围?

是/否

12. 检测 VVT 电磁阀电阻是________Ω。

13. 是否符合维修手册技术参数范围?

是/否

教师检查签名

回顾该工作页的目标，如果你对目标中的哪一部分还不清楚，要请教教师。如果认为已经达到了该工作页的目标，则请教师检查你的工作，并在该工作页上签字。

教师签名__________________

任务总结

一、任务评价

对本学习任务进行评价，见表 5—4—1。

表 5—4—1　　评分表

考核项目	评分标准	分数	学生自评	小组互评	教师评价	小计
团队合作	是否和谐	5				
活动参与	是否积极主动	5				
安全生产	有无安全隐患	10				
现场 5S	是否做到	5				
任务方案	是否正确、合理	20				
操作过程	1. VVT 电磁阀电阻测量 2. 水温传感器测量 3. 节气门位置传感器测量	30				

续表

考核项目	评分标准	分数	学生自评	小组互评	教师评价	小计
任务完成情况	是否圆满完成	5				
工具、设备使用	是否规范、标准	10				
劳动纪律	是否严格遵守	5				
工作任务单填写	是否完整、规范	5				
总分		100				
教师签名			年　月　日		得分	

二、理论知识检验

1. 下列说法正确的是（　　）。

A. 丰田 2AZ－FE 发动机采用 VVT－i 可变气门正时系统

B. 本田发动机采用 i－VTEC 可变气门正时系统

C. 可变气门正时系统都是调节进气凸轮轴

D. 以上都正确

2. 下列说法正确的是（　　）。

A. 丰田 2AZ－FE 发动机 VVT－i 可变气门正时系统是通过电动机驱动的

B. 电脑通过检测凸轮轴位置传感器来监控可变气门正时系统是否工作

C. 发动机高速时 VVT－i 可变气门正时系统才工作

D. 以上都正确

3. 下列说法正确的是（　　）。

A. 发动机低转速时节气门最好早开早闭

B. 发动机高转速时节气门最好早开早闭

C. 传统发动机的配气相位是固定的，所以对发动机怠速不利

D. 以上都不正确

4. 下列说法正确的是（　　）。

A. 本田的可变气门升程技术可以使油气混合更加均匀

B. 对于可变气门正时系统，机油的质量很重要

C. 如果可变气门正时系统出现故障会导致发动机怠速不稳

D. 以上都不正确

5. 下列说法正确的是（　　）。

A. 怠速时可变气门正时系统不工作，进气门晚开晚闭

B. 高速时可变气门正时系统工作，进气门早开晚闭

C. 如果可变气门正时电磁阀出现故障，电脑无法检测

D. 以上都不正确

知识拓展

本田可变气门正时技术

一、本田 i-VTEC 检修

1. 可变气门升程技术

可变气门升程技术可以在发动机不同转速下匹配合适的气门升程，使得低转速下扭矩充沛，而高转速时马力强劲。低转速时系统使用较小的气门升程，这样有利于增加缸内紊流，提高燃烧速度，增加发动机的低速扭矩，而高转速时使用较大的气门升程则可以显著提高进气量，进而提升高转速时的功率输出。

2. 本田 VTEC 可变气门升程结构

当发动机在中、低转速时，两根摇臂处于分离状态，高低凸轮推动主摇臂和副摇臂来控制两个进气门的开闭，由于气门开启的角度不同，形成进气涡流，使混合气混合更加均匀，燃烧更充分。

发动机达到某一个设定的转速时，电脑即会指令电磁阀起动液压系统，推动摇臂内的小活塞，使两根摇臂锁成一体，一起由高角度凸轮驱动，这时气门的升程和开启时间都相应增大了，使得单位时间内的进气量更大，发动机动力也更强。这种在一定转速后突然的动力爆发极大地提升了驾驶乐趣。当发动机转速降到某一转速时，摇臂内的液压也随之降低，活塞在回位弹簧作用下退回原位，两根摇臂分开。

3. 本田 i-VTEC

VTEC 系统对于配气相位的改变是阶段性的，只能在高速低速的状态下跳跃，而不是连续线性改变，因此，在这个基础上本田又推出了 i-VTEC 系统，这套系统较 VTEC 增加了 VTC 可变正时控制装置，也就是一组进气门凸轮轴正时可变的控制机构，如图 5—4—11 所示。

二、D-VVT 技术

绝大部分气门正时系统都可以实现进气门正时在一定范围内的无级可调，而一部分发动机在排气门也配备了 VVT 系统，从而在进、排气门都实现了气门正时无级可调（也就是 D-VVT，双 VVT 技术），进一步优化了燃烧效率。D-VVT 发动机可实现对进、排气门同时调节，具有低转速大扭矩、高转速高功率的优异特性。D-VVT 系统组成如图 5—4—12 所示。

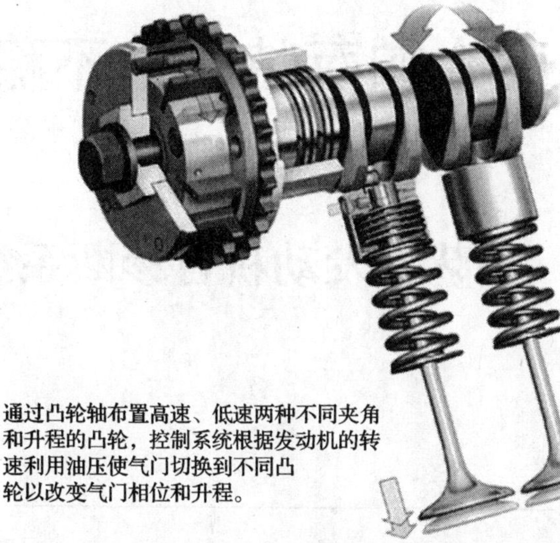

图 5—4—11　本田 i - VTEC 结构

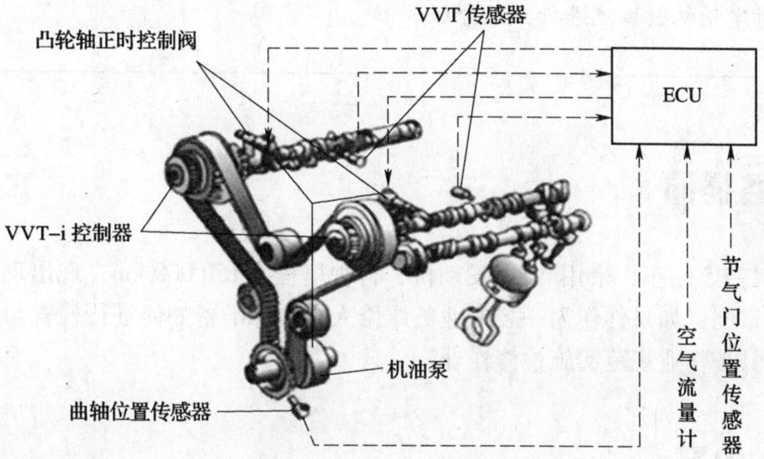

图 5—4—12　D - VVT 系统组成

项目六　大众帕萨特怠速不稳故障检修

任务 6.1　帕萨特发动机自诊断系统检修

任务目标

1. 能描述帕萨特 ANQ 电控发动机技术特点。
2. 能使用诊断仪对大众电控发动机进行故障自诊断。
3. 能对发动机数据流进行正确分析。

任务描述

一辆帕萨特 B5 轿车，采用 ANQ 发动机，行驶里程为 150 000 km，现出现怠速不稳，加速无力故障。请问：如果你作为一名专业的维修人员，你准备如何进行检查与维修？请制定一份维修方案并按作业规范实施检修作业。

任务内容

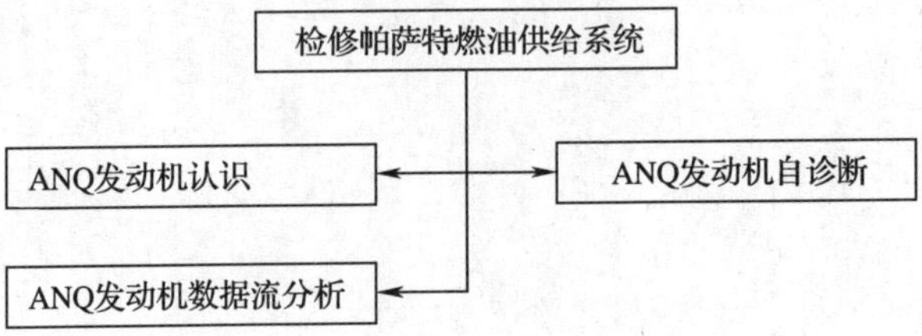

任务准备

一、帕萨特 ANQ 发动机技术特点

上海大众为帕萨特提供了三种动力，1.8、1.8T 和 2.0L 的发动机。1.8T 的涡轮增压发动机每缸有 5 个气门，拥有着与奥迪 1.8T 发动机相同的核心技术。帕萨特 B5 基本型的发动机代号为 ANQ 电控发动机，它采用了德国波许（BOSCH）公司先进的 Motronic 电子控制多点汽油顺序喷射系统，技术参数见表 6—1—1。

表 6—1—1　帕萨特 B5 基本型（ANQ 电控发动机）发动机技术参数

项目 \ 发动机型号	ANQ 电控发动机（基本型）
	参数
排量/L	1.781
压缩比	10.3:1
最大功率/kW	95（5 800 r/min）
最大扭矩/N·m	162（3 950 r/min）
点火系统	Motronic3.8.2 的电控直接点火
点火顺序	1—3—4—2
气门形式	5 气门（3 进 2 排）
可变进气歧管技术	有
可变凸轮轴技术	有
三元催化器	有
涡轮增压	无
OBD－II	有

ANQ 电控发动机的技术特点如下：

ANQ 电控发动机进气系统采用了加大的空气滤清器，可以有效降低进气噪声；采用了可变进气歧管和可变凸轮轴技术，可以保证发动机各个工况可靠的动力输出；采用了热膜式空气流量计检测发动机进气量，可直接反映发动机负荷。该系统能依据进气流量信号和曲轴转角信号准确控制发动机混合气空燃比和点火时间，从而极大地降低了汽车排气污染。

ANQ 电控发动机的电控单元（ECU）具有自我诊断系统，但是必须用专用仪器才可读出 ECU 中储存的故障码。发动机电控系统还具有备用功能，备用功能用于在控制系统、传感器、执行元件发生某些故障时，维持发动机运转，以保证汽车能够继续行驶。

ANQ 电控发动机采用了汽油蒸气控制回收系统。汽油蒸气控制回收系统采用活性炭罐吸附油箱中挥发的汽油蒸气，在发动机起动后，再把炭罐中吸附的汽油吹出燃烧，减少废气排放，更为节能。

ANQ 电控发动机的点火系统有两个爆震传感器，能使 ECU 更有效地识别各个气缸是否

有爆震现象，迅速调整点火时间，保护发动机免受劣质汽油引起的强烈爆震的损害。

二、帕萨特 ANQ 发动机故障自诊断

1. 连接故障阅读仪 VAG1551 并查询控制单元版本

连接故障阅读仪 VAG1551 并查询控制单元版本的方法如下：

(1) 取掉在手刹车手柄右侧的诊断系统插座的盖板，连接故障阅读仪 V. A. G1551，根据所需要的功能，打开点火开关或者起动发动机，可选功能与具体操作见表 6—1—2。

表 6—1—2　可选功能与具体操作

代码	功能	发动机不转，点火开关接通	发动机怠速运转	车辆在运行状态
01	查询控制单元版本	√	√	√
02	查询故障存储器	√	√	√
03	最终控制诊断	√	×	×
04	基本设定	√	√	×
05	删除故障存储	√	√	√
06	结束输出	√	√	√
07	控制单元编码	√	×	×
08	读测试数据块	√	√	√
10	匹配	√	×	×
11	登录	×	√	×

√表示可以操作　×表示不能操作

(2) 操作故障阅读仪，屏幕显示：

VAG – SELF – DIAGNOSIS　　HELP 1—Rapid data transfer 2—Flash code output	
V. A. G 自诊断　　帮助 1—快速数据传输 2—闪烁代码输出	

(3) 按数字键 1，选快速数据传输。屏幕显示：

Rapid data transfer　　　　HELP Enter address word　XX
快速数据传输　　　　帮助 输入地址码　XX

（4）输入数字键0和1，即发动机电子系统地址码，按Q键确认，屏幕显示：

800 907559B 1.8L R4/5V MOTR　HS D01　→ Coding 04001　　　　　　WSC XXXXX
800 907 559B 1.8L R4/5V MOTR　HS D01　→ 编码04001　　　　　　WSC XXXXX

其中：800 907 559B 表示控制单元零件号；

1.8L 表示发动机排量；

R4/5V 表示发动机结构形式（直列式发动机4缸5气门）；

MOTR 表示系统标识（发动机电子控制系统）；

HS 表示手动变速箱，AT 表示自动变速箱；

D01 表示程序状态号；

Coding 04001 表示控制单元的代码；

WSC XXXXX 表示故障阅读仪 V. A. G1551 的上一次完成修理工作的维修站代码。

提示：如果 ECU 代码错误，则会造成发动机运行不良，如换挡冲击、油耗增加、排放变差、将不存在的故障存入故障存储器、不履行炭罐过滤系统的控制功能、缩减变速箱功能等故障，如果 ECU 版本不正确，则应更换 ECU。

2. 查询和删除故障存储

查询和删除故障存储的方法如下：

（1）连接故障阅读仪 V. A. G1551，起动发动机，输入地址码01，选择 ECU。屏幕显示：

Rapid data transfer　　HELP Select function　XX
快速数据传输　　　　帮助 选择功能　XX

（2）输入数字键0和2，选定查询故障代码功能，接着按Q键确认。屏幕上显示出存储

的故障数量或 No faults recognized!(即没有识别到故障):

XFaults recognized!
X 个故障被识别!

(3)按→键依次显示所有故障代码直至结束。屏幕显示:

Rapid data transfer　HELP Select function　XX
快速数据传输　帮助 选择功能　XX

(4)按数字键 0 和 5,选定故障删除功能。屏幕显示:

Rapid data transfer　Q 05 Erase fault memory
快速数据传输　Q 05 清除故障存储

(5)按 Q 键确认。屏幕显示:

Rapid data transfer　→ Fault memory is erased
快速数据传输　→ 故障存储被清除

(6)按→键,屏幕显示:

Rapid data transfer　HELP Select function　XX
快速数据传输　帮助 选择功能　XX

(7)按键 0 和 6 选定结束输出功能并按 Q 键确认,则结束输出。

3. 读取数据流（大众一般称为读测量数据块）

读取数据流的具体方法如下。

检查条件：冷却液温度必须至少为85℃；所有电气设备应关闭，如灯、后风窗玻璃的加热、空调设备等；在自动变速箱的车辆中选择手柄位于“P”和“N”位；不允许有故障存储，若有应清除故障存储。具体操作方法如下：

（1）连接故障阅读仪V. A. G1551，输入地址码，选择ECU并按Q键确认，屏幕显示：

Rapid data transfer Select function　XX	HELP
快速数据传输 选择功能　XX	帮助

（2）按数字键0和8，读测量数据块。屏幕显示：

Rapid data transfer 08 - Read measured value block	Q
快速数据传输 08 - 读测量数据块	Q

（3）按Q键确认。屏幕显示：

Read measured value block Input display group number　XXX	HELP
基本设定 输入显示组号　XXX	帮助

（4）输入显示组编号，按Q键确认。屏幕显示（以显示组1例）：

Read measured value block 1			→
1	2	3	4
读测量数据块1			→
1	2	3	4

（5）测试数据块共100组，分别在000~099中，对维修有意义的内容见表6—1—3。

表 6—1—3　　测试数据块一览表

显示组号	屏幕显示	说明	允许值
00 基本功能	Read measuring value block 0 1 2 3 4 5 6 7 8 9 10	1—冷却液温度 2—发动机负荷 3—发动机转速（怠速转速） 4—发动机 ECU 电压供应 5—节气门角度 6—怠速调节器 7—怠速稳定的学习值 8—氧过量的调节器 9—混合气的学习值 10—混合气的学习值	80 ~ 105℃ 0. 85 ~ 2. 2 ms 820 ~ 900 r/min 10 ~ 14. 5 V 0 ~ 5∠° - 2. 5 ~ 2. 5 g/h - 4 ~ 4 kg/h - 10% ~ 10% - 0. 64 ~ 0. 64 ms - 8% ~ 8%
01 基本功能	Read measuring value block 1 1 2 3 4	1—发动机转速（怠速转速） 2—发动机负荷 3—节气门角度 4—点火提前角	820 ~ 900 r/min 1. 00 ~ 2. 50 ms 0 ~ 5∠° 5. 25 ~ 14. 25°V. OT
02 基本功能	Read measuring value block 2 1 2 3 4	1—发动机转速（怠速转速） 2—发动机负荷 3—发动机每循环喷射时间 4—进气质量	820 ~ 900 r/min 1. 00 ~ 2. 50 ms 2. 00 ~ 5. 00 ms 2. 0 ~ 4. 0 g/s
03 基本功能	Read measuring value block 3 1 2 3 4	1—发动机转速（怠速转速） 2—发动机 ECU 电压供应 3—冷却液温度 4—进气温度	820 ~ 900 r/min 10. 000 ~ 14. 500 V 80 ~ 105℃ Umgeb. Temp ~ 90℃
04 怠速稳定系统	Read measuring value block 4 1 2 3 4	1—节气门角度 2—怠速空气质量学习值（手动变速箱在空挡位置） 3—怠速空气质量学习值（自动变速箱在 P 挡） 4—工作状况（怠速、部分负荷、满负荷、加浓滑行）	0 ~ 5∠° - 1. 70 ~ 1. 70 g/s - 1. 70 ~ 1. 70 g/s Idling
05 怠速稳定	Read measuring value block 5 1 2 3 4	1—怠速转速 2—发动机转速（怠速允许值） 3—怠速进气量调节值 4—进气质量	820 ~ 900 r/min 860 r/min - 10. 0% ~ 10. 0% 2. 0 ~ 4. 0g/s

续表

显示组号	屏幕显示	说明	允许值
06 怠速稳定	Read measuring value block 6 1 2 3 4	1—发动机转速 2—怠速进气量调节值 3—λ 调节器的调节值 4—点火提前角	0 ~ 2 550 r/min - 10.0% ~ 10.0% - 10.0% ~ 10.0% - 10 ~ +45V. OT
07 λ 学习值	Read measuring value block 7 1 2 3 4	1—λ 调节器控制值 2—λ 传感器电压 3—活性炭罐电磁阀占空比 4—汽油通风的 λ 修正因素	- 10.0 ~ 10.0% 0.000 ~ 1.100 V 0 ~ 99% 0.30 ~ 1.10
08 λ 学习值	Read measuring value block 8 1 2 3 4	1—发动机每循环喷射时间 2—怠速时 λ 学习值 3—部分负荷时 λ 学习值 4—汽油箱通风运行状态	2.00 ~ 5.00 - 10.0% ~ 10.0% - 8.0% ~ 8.0% 活性炭罐电磁阀动作或活性炭罐电磁阀关闭或 λ 调节起作用
09 λ 学习值	Read measuring value block 9 1 2 3 4	1—发动机转速（怠速转速） 2—λ 调节器调节值 3—λ 传感器电压 4—怠速时 λ 学习值	820 ~ 900 r/min - 1.00% ~ 10.0% 0.000 ~ 1.000 V - 10.0% ~ 10.0%
10 汽油箱通风	Read measuring value block 10 1 2 3 4	1—活性炭罐电磁阀的占空比 2—汽油箱通风动作时的 λ 修正因素 3—活性炭罐过滤器充满水平 4—汽油箱通风系统净化速率	0.00 ~ 0.30 - 3 ~ 32 0.30 ~ 1.20 0 ~ 99%
11 汽油消耗	Read measuring value block 11 1 2 3 4	1—发动机转速（怠速转速） 2—发动机负荷 3—行驶速度 4—汽油消耗	820 ~ 900 r/min 1.00 ~ 2.50 ms 0 km/h 0.5 ~ 1.50 L/h
14 爆震控制	Read measuring value block 14 1 2 3 4	1—发动机转速（ ） 2—发动机负荷 3—1 缸爆震控制点火滞后角 4—2 缸爆震控制点火滞后角	820 ~ 900 r/min 1.00 ~ 2.50 ms 0 ~ 15.0°kW 0 ~ 15.0°kW

续表

显示组号	屏幕显示	说明	允许值
15 爆震控制	Read measuring value block 15 1 2 3 4	1—发动机转速 2—发动机负荷 3—3 缸爆震控制点火滞后角 4—4 缸爆震控制点火滞后角	820 ~ 900 r/min 1. 00 ~ 2. 50 ms 0 ~ 15. 0°kW 0 ~ 15. 0°kW
16 爆震控制	Read measuring value block 16 1 2 3 4	1—1 缸爆震传感器信号电压 2—2 缸爆震传感器信号电压 3—3 缸爆震传感器信号电压 4—4 缸爆震传感器信号电压	0. 300 ~ 1. 400 V 0. 300 ~ 1. 400 V 0. 300 ~ 1. 400 V 0. 300 ~ 1. 400 V
18 海拔高度适配	Read measuring value block 18 1 2 3 4	1—发动机转速（怠速转速） 2—发动机负荷 3—发动机负荷，节气门角度 4—高度修正因素	820 ~ 900 r/min 1. 00 ~ 2. 50 ms — - 30. 0% ~ 25. 0%
19 在自动变速箱中的扭矩减小	Read measuring value block 0 1 2 3 4	1—发动机转速（怠速转速） 2—发动机负荷 3—运行状态 4—点火提前角	820 ~ 900 r/min 1. 00 ~ 2. 50 ms ×1×无点火滞后角 12°V. OT
20 运行状态	Read measuring value block 20 1 2 3 4	1—发动机转速（怠速转速） 2—自动变速排挡选择信号 3—空调工作状态 4—空调压缩机工作状态	Neutral Gear selected ON A/C - High A/C - Low Compr. ON Compr. OFF
21 λ 调节	Read measuring value block 21 1 2 3 4	1—发动机转速（怠速转速） 2—发动机负荷 3—冷却液温度 4—λ 调节工作状态	820 ~ 900 r/min 1. 00 ~ 2. 50 ms - 39 ~ 140℃ λ - Reg. OFF Reg. ON
23 节气门控制组件	Read measuring value block 23 1 2 3 4	1—学习需要显示 2—节气门位置调节器最小停止位置 3—节气门位置调节器紧急运行停止位置 4—节气门位置调节器最大停止位置	100 000 72. 0% ~ 95. 0% 67. 0% ~ 83. 0% 18. 0% ~ 54. 0%

续表

显示组号	屏幕显示	说明	允许值
24 爆震控制	Read measuring value block 24 1 2 3 4	1—发动机转速 2—发动机负荷 3—点火提前角 4—1 至 4 缸点火滞后角	0 ~6 800 r/min 0 ~10.00 ms 20 ~40°V. OT 0 ~72.0°kW
25 进气歧管切换和凸轮轴调整	Read measuring value block 25 1 2 3 4	1—发动机工作状态 2—霍尔传感器调整偏差 3—工作状态（进气歧管切换/凸轮轴调整） 4—激活的凸轮轴调整角	-30 ~30°kW ×00 -3 ~21°kW
26 凸轮轴调整	Read measuring value block 26 1 2 3 4	1—发动机转速 2—发动机负荷 3—工作状态（进气歧管切换/凸轮轴调整） 4—激活的凸轮轴调整角	0 ~6 800 r/min 0 ~10.00 ms ×00 -3 ~21°kW
95 基本功能	Read measuring value block 26 1 2 3 4	1—发动机转速（怠速转速） 2—发动机负荷 3—点火提前角 4—冷却液温度	820 ~900 r/min 1.00 ~2.50 ms 12.0°V. OT 80 ~105℃
98 节气门控制组件匹配	Read measuring value block 98 1 2 3 4	1—节气门电位计电压 2—节气门位置传感器电压 3—工作状态： 4—匹配状态：	0.5 ~4.9 V 怠速/部分负荷 正在匹配/匹配完成/匹配错误
99 λ 控制	Read measuring value block 99 1 2 3 4	1—发动机转速（怠速转速） 2—冷却液温度 3—λ 调节 4—λ 调节工作状态	820 ~900 r/min -40 ~125℃ -10% ~10% 关闭/打开

三、帕萨特 ANQ 发动机喷油时间检测

读取发动机数据流 002 显示组，怠速时喷油器的喷油时间见表 6—1—4。002 显示组数据分析见表 6—1—5。

表 6—1—4　　　　002 显示组

显示组 002 – 基本功能					
读测试数据块 2 → xxx r/min	x. xx ms	x. xxms	x. xg/s	屏幕显示	允许值
1	2	3	4	显示区域	
			吸入的空气量		2.0 ~ 4.0 g/s
		喷油时间（每个工作循环）			2.00 ~ 5.00 ms
	发动机负荷				1.00 ~ 2.50 ms
发动机转速（怠速转速）					820 ~ 900 r/min

表 6—1—5　　　　002 显示组分析

显示区域	屏幕上的显示	可能的故障原因	故障排除
3	小于 1.00 ms	—来自活性炭罐系统的高的汽油量 —带较大流量的喷油器故障	—检查活性炭罐的电磁阀 —检查喷射速率
	大于 2.50 ms 和 1.50 ms	—由于使用电气设备、空调设备、驾驶排挡选择、动力转向机在极限位置等引起的发动机负荷加大	—排除负荷加大的原因（空调、动力转向等）
4	小于 2.0 g/s	—在进气歧管和空气质量计之间的大量未计量空气量	—排除未计量的空气故障
	大于 4.0 g/s	—驾驶排挡选择（自动变速器） —发动机由于辅助设备而增加负荷	—将选择手柄置 P 或 N 位 —排除负荷增加的原因

提示：在显示区域 2 中将显示相应于怠速中的吸入进气量和发动机负荷的喷射时间，这是一个纯计算的理论值，它仅同曲轴转一圈相关。对在怠速下的发动机负荷可以理解为发动机所需克服的自身摩擦力和附件驱动装置，所吸入的空气量将在显示区域 4 中显示出来。

在显示区域 3 中，则显示相应于一个完整的工作循环下，即曲轴转两圈得出的喷油时间，在显示区域 3 中的值不是显示区域 2 中的两倍，而是一个经修整过的实际喷油时间。其影响因素：①λ 调节；②活性炭罐的混合气浓度；③空气温度；④蓄电池电压（喷油器打开的快慢）。

如果发动机吸入未被计量的空气，则在显示区域 2 中的计算值会变化，每个工作循环的实际喷油时间将通过 λ 调节保持在允许值上。

在显示区域 4 中将显示由空气质量计测量出的空气量。在节气门控制组件故障引起的紧急运行状态下，发动机以高怠速运转（1 100 ~ 1 300 r/min），此时进气量有 4.5 ~ 5.5 g/s。如果 ECU 识别出空气质量计有故障，将节气门电位计的替代值（g/s）显示出来。

任务实施

1. 打开点火开关，连接诊断仪，查询控制单元版本。

______________________电脑零件号

2. 读取发动机故障码，是否存在故障，如果有故障，写下故障码。

____

3. 查询控制单元编码，写下控制单元编码号。

编码 Coding ______________________

4. 进行执行元件自行诊断，喷油器是否正常动作？

正常/异常

5. 起动发动机，读取发动机数据流，进入 002 通道，怠速时喷油时间是多少？

____

正常/异常

6. 起动发动机，读取发动机数据流，进入 002 通道，怠速时吸入的空气质量是多少？

____

正常/异常

7. 起动发动机，读取发动机数据流，进入 003 通道，发动机温度是多少摄氏度？

____

正常/异常

8. 起动发动机，读取发动机数据流，进入 003 通道，进气温度是多少摄氏度？

____

正常/异常

9. 起动发动机，读取发动机数据流，进入 001 通道，节气门角度是多少？

____

正常/异常

10. 起动发动机，读取发动机数据流，进入 001 通道，怠速时点火提前角是多少？

____

正常/异常

教师检查签名

回顾该工作页的目标，如果你对目标中的哪一部分还不清楚，要请教教师。如果认为已经达到了该工作页的目标，则请教师检查你的工作，并在该工作页上签字。

教师签名______________

任务总结

一、任务评价

对本学习任务进行评价，见表 6—1—6。

表 6—1—6　　评分表

考核项目	评分标准	分数	学生自评	小组互评	教师评价	小计
团队合作	是否和谐	5				
活动参与	是否积极主动	5				
安全生产	有无安全隐患	10				
现场 5S	是否做到	5				
任务方案	是否正确、合理	20				
操作过程	1. 喷油器喷油时间检查 2. 发动机温度检查 3. 点火提前角检查	30				
任务完成情况	是否圆满完成	5				
工具、设备使用	是否规范、标准	10				
劳动纪律	是否严格遵守	5				
工作任务单填写	是否完整、规范	5				
总分		100				
教师签名			年　月　日		得分	

二、理论知识检验

1. 下列说法正确的是（　　）。

A. 大众 ANQ 电控发动机有两个爆震传感器

B. 大众 ANQ 电控发动机转速传感器为霍尔式

C. 大众 ANQ 电控发动机转速传感器安装在曲轴皮带轮处

D. 大众 ANQ 电控发动机凸轮轴位置传感器为触发叶片式霍尔传感器

2. 下列说法正确的是（　　）。

A. 大众 ANQ 电控发动机有可变进气歧管技术
B. 大众 ANQ 电控发动机有可变气门正时技术
C. 大众 ANQ 电控发动机有涡轮增压技术
D. 大众 ANQ 电控发动机采用单管路燃油供给系统，燃油压力固定不变
3. 下列说法正确的是（　　）。
A. 大众 ANQ 电控发动机采用热线式空气流量计
B. 大众 ANQ 电控发动机怠速时喷油器喷油时间正常为 2 ~ 4 ms
C. 大众 ANQ 电控发动机怠速时所进空气质量正常为 4 ~ 6 g/s
D. 以上都正确
4. 下列说法正确的是（　　）。
A. 大众 ANQ 电控发动机诊断座位于驾驶员脚底上方
B. 大众 ANQ 电控发动机更换发动机电脑后必须重新对电脑编码
C. 大众 ANQ 电控发动机发动机电脑位于发动机仓
D. 以上都正确
5. 下列说法正确的是（　　）。
A. 电磁式传感器容易受到电磁干扰，所以要对信号线进行屏蔽
B. 屏蔽线必须要搭铁
C. 大众 ANQ 电控发动机爆震传感器没有信号屏蔽线
D. 以上都正确

任务 6.2　大众帕萨特发动机混合气自适应系统检修

任务目标

1. 能描述帕萨特节气门位置传感器结构与工作原理。
2. 能对节气门做基本设定。
3. 能检修节气门位置传感器故障。
4. 能检修空气流量计传感器故障。
5. 能检修帕萨特混合气自适应超出极限故障。

任务描述

一辆帕萨特 B5 轿车，采用 ANQ 发动机，行驶里程为 150 000 km，现出现怠速不稳故

障。经某4S店专业维修人员诊断，故障码显示为“节气门控制单元故障”。请问：如果你作为一名专业的维修人员，你准备如何进行检查与维修？请制定一份维修方案并按作业规范实施检修作业。

任务内容

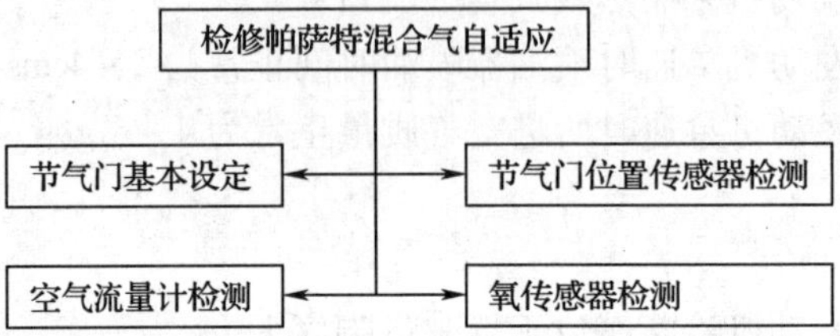

任务准备

一、混合气自适应超限对发动机怠速不稳的影响

大众车怠速不稳通常可表现为三种类型：

1．怠速转速有时高于800 r/min，有时在400～900 r/min之间抖动。

2．发动机从其他工况转到怠速工况过程中出现不能回到稳定的怠速工况，转速不稳，甚至熄火。

3．仅怠速不稳，其他工况运转良好。

第一类怠速故障现象的原因主要个别气缸工作能力不良。而具体原因较多，燃油系、点火系、电控方面、机械方面（如个别缸压缩比低）都可能造成个别缸工作不良。

第二类怠速故障现象常是因为节气门和节气门体脏了或怠速控制阀脏了。有时还可读到“00533 怠速调节超过自适应界限”。如果读数据流02显示组，可发现节气门开度角都已大于4°。

第三类怠速故障现象的原因是“混合气自适应超限”。

短时燃油修正是一个数值参数，其数值范围是－10%～10%。短期燃油微调表示发动机电脑响应燃油控制氧传感器为电压高于或低于450 mV限度的时间，进行短期的校正供油。若氧传感器电压主要保持在450 mV以下，表示混合气过稀，短期燃油微调则提高至0%以上的正值范围内且发动机电脑将增加供油量。若氧传感器电压主要在450 mV以上，短期燃油微调则减小至0以下进入负值范围，同时发动机电脑减小供油量，补偿所指示的浓混合气状况。在一定条件下，如长时间怠速运行且环境温度较高，正常操作时，炭罐清污也会使短期燃油微调显示在负值范围内。控制燃油微调时，发动机电脑最大允许范围在－10%～10%之间。在最大允许值时，燃油微调值则表示系统过浓或过稀。对应于短时燃油修正，还有一个长时修正（BLM）参数，它是从短时燃油修正派生出来的。

长时燃油修正同短时燃油修正一样，表示修正的方向，即高的数值表示加浓混合气，低的数值表示减稀混合气。

二、帕萨特节气门位置传感器检修

1. 节气门控制组件的结构

ANQ 电控发动机的节气门控制组件是一个集成部件，它的外形如图 6—2—1 所示，构成及作用见表 6—2—1。

图 6—2—1　ANQ 电控发动机的节气门控制组件

表 6—2—1　　ANQ 电控发动机的节气门控制组件的构成及作用

部件名称	作　用
怠速电动机	怠速时直接控制节气门的开度，保证发动机有稳定的怠速
线性电阻式节气门位置传感器	为 ECU 提供节气门的开度变化信号
触点式怠速开关	ECU 通过开关信号可以判断发动机是否在怠速状态
线性电阻式节气门定位电位计	在怠速时为 ECU 提供节气门开度的信号，以保证怠速控制的准确性
紧急运行弹簧	在怠速工况时若怠速控制阀出现问题，保证节气门能够保持一定的开度维持发动机在固定的怠速转速下运转

2. 节气门控制组件的控制电路

节气门控制组件的控制电路如图 6—2—2 所示，节气门控制组件的各接脚作用见表 6—2—2。

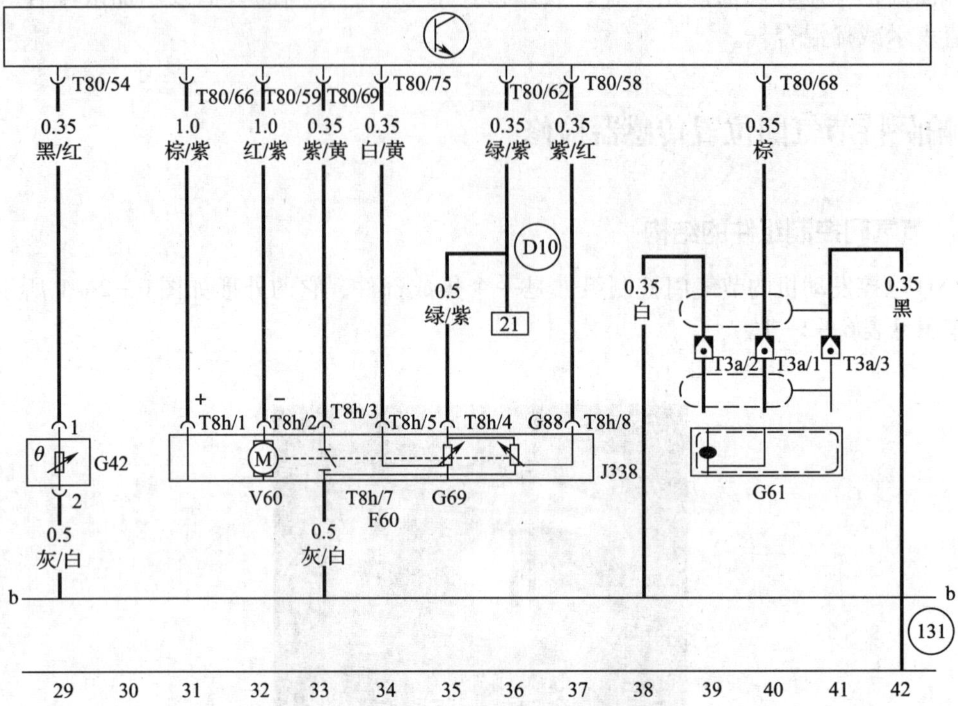

图 6—2—2　节气门控制组件的控制电路

F60—怠速开关　G69—节气门电位计　G88—节气门定位电位计

J220—发动机 ECU　J338—节气门控制组件　V60—怠速控制电机

表 6—2—2　　节气门控制组件的接脚作用

接脚号码	作　用
1	怠速控制阀火线
2	怠速控制阀接地
3	怠速开关信号线
4	节气门位置传感器电源线
5	节气门定位电位计信号线
6	空位
7	节气门位置传感器搭铁
8	节气门位置传感器信号线

3. 节气门控制组件的检测

ANQ 电控发动机节气门控制组件的检测必须通过 V. A. G1551 或 V. A. G1552 配合进行，其检测步骤如下。

(1) 怠速开关的检测。怠速开关的检测步骤如下：

1) 连接 V. A. G1551，打开点火开关，输入地址码 01 选定发动机 ECU，屏幕显示：

Rapid data transfer　　　　HELP Select function　XX
快速数据传输　　　帮助 选择功能　XX

2）按键 0 和 8，选择读测试数据块功能，并按 Q 键确认。屏幕显示：

Read measured value block　　　HELP Input display group number XXX
读测试数据块　　　　　　　帮助 输入显示组号码 XXX

3）按键 0、9 和 8 选定"显示组 98"，并按 Q 键确认。屏幕显示：

Read measured value block　98　　→ 1　　2　　3　　4
读测试数据块 98　　　　　　→ 1　　2　　3　　4

4）屏幕显示区域 3 中运行状态应显示为怠速（Idling），慢慢开启节气门，在怠速行驶后达到一个极限点，进一步开启节气门，显示应跳到部分负荷（Part throttle）。如果显示不正常，可能的原因有接地短路、正极断路或短路。

5）拔下节气门控制部件的八针插头，如图 6—2—3 所示。用辅助导线将端子 3 和 7 跨接，观察屏幕显示是否正常。若正常，则更换节气门控制部件；若不正常，检查节气门控制部件的供电电压和到 ECU 的导线是否正常，若电压和导线正常，更换发动机 ECU。

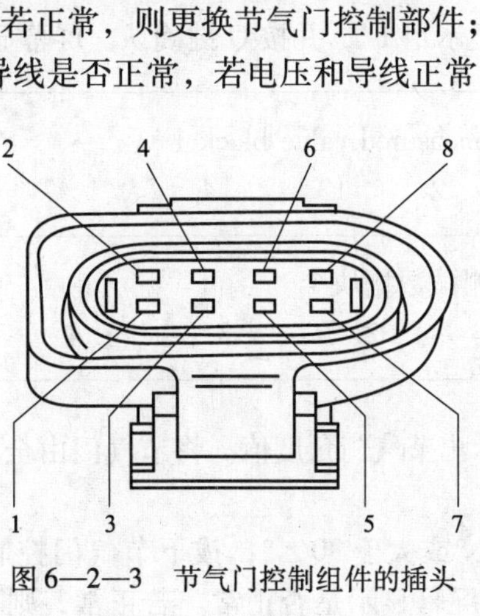

图 6—2—3　节气门控制组件的插头

(2) 怠速电机与节气门定位电位计的检测。怠速电机和节气门定位电位计的检测方法如下:

1) 检查条件。冷却液温度至少为85℃。

2) 在上述显示组98中,在显示区域2中显示值即为节气门定位电位计的电压值,该电压值应为0.5~4.9 V;如果不在规定的范围,拔下节气门控制部件的八针插头,检查节气门控制部件的供电电压和到ECU的导线是否连接良好;如果供电电压和导线正常,则更换节气门控制部件。测量怠速电机(端子1和2)的电阻,应在3~20 Ω。

(3) 节气门电位计(即节气门位置传感器)的检测。节气门电位计的检测流程如下:

1) 检查条件。冷却液温度至少为85℃。

2) 连接故障阅读仪V. A. G1551,打开点火开关,并用地址码01选定发动机ECU。屏幕显示:

Rapid data transfer	HELP
Select function XX	
快速数据传输	帮助
选择功能 XX	

3) 按键0和8,选定读测试数据块功能,并按Q键确认。屏幕显示:

Read measured value block	HELP
Input display group number XXX	
读测试数据块	帮助
输入显示组号码 XXX	

4) 按键0和1选定"显示组1",并按Q键确认。屏幕显示:

Read measured value block 1			→
1	2	3	4
读测试数据块 1			→
1	2	3	4

5) 在显示区域3中显示出节气门角度值。将节气门由全关打到全开位置,显示值应均匀升高。

6) 如果显示值恒为0∠°或大于90∠°,拔下节气门控制部件的八针插头,用辅助导线将端子5和7跨接,观察屏幕显示是否正常。若正常,则更换节气门控制部件;若不正常，检查节气门控制部件的供电电压和到 ECU 的导线是否正常，若电压和导线正常，更换 ECU。

（4）节气门控制组件的匹配。提示：在实际维修中，有大约 30% 的怠速不稳故障是节气门体积炭造成的，只需要清洗节气门体即可，但是清洗节气门后必须进行基本设定。

1）为什么要进行基本设定。仔细阅读数据流，会发现节气门变脏污后，发动机在怠速运转时，会使节气门开度增大。这是因为节气门体变脏后，在相同的开度下进气量会减小，将不足以维持发动机的额定怠速转速，节气门只好增大开度，以增加进气量；清洗节气门后，电脑并不知道节气门已经被清洗，仍然按照原来的记忆值控制节气门的开度，造成怠速高，所以要进行基本设定。

2）基本设定的“通道”。基本设定是指人为地创造一个特定的初始状态，即用故障诊断仪命令电控单元作一次基本设定的过程，它由发动机控制单元控制进行，不能人工干预。不同车型利用不同的仪器进行基本设定。利用相同的仪器进行基本设定时，不同车型基本设定的“通道”有所不同。

“基本设定”这一功能取决于仪器，但基本设定的“通道”（CHANEL）取决于电控系统所采用的软件。如奥迪、捷达、红旗等乘用车都采用相同的故障诊断仪 V. A. G1551，其基本设定功能的命令码都“04”，但通道却不同，见表 6—2—3。

表 6—2—3　　基本设定的通道

车型	电控系统	通道号
桑塔纳时代超人 GSi	博世（BOSCH）	098
帕萨特 B5	博世（BOSCH）	098
奥迪 200/V6	博世（BOSCH）	001
奥迪 200/1. 8T	博世（BOSCH）	098
捷达王（5 气门）	博世（BOSCH）	098
捷达前卫（2 气门）	西门子（SIEMENS）	060

3）基本设定时元件的动作。在进行基本设定时已听到节气门体发出“咔哒、咔哒”声，如果此时打开发动机盖，会看见节气门在抖动。实际上，节气门在节气门体的怠速电动机的驱动下做如下动作：从“初始位置”关闭到最小位置，然后再从最小位置开起到重新回到“初始位置”。此时，发动机控制单元会把最大、最小及最大与最小之间的三等分点位置记录下来，这样，发动机控制单元就识别了节气门体的特性。

4）在以下情况下要进行基本设定。由以上原理分析不难得出，在影响发动机控制单元与节气门控制组件协调工作的因素时，需要进行基本设置：

①在更换新发动机控制单元后，新发动机控制单元内还没有存储节气门控制组件的特性，需进行基本设定。

②在发动机控制单元断电后，发动机控制单元存储器中的记忆丢失，需进行基本设定。

③更换新节气门控制组件后，需进行基本设定。

④在清洗节气门后，怠速节气门电位计的特性虽然没有变化，但在相同的节气门开度下，进气量已发生突变，怠速控制特性已发生突变，也需进行基本设定。

5）不进行基本设定的后果。节气门控制组件进行维修或更换后，如果不进行基本设定，发动机控制单元与节气门控制组件的工作会出现不协调，如怠速偏高或偏低、怠速不稳等不良现象。但这种不良表现是暂时的，这是因为电控单元具有学习并自动适应的功能，只是这个学习与适应过程不如基本设定快、准。

也有的机型不用专用仪器也可完成基本设定，如奥迪 200/1. 8T 轿车，在打开点火开关 6 s 以上，同时不起动发动机且没有踩下加速踏板时，基本设定自动完成。

也有的车型对以上部件进行维修或更换后，不但要进行基本设定，还要清除原学习值，这与车辆的软件有关。比如捷达前卫轿车在清洗节气门后，如果只进行基本设定，发动机怠速转速会偏高，这是因为电控单元还记忆着怠速时原节气门的开度值。使用 V. A. G1551 的功能“10”，选择通道 00，执行“清除学习值”功能后，发动机怠速会恢复正常。

三、空气流量计检修

1. 空气流量计的结构特点

ANQ 电控发动机采用了热膜式空气流量计，其外形如图 6—2—4 所示。

图 6—2—4　ANQ 电控发动机空气流量计

2. 空气流量计的检测

检测空气流量计所需的检测仪有故障诊断仪 V. A. G1551 或汽车系统测试仪 V. A. G1552 及导线 V. A. G1551/3、检测盒 V. A. G1598/22、手动万用表 V. A. G1526、万用表 V. A. G1715、成套测试辅助接线 V. A. G1594，具体检测流程见表 6—2—4。

表 6—2—4　空气流量计的检测流程

步骤	操　作
1	29 号熔丝正常；冷却液温度至少 85℃；所有的用电设备关闭；自动变速箱的车辆，换挡手柄位于 P 或 N 位。
2	连接故障阅读仪 V. A. G1551，起动发动机，输入地址码 01 选定发动机 ECU，屏幕显示： Rapid data tramsfer　HELP Select function　XX 快速数据传输　帮助 选择功能　XX

续表

步骤	操　作
3	按键0和8，选定读测试数据块功能，按Q键确认，屏幕显示： Read measured value block　　HELP Input display group　number XXX 读测试数据块　　帮助 输入显示组号码　XXX
4	按键0和2选定“显示组2”，按Q键确认，屏幕显示： Read measured value block 2　→ 1　2　3　4 读测试数据块2　→ 1　2　3　4
5	在显示区域3中的显示即为所吸入的空气量，其值应为2.00~4.00 g/s。如果未达到规定值，检查空气流量计的电压
6	拔下空气流量计的三针插头，将万用表连接到插头的端子3和发动机接地之间，起动发动机并怠速运转，检查空气流量计的电压，其值应为11~15 V。如果电压正常，则检查信号线和接地线是否短路或断路；如果无电压，则检查空气流量计到汽油泵继电器J17的连接情况。如果上述均正常，则更换空气流量计G70

3. 大众车系空气流量传感器故障码的特点

（1）热膜式空气流量传感器（G70）失效后，电控单元（ECU）不直接给出空气流量传感器的故障码，而是通过其他故障码表现出来，通常是“00561”（混合气调整值超过调整极限）或者“17916”（达到怠速调整系统理论上限值）。

（2）发动机其他部件失常可能记录空气流量传感器的故障码。在维修实践中，常见以下几种情况记录空气流量传感器的故障码。

节气门位置传感器性能失常，可能记录空气流量传感器的故障码。ECU是根据发动机转速、节气门位置信号与空气流量信号的比较来确定发动机负荷的。当节气门体脏污后，节气门的开度值增大，而实际进气量并没有增加，导致G70的信号与节气门的开度不匹配，因而记录“发动机系统中显示的空气流量传感器G70信号值过小”的故障信息。

氧传感器损坏，可能记录空气流量传感器的故障码。其原理：由于“缺缸”等原因引起燃油燃烧不完全，超出λ的调节范围，造成氧传感器的信号失准，于是发动机ECU在混合气过稀与过浓之间持续地来回调节。ECU接收到的空气流量信号与氧传感器信号相互矛盾。但是从实际效果上看，氧传感器损坏无法调整λ与空气流量传感器信号严重漂移是一样的，ECU按照优先原则，便记忆空气流量传感器的故障码。

四、氧传感器检修

1. 氧传感器数据流分析

读取发动机数据流009显示组，显示内容见表6—2—5，显示组数据分析见表6—2—6。

表6—2—5　　显示组009的内容

显示组009—λ学习值		
读测试数据块9 → xxx r/min　　xx. x%　　xx. xxx V　　xx. x%	屏幕显示	允许值
1　　2　　3　　4	显示区域	
4：在怠速时λ学习值（累加性）		-10.0%~10.0%
3：λ传感器电压		0.000~1.000 V
2：λ调节器调节值		-10.0%~10.0%
1：发动机转速（怠速转速）		820~900 r/min

表6—2—6　　对显示组009的分析

显示区域	屏幕上的显示	可能的故障原因	故障排除
3	显示不摆动 （恒定在0.000~0.300V） （恒定在0.700~1.000V）	—大量未计量的空气 —火花塞故障 —汽油压力太高或太低 —喷油器故障 —冷却液温度传感器故障 —活性炭罐电磁阀1故障 —λ传感器加热无功能 —λ传感器故障或脏污	—检查进气系统的泄漏 —检查火花塞 —检查汽油压力调节器和保持压力 —检查喷油器 —检查冷却液温度传感器 —检查电磁阀1 —检查λ传感器加热 —检查λ传感器
	恒定为1.000 V	—同正极短接：经由λ传感器、传感器导线、地线、ECU	—检查λ传感器导线
	恒定在0.400~0.500 V	导线断接：经由λ传感器、传感器导线、地线、ECU	
	恒定在0.000 V	同接地短接：经由λ传感器、传感器导线、地线、ECU	

续表

显示区域	屏幕上的显示	可能的故障原因	故障排除
4	低的 λ 学习值	—喷油器泄漏 —汽油压力太高 —活性炭罐的电磁阀 1 常开 —空气质量计故障 —λ 传感器加热故障或 λ 传感器脏污	—检查喷油器的泄漏 —检查汽油压力调节器 —检查电磁阀 1 —检查空气质量计 —检查 λ 传感器加热
	高的 λ 学习值	—在怠速时的高学习值没有部分负荷时高：可能是在进气歧管区域有未计量的空气 —喷油器堵塞 —显示区域 2 和 3 高：空气质量故障 —汽油压力太高 —空气质量计和节气门之间有未被计量的空气 —在排气歧管垫片处有未计量的空气 —λ 传感器加热故障或 λ 传感器脏污	—检查进气系统的泄漏 —检查喷油器 —检查空气质量计 —检查汽油压力调节器 —排除故障原因 —检查 λ 传感器加热

2. 氧传感器电路检测

ANQ 电控发动机采用了带有加热装置的氧化锆式氧传感器，控制电路如图 6—2—5 所示。检测氧传感器加热器时应保证燃油泵继电器和 18 号熔丝正常。

（1）将氧传感器（G39）的 4 孔插头断开。

（2）使万用表测量氧传感器端子 1 ~ 2 之间的电阻，在 20℃时电阻为 1 ~ 5 Ω。

（3）如果确定有断路，更换氧传感器。如果确定没有断路，测量加热器工作电压。

（4）起动发动机，使用万用表测量线束插孔 1 的电压值不得低于 11 V。

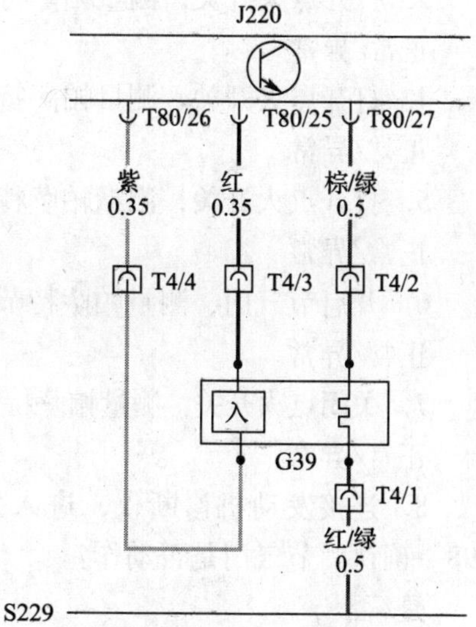

图 6—2—5　氧传感器控制电路

G39—氧传感器　J220—电控单元

任务实施

根据教材，小组合作完成下列问题。

1. 大众节气门控制单元怠速时节气门开启角度为________，如果节气门开启角度过大，说明____________________。

2. 大众节气门控制单元由________、________、________、________组成。

3. 帕萨特节气门基本设定的通道为________。

4. 帕萨特空气流量计怠速时进气量为________，如果进气量小于标准值，原因为____，如果进气量大于标准值，原因为____。

5. 大众短期燃油修正值正常为________，如果显示负值，原因为____，如果显示正值，原因为____。

大众帕萨特节气门位置传感器检修操作规范

1. 打开点火开关，测量帕萨特节气门位置传感器3号端子电压是________V。

正常/异常

2. 开启节气门，测量帕萨特节气门位置传感器3号端子电压是________V。

正常/异常

技术操作要点

通过检测3号端子的电压可以判断怠速开关的好坏。

3. 打开点火开关，测量帕萨特节气门位置传感器4号端子电压________V。

正常/异常

4. 打开点火开关，测量帕萨特节气门位置传感器5号端子电压是________V。

正常/异常

5. 打开点火开关，测量帕萨特节气门位置传感器8号端子电压是________V。

正常/异常

6. 开启节气门，测量帕萨特节气门位置传感器5、8号端子电压是________V。

正常/异常

7. 关闭点火开关，测量帕萨特节气门位置传感器的1、2号端子之间的电阻是________Ω。

正常/异常

8. 连接发动机诊断仪，进入发动机电脑系统，选择功能04基本设定，输入通道号098，确认。节气门是否动作?

是/否

9. 诊断仪是否显示自适应正常?

是/否

教师检查签名

回顾该工作页的目标，如果你对目标中的哪一部分还不清楚，要请教教师。如果认为已经达到了该工作页的目标，则请教师检查你的工作，并在该工作页上签字。

教师签名________________

任务总结

一、任务评价

对本学习任务进行评价，见表6—2—7。

表6—2—7 **评分表**

考核项目	评分标准	分数	学生自评	小组互评	教师评价	小计
团队合作	是否和谐	5				
活动参与	是否积极主动	5				
安全生产	有无安全隐患	10				
现场5S	是否做到	5				
任务方案	是否正确、合理	20				
操作过程	1. 大众节气门单元基本设定 2. 大众节气门单元检测	30				
任务完成情况	是否圆满完成	5				
工具、设备使用	是否规范、标准	10				
劳动纪律	是否严格遵守	5				
工作任务单填写	是否完整、规范	5				
总分		100				
教师签名			年 月 日		得分	

二、理论知识检验

1. 下列说法正确的是（　　）。

A. 大众节气门由怠速电动机、怠速开关、节气门怠速电位计、节气门位置传感器组成

B. 大众节气门怠速电位计只在怠速时起作用

C. 大众节气门电位计在发动机任何状态都起作用

D. 以上都正确

2. 下列说法正确的是（　　）。

A. 大众节气门怠速开关信号线电压怠速时为0 V
B. 大众节气门出现故障会导致怠速不稳
C. 大众节气门怠速调节是有范围的
D. 大众节气门的两个滑动电位计电压变化相同
3. 下列说法正确的是（ ）。
A. 大众节气门总成称为节气门控制单元
B. 大众节气门清洗后不需要基本设定，电脑会自己学习
C. 大众节气门基本设定通道为060
D. 大众节气门大众节气门清洗后如果不做基本设定会怠速高
4. 下列说法正确的是（ ）。
A. 大众节气门怠速时开度为4°~8°
B. 大众节气门清洗后不需要基本设定，电脑会自己学习
C. 大众节气门基本设定通道为060
D. 大众节气门大众节气门清洗后如果不做基本设定会怠速高
5. 下列说法正确的是（ ）。
A. 大众车型短时燃油修正是一个数值参数，其数值范围是－10%～10%
B. 大众车型短时燃油修正值显示负数说明混合气稀
C. 大众车型短时燃油修正值显示负数说明混合气浓
D. 大众车型短时燃油修正值显示负数时电脑增加喷油
6. 下列说法正确的是（ ）。
A. 大众车型节气门位置传感器性能失常，可能记录空气流量传感器的故障码
B. 大众车型热膜式空气流量传感器（G70）失效后，通常记录“00561”（混合汽调整值超过调整极限）或者“17916”（达到怠速调整系统理论上限值）故障码
C. 大众车型氧传感器损坏，可能记录空气流量传感器的故障码
D. 以上都正确
7. 下列说法正确的是（ ）。
A. 大众车型混合气调整超出极限的原因可能是空气流量计故障
B. 大众车型混合气调整超出极限的原因可能是节气门脏污故障
C. 大众车型混合气调整超出极限的原因可能是氧传感器故障
D. 以上都正确
8. 下列说法正确的是（ ）。
A. 大众车型新型氧传感器信号电压不变化
B. 大众车型新型氧传感器安装在三元催化器后面
C. 大众车型新型氧传感器是通过电流的变化检测尾气中氧的含量
D. 以上都正确

知识拓展

大众新型氧传感器

1．新型氧传感器构造

大众新型氧传感器为宽频带型，装在三元催化反应器前，插头为6脚，调整更精确、更精细。它是在普通型氧传感器的基础上增加了一个单元泵和一个测量室。测量室上有一个扩散孔，尾气通过扩散通孔进入测量室。单元泵受ECU控制，可将尾气中的氧泵入测量室，也可将测量室中的氧泵入排气管。ECU一直控制着单元泵的工作电流，通过改变测量室中氧的含量，使氧传感器的信号电压始终保持450 mV。新型氧传感器如图6—2—6所示。

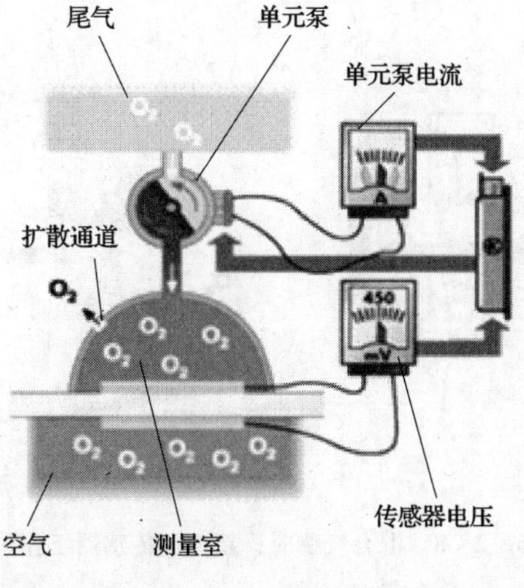

图6—2—6　新型氧传感器

2．新型氧传感器工作原理

当混合气过浓时，氧传感器电压值超过450 mV。单元泵若仍以原来的转速工作，测量室的含氧量将减少。此时，控制单元通过控制电路增大单元泵的工作电流，使单元泵旋转速度增加，增加泵氧速度。单元泵泵入测量室中的氧量增加，使氧传感器电压值恢复到450 mV，如图6—2—7所示。

当混合气过稀时，氧传感器电压值低于450 mV。单元泵若仍以原来的转速运行，会泵入较多的氧，测量室中氧的含量较多。为能使氧传感器电压值尽快恢复到450 mV，控制单元通过控制电路减小单元泵的工作电流，使泵入测量室的氧量减少，如图6—2—8所示。

将单元泵变化的工作电流转变为电压信号转给控制单元，控制单元根据此电压信号便能够精确判别出混合气的浓度。新型氧传感器的电压信号能在0 ~ 5 V之间连续变化，能够检测到10 ~ 20之间空燃比变化范围。

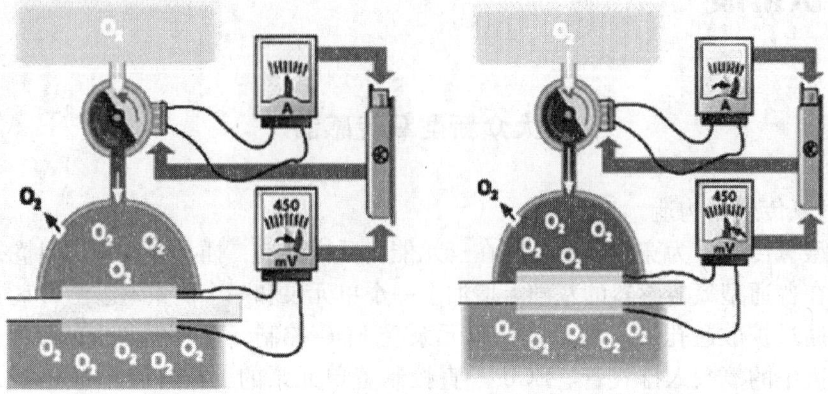

图 6—2—7　混合气浓时，新型氧传感器工作过程

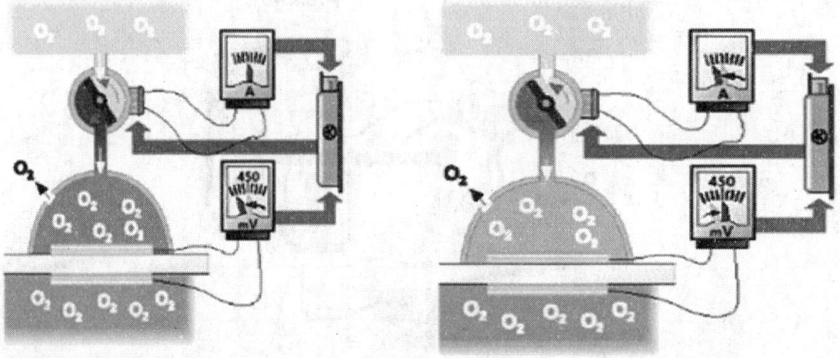

图 6—2—8　混合气稀时，新型氧传感器工作过程

任务 6.3　大众帕萨特电子控制系统检修

任务目标

1. 能描述帕萨特可变进气歧管的作用与原理。
2. 能描述帕萨特可变气门正时的作用与原理。
3. 能描述帕萨特涡轮增压的作用与原理。

任务描述

一辆帕萨特 B5 轿车，采用 AUM 发动机，行驶里程为 150 000 km，现出现怠速不稳，加速无力故障。请问：如果你作为一名专业的维修人员，你准备如何进行检查与维修？请制定一份维修方案并按作业规范实施检修作业。

任务内容

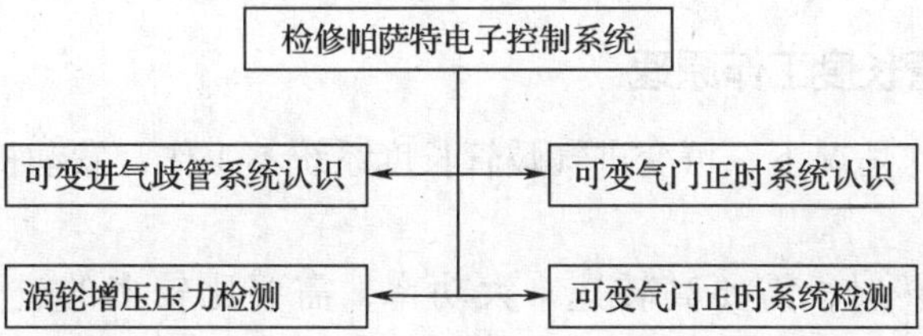

任务准备

一、帕萨特可变进气歧管检修

1. 可变进气歧管长度概述

除了靠改变气门正时和气门升程来实现发动机在不同情况下的进气需求外，可变进气歧管以及可变进气道也可达到相同的效果。发动机的进气道是连接进气门和进气总管的，进气歧管设计的形状也能直接影响发动机的性能。

可变进气通道系统（行程/横截面积可变）又称为谐波进气增压系统。

粗、短、直的进气歧管对于进气流的阻力较小，因此在高速过程中响应较快，气流速度也较快，长、细、弯的进气歧管则有利于进气歧管中油与气的混合，因此，较短的进气歧管更适用于高转速，而较长的进气歧管则更适用于低转速。因此，就出现了可变进气歧管这项技术。

如果有长短两根进气歧管，在低转速时短进气歧管关闭，发动机使用长进气歧管进气；高转速时则关闭长进气歧管，使用短管进气；或者在进气歧管内设置阀门，通过开关来控制歧管内的阀门，以此来控制进气歧管的长度，分段可调能够实现多种长度，更能适应发动机转速的要求。可变进气歧管长度如图 6—3—1 所示。

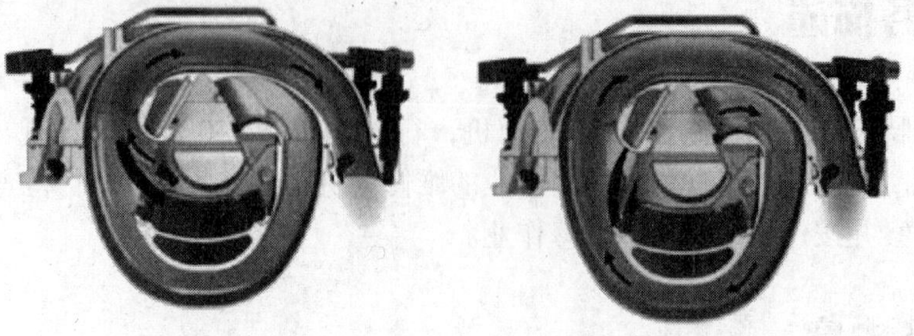

进气歧管较短　　进气歧管较长

图 6—3—1　可变进气歧管长度

2. 可变进气歧管长度工作原理

在发动机低速工作情况下，可变进气歧管长度系统不工作，发动机保持原有的低速稳定性能。

当发动机高速运转时，需要高转速、大功率，需要比较多的进气量，此时电脑控制 VSV 真空电磁阀通电，进气管里的真空通过真空罐到达 VSV 真空电磁阀，由于电磁阀现在处于打开状态，故真空到达执行器，并拉动执行器里的膜片向下移动，拉动进气管里的气道翻板打开，使空气直接进入进气歧管，减小进气通道的有效长度，增大进气量，使发动机提高功率和转速。

当发动机重新降低转速时，电脑切断对 VSV 真空电磁阀的搭铁，VSV 电磁阀断电，停止工作，使大气进入执行器的膜片下方，推动膜片向上移动，推动翻板关闭，进气通道有效长度增加，保持发动机低速运转稳定性。谐波进气增压执行器如图 6—3—2 所示，VSV 真空电磁阀如图 6—3—3 所示。可进气歧管长度工作状态见表 6—3—1。

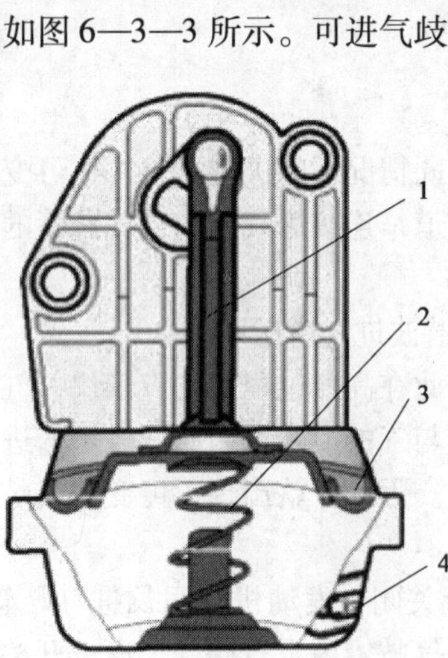

图 6—3—2　谐波进气增压执行器

1—动作杆　2—压缩弹簧　3—膜片　4—连接电磁阀

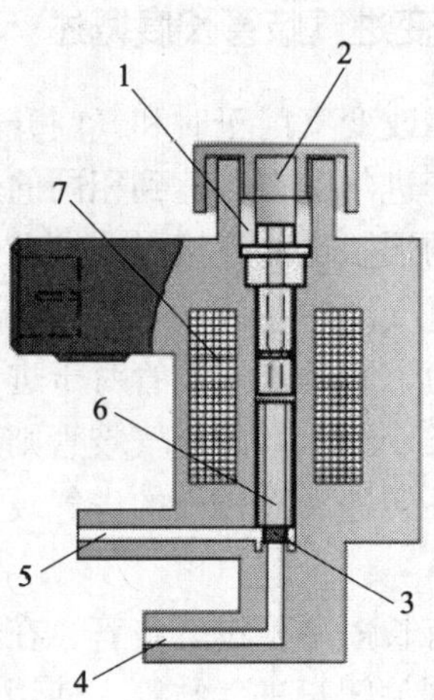

图 6—3—3　VSV 真空电磁阀

1—滤清器　2—大气压力　3—阀　4—从真空罐来
5—到膜盒执行器　6—电磁阀　7—电磁线圈

表 6—3—1　　　　可变进气歧管长度工作状态

工作状态	示意图
发动机在低转速时，空气经过长的进气道，使气缸充气最佳，且扭矩增大	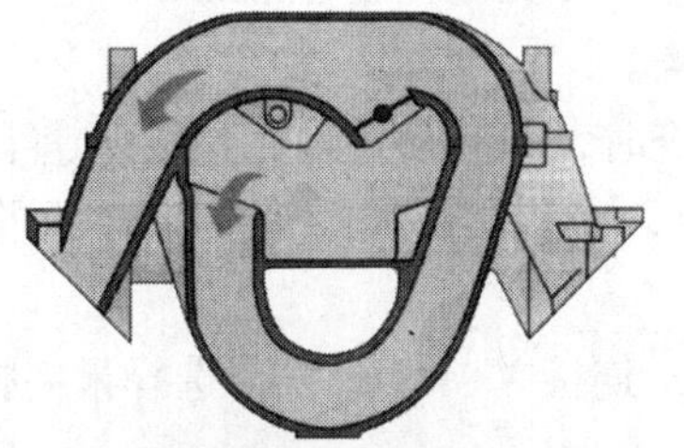
发动机在高转速时，空气流经短进气道，可提高效率	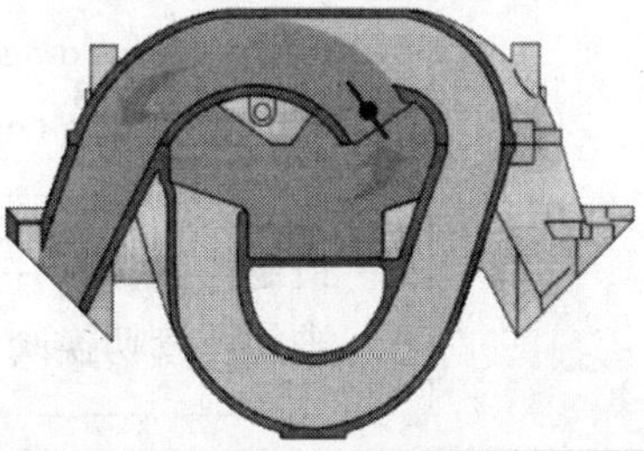

3. 大众电控发动机可变进气歧管系统的构成

大众电控发动机可变进气歧管系统的构成如图 6—3—4 所示。

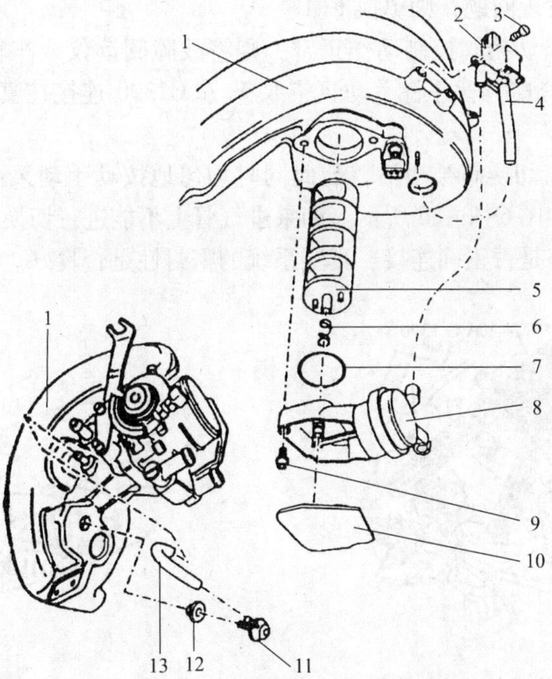

图 6—3—4　可变进气歧管系统的构成

1—进气歧管　2—进气歧管切换阀　3—螺栓　4—真空管道　5—切换阀　6—压簧　7—密封圈　8—真空控制元件　9—螺栓（10 N · m）　10—盖板　11—单向阀　12—橡胶圈　13—真空负压管道

4. 大众可变进气歧管系统的检测

注意：可变进气歧管系统在工作中故障率并不高，一般只有当车辆性能不佳时，才需要进行检查。

检查时，先起动发动机并在怠速下运行，具体方法：迅速提高发动机转速（节气门突然打开），安装在进气歧管左前方的进气歧管切换阀必须动作，如果不动作，需做如下检查：

（1）连接 V. A. G1551，选择最终控制诊断，显示屏上显示：

Final control diagnosis → Boost pressure control solenoid vavle – N156
最终控制诊断 → 进气歧管切换阀 N156

（2）按→键，双通道进气歧管切换阀（N56）应该有动作。如果进气歧管切换阀动作不正常，可将进气歧管切换阀的插头拔下，用二极管测试灯 V. A. G1527 借助导线与拔下的插头相连接看二极管是否闪烁，如果二极管闪烁，则更换电磁阀，否则检查电磁阀与电源的连接导线，若导线中未发现问题，则更换 ECU。

（3）如果进气歧管切换阀控制动作正常，则将故障阅读仪或车辆系统测试仪保持连接状态，拔下进气歧管的真空管并将手动真空泵 V. A. G1390 连接在真空管上，如图 6—3—5 所示，重新检查。

（4）如果进气歧管切换阀被激活，与此同时均匀地按动手动泵，调节元件必须在两个位置往返来回开启，如图 6—3—6 所示。如果进气管上不能进行切换功能，则需检查切换机构是否灵活、其他管路是否正确连接、真空系统的密封性是否良好。

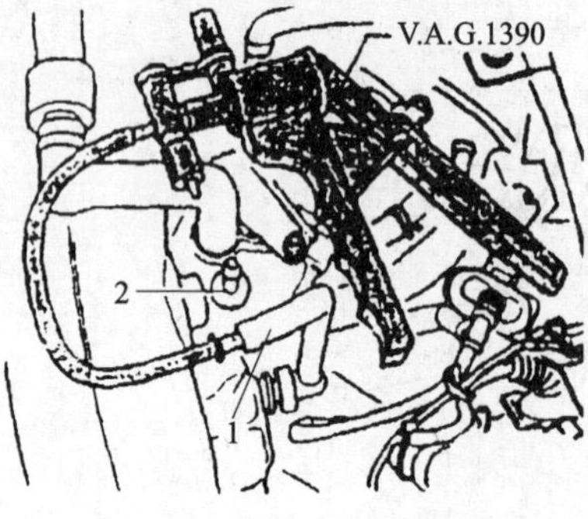

图 6—3—5 检查双通道进气歧管切换阀 1
1—进气歧管的连接管 2—真空管

图 6—3—6 检查双通道进气歧管切换阀 2

二、帕萨特可变气门正时检修

1. 构成

大众车系的可变气门正时系统大多采用正时链条控制。系统主要由调整电磁阀、可移动活塞、正时链条、凸轮轴调整器、进排气凸轮轴构成。可变气门正时系统的构成如图6—3—7所示，进、排气凸轮轴排列如图6—3—8 所示，系统的内部结构如图6—3—9 所示。

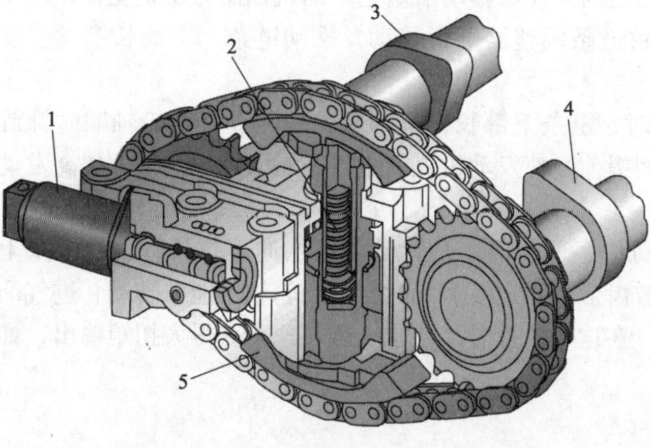

图6—3—7　可变气门正时系统的构成

1—凸轮轴调整电磁阀　2—可移动活塞　3—排气凸轮轴
4—进气凸轮轴　5—凸轮轴调整器

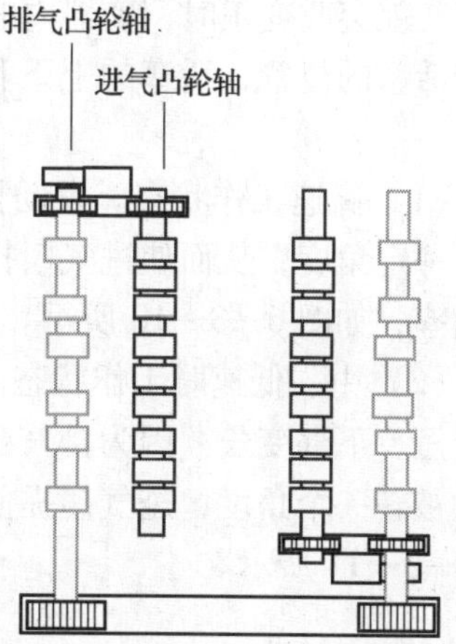

图6—3—8　进、排气凸轮轴排列

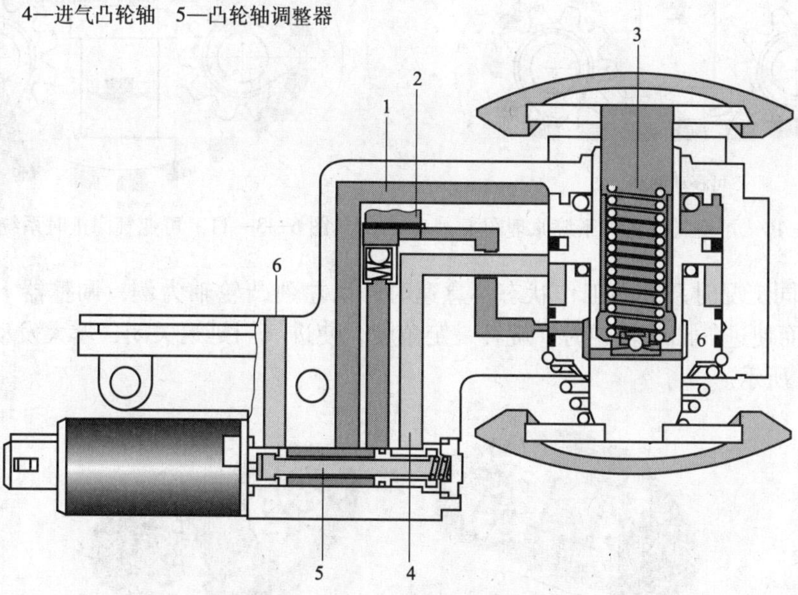

图6—3—9　系统内部结构

1—控制管路 B　2—供应机油　3—可移动活塞和压缩弹簧　4—控制管路 A
5—电磁阀控制的机油压力　6—机油回油管

2. 工作原理

由于发动机转速变化时，活塞在气缸当中的移动速度会发生变化，同时气缸中混合气被压缩的速度也会发生变化，如果发动机转速低，活塞在气缸移动速度慢，对混合气的压缩速度慢，此时进气门可以相对晚关。反之，发动机高转速运转时，活塞的移动速度明显加快，此时活塞对气缸中混合气压缩速度加快，此时进气门应该相对提前打开提前关闭，这样才能增大进气效率。在活塞发动机转速变化时，发动机电脑程序会判定可变气门系统是否投入工作，如果电脑判定系统工作，则会给可变气门正时系统电磁阀通电，电磁阀通电后，就会改变正时调整器内的机油的流向，使可移动活塞上下的机油压力发生变化，从而改变活塞的位置，活塞的上下移动导致链条调整器上下移动，推动链条上下的长度发生变化。

(1) 高速工作状态。发动机高速时，链条下部长，上部短，带动进气凸轮轴顺时针旋转了一定角度，从而使进气门打开时间提前，使发动机提前进气，增大进气效率，提高发动机功率，如图 6—3—10 所示。

(2) 中、低速时工作状态。发动机中、低速时，凸轮轴调整器向下拉长，于是链条上部变短，下部变长。因为排气凸轮轴被齿形带固定了，此时排气凸轮轴不能被转动，进气凸轮轴被转一个角度，进气门提前关闭。在这个位置时，在中、低转速可获得大扭矩输出，如图 6—3—11 所示。

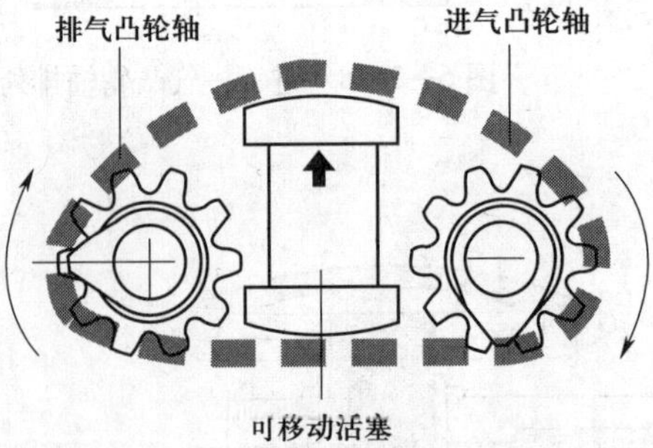

图 6—3—10　可变气门正时系统原理图 1

图 6—3—11　可变气门正时系统原理图 2

(3) 不同工况时系统的工作状态。怠速时，以左列凸轮轴为例，调整器下部变长，上部变短，从而使进气凸轮轴逆时针旋转一定角度，使进气门延迟关闭，增大发动机扭矩，如图 6—3—12 所示。

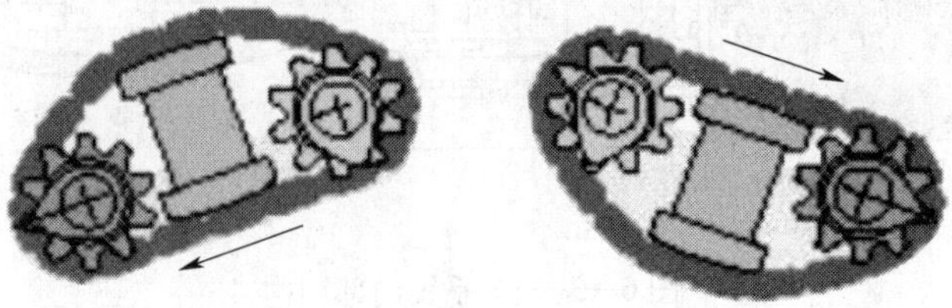

图 6—3—12　系统工作图 1

转速在 1 000 r/min 以上时，进气门提前打开。左侧凸轮轴调整器向下，右侧调整器向上运动，使正时链条发生一定角度的旋转，如图 6—3—13 所示。

图 6—3—13　系统工作图 2

转速在 3 700 r/min 以上时，左侧凸轮轴调整器向上，右侧调整器向下运动，进气门延迟关闭，如图 6—3—14 所示。

图 6—3—14　系统工作图 3

3. 可变气门正时系统的故障诊断与排除

当发动机工作中出现中、大负荷段功率输出不足或自诊断系统存储相关故障码时应对可变气门正时系统做如下检查：

（1）检查相关油路是否堵塞，如有则清洗油路。

（2）检查控制电磁阀有无损坏（可通过测量电阻的方法检查），如有则更换。

（3）检查相关的传动部件（如链条等）有无损坏或变形，如有应更换。

（4）检查相关的线路问题。

注意：可变气门正时系统无论采用什么样的结构，因为它是用润滑油作工作介质的，所以对润滑油的要求非常高，工作中润滑油质量变差是导致系统故障的一个重要原因。

三、帕萨特涡轮增压故障检修

1. 涡轮增压装置结构

大众车型采用废气旁通式涡轮增压器，如图 6—3—15 所示。

2. 增压控制原理

（1）涡轮增压器增压压力控制。增压压力传感器三条线位于活性炭罐前。N75：增压压

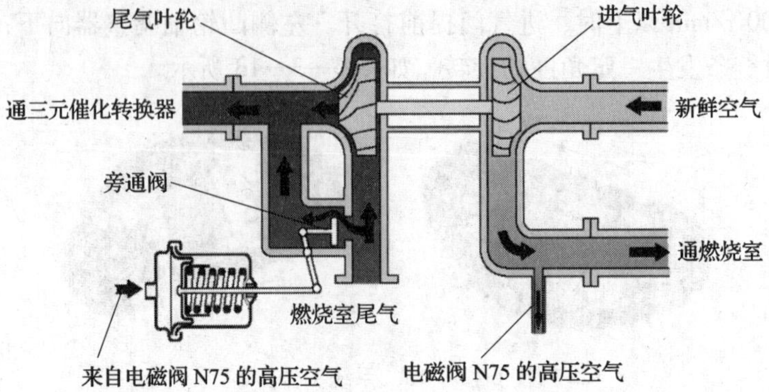

图 6—3—15　旁通阀式涡轮增压器

力限制电磁阀，位于进气软管上。增压压力传感器检测增压压力的变化，把增压压力信号传给发动机电脑，当增压压力达到发动机电脑的限定值时，发动机电脑控制增压压力限制电磁阀工作，增压后的空气通过增压压力限制电磁阀到达增压限制阀（机械阀），增压空气压动增压限制阀内部的膜片带动拉杆移动，把旁通阀打开，尾气通过旁通阀流出，减小尾气叶轮转速，降低涡轮增压压力。增压压力控制如图 6—3—16 所示。

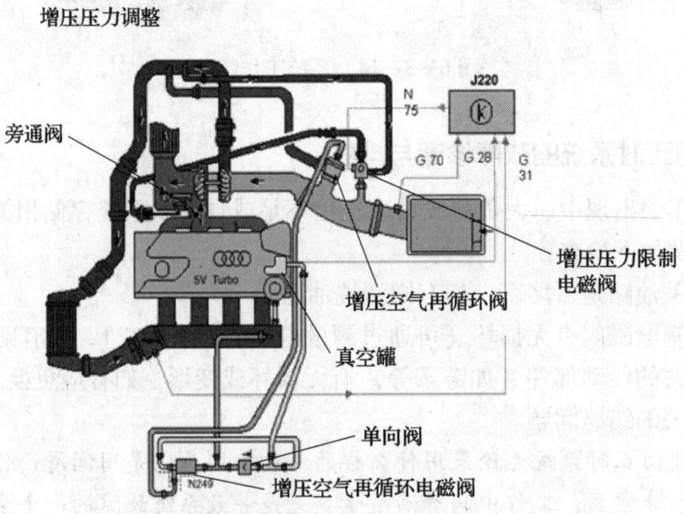

图 6—3—16　增压压力控制

（2）增压空气再循环控制。N249：增压空气再循环电磁阀，位于进气管下，灰色。当发动机处于超速切断工况（大负荷行驶时突然松开油门），节气门开度迅速减小，而涡轮转速仍然较高，若不加以控制，增压空气继续流向节气门，可能造成节气门的损坏，此时发动机将控制单元控制 N249（增压空气再循环电磁阀）通电打开，接通空气再循环阀（机械）的真空管路，发动机真空使增压空气再循环阀打开，增压后的空气重新流回到进气管路，增压气体形成局部循环，避免增压空气冲击节气门。同时由于局部循环，避免了尾气涡轮转速的降低，再一次加大油门时，减小了增压时间，提高发动机提速性能。增压空气再循环如图 6—3—17 所示。

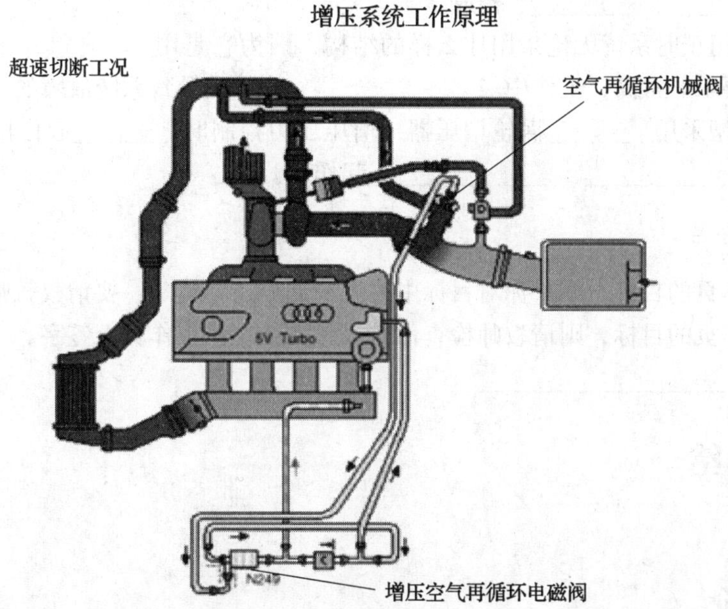

图 6—3—17　增压空气再循环

3. 涡轮增压装置检修

进入 01－08－115 显示组观察废气涡轮增压器的压力，当完全踩下加速踏板，发动机转速在 2 500 r/min 以上时，正常压力应为 1.6～1.7 bar，再提高发动机转速，正常的增压压力最高可达 2.2 bar，如果压力低于标准值，证明废气涡轮增压器存在故障。

注意： 1.8T 发动机应避免发动机长时间怠速运转。当涡轮和压气机中气体压力过低和涡轮增压器轴的转速过低时，润滑油会通过密封件渗漏到涡轮和压气机中，污染叶轮，并且增大润滑油消耗量。1.8T 发动机长时间高速大负荷运转（如刚跑完高速公路）之后，不能立即熄火，应该使发动机怠速 1 min 左右再熄火，这是因为热机状态下如果突然停转，机油压力会迅速下降为零，而增压器转子仍在惯性旋转，会引起增压器内滞留的机油过热而损坏轴承和轴。

任务实施

根据教材，小组合作完成下列问题。

1. 可变进气通道系统（行程/横截面积可变）又称为＿＿＿＿＿＿＿，在低转速时进气歧管长度＿＿＿＿＿（长或短），在高转速时进气歧管长度＿＿＿＿＿（长或短）。

2. 可变进气通道系统由＿＿＿＿＿、＿＿＿＿＿、＿＿＿＿＿组成。

3. 大众车系的可变气门正时系统大多采用＿＿＿＿＿控制。系统主要由＿＿＿＿＿、

________、________、________、构成。

4. 可变气门正时系统无论采用什么样的结构，因为它是用________作工作介质的，所以对润滑油的要求非常高，工作中____________________是导致系统故障的一个重要原因。

5. 大众车型采用________涡轮增压器，增压压力控制时________起作用；增压压力再循环控制时______________、______________起作用。

教师检查签名

回顾该工作页的目标，如果你对目标中的哪一部分还不清楚，要请教教师。如果认为已经达到了该工作页的目标，则请教师检查你的工作，并在该工作页上签字。

教师签名______________________

✓ 任务总结

一、任务评价

对本学习任务进行评价，见表6—3—2。

表6—3—2　　评分表

考核项目	评分标准	分数	学生自评	小组互评	教师评价	小计
团队合作	是否和谐	5				
活动参与	是否积极主动	5				
安全生产	有无安全隐患	10				
现场5S	是否做到	5				
任务方案	是否正确、合理	20				
操作过程	1. 大众可变进气歧管电磁阀电阻测量 2. 大众可变气门正时电磁阀电阻测量 3. 增压压力传感器检查	30				
任务完成情况	是否圆满完成	5				
工具、设备使用	是否规范、标准	10				
劳动纪律	是否严格遵守	5				
工作任务单填写	是否完整、规范	5				
	总分	100				
教师签名　　　　　　　　年　月　日					得分	

二、理论知识检验

1. 下列说法正确的是（ ）。
A. 大众车型可变进气歧管电磁阀怠速时不工作
B. 大众车型可变进气歧管电磁阀高速时不工作
C. 大众车型可变进气歧管怠速时进气通道变小
D. 大众车型可变进气歧管高速时进气通道变小
2. 下列说法正确的是（ ）。
A. 可变进气歧管技术与可变气门升程技术的作用一样
B. 可变进气歧管技术的目的是使混合气更加均匀
C. 可变进气歧管技术可以增加发动机低转速时的扭矩
D. 以上都正确
3. 下列说法正确的是（ ）。
A. 大众车系的可变气门正时系统大多采用正时链条控制
B. 可变气门正时系统用润滑油作工作介质，润滑油质量变差是导致故障的一个重要原因
C. 大众车型进气凸轮轴通过正时链条带动排气凸轮轴
D. 以上都正确
4. 下列说法正确的是（ ）。
A. 大众车系的废气涡轮增压装置上必须要有机油润滑
B. 大众车系的废气涡轮增压装置上必须要有冷却液冷却
C. 废气涡轮增压装置怠速时不起作用
D. 以上都正确
5. 下列说法正确的是（ ）。
A. 废气涡轮增压系统必须有中冷器对所进空气冷却
B. 废气涡轮增压系统中的旁通阀始终处于关闭位置
C. 具有增压装置的发动机容易发生爆燃、爆震
D. 以上都正确
6. 下列说法正确的是（ ）。
A. 大众车型增压空气再循环阀为机械阀，靠真空控制
B. 大众车型废气涡轮增压装置必须要有真空罐
C. 大众车型增压限制阀是靠真空控制的
D. 以上都正确
7. 下列说法正确的是（ ）。
A. 车辆无最高车速肯定是涡轮增压有故障
B. 车辆无最高车速肯定是三元催化器堵塞
C. 判断涡轮增压器是否正常，只要检查增压压力传感器的信号电压即可
D. 发动机排气管冒蓝烟肯定是活塞环密封不严或气门油封密封不严

知识拓展

大众新技术解析

1. FSI 是 Fuel Stratified Injection 的词头缩写，直接翻译为燃油分层喷射，也可以说是缸内直接喷射。该技术的运用使 FSI 发动机与传统发动机相比拥有更低的油耗、更好的环保性和更大的输出功率及扭力。燃油分层喷射技术是发动机稀薄燃烧技术的一种。

2. TSI 涡轮机械增压发动机

TSI 发动机实际上是把一个涡轮增压器（Turbocharger）和机械增压器（Supercharger）一起装到一台发动机里面，如图 6—3—18 所示。涡轮增压发动机在较低和较高转速时都有一个动力的空挡，为了进一步提高发动机的效率，增加一个机械增压装置，并让它在低转速时加大进气压力，从而达到一个从低到高转速的全段优异动力表现。机械增压装置在发动机转速超过 3 000 r/min 时，电磁离合器断开，停止工作。

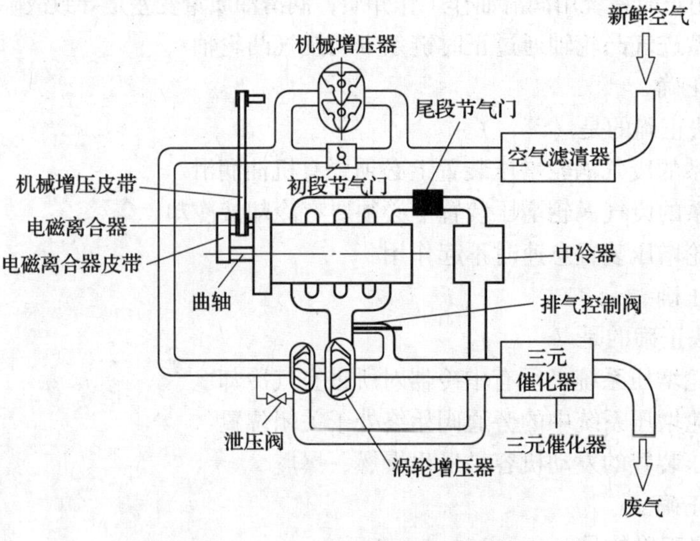

图 6—3—18　TSI 涡轮机械增压发动机

“S”是 Super - charging 机械增压器的简称，机械增压器采用皮带与发动机曲轴皮带盘连接，利用发动机转速来带动机械增压器内部叶片，以产生增压空气送入发动机进气歧管内，整体结构相当简单。“I”是 Injection（燃油直喷）的简称。TSI 国产版：国内南北大众引进时省略了机械增压等部分。

3. 大众 TDI 柴油机

TDI 发动机采用涡轮增压中冷和柴油直喷技术，所谓柴油直喷是把燃料直接喷射到主燃烧室，而不是以前常见的喷射到预燃室内。

4. TSI 发动机燃油系统

迈腾燃油系统组成如图 6—3—19 所示。

低压系统：电动燃油泵给高压泵供应压力约为 6 bar 的燃油。

高压系统：燃油压力为 50 ~ 110 bar（取决于负荷和转速）。

高压泵：经燃油计量阀建立压力，再经燃油分配管输送到高压喷油器。

过压阀：保护高压部件，该阀在压力超过 120 bar 时打开。

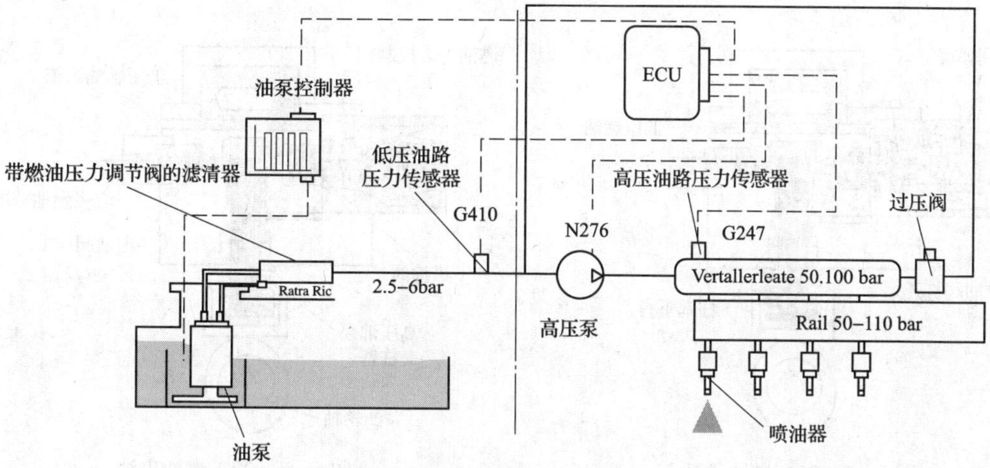

图 6—3—19　迈腾燃油系统组成

（1）迈腾燃油泵及控制单元。燃油泵控制单元 J538 安装在电动燃油泵上面，如图 6—3—20所示。控制单元通过脉宽调制信号来控制电动燃油泵，使低压燃油系统的油压达到 0. 5 ~ 5 bar。在冷起动时使低压燃油系统的油压达到 6. 5 bar。如果控制单元失效，发动机将不能运转。

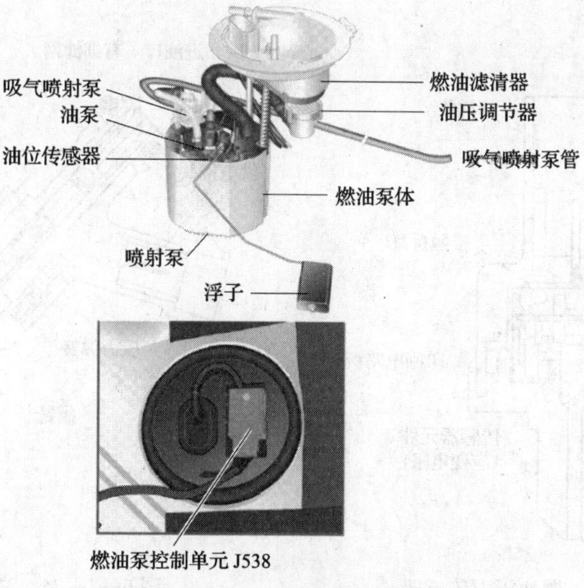

图 6—3—20　燃油泵及控制单元

（2）高压油泵与燃油计量阀。燃油以最高 6 bar 的压力经过进油阀进入泵腔，另外泵活塞向下运动时也会吸入燃油，如图 6—3—21 所示。控制单元计算供油始点给燃油压力控制阀发送指令使其吸合，针阀将克服针阀弹簧的作用力向左运动，进油阀在弹簧力的作用下关闭，泵柱塞向上运动，泵腔建立起油压，当泵腔内的油压高于油轨内的油压时，出油阀打开，燃油泵入油轨内，如图 6—3—22 所示。燃油计量阀控制燃油轨内的燃油压力。

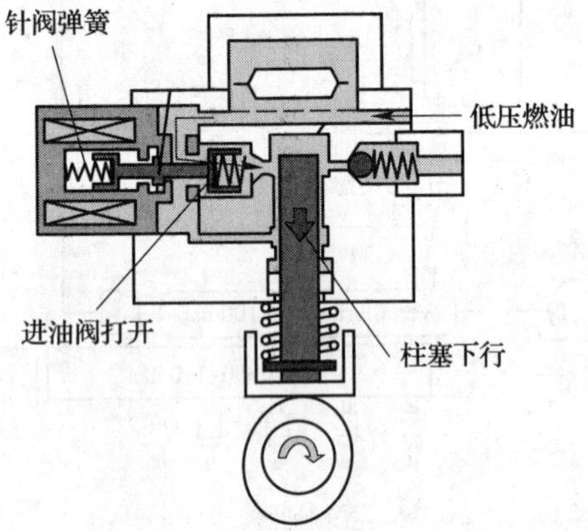

图 6—3—21　燃油进油

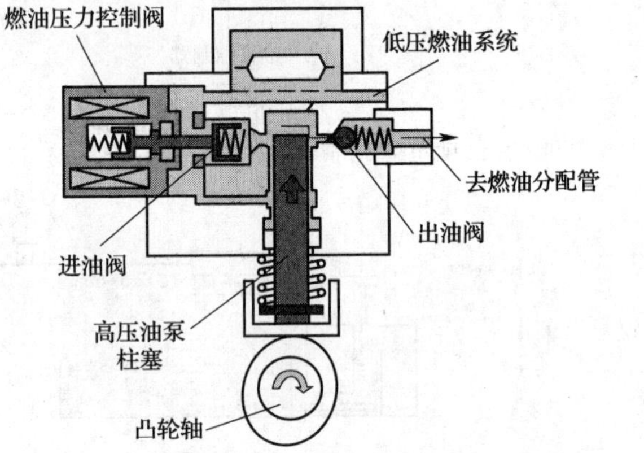

图 6—3—22　燃油出油

（3）燃油压力传感器。该传感器测量油轨内的燃油压力，与进气压力传感器、高压共轨压力传感器、增压压力传感器工作原理一样，只是安装位置不同，如图 6—3—23 所示。

（4）高压喷油器。高压喷油器直接插入燃烧室，结构如图 6—3—24 所示。

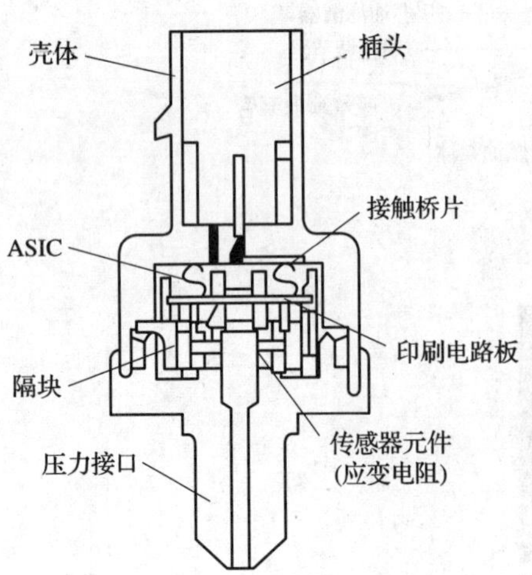

图 6—3—23　燃油压力传感器

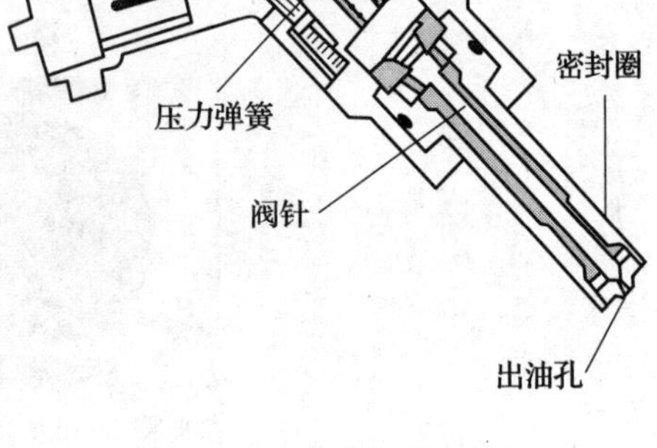

图 6—3—24　高压喷油器

（5）燃油系统结构。燃油供给系统在低压燃油供给的基础上增加了高压燃油部分，其结构如图 6—3—25 所示。

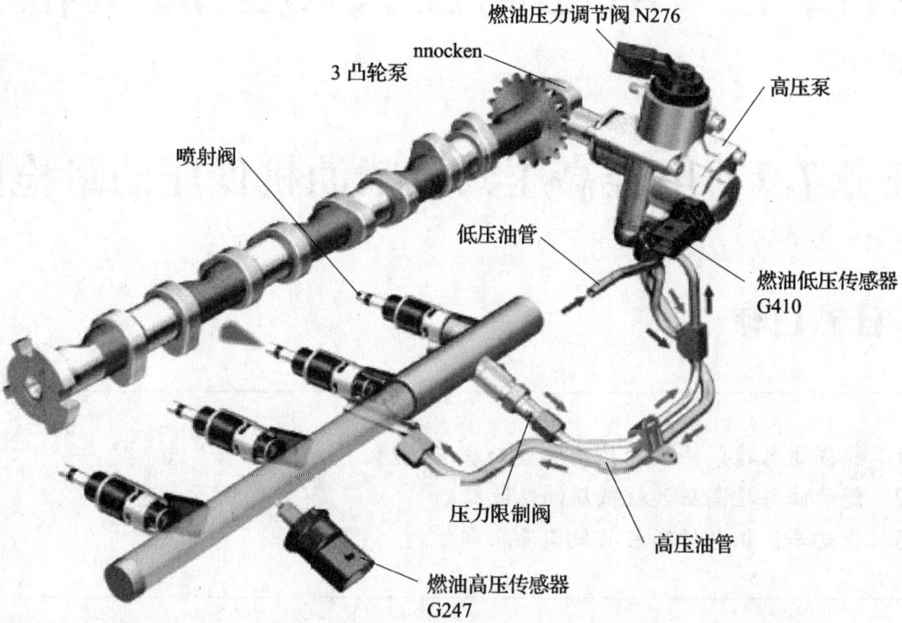

图 6—3—25　迈腾燃油系统结构

项目七　电控高压共轨柴油机检修

任务 7.1　电控高压共轨柴油机低压油路检修

任务目标

1. 能描述电控柴油机的控制类型和基本功能。
2. 能检修电控高压共轨低压油路故障。
3. 能就车认识电控高压共轨柴油机部件。

任务描述

一辆长城风骏车，搭载型号为 GW2.8TC 的电控高压共轨柴油发动机，行驶里程为 100 000 km，现出现发动机起动困难故障，请制定一份维修方案并实施。

任务内容

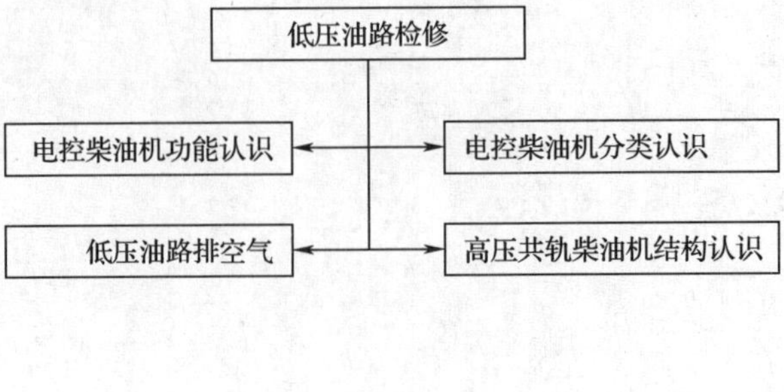

任务准备

一、电控柴油机概述

1. 电控柴油机分类

（1）第一代：位置控制系统。位置控制系统不仅保留了传统的泵—管—嘴系统，还保留了原喷油泵中的齿条、滑套、柱塞上的斜槽等控制油量的机械传动机构，只是对齿条或者滑套的运动位置予以电子控制，如图 7—1—1 所示。

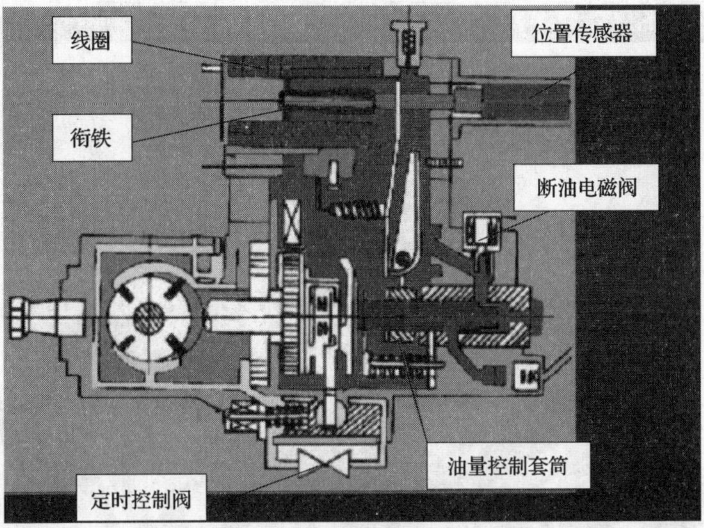

图 7—1—1　电控柴油机位置控制系统

（2）第二代：时间控制系统。时间控制系统是用高速强力电磁阀直接控制高压燃油，一般情况下，电磁阀关闭，开始喷油；电磁阀打开，喷油结束。喷油始点取决于电磁阀关闭时刻，喷油量取决于电磁阀关闭的持续时间。传统喷油泵中的齿条、滑套、柱塞上的斜槽和提前期等全部取消，对喷油定时和喷射油量控制的自由度更大。第二代时间控制系统电控柴油机结构如图 7—1—2 所示。

（3）第三代：电控高压共轨系统（压力—时间控制系统）

这种系统不再采用传统的柱塞泵脉动供油，油泵的作用是为一个公共的蓄压室（共轨）建立压力，该压力作用到每个电控喷油嘴，电脑控制喷油正时及喷油量。利用共轨技术，柴油机可以在所有转速和负荷下提供高喷射压力，并且可以把喷射过程分成几个阶段，即预喷射、主喷射和后喷射，后者对燃烧微粒的控制具有重要意义。这些功能的实现有效地改善柴油机的经济型、动力性和排放性能。电控高压共轨系统如图 7—1—3 所示。

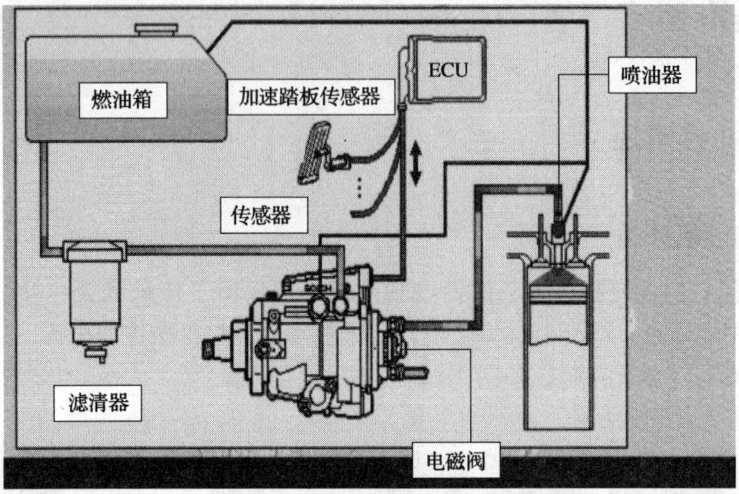

图 7—1—2　第二代时间控制系统电控柴油机结构

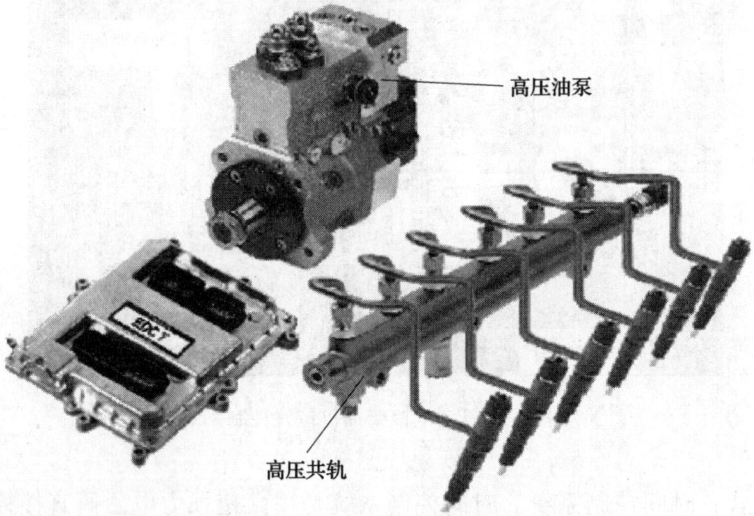

图 7—1—3　电控高压共轨系统

2. 电控柴油机的基本功能

（1）喷油量控制。电控柴油机由加速踏板位置传感器和发动机转速传感器的信号计算出基本喷油量，并由进气温度、进气压力、冷却液温度、燃油温度的修正信号对喷油量进行修正，电脑通过喷油器进行执行。

（2）喷油正时控制。喷油正时由发动机转速和喷油喷射量决定，由冷却液温度进行修正，从而精确地计算出喷油始点。通过燃油喷射起始时刻传感器（如针阀升程传感器、爆震传感器）检测实际的喷射时刻，并将它与计算出的喷油始点进行比较，加以修正。

（3）怠速控制。柴油机怠速运转时，由于发电机、空调压缩机、动力转向油泵等装置的工作状态变化引起发电机负荷的变化，柴油机电子控制系统通过反馈控制系统控制喷油量，控制怠速转速。

（4）起动预热控制。在不同的起动条件下，系统通过控制预热塞的通电时间，以改善柴油机的低温起动性能。

二、高压共轨柴油机传感器与执行器

高压共轨柴油机的传感器与执行器见表7—1—1。

表7—1—1　　高压共轨柴油机传感器与执行器

序号	名称	功能描述
1	油门位置传感器	将驾驶员的意图送给控制器ECU
2	曲轴位置传感器	精确计算曲轴位置，用于喷油时刻和喷油量计算、转速计算
3	凸轮轴传感器	判缸和曲轴传感器失效时用于跛脚回家
4	增压压力传感器	监测进气压力，和进气温度一起计算进气量，与进气温度集成在一起
5	共轨压力传感器	测量共轨管中的燃油压力，保证油压控制稳定
6	燃油温度传感器	用于修正喷油量和喷油正时
7	油水传感器	监测燃油中的水成分，并警告驾驶员及时放水
8	进气温度传感器	测量进气温度，修正喷油量和喷油正时，过热保护
9	空气质量传感器	检测发动机进气量，用于修正喷油量和喷油正时
10	冷却液温度传感器	测量冷却液温度，用于冷起动、目标怠速计算等，同时还用于修正喷油提前角、过热保护等
11	车速传感器	提供车速信号给ECU，用于整车驱动控制，由整车提供
12	大气压力传感器	用于不同海拔高度校正喷油控制参数，集成在ECU中
13	燃油计量阀	控制高压油泵进油量，保持共轨压力满足指令需求
14	喷油器电磁阀	精确控制喷油提前角、喷油规律、油量
15	继电器控制	用于空调压缩机、排气制动和冷起动装置的控制
16	指示灯控制	故障指示灯、冷起动指示灯
17	转速输出	用于整车转速表
18	CAN总线	用于与整车动力总成、ABS、ASR、仪表、车身等系统的联合控制
19	K线（ISO K－Line）	用于故障诊断和整车标定

三、电控高压共轨柴油机低压油路检修

1. 博士高压共轨燃油供给系统

博士高压共轨系统主要由低压油路、高压油泵、燃油计量阀、高压共轨、喷油器组成，

如图 7—1—4 所示。

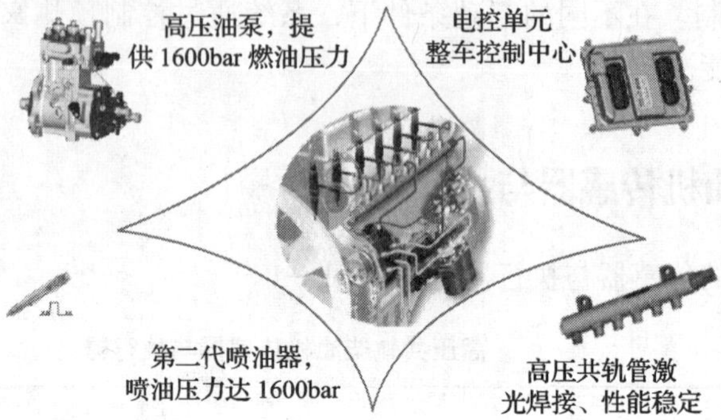

图 7—1—4　博士高压共轨系统结构

2. 博士高压共轨系统低压油路

高压共轨低压油路由油水分离器、柴油滤清器、低压油泵、手动供油泵组成，如图 7—1—5 所示。

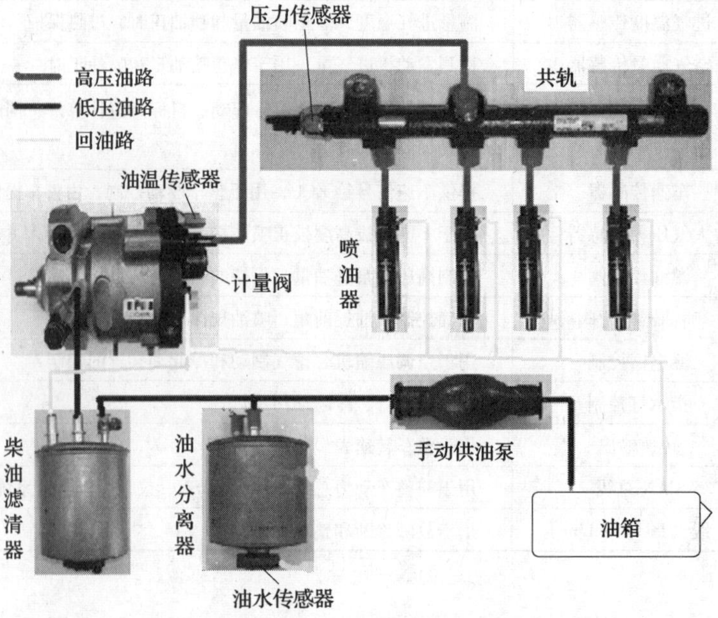

图 7—1—5　高压共轨低压油路组成

（1）油水传感器与燃油滤清器。燃油滤清器中带油水分离器，分离燃油中的水分，并带有油温传感器和水位感应开关，如图 7—1—6 所示。

（2）低压油泵（见图 7—1—7）

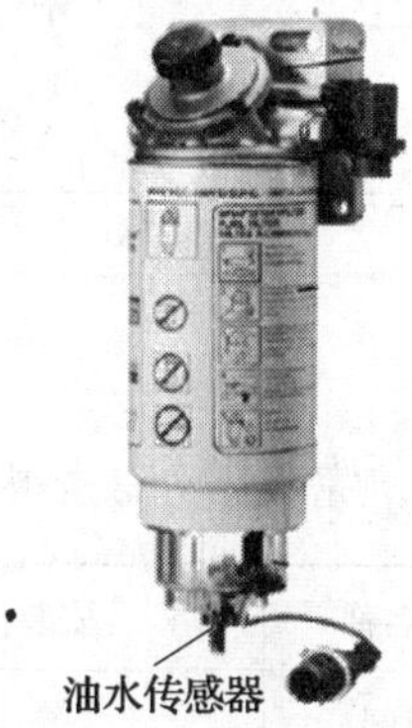

图 7—1—6 油水传感器

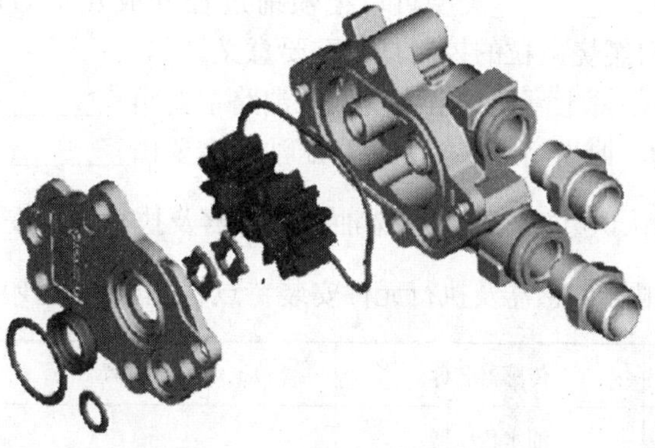

图 7—1—7 电控柴油机低压油泵

（3）低压油路排空气。共轨高压油泵因其制造精密，工作中需要保证良好润滑，油路中空气的进入导致供油不足。在更换柴油滤清器、油箱燃油被抽空或更换高压油泵等情况下，应该采用附加的手动供油泵将油路充分排空。

松开柴油滤清器出口油管，压动手动供油泵直到有燃油流出至无明显气泡状态，上紧柴油滤清器出口油管后再压几下手动供油泵至感觉有一定压力为止。手动供油泵的入口和出口都有一个单向阀，主要用于排空操作，如图 7—1—8 所示。

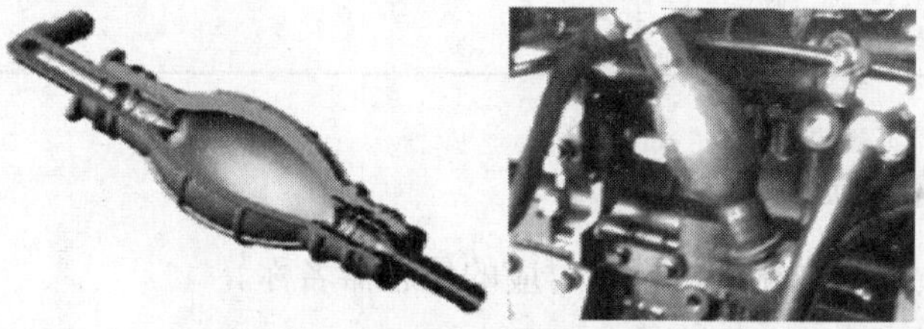

图 7—1—8 手动供油泵

任务实施

根据教材，小组合作完成下列问题。

1. 电控柴油机分为________、________、________类型。

2. ________类型不仅保留了传统的泵—管—嘴系统，还保留了原喷油泵中的齿条、滑套、柱塞上的斜槽等控制油量的机械传动机构，只是对____________________予以电子控制。

3. ________类型是用高速强力电磁阀直接控制高压燃油，一般情况下，________，开始喷油；________________，喷油结束。喷油始点取决于________________，喷油量取决于________________。

4. ________类型可以把喷射过程分成几个阶段，即________、________和________，后者对燃烧微粒的控制具有重要意义。

5. 博士高压共轨系统低压油路主要由________、________、________、________组成。

6. 博士高压共轨系统高压油路主要由________、________、________、________组成。

认识电控高压共轨柴油机传感器及执行元件安装位置

根据传感器及执行元件安装特点，在台架上找出其安装位置，完成下列表格内容。

序号	传感器名称	安装位置	执行元件名称	安装位置
1	油水传感器		燃油计量阀	
2	空气流量计		喷油器	
3	油门踏板位置传感器		EGR 控制阀	
4	冷却液温度传感器		预热塞	
5	曲轴位置传感器			
6	凸轮轴位置传感器			
7	共轨压力传感器			
8	EGR 位置传感器			

认识高压共轨柴油机传感器的作用

根据下列表格中功能描述，填写相对应的传感器名称。

序号	填写名称	功能描述
1		将驾驶员的意图送给控制器 ECU
2		精确计算曲轴位置，用于喷油时刻和喷油量计算、转速计算
3		判缸和曲轴传感器失效时用于跛脚回家
4		监测进气压力，和进气温度一起计算进气量，与进气温度集成在一起
5		测量共轨管中的燃油压力，保证油压控制稳定
6		用于修正喷油量和喷油正时
7		监测燃油中的水成分，并警告驾驶员及时放水
8		测量进气温度，修正喷油量和喷油正时，过热保护
9		检测发动机进气量，用于修正喷油量和喷油正时
10		测量冷却液温度，用于冷起动、目标怠速计算等，同时还用于修正喷油提前角、过热保护等

高压、低压油路排空气规范

1．检查油箱油位是否过低。

是/否

2．检查低压油路是否有泄漏。

是/否

3．找出高压油泵的进油管，并松开低压油管。

是/否

4．按动手动供油泵，检查低压油管是否有气泡溢出。

正常/异常

5．按动手动供油泵，直到低压油管有持续燃油溢出且无气泡溢出为止。

是/否

6．连接并紧固高压油泵的低压油管。

是/否

7．检查高压油路是否有泄漏。

正常/异常

8．松开某一个喷油器的高压油管。

是/否

9．找出高压油泵的回油管。

是/否

10．使用钳子捏住高压油泵的回油管。

是/否

11．起动发动机，直到高压油管持续出油为止。

正常/异常

技术操作要点

起动发动机时要保证蓄电池电压充足，否则发动机电脑得到的工作电压过低会导致燃油计量阀不工作，高压油泵无高压油。

教师检查签名

回顾该工作页的目标，如果你对目标中的哪一部分还不清楚，要请教教师。如果认为已经达到了该工作页的目标，则请教师检查你的工作，并在该工作页上签字。

教师签名____________________

任务总结

一、任务评价

对本学习任务进行评价，见表7—1—2。

表7—1—2　评分表

考核项目	评分标准	分数	学生自评	小组互评	教师评价	小计
团队合作	是否和谐	5				
活动参与	是否积极主动	5				
安全生产	有无安全隐患	10				
现场5S	是否做到	5				
任务方案	是否正确、合理	20				
操作过程	1. 低压油路排空气 2. 高压油泵排空气 3. 喷油器高压油管排空气	30				
任务完成情况	是否圆满完成	5				
工具、设备使用	是否规范、标准	10				
劳动纪律	是否严格遵守	5				
工作任务单填写	是否完整、规范	5				
总分		100				
教师签名			年　月　日		得分	

二、理论知识检验

1. 下列说法正确的是（　　）。

A. 电控柴油机位置控制式应用在直列柱塞泵上

B. 电控柴油机位置控制式仍然采用普通柴油机喷油器

C. 电控柴油机位置控制式的供油提前角采用电子控制

D. 以上都正确

2. 下列说法正确的是（　　）。

A. 电控柴油机时间控制式应用在转子分配泵上

B. 电控柴油机时间控制式仍然采用普通柴油机喷油器

C. 电控柴油机时间控制式的供油提前角装置采用电子控制

D. 以上都正确

3. 下列说法正确的是（　　）。

A. 电控柴油机高压共轨式高压油泵只产生高压油

B 电控柴油机高压共轨式采用电磁式喷油器

C. 电控柴油机高压共轨式取消了供油提前角装置

D. 以上都正确

任务 7.2　电控高压共轨柴油机高压油路检修

任务目标

1. 能检修高压共轨压力传感器故障。
2. 能检修燃油计量阀故障。
3. 能检修高压油泵故障。

任务描述

一辆长城风骏车，搭载型号为 GW2.8TC 的电控高压共轨柴油发动机，行驶里程为 100 000 km，现出现发动机起动困难故障，请制定一份维修方案并实施。

任务内容

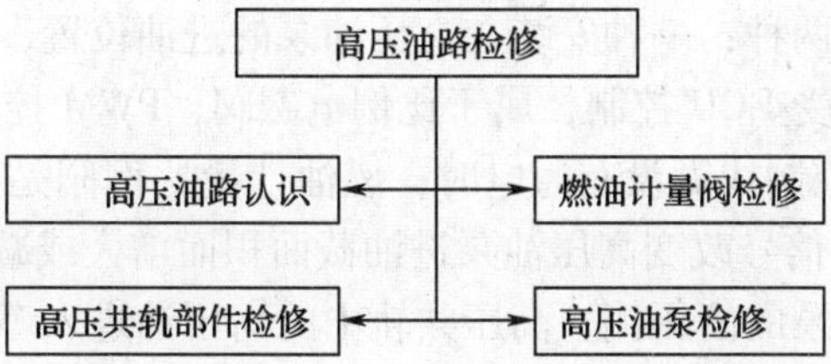

任务准备

一、高压油泵检修

高压共轨系统由五个部分组成，即高压油泵、燃油计量阀、共轨腔、高压油管、喷油器。供油泵从油箱将燃油泵入高压油泵的进油口，由发动机驱动的高压油泵将燃油增压后送入共轨腔内，再由电磁阀控制各缸喷油器在相应时刻喷油。

大部分高压油泵采用由柴油机驱动的三缸径向柱塞泵来产生高达135 MPa 的压力。在该高压油泵的内部，燃油通过3个呈120°的放射状的泵活塞实现压缩。在每个旋转周期，3个输送冲程同时进行，使其峰值扭矩降低为传统高压油泵的1/9，负荷也比较均匀，降低了运行噪声。高压油泵结构如图7—2—1所示。凸轮轴向下运行时，进油阀打开。进油控制如图7—2—2所示。凸轮轴向上运行时，进油阀关闭，该系统中高压共轨腔中的压力控制是通过燃油计量阀对共轨腔中燃油的放泄来实现的。出油控制如图7—2—3所示。

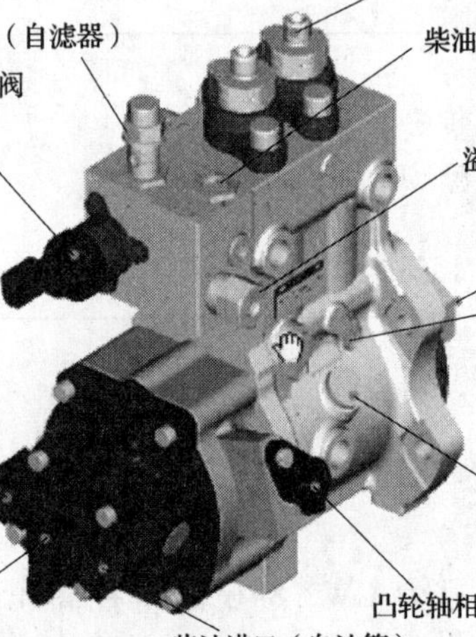

图7—2—1　高压油泵结构

二、燃油计量阀检修

燃油计量比例阀分为两种：一种安装在高压油泵的进油位置，用于调整燃油供给量和燃油压力值，而其调整要求受ECU控制，属于比例电磁阀，PWM控制（165 ~ 195 Hz），线圈电阻：2.6 ~ 3.15 Ω。在控制线圈没有通电时，燃油计量比例阀是导通的，可以提供最大流量的燃油。ECU通过脉冲信号改变高压油泵进油截面积而增大或减少。

另一种安装在高压油泵的高压侧，高压共轨中的高压油进入燃油计量阀，当燃油计量阀不通电时，没有电磁铁的外力作用，过量的高压油的压力大于弹簧的弹力，顶开弹簧，燃油计量阀开启大小决定了高压压力，弹簧预先设计的最大压力约为10 MPa。当燃油计量阀通电时，产生电磁力，使弹簧的弹力增加，高压共轨压力升高。

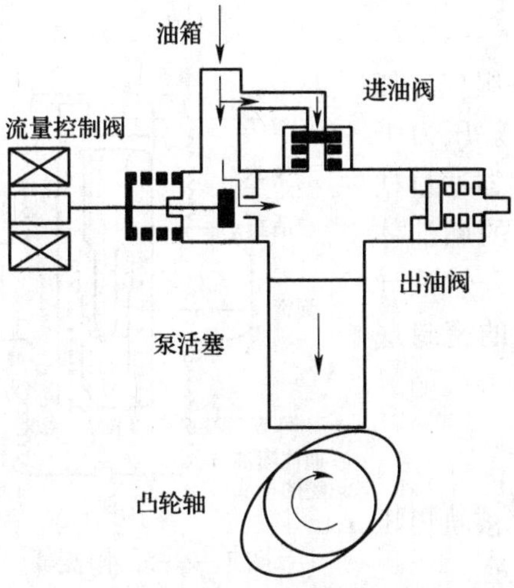

图 7—2—2　进油控制

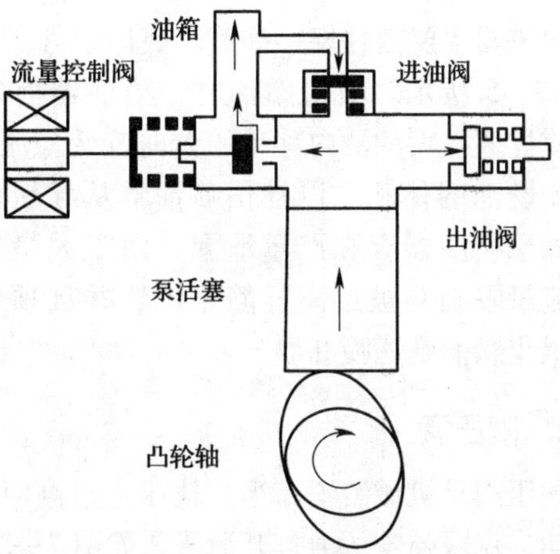

图 7—2—3　出油控制

三、高压共轨部件检修

共轨管将供油泵提供的高压燃油分配到各喷油器中，起蓄压器的作用。它的容积应削减高压油泵的供油压力波动和每个喷油器由喷油过程引起的压力震荡，使高压油轨中的压力波动控制在 5 MPa 之下。但其容积又不能太大，以保证共轨有足够的压力响应速度以快速跟踪柴油机工况的变化。

高压共轨管上还安装了压力传感器、限流器和限压阀，如图 7—2—4 所示。压力传感器向 ECU 提供高压油轨的压力信号；限流器保证在喷油器出现燃油漏泄故障时切断向喷油器的供油，并可减小共轨和高压油管中的压力波动；限压阀保证高压油轨在出现压力异常时，迅速将高压油轨中的压力进行放泄。

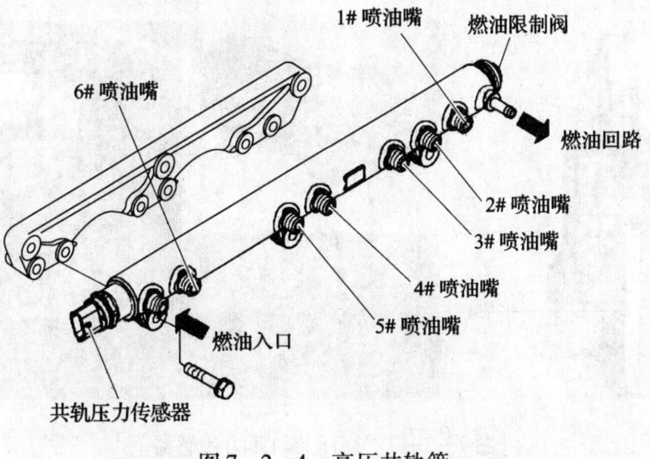

图 7—2—4　高压共轨管

1. 限流器

限流器主要由柱塞、弹簧、底座、外壳等零件组成，如图7—2—5所示。喷射燃油时，喷油器前端的喷射压力下降，使柱塞在喷油器内移动的方向改变。流量限制器通过柱塞改变燃油的体积，以补偿喷油器从导轨内喷出的燃油体积。如果喷油器存在严重泄漏，由于大量燃油离开燃油导轨，流量限制器被迫离开静止位置并且顶住出口的密封底座，阻止燃油到达喷油器。

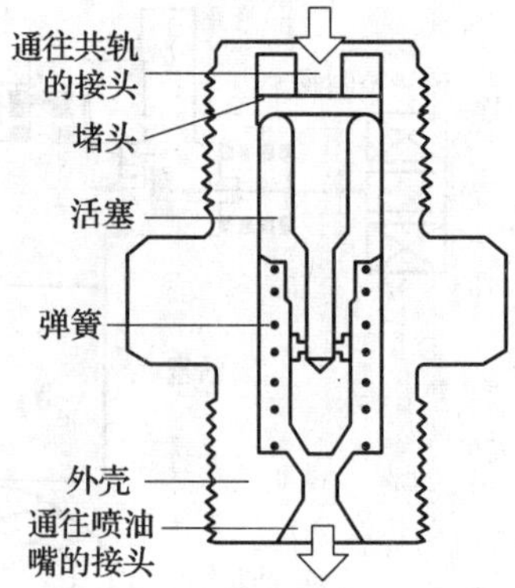

图7—2—5　限流器

2. 限压阀

限压阀是机械装置，当共轨压力过高时，柱塞被轨道压力推动，克服弹簧压力打开泄压，如图7—2—6所示。

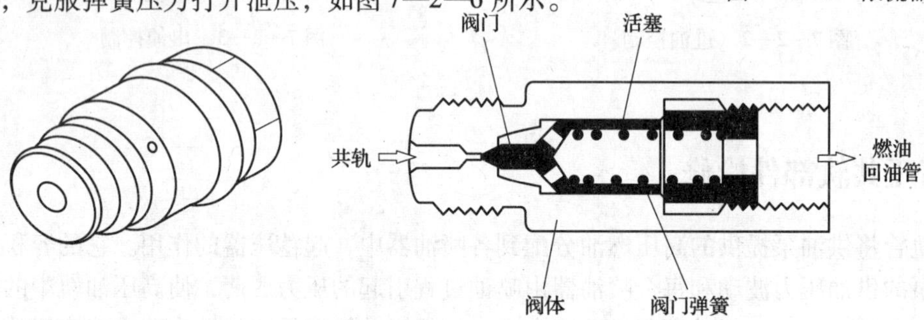

图7—2—6　限压阀

3. 高压共轨压力传感器

发动机电脑根据共轨压力传感器信号控制燃油计量阀，调节共轨压力。高压共轨压力传感器如图7—2—7所示。其工作原理与发动机进气压力传感器相同，检修方法也相同，这里不再叙述。

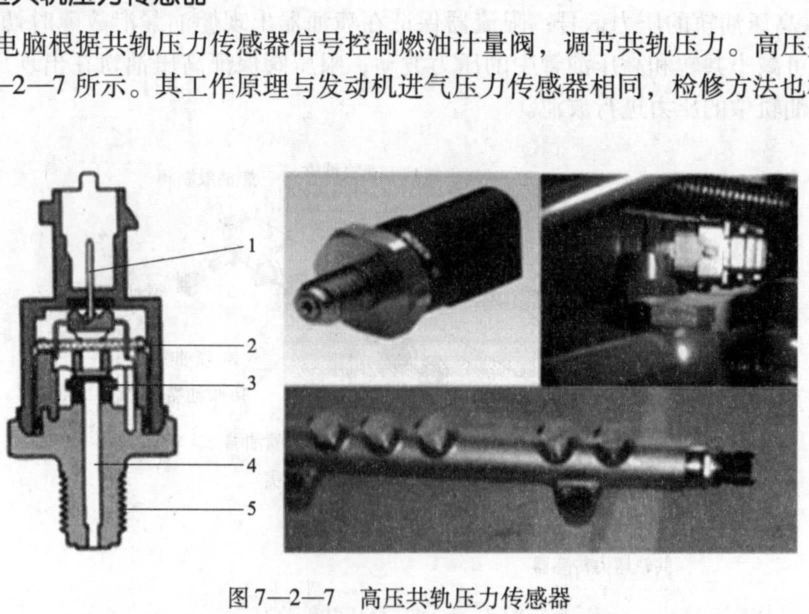

图7—2—7　高压共轨压力传感器

1—电子接头　2—评估电路　3—带传感装置的皮膜　4—高压接头　5—固定螺纹

4. 高压油路故障

高压油路常见故障见表 7—2—1。

表 7—2—1　　高压油路故障

序号	故障类型	原因分析	处理方法
1	高压油泵不出油	柱塞腔内有空气、齿轮泵内部有空气或柱塞泵磨损	排空气或更换高压油泵
2	燃油计量阀异常	线束插头接触不良、燃油计量阀损坏	检查线束插头或更换
3	高压油泵正时齿轮正时不正确	油泵安装时齿轮正时出错	重新按照工艺要求安装

任务实施

高压油路油压低故障检修任务实施规范

技术操作要点

高压共轨压力传感器用来监控与修正高压油泵的压力输出，使高压油泵的工作形成闭环控制，所以检测高压共轨压力传感器信号是检测高压压力的关键。

1. 检测高压共轨压力传感器线路时，是否断开传感器插头？

是/否

2. 断开高压共轨压力传感器插头，打开点火开关，测量传感器工作电源的电压为________V。

正常/异常

3. 断开高压共轨压力传感器插头，打开点火开关，测量传感器的信号电压为______V。

正常/异常

4. 连接高压共轨压力传感器插头，打开点火开关，测量传感器工作电源的电压为________V。

正常/异常

5. 连接高压共轨压力传感器插头，打开点火开关，测量传感器的信号电压为______V。

正常/异常

6. 起动发动机，测量高压共轨压力传感器的信号电压为________V。

正常/异常

技术操作要点

打开点火开关，高压共轨压力传感器的信号电压正常为0.4～0.6 V，起动发动机，高压共轨压力传感器的信号电压正常应达到1.0 V以上。

7. 如果高压共轨压力传感器信号电压低于正常值，检查燃油计量阀线路连接。

正常/异常

8. 断开燃油计量阀插头，测量燃油计量阀的电阻是________ Ω。

正常/异常

9. 断开燃油计量阀插头，测量线束至电脑的线路是否导通?

正常/异常

技术操作要点

电脑通过占空比控制通过燃油计量阀的电流来调节高压油泵的油压输出，对于博士高压油泵，如果燃油计量阀不工作，高压油泵无高压油。

10. 起动发动机，检查曲轴位置传感器的信号电压是________ V。

正常/异常

11. 如果曲轴位置传感器不正常，检修曲轴位置传感器。

技术操作要点

如果电脑记录曲轴位置传感器有故障，燃油计量阀一般不工作。

教师检查签名

回顾该工作页的目标，如果你对目标中的哪一部分还不清楚，要请教教师。如果认为已经达到了该工作页的目标，则请教师检查你的工作，并在该工作页上签字。

教师签名____________________

任务总结

一、任务评价

对本学习任务进行评价，见表7—2—2。

表 7—2—2　　评分表

考核项目	评分标准	分数	学生自评	小组互评	教师评价	小计
团队合作	是否和谐	5				
活动参与	是否积极主动	5				
安全生产	有无安全隐患	10				
现场 5S	是否做到	5				
任务方案	是否正确、合理	20				
操作过程	1. 燃油计量阀检查 2. 高压共轨压力传感器检测	30				
任务完成情况	是否圆满完成	5				
工具、设备使用	是否规范、标准	10				
劳动纪律	是否严格遵守	5				
工作任务单填写	是否完整、规范	5				
	总分	100				
教师签名			年　月　日		得分	

二、理论知识检验

1. 下列说法正确的是（　　）。
A. 燃油计量阀控制高压油压力
B. 高压共轨压力传感器修正高压压力
C. 柴油机必须有油水分离器
D. 以上都正确
2. 下列说法正确的是（　　）。
A. 高压共轨起储存燃油的作用，与燃油分配导管一样
B. 电控柴油机必须要有手动供油泵
C. 低压油路或高压油路有空气会造成油压低
D. 以上都正确
3. 下列说法正确的是（　　）。
A. 拔下燃油计量阀插头，高压油泵供油压力最小
B. 拔下燃油计量阀插头，高压油泵供油压力最大
C. 拔下燃油计量阀插头，发动机不着车
D. 以上都正确

任务 7.3 电控高压共轨柴油机喷油器检修

任务目标

1. 能检修高压共轨柴油机喷油器不喷油故障。
2. 能检修高压共轨柴油机喷油器滴油故障。
3. 能检修高压共轨柴油机喷油正时故障。

任务描述

一辆长城风骏车，搭载型号为 GW2. 8TC 的电控高压共轨柴油发动机，行驶里程为 100 000 km，现出现发动机起动困难、加速冒黑烟故障，请制定一份维修方案并实施。

任务内容

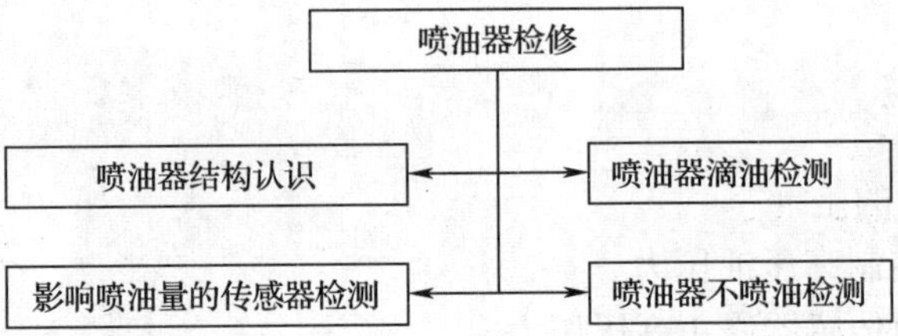

任务准备

一、喷油器结构与原理

预喷射在主喷射之前，将小部分燃油喷入气缸，在缸内发生预混合或者部分燃烧，缩短主喷射的着火延迟期。这样缸内压力升高率和峰值压力都会下降，发动机工作比较缓和，同时缸内温度降低使得 NO_x 排放减小。预喷射还可以降低失火的可能性，改善高压共轨系统的冷起动性能。

主喷射初期降低喷射速率，也可以减少着火延迟期内喷入气缸内的油量。提高主喷射中期的喷射速率，可以缩短喷射时间从而缩短缓燃期，使燃烧在发动机更有效的曲轴转角范围内完成，提高输出功率，减少燃油消耗，降低碳烟排放。主喷射末期快速断油可以减少不完全燃烧的燃油，降低烟度和碳氢排放。

1. 电磁式喷油器结构

喷油器主要由喷油嘴部分、油压活塞部分和电磁阀部分组成，如图 7—3—1 所示。喷油器中的电磁阀直接控制喷油始点、喷油间隔和喷油终点，从而直接控制喷油量与喷油正时。实际上，喷油器完成了传统喷油装置中的喷油器、调速器和提前器的功能。

2. 喷油器的工作过程

（1）喷油器打开。喷油器上腔为油压活塞部分，当喷油器的电磁阀被触发时，节流孔打开，阀控制室的压力降低，阀控制活塞的压力也降低，喷油器针阀被高压燃油顶开，喷油器开始喷油。油压活塞部分用来间接控制喷油器针阀，开启针阀要迅速，阀控制室的受控燃油通过阀控制室回油管返回油箱。

（2）喷油器关闭。在复位状态下，电磁阀不吸合，弹簧力将球阀压向节流孔，节流孔关闭。轨道中的高压作用在阀控制室中，喷油器关闭。

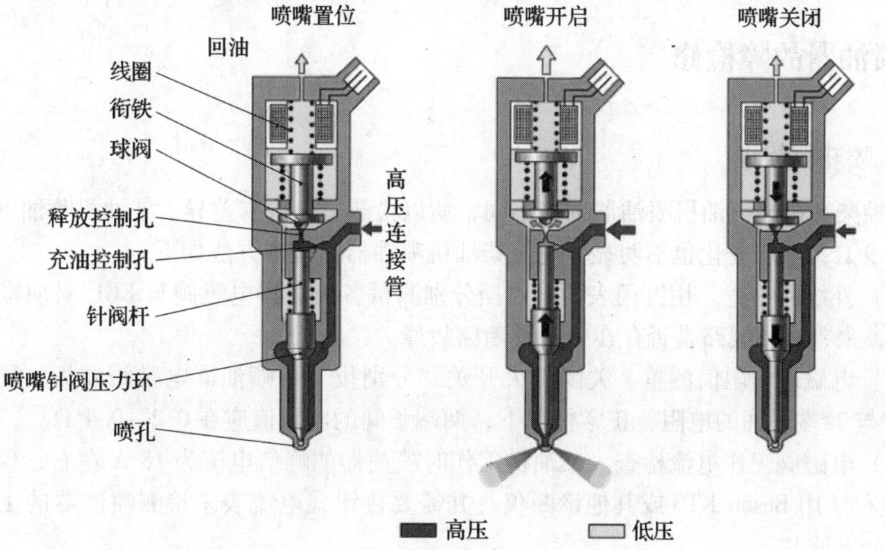

图 7—3—1　电磁式喷油器结构

3. 压电式喷油器结构

逆压电效应：在一个合适的晶体上施加一个电压，就会引起晶体晶格的变形，从而产生一种线性位移。

压电式喷油器结构如图 7—3—2 所示。实现压电喷油器功能的主要组件是压电执行器、液压接杆、伺服阀和喷嘴，如图7—3—2所示。压电执行器在非工作状态时处于原始位置，伺服阀关闭，高压范围和低压范围相互隔断，喷嘴借助于紧挨着控制室的共轨压力保持关闭状态。压电执行器起作用时将伺服阀打开，从而使控制室中的压力降低，喷嘴开启。

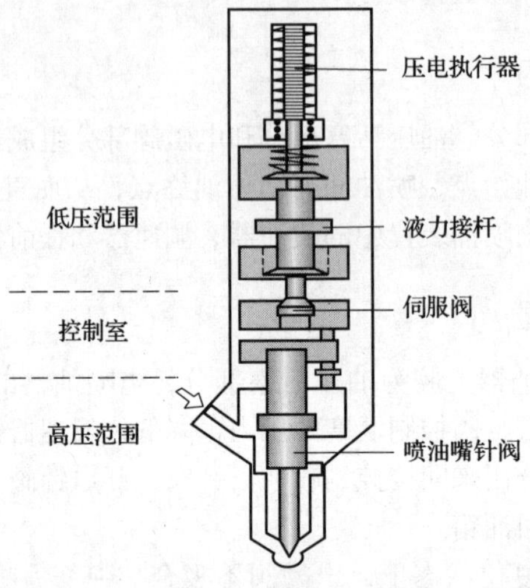

图 7—3—2　压电式喷油器结构

二、喷油器故障检修

1. 喷油器检查

电控柴油机与汽油机喷油器构造不同，所以检测方法也有差异。柴油机喷油器阻值只有 0.3 ~ 0.9 Ω，电压变化也不明显。电控柴油机喷油器的检查方法如下。

（1）外线路检查。用万用表的电阻挡分别测量各喷油器电磁阀与 ECU 对应端子之间的电阻值，来判断外线路是否存在短路及断路故障。

（2）电磁阀电阻值测量。关闭点火开关，分别拔下各喷油器电磁阀插头，测量各电磁阀侧 1#与 2#端子间的电阻，正常情况下，两端子间的电阻值应在 0.2 ~ 0.4 Ω。

（3）电磁阀工作电流检查。柴油机工作时喷油器的峰值电流为 18 A 左右，保持电流为 12 A 左右（用 Bosch KTS 或其他诊断仪，并需要接钳式电流表来检测喷油器的工作电流波形，十分方便）。

（4）电磁阀工作电压检查。在起动柴油机的情况下，喷油器电磁阀端子处应有 5 V 脉冲电压输入；或用试灯（须串联 300 Ω 左右的电阻）连接喷油器电磁阀两个端子，起动时试灯应闪亮。

（5）数据流检测。用 X－431 故障诊断仪可以读取“系统预设喷油量”“当前系统喷油量”“主喷修正量”3 个参数的数据流。

（6）喷油器回油量检查。电控柴油机喷油器可通过观察喷油器回油量来判断其好坏。用手触摸通往喷油器的各缸高压油管，应明显感觉到有较强的脉动，节奏与发动机转速成正比，若某缸脉动节奏重，可能该缸喷油器柱塞卡死在常闭位置，此时该缸回油管回油明显偏多，若某缸脉动节奏轻滑，可能是喷油器柱塞卡在常开位置，此时发动机缸内会发出类似敲缸声。若喷油器回油管无回油，也可证明喷油器不喷油。

2. 喷油器常见故障

喷油器常见故障见表 7—3—1。

表 7—3—1 喷油器常见故障

序号	故障类型	原因分析	处理方法
1	喷油器雾化不良	喷油嘴处积炭严重	清理，如故障不能消除，更换喷油器
2	喷油器不喷油	针阀卡死在关闭位置	更换喷油器
3	喷油器滴油	针阀卡死在常开位置或喷油器针阀密封不严	更换喷油器
4	单个喷油器回油量大	回油柱塞锥面磨损密封不严	更换喷油器
5	喷油器电磁阀损坏	短路或其他原因形成大电流烧坏	更换喷油器

3. 喷油器电磁阀失效模式分析（长城车 GW2. 8TC 型柴油机 Bosch 共轨系统）

（1）柴油机无法起动。当燃油中的杂质过多，若有两支及以上的喷油器堵塞时，喷油器回油量过大，导致柴油机轨压在建立后出现回落现象，引起柴油机无法起动。

（2）柴油机抖动。若有一支喷油器堵塞，或者喷油器电磁阀线路与柴油机金属磨损搭铁，或者某缸喷油器电磁阀与 ECU 连接断路，会造成柴油机抖动且出现“N 缸喷油器无效应信号”故障码。

（3）柴油机飞车（极少）。若燃油中杂质过多导致喷孔堵塞，柴油机高速运转时，燃油压力将喷头压掉，大量燃油进入燃烧室。

三、喷油量与喷油正时检修

1. 喷油量控制

电控单元（ECU）借助于传感器得知驾驶员的要求及发动机和车辆的实时工作状态，它处理由传感器产生并经数据导线输入的信号，对发动机进行控制和调节。

供油量主要由油门踏板行程和柴油机转速来确定，除此之外，空气质量计告知电控单元（ECU）发动机实时的进气、空气质量流量，以根据排放要求来匹配相应的基本喷油量。在带有增压压力调节的增压柴油机上，增压压力传感器用以测定增压压力，在柴油机处于冷状态时，电控单元（ECU）根据冷却液温度传感器和进气空气温度传感器的信号值，确定合适的喷油点，预喷油量和其他参数的额定值。

（1）全负荷油量控制
（2）部分负荷油量控制
（3）油量修正（冷却液温度、进气压力等）
（4）断油控制
（5）其他控制（怠速控制等）

2. 喷油正时控制

喷油始点影响发动机起动性能、燃油经济性和排放性能。ECU 电控单元通过喷油量、发动机转速和冷却液温度等信号确定最优喷油始点，给喷油泵中的喷油始点控制阀发出相应的控制信号，输出到驱动电路电磁阀，根据控制器发出的控制信号控制燃油的喷射。为了实现柴油机的最佳燃烧，应根据运行状态和环境条件等因素来控制最佳的喷射时刻。

曲轴转速传感器测定发动机的转速，凸轮轴相位传感器确定喷油顺序和相位。

3. 影响喷油的传感器

影响喷油量与喷油正时的传感器的作用见表 7—3—2。

表 7—3—2　　影响喷油量与喷油正时的传感器的作用

序号	名称	功能描述
1	油门位置传感器	将驾驶员的意图送给控制器 ECU
2	曲轴位置传感器	精确计算曲轴位置，用于喷油时刻和喷油量计算、转速计算
3	凸轮轴传感器	判缸和曲轴传感器失效时用于跛脚回家
4	增压压力传感器	监测进气压力，和进气温度一起计算进气量，与进气温度集成在一起
5	共轨压力传感器	测量共轨管中的燃油压力，保证油压控制稳定
6	燃油温度传感器	用于修正喷油量和喷油正时
7	油水传感器	监测燃油中的水成分，并警告驾驶员及时放水
8	进气温度传感器	测量进气温度，修正喷油量和喷油正时，过热保护
9	空气质量传感器	检测发动机进气量，用于修正喷油量和喷油正时
10	冷却液温度传感器	测量冷却液温度，用于冷起动、目标怠速计算等，同时还用于修正喷油提前角、过热保护等
11	车速传感器	提供车速信号给 ECU，用于整车驱动控制，由整车提供
12	大气压力传感器	用于不同海拔高度校正喷油控制参数，集成在 ECU 中

任务实施

根据教材，小组合作完成下列问题。

1. ECU 主要根据柴油机______________和______________传感器信号确定基本供油提前角。

2. 喷油器喷孔尺寸一定，喷油时间一定，控制________即可控制喷油量；共轨中的油压是由 ECU 根据________________传感器监控的，再通过占空比控制________高压油泵油压输出。

3. 加速踏板传感器又称________，常用的有________、________、________________三种类型。电位计式加速踏板位置传感器一般由________和________组成。

电控柴油机喷油器检修任务实施规范

1. 断开喷油器插头，检测喷油器电阻是________ Ω。
正常/异常

技术操作要点

正常情况下，两端子间的电阻值应在 0.2 ~ 0.4 Ω。

2. 连接喷油器，起动发动机，检测喷油器两个端子电压差是________ V。
正常/异常

3. 断开喷油器插头，使用发光二极管连接喷油器线束端子，发光二极管是否分正负极？
是/否

技术操作要点

起动柴油机情况下，喷油器电磁阀端子处应有 5 V 脉冲电压输入；或用试灯（须串联 300 Ω 左右的电阻）连接喷油器电磁阀两个端子，起动时试灯应闪亮。

4. 起动发动机，发光二极管是否闪亮？
是/否

5. 松开喷油器回油管，观察是否回油？
是/否

技术操作要点

电控柴油机喷油器可通过观察喷油器回油量来判断其好坏。如果喷油器柱塞卡死在常闭位置，此时该缸回油管回油明显偏多，若喷油器回油管无回油，也可证明喷油器不喷油。

6. 用手触摸喷油器高压油管，是否有脉动？

是/否

技术操作要点

用手触摸通往喷油器的各缸高压油管，应明显感觉到有较强的脉动，节奏与发动机转速成正比。

7. 断开曲轴位置传感器，起动发动机，检测喷油器两个端子电压差是________ V。

正常/异常

8. 断开曲轴位置传感器，起动发动机，发光二极管是否闪亮？

是/否

9. 断开凸轮轴位置传感器，起动发动机，检测喷油器端子电压差是________ V。

正常/异常

10. 断开凸轮轴位置传感器，起动发动机，发光二极管是否闪亮？

是/否

教师检查签名

回顾该工作页的目标，如果你对目标中的哪一部分还不清楚，要请教教师。如果认为已经达到了该工作页的目标，则请教师检查你的工作，并在该工作页上签字。

教师签名________________

任务总结

一、任务评价

对本学习任务进行评价，见表7—3—3。

表7—3—3　　评分表

考核项目	评分标准	分数	学生自评	小组互评	教师评价	小计
团队合作	是否和谐	5				
活动参与	是否积极主动	5				
安全生产	有无安全隐患	10				
现场5S	是否做到	5				
任务方案	是否正确、合理	20				

续表

考核项目	评分标准	分数	学生自评	小组互评	教师评价	小计
操作过程	1. 喷油器是否喷油检查 2. 喷油器回油量检查 3. 喷油器不喷油故障排除	30				
任务完成情况	是否圆满完成	5				
工具、设备使用	是否规范、标准	10				
劳动纪律	是否严格遵守	5				
工作任务单填写	是否完整、规范	5				
总分		100				
教师签名		年　月　日			得分	

二、理论知识检验

1. 下列说法正确的是（　　）。

A. 电磁式喷油器针阀上腔的球阀关闭时喷油器开始喷油

B. 电磁式喷油器回油管有回油说明喷油器喷油

C. 电磁式喷油器回油管回油过多说明喷油器有故障

D. 电磁式喷油器的电阻为 2 ~ 5 Ω

2. 下列说法正确的是（　　）。

A. 压电式喷油器电阻无穷大

B. 压电式喷油器相应速度更快

C. 压电式喷油器利用压电元件通电收缩原理工作

D. 压电式喷油器利用压电元件受到压缩产生信号电压原理工作

3. 下列说法正确的是（　　）。

A. 没有发动机转速传感器信号，喷油器不喷油

B. 没有发动机转速传感器信号，燃油计量阀不工作

C. 没有发动机凸轮轴位置传感器信号，喷油器不喷油

D. 以上都正确

4. 下列说法正确的是（　　）。

A. 柴油机没有节气门，无限制进气，所以空气滤清器较大

B. 电控柴油机根据空气流量计信号控制喷油量

C. 电控柴油机根据进气压力传感器信号控制喷油量

D. 电控柴油机根据发动机转速传感器信号控制喷油量

5. 下列说法正确的是（　　）。
A. 电控柴油机的喷油提前角由电脑控制喷油器开始的时刻决定
B. 电控柴油机的喷油量由电脑控制喷油器打开的持续时间决定
C. 电控柴油机根据爆震传感器修正喷油提前角
D. 电控柴油机根据氧传感器修正喷油量
6. 下列说法正确的是（　　）。
A. 电控柴油机燃油温度传感器安装在燃油滤清器上
B. 电控柴油机燃油温度传感器安装在高压油泵上
C. 电控柴油机不需要燃油温度传感器
D. 以上都不正确

任务 7.4　电控高压共轨柴油机常见故障检修

任务目标

1. 能检修高压共轨压力无法建立故障。
2. 能检修高压共轨发动机动力不足，冒黑烟故障。
3. 能检修高压共轨发动机起动困难故障。

任务描述

一辆长城风骏车，搭载型号为 GW2.8TC 的电控高压共轨柴油发动机，行驶里程为 100 000 km，现出现起动不着车故障，请制定一份维修方案并实施。

任务内容

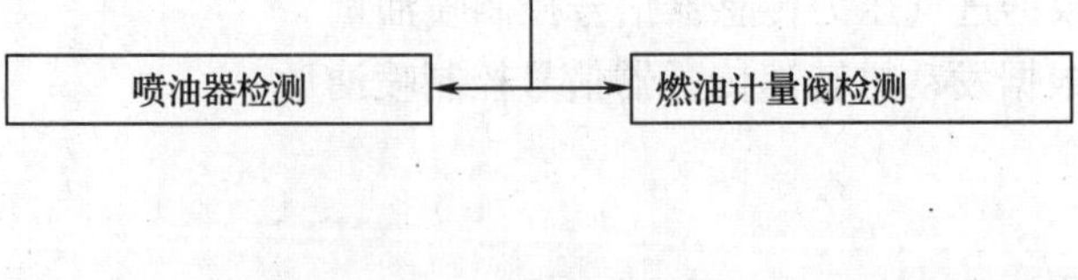

任务准备

一、高压共轨压力无法建立故障分析

高压共轨系统对燃油油路要求较高，低压油路（油箱—粗滤—细滤—回油）、高压油路（高压油泵—共轨—高压油管—喷油器）都要保证密封。任何一个环节出了问题，轨压都不能正常建立。

1．低压油路检查

（1）检查油箱油位是否过低。

（2）检查手动供油泵是否正常。

（3）检查低压油路是否有空气，并排出空气。低压油路排空气后如果还不能起动发动机，则判断高压油路有空气，高压油路必须也要排空气。

排气方法：松开某一个高压油管，起动发动机，直到高压油管持续出油为止。

2．高压油路检查

（1）检查高压油路有无泄漏。

（2）检查油路是否通畅，柴油滤清器是否堵塞。

检查方法：松开细滤出口螺栓，起动发动机，看是否有柴油喷出。

（3）检查高压共轨压力传感器信号电压是否正常，如果信号电压小于正常值，检查燃油计量阀工作是否正常；检查喷油器是否正常；检查高压共轨限压阀是否正常。

二、高压共轨发动机功率不足故障分析

1．故障症状：高速上不去，油耗高，排气管冒黑烟。

2．故障原因：涡轮增压器故障，造成进气不足；喷油器故障；高压共轨压力低故障；ECU 内部储存有故障码。

3．故障检修

（1）用诊断仪检测是否有“进气压力传感器电压过低”的故障显示，如果有，检查进气管路是否漏气，可能造成进气管路漏气的地方有多处，如进气管垫片损坏，进气压力温度传感器安装不密封，中冷器连接橡胶管漏气，增压器连接橡胶管漏气等，如果管路正常，检查涡轮增压器。

（2）用诊断仪检测是否有“燃油压力控制阀电压过低或过高”的故障显示。如果有，检查进油管路是否正常；是否有空气；燃油计量阀是否工作正常；喷油器是否滴油；高压共

轨限压阀是否正常。

(3) 检查个别缸喷油器是否不工作或工作不良。处理方法：先断缸试验，判别出不好的喷油器，进行更换。造成喷油器故障的一般是燃油品质不好或有脏东西进入喷油器，导致喷油器阀卡死，无法正常工作。

(4) 检查个别缸喷油器线束故障。此故障一般是喷油器线束接触不良或断路引起，用诊断仪检测会有“TWV 输出断路”的故障显示。

三、高压共轨发动机起动困难故障分析

1. 故障症状：起动机和发动机均有正常起动转速，但不着火；或者有时经过多次长时间的起动方可着火。

2. 故障原因：燃油管路有空气；柴油管路或油水分离器堵塞；ECU 存在故障码；油泵安装正时不正确或飞轮不匹配；NE（转速）传感器和 G（凸轮轴）传感器同时故障；高压共轨压力过低；发动机预热工作不正常。

3. 故障检修

(1) 国Ⅲ车采用共轨系统，油路排空气相对困难一些，往往操作人员感觉到空气排除干净了，实际还是没有彻底排干净。根据实际使用情况来看，应该松开油泵回油螺栓来排空气，必要时可松开高压油管，利用起动机带动发动机空转来排空气；如果仅仅是松开燃油滤清器的放气螺钉来排空气，可能不容易彻底排除燃油管路的空气，比较费力。

(2) 清理柴油管路或油水分离器，对油水分离器进行放水，必要时更换，最后要对油路进行彻底排空气。目前，我国的柴油品质还不能完全满足国Ⅲ系统柴油机对柴油品质的要求，因此，国Ⅲ发动机的柴油滤清器或油水分离器要经常保养，其保养周期要比以前的发动机大大缩短。还有一种情况，如果进油软管或回油软管内径太细太长导致进回油不畅，比较严重的也会使发动机起动困难或无法起动，此时，需要更换符合要求的进回油管，内径最好 12 mm 以上。

(3) 当有“冷却液温度传感器”“轨压传感器”“油门踏板”等一些故障储存在 ECU 中，系统起保护作用，会限制一些功能甚至无法起动。

(4) 油泵正时不正确这种情况一般出现在更换过油泵或飞轮的发动机上，对于油泵有安装正时要求的发动机，油泵安装必须正确。

(5) 当有 NE（转速）传感器和 G（凸轮轴）传感器故障时，发动机无法确定喷油正时，发动机起动困难。

(6) 检查高压共轨压力。

(7) 检查电控高压共轨发动机预热装置，如图 7—4—1 所示。

发动机冷态起动前，通过电子装置加热压缩空气，提高发动机的起动性，即在起动后依据冷却液温度对空气继续加热一段时间，从而可以减少柴油发动机的爆燃和冒白烟现象。起动预热系统有两种类型：预热塞式和进气加热式。预热塞式用于加热燃烧室的空气；进气加热式直接加热来自空气滤清器的空气。

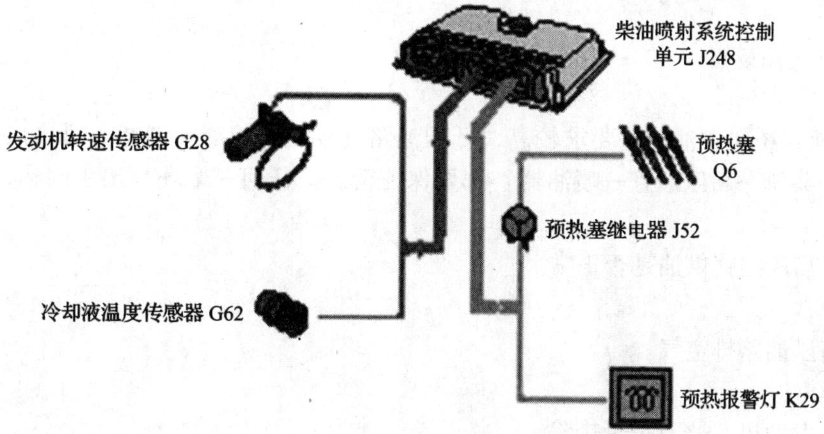

图 7—4—1　电控高压共轨发动机预热装置

任务实施

电控柴油机起动不着车故障任务实施规范

1. 打开点火开关，仪表发动机故障报警灯是否点亮？

是/否

2. 读取发动机故障码，是否有故障码？

是/否

3. 断开某一缸喷油器插头，连接试灯，起动发动机，试灯是否闪亮？

是/否

技术操作要点

如果喷油器不喷油，检查曲轴位置传感器

4. 起动发动机，测量高压共轨压力传感器的信号电压为________V。

正常/异常

技术操作要点

打开点火开关，高压共轨压力传感器的信号电压正常为 0.4 ~ 0.6 V，起动发动机，高压共轨压力传感器的信号电压正常应达到 1.0 V 以上。

5. 如果高压共轨压力传感器信号电压低于正常值，检查燃油计量阀线路连接。

正常/异常

6. 检查低压油路供油是否正常。

正常/异常

技术操作要点

高压共轨系统对燃油油路要求较高，低压油路（油箱—粗滤—细滤—回油）、高压油路（高压油泵—共轨—高压油管—喷油器）都要保证密封。任何一个环节出了问题，轨压都不能正常建立。

7．检查高压油路供油是否正常。

正常/异常

8．对高压油路排空气。

正常/异常

9．起动发动机，故障是否排除。

正常/异常

技术操作要点

起动发动机时要保证蓄电池电压充足，否则发动机电脑得到的工作电压过低，将会造成电脑工作不正常或完全不工作。

教师检查签名

回顾该工作页的目标，如果你对目标中的哪一部分还不清楚，要请教教师。如果认为已经达到了该工作页的目标，则请教师检查你的工作，并在该工作页上签字。

教师签名____________

任务总结

一、任务评价

对本学习任务进行评价，见表7—4—1。

表7—4—1　评分表

考核项目	评分标准	分数	学生自评	小组互评	教师评价	小计
团队合作	是否和谐	5				
活动参与	是否积极主动	5				
安全生产	有无安全隐患	10				
现场5 S	是否做到	5				
任务方案	是否正确、合理	20				
操作过程	高压共轨压力无法建立故障排除	30				

续表

考核项目	评分标准	分数	学生自评	小组互评	教师评价	小计
任务完成情况	是否圆满完成	5				
工具、设备使用	是否规范、标准	10				
劳动纪律	是否严格遵守	5				
工作任务单填写	是否完整、规范	5				
总分		100				
教师签名			年　月　日		得分	

二、理论知识检验

1．下列说法正确的是（　　）。

A．汽油机加油实际加的是空气，柴油机加油才是真正的加油

B．柴油机没有节气门，着车后没有真空产生，所以刹车系统不需要真空助力装置

C．柴油机发动机转速低，自然吸气能力差，所以必须要有涡轮增压装置

D．以上都正确

2．下列说法正确的是（　　）。

A．柴油标号如 0 号柴油指的是柴油辛烷值大小

B．不同地区加的柴油标号不同

C．柴油机一般都有进气预热装置

D．以上都正确

3．下列说法正确的是（　　）。

A．柴油机冒黑烟是因为进气太少或喷油过多

B．柴油机冒蓝烟是因为发动机烧机油或涡轮增压器油封漏油

C．柴油机冒白烟是因为未完全燃烧的柴油在排气管变成蒸气

D．以上都正确

4．下列说法正确的是（　　）。

A．高压共轨压力低的原因可能是低压油路有空气

B．高压共轨压力低的原因可能是燃油计量阀故障

C．高压共轨压力低的原因可能是发动机转速传感器故障

D．高压共轨压力低的原因可能是喷油器故障

5．下列说法正确的是（　　）。

A．高压共轨柴油机动力不足的原因可能是涡轮增压故障

B．高压共轨柴油机动力不足的原因可能是喷油器故障

C．高压共轨柴油机动力不足的原因可能是空气流量计故障

D．高压共轨柴油机动力不足的原因可能是发动机冷却液温度传感器故障

6. 下列说法正确的是（　　）。

A. 高压共轨柴油机起动困难的原因可能是蓄电池电压低

B. 高压共轨柴油机起动困难的原因可能是燃油质量差

C. 高压共轨柴油机起动困难的原因可能是油路有空气

D. 高压共轨柴油机起动困难的原因可能是进气预热故障